Madelon de Keizer
Razzia in Putten

Madelon de Keizer

Razzia in Putten

Verbrechen der Wehrmacht
in einem niederländischen Dorf

Aus dem Niederländischen übersetzt
und bearbeitet von Stefan Häring

Dittrich Verlag
Köln

Madelon de Keizer, Putten - De razzia en de herinnering,
1999 Uitgeverij Bert Bakker Amsterdam

Dieses Buch entstand mit freundlicher Unterstützung des
PRINS BERNHARD CULTUURFONDS, AMSTERDAM

Die Übersetzung wurde gefördert vom
NEDERLANDS LITERAIR PRODUKTIE- EN
VERTALINGENFONDS, AMSTERDAM

CIP-Einheitsaufnahme: Keizer, Madelon de
Razzia in Putten / Madelon de Keizer
Dittrich Verlag, 2001

ISBN 3-920862-35-X

© Dittrich Verlag, 2001

Lektorat: Julia Kuschmann
Umschlaggestaltung: Guido Klütsch
Druck und Bindung: Wiener Verlag, Himberg

www.dittrich-verlag.de

INHALT

Am Sonntag, dem 1. Oktober 1944, trieben im niederländischen Dorf Putten Soldaten der deutschen Wehrmacht – nur wenige Stunden nach einem Attentat einer Widerstandsgruppe auf ein deutsches Militärfahrzeug, hunderte Männer, Frauen und Kinder im Dorfkern zusammen und nahmen sie dort in der Kirche und dem Schulgebäude gefangen. Die Frauen wurden am Sonntagabend wieder freigelassen, doch am darauf folgenden Tag wurden hunderte Wohnungen und Gebäude in Brand gesteckt und 661 Jungen und Männer im Alter zwischen siebzehn und fünfzig Jahren ins Durchgangslager Amersfoort abgeführt. Die meisten von ihnen wurden eine Woche später ins norddeutsche Konzentrationslager Neuengamme deportiert, in dessen zahlreichen Außenlagern sie unter erbärmlichen Umständen zur Arbeit an Panzergräben eingesetzt wurden. Nur 49 von ihnen haben die mörderischen Lager überlebt.

Das unfassbare Schicksal des »Dorfes der Witwen und Waisen«, wie Putten schon bald genannt werden sollte, hat sich tief in die Erinnerung der Niederländer eingeprägt. Sofort nach der Razzia hatte die verbotene, im Untergrund operierende Presse entsetzt von dem harten Auftreten der Wehrmacht in Putten berichtet, und auch nach der Befreiung erschienen in der freien Presse zahlreiche Artikel über das traurige Schicksal Puttens und seiner Bevölkerung. Putten wurde zum Symbol für das brutale Auftreten der deutschen Besatzungsmacht und die ungeheuerlichen Verbrechen der Nazis.

Fast vierzig Jahre nach der Razzia erschien 1981 im Rahmen des großen Geschichtswerks von Loe de Jong »Das Königreich der Niederlanden im Zweiten Weltkrieg«[*] die erste zusammenfassende Darstellung der Ereignisse in Putten. In der Zwischenzeit spielte bei der Einschätzung »Puttens« schon weniger seine historische Dimension als vielmehr der Verarbeitungsprozess des Geschehens eine Rolle. Wesentlich am Puttener Drama schien dabei nicht so sehr die brutale Strafmaßnahme der deutschen Wehrmacht gegen das Dorf und seine Bewohner gewesen zu sein, sondern die schlichte und ergreifende Form der Trauer, mit der die Hinterbliebenen den Verlust ihrer Nächsten in Gottvertrauen und stiller Ergebenheit zu ertragen und verarbeiten suchten.

In der vorliegenden Studie werden die Ereignisse der Razzia untersucht und dargestellt, wobei zahlreiche, bislang noch unbekannte Erkenntnisse einen neuen Blick auf das Geschehen ermöglichen. Zu ihnen gehört zweifellos, dass sich seit Mitte der achtziger Jahre das Bild von der deutschen Wehrmacht in großem Maße gewandelt hat. Bis weit in die achtziger Jahre hinein standen in Autobiografien, Geschichtsschreibungen und Berichten von Soldaten, Offizieren und Generälen der Wehrmacht vor allem die militärischen Heldenleistungen des Heeres und das harte Soldatenleben im Vordergrund, während seine verbrecherischen Seiten als »normale« Begleiterscheinungen, als eben zum Kriegshandwerk gehörend, galten. Über das Auftreten der Wehrmacht an der Ostfront sind mittlerweile viele Untersuchungen erschienen. Sehr detailliert wurde dabei analysiert, wie und warum die deutsche Wehrmacht und die SS in den besetzten russischen

---

[*]Originaltitel: »Het Koninkrijk der Nederlanden in de Tweede Wereldoorlog«. Erschienen in den Jahren 1969 bis 1991 stellt es mit insgesamt 27 Bänden das umfangreichste Geschichtswerk zu den Niederlanden im Zweiten Weltkrieg dar.

Gebieten hunderte »Puttens« angerichtet haben. Die Verbrechen der Wehrmacht in Westeuropa hingegen waren bisher noch nicht Gegenstand systematischer Untersuchungen. In diesem Sinne versteht sich diese Studie auch als ein Beitrag zur Untersuchung der Verbrechen der deutschen Wehrmacht. Das vorliegende Buch beleuchtet die Razzia von Putten in ihrem gesamten Ausmaß, wobei der Schwerpunkt nicht auf den geschichtlichen Ereignissen selbst, sondern auf der Darstellung dessen beruht, wie die niederländische Bevölkerung während und nach der Besatzungszeit die Erfahrungen des Zweiten Weltkriegs zu verarbeiten suchte und sich seiner erinnerte. Das Leben unter der deutschen Fremdherrschaft stellte die niederländische Bevölkerung vor existentielle Entscheidungsfragen, brachte sie in so viele Zwangslagen, verlangte von ihr derart viele Kompromisse und brachte so viel Leid über sie, dass das Leben nach der Befreiung für viele ein Leben »nach dem Krieg« bleiben sollte, ein Dasein, das mehr aus der Vergangenheit, denn in der Gegenwart lebte. Die Frage, warum der Zweite Weltkrieg noch immer – und je weiter er zurückliegt, desto mehr – ein »Phänomen« darstellt, das nicht mehr aus der westlichen Kultur wegzudenken ist, liegt dieser Studie zugrunde. So betrachtet ist das Drama von Putten eine Fallstudie, die – auch wenn sie »nur« ein einziges Dorf irgendwo in den Niederlanden zum Gegenstand hat – zum Verständnis dessen beitragen soll, wie eine solche Vergangenheit von Menschen bewältigt und wie sich ihrer erinnert wird.

Somit handelt es sich bei diesem Buch nicht um die Lokalgeschichte eines Dorfes zur Zeit der Besatzung. Vielmehr handelt es sich um eine microhistory über die Zeit von Krieg und Fremdherrschaft. Gemäß Heinrich Heines Aussage »Unter jedem Grabstein liegt eine Weltgeschichte« überschreitet die Bedeutung der Puttener Razzia die engen geographischen Grenzen des Dorfes, denn die Ereignisse vom 1. und 2. Oktober 1944 enthüllten zutiefst die gesellschaftlichen Verhältnisse und ethischen Normen der gesamten niederländischen Bevölkerung während und nach der Besatzungszeit. »Putten« ist wie die »Bombardierung von Rotterdam«, »der Februarstreik« oder »Anne Frank« im Gedächtnis der Niederländer lebendig. Der Grund für das bleibende Interesse liegt dabei nicht so sehr in dem Bedürfnis, unser Wissen um die Vergangenheit zu vergrößern, sondern vor allem in den zahlreichen moralischen und ethischen Problemen, vor die sich die Menschen in diesen »Jahren der Extreme« gestellt sahen, und die eben nicht nur die Kriegsjahre betreffen, sondern das gesamte zwanzigste Jahrhundert.

»Putten«, womit die Razzia und ihre Folgen gemeint sind, legt in diesem Sinne grundlegende moralische und ethische Aspekte bloß, die noch immer von öffentlichem Interesse sind. Auch weiterhin beschäftigen sich die Menschen mit den Fragen nach dem »Warum« und dem »Wozu« der deutschen Razzia und deren Folgen, mit Fragen also, die in den letzten fünfzig Jahren innerhalb und außerhalb der Puttener Gemeinschaft immer wieder aufs Neue gestellt worden sind.

Diese Studie ist die erste wissenschaftliche Monografie zur Razzia von Putten und deren Verarbeitungs- und Erinnerungsprozess. Der Umgang Puttens mit seinem Schicksal wird dabei als Teil der Geschichte der nationalen Erinnerung analysiert, da Verarbeitung und Erinnerung der Puttener Gemeinschaft unlösbar verbunden sind mit dem gesamt-niederländischen Prozess der Erinnerung an den Zweiten Weltkrieg und dem Ringen um seine Bedeutung und seinen Stellenwert für die nationale Geschichte. Durch die besonderen Umstände der Puttener Ereignisse war die Verarbeitung der Besatzungszeit und der Razzia zugleich auch aufs Engste mit der Geschichte der Erinnerung an den Krieg der norddeutschen Gemeinde Ladelund verbunden. Während in vielen Teilen der Niederlanden eine Versöhnung mit dem »ehemaligen Feind« erst ab den neunziger Jahren einsetzte, entwickelte sich zwischen der Gemeinde Putten und dem Dorf Ladelund bereits in den fünfziger Jahren ein Versöhnungsprozess. In Ladelund sind mehr als hundert Opfer des dortigen Konzentrationslagers, einem Außenlager des KZ Neuengamme, begraben.

Die Interpretation der Vergangenheit ist das Ergebnis eines sozialen Prozesses, der verschiedenen Einflüssen ausgesetzt ist. Bis 1950 war man in den Niederlanden zu einer ersten Deutung der Vergangenheit gelangt, die mit all ihren juristischen Problemen das Verhalten der Niederländer unter der deutschen Besatzung in »goed« und »fout« untertcilte.[*] Die Prozesse gegen Kriegsverbrecher und die Verfahren gegen die politischen Delinquenten nach der Befreiung bildeten eine erste Phase in der Geschichte der Erinnerung an Krieg und Besatzung. Durch die Prozesse gegen den Mann, der den Befehl zur Repressalie gegen Putten gegeben hatte, den Wehrmachtsbefehlshaber in den Niederlanden General Friedrich C. Christiansen, sowie gegen Oberst Fritz W. H. Fullriede, der Christiansens Befehl ausgeführt hatte, fand das Auftreten der deutschen Wehrmacht und der Besatzungsautoritäten in Putten seine erste Erklärung. Die ausführliche Berichterstattung der Medien über die Prozesse gegen Christiansen und Fullriede hatte großen Einfluss auf die nationale Deutung der Razzia und wie sich ihrer in der Folge erinnert werden sollte.

Neben der juristischen Interpretation der Vergangenheit kam den Historikern die Aufgabe zu, ihrerseits eine Deutung der Ereignisse vorzulegen. Die geschichtliche Untersuchung von Seiten des Reichsinstituts für Kriegsdokumentation in Amsterdam beschränkte sich allerdings auf die globalen

---

[*]In der niederländischen Öffentlichkeit und Geschichtsschreibung über den Zweiten Weltkrieg wurde lange Zeit das Verhalten von Niederländern während des Besatzungszeit in »goed« (richtig) und »fout« (falsch) eingeteilt. Als »richtige« Niederländer galten Niederländer, die sich der deutschen Besatzungsmacht widersetzt hatten, als »falsche« Niederländer jene, die mit den Deutschen kollaboriert hatten. Dieses Geschichtsbild war in den letzten zwanzig Jahren einer großen Revision unterworfen.

Ereignisse. Ganz offensichtlich hatte dabei die Frage nach dem »Warum« und dem »Wie« des Auftretens der deutschen Wehrmacht in Putten keine Priorität. Das äußerst vorsichtige Vorgehen der Historiker, die über die Razzia schrieben, zog dabei nach sich, dass die Erinnerung an die Puttener Ereignisse vom Oktober 1944 bis auf den heutigen Tag stark von Legendenbildung geprägt ist.

Psychoanalytische Theorien zur psychischen und physischen Kondition von KZ-Häftlingen, wie sie in den ersten Nachkriegsjahren aufgekommen sind, haben sich ebenfalls auf die Erinnerung an die Puttener Razzia ausgewirkt. Die Beschreibung und die Deutung der Reaktionen der Puttener Männer und Jungen auf die »Lebens«-Umstände in den norddeutschen Konzentrationslagern, wie sie von einem angehenden Psychiater und Mithäftling der Puttener Männer vorgelegt wurden, hat sowohl lokal als auch national den Erinnerungsprozess stark beeinflusst.

Am Anfang dieser Geschichte der kollektiven Erinnerung an die Razzia stehen die Erfahrungen der Puttener Bevölkerung in den ersten Jahren nach dem Oktober 1944, wie sie in Zeitungsartikeln, Protokollen zu den Prozessen gegen Christiansen und Fullriede und Interviews zu finden sind. Diese Interviews wurden von einem Mitarbeiter des Reichsinstituts für Kriegsdokumentation RIOD 1947 mit etwa 70 Einwohnern Puttens geführt, die die Brandlegung miterlebt und die deutschen Konzentrationslager überlebt hatten. Unter ihnen waren politisch Verantwortliche, zufällige Passanten, Polizisten und Beamte, NSB-Mitglieder[*] und Mitglieder der Widerstandsgruppe, die das Attentat verübt hatte, sowie Überlebende der deutschen Konzentrationslager. Die Auswertung dieser wichtigen Quellen ermöglichte eine Rekonstruktion dessen, wie die Puttener Bevölkerung selbst die Razzia und

*NSB: Nationaal-Socialistische Beweging. Niederländische faschistische Bewegung, 1931 von Anton Adriaan Mussert gegründet. Ab Dezember 1941 die einzige zugelassene politische Organisation in den Niederlanden.

ihre Folgen erlebt und erfahren hat.

In den ersten beiden Kapiteln dieses Buches wird der Einfluss der Nachkriegsprozesse und juristischen Verfahren gegen die politischen Delinquenten auf die Erinnerung an die Razzia vom 1. und 2. Oktober 1944 in Putten untersucht. Das erste Kapitel setzt dabei mit den Erinnerungen der Puttener Bevölkerung an diese beiden Tage in den ersten drei Jahren nach der Befreiung ein. Aus der Geschichte der politischen Säuberung* bezüglich des niederländischen Polizeiapparates, die im zweiten Teil des ersten Kapitels im Mittelpunkt steht, wird ersichtlich, vor welche grundlegenden Entscheidungen und ethischen Dilemmas sich die Puttener Bevölkerung während der beiden Razziatage gestellt sah. Noch heute ist die Rolle der niederländischen Polizei ein wichtiger Aspekt der Erinnerung.

Das zweite Kapitel setzt mit einer nahezu chronikalischen Darstellung des Auftretens der Deutschen während der Razzia ein, wie es sich aus den Dokumenten der ersten Nachkriegsjahre rekonstruieren lässt. Auf die Darstellung dieser – im Jargon der Wehrmacht – »Repressivmaßnahme« oder »Aktion« folgt eine Analyse der Prozesse gegen Fullriede und Christiansen und eine genauere Untersuchung des öffentlichen Bildes dieser beiden Kriegsverbrecher, wie es während der Prozesse entstanden ist. Die Augenzeugenberichte über die Evakuierung der Puttener Bevölkerung am Montag, dem 2. Oktober, und die Brandlegung noch am selben Abend bilden den Auftakt zu einer Analyse des Einflusses, den die juristischen Verfahren auf die Rolle der bei der Razzia beteiligten niederländischen und deutschen SS-Männer hatten. Die Beteiligung niederländischer und deutscher SS-Männer wurde nämlich schon bald aus der Erinnerung gelöscht, was verständlich war, da es sich vor allem um eine Wehrmachtsaktion gehandelt hatte.

Im dritten Kapitel wird anhand von Augenzeugenberich-

---

*Zum Begriff »politische Säuberung« siehe Kapitel 1.

ten der KZ-Überlebenden das Schicksal der deportierten Männer beschrieben. Darauf folgt eine Analyse dessen, wie die Erfahrungen der Männer im Laufe der Zeit interpretiert wurden. Theorien über die seelische und körperliche Verfassung von KZ-Häftlingen, die der Psychoanalyse entlehnt waren, hatten unverkennbar einen Einfluss darauf, wie das Schicksal der Betroffenen erklärt und gedeutet wurde. Dieser psychoanalytische Blickwinkel hatte jedoch nicht nur Auswirkungen auf die Interpretation der Erfahrung der KZ-Häftlinge, sondern auch auf die Ansichten über das Dorf Putten selbst als traditionelle, religiös-orthodoxe Landgemeinde, die heute noch weit verbreitet sind.

Der Hergang des Attentats auf das mit vier Wehrmachtsoldaten besetzte deutsche Militärfahrzeug in der Nähe von Putten war jahrzehntelang in Nebel gehüllt. Ein Netz von Mythen, Legenden und Komplotttheorien wurde um das Attentat gesponnen. Nach einer Rekonstruktion des Anschlages auf der Basis dessen, was die Attentäter in den vierziger Jahren berichtet haben, wird im zweiten Teil des vierten Kapitels ihre Erinnerung analysiert. Im Mittelpunkt dieses Kapitels steht die Frage nach der Geschichtsschreibung zur Razzia, die bis heute durch lokal-politische Überlegungen und nationale Prioritäten bestimmt ist.

Im fünften und letzten Kapitel wird untersucht, wie die nationale Erinnerung und das Puttener Gedächtnis einander in den letzten fünfzig Jahren beeinflusst haben, wobei »Erinnerung« als ein Gebilde aus sozialen und politischen Kräften verstanden wird. Die vorliegende Studie geht dabei nicht von einer vorgefassten Periodisierung aus, wie sie in den meisten Untersuchungen zum Thema aufgrund des Verarbeitungs- und Trauerprozesses des Einzelnen vorgenommen wird, sondern erst nach der Analyse dessen, wie die lokale Puttener Gemeinde und die niederländische Gesellschaft »Putten« durch die Jahre interpretiert haben, werden verschiedene Phasen unterschieden. Im Erinnerungsprozess einer Gemeinschaft, einer Gruppe oder eines Landes spielen mehr Faktoren eine Rolle als nur der Verarbeitungsprozess des Einzelnen. Aus diesem Grund kommt auch der Trauerprozess einzelner Puttener Männer und Frauen hier nur dann zur Sprache, wenn er sich auch kollektiv niederschlug. Denn wie die individuelle Erinnerung nicht losgelöst von der sozialen Erinnerung zu betrachten ist, so ist auch die Puttener lokale Erinnerung an die Razzia mit deren nationaler Interpretation verbunden. Sinn und Bedeutung, die im Laufe der Jahre in Putten selbst und in den Niederlanden dem Attentat, der Razzia und dem Tod so vieler Männer und Jungen in den deutschen Konzentrationslagern verliehen wurden, gehören zu einem Prozess der Identitätsbildung, deren wichtiges Element die Interpretation der Besatzungsjahre ist.

In der kollektiven Identitätsbildung der Nachkriegsjahre können drei Perioden unterschieden werden: Die ersten fünf Jahre nach dem Krieg waren eine Zeit der Trauer, in der dem »Dorf der Witwen« das warme Mitgefühl der gesamten niederländischen Nation zuteil wurde. In dieser Phase lag der Akzent darauf, wie die Puttener Gemeinschaft selbst mit der Erinnerung an die Razzia umging. Wichtige Aspekte waren dabei die lokale Erinnerungspolitik, die Trauerrituale, der säkulare Trost, wie er sich in den Oktoberfeiern zum Gedenktag der Razzia und der Errichtung eines Denkmales äußerte, und die religiöse Trostarbeit der Puttener Pfarrer und Ältesten. Von 1950 bis 1980 isolierte sich die lokale Verarbeitung der Razzia allerdings mehr und mehr. In dieser Zeit betrachtete man in den Niederlanden die Art und Weise, wie die Puttener Gemeinschaft die Erinnerung an die Razzia zu verarbeiten versuchte, zunehmend als ein wunderliches und verschrobenes Phänomen. Mehr und mehr hielt man diese Lokalerinnerung für irrelevant für das nationale Gedächtnis an die Besatzungszeit – Putten wurde damit zu einem Sonderfall. Nach 1980 forderte Putten dann seinen eigenen Platz im nationalen Gedächtnis an Krieg und Besatzung ein, wobei eine Art »Gleichheit in Verschiedenheit« angestrebt wurde. Dabei sollte Puttens exklusiver Charakter zugunsten einer Wiedereingliederung in die Nation als demographisch und sozial-wirtschaftlich stark veränderter Touristenort aufgegeben werden und gleichzeitig sein Selbstbewusstsein und seinen Selbstrespekt behalten.

Die Erinnerung an die Razzia von Putten war ein vielschichtiger Prozess. Individuen und Gruppen machten dabei ihren Einfluss geltend; Rechtsprechung, Psychoanalyse und Psychotherapie, die Geschichtsschreibung und die Religion waren Kräfte, die zu unterschiedlichen Zeiten bestimmte Aspekte der Razzia betonten oder vernachlässigten. Dies erklärt auch den kaleidoskopartigen Charakter dieses Buches.

Für die Niederlande der Nachkriegszeit hatte das Puttener Drama eine derart grundlegende Bedeutung, das es sich zu keiner Zeit völlig aus dem kollektiven Gedächtnis wegdenken ließ. Immer wieder wurde »Putten« zu einem Bezugspunkt für neue Ansichten in neuen Zeiten. Im Kontext niederländischer Erinnerungsgeschichte und Gedächtnispolitik übersteigt das Drama von Putten die engen geographischen Grenzen des Dorfes – und nicht nur im Kontext der niederländischen Geschichte. Die Verbrechen der deutschen Wehrmacht zu Zeiten der Besatzung und die schwierige, aber einzigartige Annäherung und Versöhnung zwischen den Gemeinden Putten und Ladelund über den »Gräbern von Ladelund« beschreiben zugleich auch einen Aspekt der niederländisch-deutschen Geschichte.

I. Die Razzia

»Bereits in der Woche davor hatten Gerüchte die Runde gemacht, dass es bald zu einer Razzia kommen würde«, sagte Pfarrer de Jager in seiner Predigt am Sonntag, den 27. Mai 1945, die er in der reformierten Kirche zu Putten zur Erinnerung an die Tragödie hielt. Seine kurze Übersicht über die Ereignisse, die sich Anfang Oktober 1944 in Putten ereignet hatten, bildeten in der Geschichtsschreibung nach der Befreiung eine erste, tonangebende Version über den Verlauf der Razzia.[1] In der Puttener Gemeinde war man im Mai 1945 allgemein der Auffassung, dass das Auftreten der Deutschen nicht in erster Linie als Vergeltungsmaßnahme für das Attentat zu werten sei, das eine Widerstandsgruppe in der Nacht des 30. September 1944 auf ein Auto mit vier deutschen Militärsoldaten nur wenige Kilometer außerhalb von Putten verübt hatte. Vielmehr war man der Überzeugung, dass die Deutschen schon seit längerer Zeit eine Aktion gegen Putten geplant hatten.

Viele Dorfbewohner hatten schon den ganzen September 1944 eine Aktion der Deutschen befürchtet. Am *Dolle Dinsdag*[*] war es in Putten zugegangen, als sei die Befreiung be-

---

[*]»Verrückter Dienstag«. Eine zum ersten Mal von einem SS-Journalisten benutzte, doch mittlerweile allgemein anerkannte Bezeichnung für den 5. September 1944, als man in den Niederlanden der Auffassung war, dass die Alliierten bereits die großen Flüsse überschritten hätten und die Befreiung nur noch eine Frage von wenigen Tagen sein könne. Ursprung dieses Gerüchts waren Berichte von Radio »Oranje«, dass die Alliierten angeblich Breda befreit hätten. Nicht nur die Niederländer, auch Deutsche und NSB-Mitglieder glaubten die Gerüchte und flohen in aller Eile. Der größte Teil der Niederlande wurde allerdings erst im Frühjahr 1945 befreit.

reits eine Tatsache. Vom Turm der Alten Kirche wehte die niederländische Flagge, überall wurde die niederländische Nationalhymne gespielt und gesungen, ein überwiegender Teil derjenigen, die untergetaucht waren, hatten sich der Polizei gestellt, Anhänger der NSB waren entwaffnet und ein berüchtigter SD-Spion war entführt worden.[2] Zudem war es am Abend des 5. Septembers in der Harderwijkerstraat zu einem Schusswechsel zwischen Widerstandskämpfern und Soldaten des Regiments »Hermann Göring« gekommen, das im nahe gelegenen Harderwijk stationiert war. Dabei waren etwa ein Dutzend deutsche Soldaten verwundet worden und – so meinte man in Putten zu wissen – sogar einige ums Leben gekommen. Daneben sah man auch in den zahlreichen Anschlägen auf die Bahnlinie bei Putten einen Grund für das harte Auftreten der Deutschen gegen das Dorf am 1. und 2. Oktober 1944.[3]

In der Woche vor der Razzia verbreiteten sich tatsächlich hartnäckige Gerüchte über eine bevorstehende Aktion der Deutschen. Obgleich in der Vergangenheit häufiger vor Razzien gewarnt worden war, wurden die Gerüchte dieses Mal ernster genommen, weil im Dorf Deutsche dabei beobachtet worden waren, wie sie nach hohen Gebäuden und Kirchen Ausschau gehalten hatten.[4]

Zweifellos war die Angst vor einer Aktion der Deutschen nicht unbegründet gewesen. Der Schusswechsel an der Harderwijkerstraat hatte zunächst zwar noch keine Folgen gehabt, doch die Gefahr von Strafaktionen war damit nicht gebannt. Zudem hatten die Deutschen im Monat September im Norden und Osten des Landes Jagd auf Männer gemacht, um diese als Arbeitskräfte beim Bau neuer Frontwälle am Rhein und an der Ijssel, die den Vormarsch der Alliierten stoppen sollten, einzusetzen. Es war nahe liegend zu befürchten, dass die Deutschen nun auch im Westen der Niederlande Männer zum Arbeitseinsatz einziehen würden.

Es ist möglich, dass die Berichte über Deutsche, die nach Gebäuden und Kirchen Ausschau gehalten hatten, tatsächlich auf eine länger geplante Aktion schließen lassen. Als am 9. November 1944 Rotterdam von einer Großrazzia heimgesucht wurde, hatten die Deutschen bereits zuvor eine Liste mit großen Gebäuden erstellt, in denen sie die Rotterdamer vorübergehend gefangen nehmen wollten. Wenn die Deutschen also tatsächlich eine Razzia auf der so genannten Veluwe[*] – d.h. nicht nur in Putten – vorbereitet hatten, könnte ihr Auftauchen in der Woche vor dem 1. Oktober einer solchen »Orientierung« gedient haben. Doch auch eine andere Erklärung ist möglich: Es ist nicht auszuschließen, dass – während der Kampf um Arnheim noch wütete – eine Abteilung einer deutschen Sprengstoffeinheit im Dorf auf der Suche nach strategischen Beobachtungsposten gewesen war.[5]

Nach der Razzia wurden dann alle Gerüchte des Monats September in irgendeiner Weise mit diesem Ereignis in Verbindung gebracht. Das Attentat vom 30. September hatte derartig schwere Folgen nach sich gezogen – sechshundert Männer waren deportiert, acht Menschen erschossen und etwa einhundert Gebäude in Brand gesteckt worden –, dass die Einwohner Puttens glaubten, dass es für die Strafmaßnahme noch eine andere Erklärung geben müsse. So meinte man nun zu wissen, dass Putten bei den Deutschen schon länger als »Terroristennest« bekannt gewesen sei. Dass so kurz nach dem Attentat deutsche Soldaten das Dorf umzingelt hatten – manche Dorfbewohner wollen bereits um fünf Uhr morgens deutsche Soldaten gesehen haben – und dass die Deutschen so hart gegen das Dorf aufgetreten waren, konnte in den Augen der Puttener Bevölkerung nichts anderes heißen, als dass es sich um eine bereits lange zuvor geplante Aktion gehandelt haben musste.[6] So gelangte auch Pfarrer de Jager zu der Über-

---

[*]Die Veluwe: Landstrich im Nordwesten der niederländischen Provinz Gelderland.

zeugung, dass die Deutschen schon seit dem Schusswechsel Anfang September Putten »im Visier« gehabt hätten, weil »sie uns das ›Partisanendorf‹ nannten; sie vermuteten hier eine Brutstätte des Widerstandes«.[7]

Die Berichte und Erzählungen der Einwohner Puttens in den ersten drei Jahren nach der Befreiung bilden eine Momentaufnahme dessen, was in Putten nach dem Krieg über die Repressalie der Deutschen gegen das Dorf und seine Einwohner alles gesagt, gedacht und gefühlt wurde. Die Reaktionen, Beobachtungen und Meinungen sind in den Zeugenaussagen nachzulesen, die in der ersten Hälfte des Jahres 1947 durch den leitenden Kriminalbeamten Kuilman zu Protokoll genommen wurden. Kuilman war beauftragt worden, gegen die beiden Schlüsselfiguren der Razzia, Oberst Fritz W. H. Fullriede und General Friedrich C. Christiansen, zu ermitteln, die der Kriegsverbrechen und Verbrechen gegen die Menschlichkeit verdächtigt wurden. Fullriede war der deutsche Kommandant, der die so genannte Vergeltungsmaßnahme an der Puttener Bevölkerung vollzogen, Christiansen der Befehlshaber der Wehrmacht in den Niederlanden, der den Befehl zur Razzia gegeben hatte.

Nahezu zeitgleich zu Kuilmans Ermittlungen untersuchte auch Wildschut, ein Mitarbeiter des 1945 gegründeten Reichsinstituts für Kriegsdokumentation in Amsterdam, die Vorgänge. Er sprach mit fast achtzig Frauen und Männern, die Zeugen der Razzia gewesen waren.[8] Der inoffizielle Charakter der Gespräche und Wildschuts breitere historische Zielsetzung bei der Untersuchung trugen dazu bei, dass in den Augenzeugenberichten häufig persönlichere Sachverhalte ans Licht kamen als in Kuilmans Protokollen. Andererseits trugen sie bisweilen auch Züge einer Verteidigungsrede. Einige der Interviewten nutzten die Gelegenheit, um – trotz der Ergebnisse der so genannten »Polizeisäuberung«[*] und der »Sonderrechtsprechung«[**] – das Geschehene zu rechtfertigen und ihren Standpunkt zu verteidigen.

Eine dritte, nicht weniger problematische Quelle bilden die zahlreichen, fragmentarischen Berichte der Einwohner Puttens, die in einem 1948 erschienenen Gedenkbuch aufgenommen wurden. Dieses Gedenkbuch, »Das Drama von Putten«, zusammengestellt von und mit einem Vorwort von Tj. Wouters, selbst ein Einwohner Puttens, hatte zum Ziel, in groben Zügen und »so schlicht und deutlich wie möglich« eine zusammenhängende, erklärende und allgemein akzeptierte Darstellung der Razzia zu bieten. Doch Wouters hatte in bestimmten Punkten seine ganz eigene Sicht der Dinge. So hatte er zum Beispiel in den vorangegangenen Jahren öffentlich massive Kritik geübt an der Rolle und dem Auftreten der niederländischen Polizisten während der Razzia in Putten. Er war der Meinung, dass durch die Zusammenarbeit der Puttener Polizei mit den Deutschen zahlreiche Einwohner des Dorfes in die Irre geführt worden seien. Die niederländischen Polizisten hätten viele Männer dazu veranlasst, ihr Versteck zu verlassen und dem Befehl Folge zu leisten, sich zum Dorf-

---

[*]Unter »politischer Säuberung bezüglich der Polizei« werden in den Niederlanden die Vorgänge nach der Befreiung bezeichnet, bei denen jene Polizisten des Dienstes enthoben werden sollten, die während des Krieges in irgendeiner Weise mit den Deutschen kollaboriert hatten.

[**]Mit der Sonderrechtsprechung (»Bijzondere Rechtspleging«) versuchte man in den Niederlanden gerichtlich gegen diejenigen vorzugehen, die während des Krieges mit der Besatzungsmacht kollaboriert hatten. Insgesamt wurden im Zuge der Sonderrechtsprechung über 100.000 Personen angeklagt, die man über kürzere oder längere Zeit in 150 Lagern für politische Delinquenten festhielt. Die große Anzahl machte das Vorgehen fragwürdig und zu einem politischen Problem. Bereits 1945 wurde beschlossen, nur in wenigen Fällen eine weitere Strafverfolgung einzuleiten. Zu den ausübenden Organen der Sonderrechtsprechung gehörten das Sonderkassationsgericht, fünf Sondergerichtshöfe und 19 Tribunale. Am 1. Januar 1952 wurde die Sonderrechtsprechung für beendet erklärt.

kern zu begeben. Nach Wouters' Auffassung hätte die Tragödie ohne die Mitarbeit der niederländischen Polizei niemals
ein solches Ausmaß annehmen können.

Im nächsten Kapitel sollen Kuilmans Protokolle, Wildschuts
Berichte oder die Fragmente aus Wouters' Gedenkbuch nicht
auf ihren historischen Wert geprüft werden. Das würde eine
eigene Untersuchung erfordern.[9] Ebenso wenig sollen die
Erzählungen und Berichte der Einwohner Puttens vorliegen-
des Quellenmaterial ergänzen oder illustrieren. Dazu tragen
mündliche Zeugnisse im Allgemeinen und für Putten im
Besonderen einen zu undurchsichtigen Charakter. Die
Berichte und Erzählungen sollen lediglich einen Eindruck
dessen vermitteln, wie sich die Einwohner Puttens in den
ersten Jahren nach der Befreiung an die Razzia erinnerten und
was sie über sie erzählten.

Berichte und Erzählungen über die Razzia

Sonntag, 1. Oktober 1944

Der Großteil der gut zehntausend Einwohner zählenden Gemeinde Putten, zu der das Dorf selbst und seine umliegenden Weiler zählte, ging am Sonntagmorgen um halb zehn zur Kirche.[10] An jenem Sonntagmorgen, dem 1. Oktober 1944, wurde die Mehrzahl der Bevölkerung vor oder während der Gottesdienste vor der Razzia gewarnt. Am Abend zuvor war der evangelisch-reformierte Pfarrer de Ruig bei Presbyter Koelewijn mit der Nachricht erschienen: »Morgen ist Razzia.« Die Frage war, ob der Gottesdienst abgehalten werden sollte oder nicht. Man entschied sich dafür, denn schon so oft hatte es Gerüchte über bevorstehende Razzien gegeben und zudem musste eine solche Entscheidung vom gesamten Ältestenrat getroffen werden. Am Sonntagmorgen um viertel nach neun ging Koelewijn zur Kirche. Einer der Ältesten berichtete, dass es in der Richtung von Ermelo sehr unruhig sei und er Überfallwagen mit deutschen Soldaten gesehen habe. In diesem Augenblick stürmte Polizist Janssen mit der Mitteilung in die Sakristei, dass Putten abgeriegelt sei.[11] Jetzt mussten in der Kirche sofort die Männer gewarnt werden.

Pfarrer de Jager, der bereits im Ruhestand war, hatte mit seinem Nachfolger de Ruig, der zur gefährdeten Alterskategorie gehörte, vereinbart, dass – sollte etwas passieren – er den Gottesdienst halten werde. Das tat er dann auch an jenem Sonntagmorgen. Erst forderte er die Männer im Alter zwischen siebzehn und fünfzig Jahren – die Altersgruppe, die normalerweise Razzien zum Opfer fiel – auf, nach Hause zu gehen, und leitete daraufhin den Gottesdienst wie üblich.

Ebenso wurden auch die Männer in der Alten Kirche auf dem Dorfplatz und in der katholischen Kirche gewarnt. Der reformierte Pfarrer der Alten Kirche, Holland, der wie de Jager bereits im Ruhestand war, lief aufgrund seines hohen Alters keine Gefahr, und wie de Jager hielt er an jenem Sonntagmorgen den gewohnten Gottesdienst und predigte wie geplant über Hosea 6, 1.

Zu der Zeit, da an jenem Sonntagmorgen die Gottesdienste zu Ende gingen, war Putten bereits vollständig abgeriegelt. Dennoch versuchten zahlreiche Kirchgänger auf Umwegen nach Hause zu gelangen, manche wollten über abgelegene Weiler zurückgehen, was ihnen allerdings nicht gelang, da jeder einzelne Pfad gesperrt war. Weil die Deutschen mittlerweile auch scharf schossen, blieb den meisten nichts anderes übrig, als wieder nach Putten zurückzukehren.[12]

Nach dem Gottesdienst wurde Holland in der Sakristei berichtet, dass draußen geschossen wurde. Zuhause hörte er zunächst, dass niemand sein Haus verlassen dürfe und wenig später, »dass viele Leute zur Kirche gingen. Soldaten stürmten Häuser und nahmen die Leute mit oder sagten, dass sie zur Kirche kommen mussten«. Auch Holland begab sich daraufhin zur Kirche, wurde aber auf dem Weg dorthin zurückgehalten. Er wurde ins Schulgebäude verwiesen.

Dort, wo in der Nacht zuvor das Attentat auf die vier deutschen Militärsoldaten verübt worden war – am Reichsweg zwischen Nijkerk und Putten –, waren mehrere Personen, unter ihnen auch zufällige Passanten, gefangen genommen worden. Früh am Morgen hatten deutsche Soldaten das Schloss Oldenaller gestürmt. Neben dem Personal und der Familie Boreel befanden sich dort auch vierzehn Personen, die zwei Tage zuvor aus dem stark verwüsteten Arnheim evakuiert worden waren. Boreel und seine Frau – beide bereits im fortgeschrittenen Alter – bekamen Hausarrest, die übrigen wurden zur Oldenaller Brücke getrieben, jener Brücke in der Nähe des Schlosses, wo das Attentat verübt worden war.

Auch andere Einwohner Puttens, unter ihnen viele aus der weiteren Umgebung, wurden dorthin gebracht. Unter ihnen war auch der Müller Schuiteman mit seinen beiden Söhnen. Schuiteman Senior war 55 Jahre alt und seine beiden Söhne waren für den Arbeitseinsatz für untauglich erklärt worden. Sie hatten also eigentlich nichts zu befürchten. »Wir waren nicht untergetaucht, denn wir hatten ja keine Angst.« Doch dann waren die Deutschen gekommen. Nachdem sie alles durchsucht hatten, nahmen sie die drei Männer mit. Auch der Leiter der örtlichen Evakuierungen, Wallet, wurde trotz seiner vielen Bescheinigungen verhaftet und zur Oldenaller Brücke gebracht.

Am Vormittag erreichte ein Überfallwagen die Brücke. Alle Frauen, Kinder und die Männer über fünfzig, die man auf der Weide zusammengetrieben hatte, mussten einen Schritt hervortreten. Kleine Kinder fingen an zu weinen, ein alter Mann wurde bewusstlos. Gegen halb vier wurden sie nacheinander auf einen Wagen geladen und ins Dorf geschafft. Erst dann wurden diejenigen, die auf dem Fahrrad angehalten worden waren, ins Dorf eskortiert. Der Rest folgte zu Fuß. An Flucht war nicht zu denken, denn der Zug wurde von zahllosen Soldaten mit Maschinengewehren begleitet.[13]

Ein weiterer Ort in der Nähe des Attentats, wo die Deutschen an jenem Sonntagmorgen um viertel vor zehn aufmarschierten, war das Landhaus Salentein, das im Besitz der Familie van Haersma de With und nun ein Sanatorium war. Es lag am Reichsweg Nijkerk-Putten, noch weiter von Putten entfernt als Schloss Oldenaller. Der 24-jährige Sohn des Hauses arbeitete auf dem Gemeindeamt und war deshalb im

Besitz eines Sonderausweises, der ihm allerdings wenig nützte. Wie das Pflegepersonal und die untergebrachten Evakuierten wurde auch er ergriffen. Nur sein invalider Onkel, der Bruder des in den dreißiger Jahren bekannten niederländischen Gesandten in Deutschland, van Haersma de With, durfte zurückbleiben. Während des Fußmarsches zum Dorf trat ein Bauernknecht neben van Haersma, um gemeinsam mit ihm zu fliehen.

Wir versuchten, an den Anfang des Zuges zu kommen, denn bei uns war nur ein Moffe* und der lief ganz hinten. Ich sollte das Zeichen geben. Doch dann fuhr plötzlich ein Überfallwagen hinter uns. Aber wir haben es trotzdem gewagt. Der Wagen fuhr vorbei, ich gab meinem Kumpel einen Stoß und dann zusammen nichts wie weg! Der Moffe holte sofort seine Pfeife aus der Tasche und pfiff; der Überfallwagen hielt an und schon haben sie auf uns geballert. Der Weg lief erst ziemlich gerade, wir waren also eine gute Zielscheibe. Ich habe deshalb versucht, auf die andere Seite von der Hecke zu kommen. Das ging und ich fiel sofort auf den Boden. [...] Ich kannte das Gebiet vom Jagen ziemlich gut; wir sind dann bis zum Bauernhof Renselaar weitergelaufen.

Auch in der Harderwijkerstraat, einem der Hauptzugangswege zum Dorf, hatten mittlerweile Soldaten des Regiments »Hermann Göring« zahlreiche Männer zusammengetrieben. Dort teilte man ihnen mit, dass es sich um eine Vergeltungsmaßnahme handle. »Einer für alle heißt alle für einen«, drohte einer der Soldaten.[14] Einigen Männern, die zusammenstanden, wurde angedroht, dass sie erschossen würden, sobald sie zu zwölft seien. Später am Morgen wurde zu ihnen noch eine Leiter mit einem erschossenen Mann aus Putten gelegt.

»Moffe«, niederländisch mof, Schimpfwort für Deutsche.

Ein Oberleutnant war mit einigen seiner Männer auf der Suche nach dem Bürgermeister von Putten. Er erhielt die Auskunft, dass der NSB-Bürgermeister nach dem *Dolle Dinsdag* die Flucht ergriffen habe und dass der stellvertretende Bürgermeister zu Hause krank im Bett liege. Daraufhin befahl der Deutsche dem Polizisten Overdijk, ihm innerhalb von dreißig Minuten zehn Geiseln zu liefern – Lehrer und Doktoren. Overdijk weigerte sich und wurde so ebenfalls zur Harderwijkerstraat gebracht. Wollte er noch immer keine Namen nennen, dann würden diese Männer erschossen werden, so drohte man ihm. Overdijk antwortete dem Deutschen, dass er sich in einem solchen Fall an die Gemeindeverwaltung zu wenden habe. Gemeinsam fuhren sie zu Schipper, dem Gemeindesekretär.

Auch Schipper wollte keine Namen nennen und so wurde auch er zur Harderwijkerstraat gebracht, wo er sich von den anderen getrennt aufstellen musste. Overdijk schlug dem Oberleutnant vor, dass der Abteilungskommandant der Staatspolizei Onstenk mit dem schweigsamen Schipper sprechen sollte. In der Zwischenzeit rief er Doktor Vonk an, um ihn und den Tierarzt Vervoorn zu warnen. Onstenk konnte Schipper tatsächlich dazu bewegen, ihm zehn Namen zu nennen, und kehrte mit der Liste zum Polizeibüro zurück.

Schippers Liste stellte einen sozialen und politischen Querschnitt durch die Puttener Bevölkerung dar: vom Doktor bis zum Schuhmacher, von politisch links bis zur NSB. »Er hat es äußerst systematisch getan«, berichtete Onstenk später, »er nahm einen von den Roten und dann wollte er auch noch einen Katholiken dabei haben und einen Antirevolutionär – eine wirklich bunte Gesellschaft.« Overdijk schickte drei Polizisten los, um die Männer zu holen. Er machte seinen Leuten unmissverständlich deutlich, dass sie es nicht wagen sollten, die Männer auch tatsächlich gefangen zu nehmen.

Nachdem Polizist Onstenk zur Harderwijkerstraat zurückgekehrt war, trat er an den Deutschen heran, der offensichtlich die Leitung hatte. Dieser – es war Oberst Fullriede, wie sich herausstellte – war dort gegen zehn Uhr angekommen. Onstenk erkannte, dass er keine andere Wahl hatte, als auch seinen eigenen Namen auf die Liste zu setzen, »auffällig mit rotem Bleistift, oben an die Liste«, wie er erzählte, denn man würde ihm in Putten niemals vergeben, dass er an der Zusammenstellung der Geiselliste beteiligt gewesen war.

Dann brachte ich ihm die Liste und sagte: »Die Leute habe ich noch nicht, aber die Liste ist fertig.« Er betrachtete sie und sagte dann: »Wer ist der in rot ganz oben?« [...] »Das bin ich selbst, Herr Oberst.« Fullriede machte mir daraufhin ein Kompliment – so zumindest hatte er es gemeint, denn er sagte: »Ich wollte, dass du ein Deutscher wärst!« Darüber entstand ein kleiner Wortwechsel. »Ich bin froh, dass ich ein Holländer bin«, antwortete ich. »Ich wollte, dass du ein Deutscher wärst, dann gäbe es auch noch gute Deutsche …« Ich war sehr überrascht und von da an betrachtete ich ihn mit etwas anderen Augen.

Onstenk versuchte an Fullriedes Mitgefühl zu appellieren. Doch dieser schloss schließlich das kleine Notizbuch des Polizeibeamten und meinte, dass die Sache beschlossen sei.

Keine der gesuchten Geiseln wurde von der Polizei ergriffen, manche konnten rechtzeitig gewarnt werden, andere waren allerdings bereits von den Deutschen gefangen genommen worden. Da man nicht genau wusste, wer auf der Liste stand und wer nicht, versuchte man offensichtlich, jeden zu warnen, der als Geisel in Frage kam. Deshalb flüchtete auch Pfarrer de Jager. Nach dem Gottesdienst war plötzlich Polizist Janssen hereingestürmt und hatte gerufen: »Herr Pfarrer, auf Puttens Grundgebiet wurden deutsche Offiziere ermordet. Jetzt suchen sie Geiseln und Sie gehören auch dazu! Sehen Sie zu, dass Sie so schnell wie möglich wegkommen!« De Jager ließ seinen Sohn das Fahrrad holen und gemeinsam flohen sie zu einem der Kirchenältesten. Als die Deutschen auch dort auftauchten, flüchteten sie weiter in den Wald Putterbos und tauchten dort in einem Haus unter. Um viertel vor fünf erschien auch dort ein Deutscher an der Tür, »ein netter Kerl«, der erklärte, dass die beiden Damen, die dort wohnten, zur Kirche müssten. Weil sie Kinder hatten, brauchte dann aber nur eine von ihnen zu gehen.

»Und der Mann auch!«, fügte er noch zu. Ich dachte: »Wenn der mich mitnimmt, dann soll's eben so sein, aber ansonsten gehe ich nicht!« Er ist gegangen und wir sind einfach dort geblieben, nur eine viertel Stunde vom Dorf entfernt, doch uns ist nichts passiert.

Nachdem Doktor Vonk und der Tierarzt Vervoorn von der Polizei vor einer möglichen Verhaftung gewarnt worden waren, waren sie zusammen mit Vervoorns Sohn sofort per Fahrrad geflüchtet. Der Sohn des Tierarztes versteckte sich im Heu beim Bauernhof der Jansens, Vervoorn selbst und Vonk wollten zum Haus Bijstein, wo zwischenzeitlich der Bürgermeister van Geen, der 1941 abgesetzt worden war, untergetaucht war. Unterwegs wurden sie von einem Mädchen angehalten, das ihnen berichtete, dass ein Junge niedergeschossen worden sei. Vonk informierte den Vater des Jungen. Vervoorn wollte sich vergewissern, wie es um seinen eigenen Sohn stand. Auf dem Weg zu Jansens Bauernhof wurde er angehalten, doch durfte er passieren, nachdem er seinen Tierarztausweis vorgezeigt hatte. Vor dem Bauernhof traf er auf seinen Sohn.

Mein Sohn stand da und unterhielt sich ganz ruhig. »Versteck dich!«, sagte ich ihm. »Aber lasse dich lieber gefangen nehmen als erschießen.« »Die kriegen mich nie, mach dir keine Sorgen, Vater«, antwortete mein Sohn. Er war ganz zuversichtlich.

Plötzlich tauchten deutsche Soldaten auf. Vervoorns Sohn hatte sich schnell im Heu versteckt, die Deutschen sahen ihn nicht. Der Tierarzt selbst flüchtete zum Bauernhof der Familie van Winkoop. Gegen halb vier kamen dorthin auch der Notar Neervoort und der Kämmerer van den Berg, der sich stundenlang im Kartoffelkraut verborgen gehalten hatte. Doktor Vonk schlief in dieser Nacht zur Sicherheit im Haus Bijstein.

Auch der Schulleiter Koelewijn hatte zu fliehen versucht, als er hörte, dass Geiseln genommen wurden und er als Schulleiter in Gefahr war. Wegen des vorstoßenden Soldatenkordons um Putten kam er allerdings nicht weit. Bei einem Kornmaler konnte er sich auf dem Dachboden verstecken. Dann erschienen die deutschen Soldaten und befahlen, dass sich jeder im Dorf melden müsse.

Ich persönlich dachte nicht daran, mich zu melden, doch der Bewohner, der in den Fünfzigern war, meinte, dass es das Beste sei, es doch zu tun, zumindest für ihn. Wenn ich geblieben wäre, hätte ich womöglich das Leben meines Wirtes in Gefahr gebracht, und durfte ich das? Er sagte zwar nicht ausdrücklich, dass ich nicht bleiben dürfe, doch ich spürte, dass es ihm nicht Recht war. […] Ich beschloss also, das Haus zu verlassen.

Auf dem Weg zu seinem Haus traf Koelewijn auf einen Nachbarn. Zusammen versuchten sie zu fliehen, doch die Deutschen waren ihnen auf den Fersen. Koelewijn sah keinen anderen Ausweg, als zur Kirche zu gehen. »Es war vorbei. Wir hatten nicht den Mut zu fliehen. Wir wussten ja, wie schnell sie schießen würden. Und so gingen wir.«

Doktor Lenstra hatte von der anstehenden Geiselnahme der Deutschen gehört und zu fliehen versucht. Er wurde von deutschen Soldaten entdeckt, die sofort das Feuer eröffneten. Bei ihm befand sich auch sein Assistent und der Werkstattinhaber Dubbeldam, der von den Schüssen getroffen wurde. Lenstra hingegen konnte unverletzt entkommen. Als er nach Hause schlich, um Benzin für den Krankenwagen zu holen, mit dem Dubbeldam nach Ermelo transportiert werden sollte, hörte er, dass Polizist Oosterink zusammen mit einem Wildheger bei seinem Haus gewesen war, um ihn abzuholen. Oosterink hatte dem Wildheger nicht vertraut. »Der Doktor ist sicherlich nicht zuhause«, hatte Oosterink zu seiner Frau gesagt. Und als er sicher wusste, dass er nicht da war, kam er kurz herein und schaute sich um. »Er steht auch auf der Liste, warne ihn«, sagte er. Dubbeldam wurde mit einem Krankenwagen nach Ermelo gebracht, wo er zwei Tage später im Alter von 39 Jahren starb. Lenstra ging zum Haus seines Nachbarn. Als die Deutschen dort an der Haus– tür auftauchten und erklärten, dass alle Männer zur Kirche müssten, weil sie sonst erschossen würden, schien es ihm besser, sich auch zu melden und in der Menge unterzutauchen. »So soll überprüft werden, ob in den Häusern noch Waffen versteckt sind, und außerdem werden die Personalausweise kontrolliert«, hieß es.

Im Laufe des Tages wurden die festgehaltenen Geiseln von der Harderwijkerstraat zum Marktplatz in der Dorfmitte gebracht. Dort mussten sie sich an die Mauer des Cafés de Heerdt neben der Kirche stellen, Maschinengewehre waren auf sie gerichtet. Es muss kurz nach zwei gewesen sein, als man den Förster Breevaart zu Schipper, dem Gemeindesekretär, stellte, der noch immer von den anderen separiert wurde. Schon am Morgen hatten die Deutschen den Förster holen wollen, doch er war nicht da gewesen. Er wohnte etwa dreieinhalb Kilometer außerhalb Puttens und hatte sofort, als er Schüsse gehört hatte, bei den umliegenden Gehöften vor einer Razzia gewarnt. Als er wieder zuhause gewesen war, hatte seine Frau zu ihm gesagt, dass er sich auf dem Polizeibüro von Putten melden müsse. Doch da waren die Deutschen schon wieder da und hatten das Haus umzingelt. Ein Offizier hatte Breevaart gefragt, ob er in der Nacht irgendjemandem Unterschlupf gewährt habe oder ob er Waffen in seinem Haus versteckt halte. Breevaarts Dienstgewehr war gründlich inspiziert worden. Daraufhin hatte man ihn zum Marktplatz mitgenommen, wo er nun streng bewacht wurde. Es schien, als wolle man ihn dort hinrichten.

Zu dieser Gruppe Geiseln kamen schließlich noch drei weitere Männer, wodurch nun insgesamt 38 Männer als Geiseln festgehalten wurden. Am Abend wurden sie in der Eierhalle am Markt eingesperrt und noch in der Nacht wurden Breevaart und Schipper vom Rest der Gruppe getrennt und im Café de Heerdt untergebracht.

Nach der Konfrontation von Polizist Onstenk mit Fullriede an jenem Sonntagmorgen war auch Polizist Otten in der Harderwijkerstraat angekommen. Zuhause war ihm berichtet worden, was sich abgespielt hatte. Otten war kein Polizist im engeren Sinne, sondern stellvertretender Leiter des polizeilichen Fahrzeugdienstes.

Auf dem Weg zur Harderwijkerstraat sah Otten Deutsche in Panzerwagen, unter ihnen auch zwei Offiziere – einen Oberleutnant und einen Leutnant – die sich wie »Wilde« verhielten. Niemand durfte mehr auf die Straße. An allen Straßenecken standen Soldaten mit Maschinengewehren. In der Harderwijkerstraat teilte Polizist Onstenk Otten mit, dass er die Namen von zehn Geiseln hatte nennen müssen. Hätte er es nicht getan, wären die Männer, die jetzt in der Harderwijkerstraat festgehalten wurden, als Geiseln erschossen worden. Otten sah, dass der Gemeindesekretär von den anderen getrennt worden war. »Er war nur halb angezogen, ohne Kragen. Man hatte ihn direkt vom Rasiertisch abgeführt.« Otten war entsetzt und meldete sich bei Fullriede.

Ich dachte, dass es gut sei, zu dem Mann zu gehen. Er war nicht der preußische Typ, er war schon etwas älter und sein graues Haar schaute unter seiner Mütze hervor. Das gab mir Vertrauen. Er sah an meiner Uniform, dass ich von der Polizei war, doch ob er wirklich begriffen hat, welche Position ich hatte, bezweifle ich.

Fullriede machte auf Otten einen »vollkommen ruhigen, soliden Eindruck«. Er erschien ihm als ein Mann, auf den man sich »in diesen Umständen ganz bestimmt verlassen konnte«. Um die Deutschen wohlgesinnt zu stimmen, bot er an, die Untersuchung nach den Attentätern und dem vermissten deutschen Offizier zu leiten. Er wollte zunächst mit Spürhunden den Ort des Attentats untersuchen. Fullriede stimmte zu. Als Otten mit den Spürhunden am Ort des Attentats ankam, war es halb drei. Es hatte etwas geregnet und die Spuren waren mittlerweile verwischt. Sollte vor sechs Uhr der oder die Täter oder die Leiche des vermissten Offiziers gefunden werden, so würde, erklärte Fullriede, Putten verschont bleiben. Ansonsten sollte das Dorf »dem Erdboden gleichgemacht« werden.

Zuvor, um die Mittagszeit, hatte der Kommandant der Staatspolizei in Putten, Overdijk, gehört, wie Oberst Fullriede zu seinen Truppen bei der Harderwijkerstraat gesprochen hatte.
Er teilte mit, dass ein deutscher Offizier bei einem Anschlag in Putten verschwunden sei und dass er sich noch in Putten befinden müsse. Er habe den Auftrag, die Einwohner Puttens auf dem Marktplatz zu versammeln und die Wohnungen zu durchsuchen. Aus diesem Grunde solle ihnen gesagt werden, dass sie sich zur Kontrolle der Personalausweise zum Marktplatz zu begeben hätten. Das Dorf sei in allen Richtungen abgeriegelt, Festnahmen hätten also nicht zu erfolgen. Die Leute dürften selbst zum Marktplatz gehen; jeder aber, der beim Durchsuchen noch in der Wohnung angetroffen würde, solle sofort erschossen werden.

Die deutschen Soldaten wurden in Trupps eingeteilt. Polizist Otten, der von Oberst Fullriede fälschlicherweise als Leiter der Puttener Polizei angesehen wurde, weil er eine Uniform trug, beschwor diesen, ihnen einen niederländischen Polizisten zuzuteilen, »um die Leute zu beruhigen«. Die Beamten des polizeilichen Fahrzeugdienstes, die am Sonntag frei hatten, wurden zusammengetrommelt und gegen halb eins in einem Überfallwagen zum Hotel de Spreng an der Harderwijkerstraat gebracht. Dort hörten sie von Otten, ihrem stellvertretenden Leiter, dass sie die Einwohner Puttens auffordern sollten, sich zum Markt zu begeben, damit die Deutschen besser nach den Attentätern und dem vermissten Offizier fahnden konnten. Frauen mit kleinen Kindern, Kranke und Alte durften zu Hause bleiben. Als Zeichen, dass sie von der Aktion der Deutschen nicht betroffen waren, sollten sie ein weißes Bettlaken aus ihrem Haus hängen. Ebenso erhielten die Wohnungen von Polizisten eine derartige Freistellung.

Während Otten der Auffassung war, dass die Beteiligung niederländischer Polizisten von Vorteil sei, war sich der wirkliche Kommandant der niederländischen Polizei, Overdijk, ihrer heiklen Position sehr wohl bewusst.

In beide Richtungen konnte es schwerwiegende Konsequenzen haben. »Verhaltet euch den Umständen entsprechend«, hatte ich ihnen als Auftrag mitgegeben. Darüber gab es ganz unterschiedliche Ansichten. Die einen sagten: »Mir ist lieber, sie bleiben zuhause, man weiß nie, was die Moffen vorhaben«, andere aber sagten: »Die Leute hier sind unschuldig, die Moffen können ihnen nichts tun, warum sollten sie also nicht zur Kirche kommen.«

Verhey, ein Milchbauer, der 1942 mit anderen aus seinem Wohnort Scheveningen evakuiert worden war, hatte sich im Haus seines Wirtes verschanzt, nachdem ihn sein Nachbar, der in der Kirche von der Razzia gehört hatte, gewarnt hatte.

Als wir kurz darauf vor dem Zaun standen, sahen wir, wie Overdijk über die Korenlaan kam. Er rief uns zu: »Macht, dass ihr wegkommt, denn sie schießen! Warne die Männer, verstecke sie! Er sagte es heimlich, ja, er hat die Moffen wirklich sabotiert. [...] Dann sind wir ins Haus gegangen. [...] Schließlich kamen die Deutschen, bei ihnen war auch ein Holländer [...], und ich muss ganz ehrlich sagen: Sie standen da, die Augen auf den Boden geheftet und haben mir auf die Schultern geklopft und zu meiner Frau, die die ganze Zeit heulte, sagte ein Moffe: »Es wird schon gut werden!« Mein Nachbar sagte noch: »Ich gehe nicht, lieber werde ich hier erschossen als in der Kirche.« Ich höre es ihn noch sagen [...]. Er geht nach oben, die Polizei steht im Flur. Er hatte noch ein wenig Käse und den versteckte er dort oben, für seine Frau und seine Kinder. Die Deutschen waren schon weg, nur der Holländer stand noch im Flur. Der Holländer blieb da und ging sogar nach oben. Er sagte noch: »Solltest du dich nicht besser etwas beeilen?« Er brachte uns zur Harderwijkerstraat [...], es war, als machten wir einfach einen Spaziergang. Dort standen die Moffen mit den Gewehren im Anschlag und haben uns übernommen.

Die deutschen Soldaten leisteten Fullrieds Befehl ganz unterschiedlich Folge. Einzelne sollen übel gewütet haben, obgleich es dafür keine direkten Augenzeugenberichte gibt, die meisten aber waren eher zurückhaltend. Polizist Alberts berichtete:

Bei den meisten Häusern blieben sie einfach auf der Straße stehen und ließen mich vor. Sie haben überhaupt nichts gemacht [...]. Meine Kollegen hatten allerdings Deutsche dabei, die die Tür einschlugen, wenn sie verschlossen war.

Wenn die Bewohner ihn fragten, ob sie zur Kirche gehen oder besser zu Hause bleiben sollten, antwortete er:

»Ich sage euch, was ich euch sagen muss. Aber ihr müsst selbst entscheiden, was ihr tun wollt, das überlasse ich euch.« Hätte ich gesagt: »Bleibt nur hier!« und es wäre zur Hausdurchsuchung gekommen, dann hätte auch ich Probleme bekommen.

Bäcker Elbertsen erinnerte sich an die Ereignisse allerdings ganz anders:

Plötzlich standen Moffen und auch Polizei vor der Bäckerei. Der Polizist Alberts war dabei, ich kannte ihn sehr gut. Er sagte: »Du musst dich auf dem Kirchplatz melden. Beeile dich, du musst vor halb fünf dort sein.« Er sagte es auf eine Art, als ob er mir riet, zu gehen. Er hätte ja auch sagen können: »Ich muss dir sagen, dass du dich auf dem Kirchplatz melden musst«, oder etwas in der Art. [...] Alberts wollte auch noch, dass ich meinen Sohn mitnehme, doch die deutschen Soldaten sagten, dass wenn meine Frau zuhause bleiben dürfe, die Kinder auch nicht mitmüssten. [...] Ich vertraute ihm und dachte: »Er wird mir keinen schlechten Rat geben«, er war mir sehr sympathisch. [...] Ich muss sagen, wenn die Polizei nicht dabei gewesen wäre, wäre ich niemals gegangen!

Viele hatten den beruhigenden Worten der niederländischen Polizisten geglaubt und sich schließlich auf dem Marktplatz gemeldet. Einer der Brüder Meiling hatte sich mit anderen in einem Hühnerverschlag verschanzt, als Polizist Woudstra kam und mitteilte, dass sie zum Markt kommen müssten.

Woudstra sagte, dass wir ruhig gehen könnten, er übernehme die Verantwortung. Daraufhin sind wir alle gegangen, obwohl wir zuerst ausgemacht hatten, nicht zu gehen. Ich gehöre zu den wenigen, die zurückgekehrt sind.

Ein anderer berichtet:

Als ich kurz nach draußen schaute, sah ich, wie ein Polizist die Straße entlangkam. [...] Meine Frau öffnete das Fenster und fragte ihn, was los sei, und teilte ihm mit, dass ich und die Kinder sich gut verschanzt hätten. »Warum?«, fragte der Polizist. »Sie können ruhig herauskommen. Wenn die Deutschen später das Haus durchsuchen und sie finden, dann werden sie erschossen. Sie sollen ruhig herauskommen.« Dann hat uns meine Frau geholt.

Unter den Polizisten gab es auch besonders dienstbeflissene:

Dann kamen sie auch zu uns, zwei Moffen und einer von der holländischen Polizei. Es war drei Uhr mittags. Die Herren kamen herein, doch die Moffen waren recht wohlgesinnt und durchsuchten das Haus nicht. Sie schauten nicht einmal herum und meinten nur, dass ich mich in der Kirche zu melden hatte. Sie wollten schon wieder gehen, als der Holländer sagte: »Müsst ihr nicht auch oben nachschauen?« Er pfiff die Moffen einfach wieder zurück. Dann sind sie nach oben geklettert und fanden dort natürlich meinen Bruder [...]. Auf dem Dachboden wurden sie gefunden und die Deutschen dachten deshalb, dass sie Partisanen seien. Sie befahlen alle zum Markt.

Ein anderer Mann erzählte über das Auftreten der Polizei:

Nach einiger Zeit kommt ein Polizist mit zwei Deutschen herauf. »Komm«, sagt der Kerl, »raus, zur Kirche.« Ich sage: »Mensch, ich kann nicht, du weißt doch, dass ich es am Herzen hab.« Und darauf er: »Vor zwei Stunden habe ich dich noch gesehen.«

Dank seiner geistesgegenwärtigen Frau, die zum Beweis der Herzbeschwerden ihre eigenen Medikamente hervorholte, durfte er zu Hause bleiben. Anders jedoch sein Nachbar. »In zwei Stunden bist du wieder zurück«, sagte der Polizist. Nun, er ist nicht wieder zurückgekommen.

Ein anderer Einwohner Puttens erzählte, dass es seinem Nachbarn, dem Polizisten van der Wijk, gelungen war, seine Frau zur Seite zu nehmen und sie zu fragen:

»Ist Kees zu Hause?« Ihm war zu vertrauen, meine Frau konnte also ruhig sagen, dass ich oben war. »Nun,« sagte er, »er soll herunterkommen und mitkommen. Es wird ihm nichts passieren. Um fünf Uhr ist er wieder zu Hause.«

Jeglicher Argwohn gegen die höchst seltsame und plötzliche Aktion der Deutschen wurde so beseitigt.

Wir waren im Haus völlig sicher […], da kommt plötzlich einer vom Fahrzeugdienst und meint, dass alle Männer zwischen siebzehn und fünfzig sich melden müssen. Das fand ich seltsam, denn ich kannte den Kerl gut. Ich sagte noch zu ihm: »Wilhelm, hör doch, wenn es irgendwas gibt, das dir komisch vorkommt, dann sag es, denn dann versuch ich unterzutauchen.« »Bist du verrückt«, sagt er, »geh nur. Musst nur kurz deinen Personalausweis zeigen und fertig.«

Während sich die deutschen Soldaten bei ihrem Rundgang erheblich zurückgehalten haben, macht das Auftreten der Soldaten des Fallschirmregiments aus Utrecht, die in der weiteren Umgebung von Putten aufmarschierten, deutlich, dass die Deutschen auch anders konnten. Mit oder ohne Vorwarnung schossen sie auf jeden und jede, der oder die in die nahen Wälder zu fliehen versuchte.

Als Polizist Doornbosch an jenem Morgen bei der Harderwijkerstraat ankam, sah er, wie zwei junge Männer einen Leichnam auf einer Leiter herbeibrachten, der zu den Gefangenen gelegt wurde. Bei dem Toten handelte es sich um einen 22-jährigen Mann, der schon seit gut eineinhalb Jahren bei seinen Großeltern untergetaucht war. Er war vor dem Haus, als er die deutschen Soldaten sah. Sie hatten ihn ebenfalls bemerkt. Auf der Flucht wurde er von ihnen niedergeschossen. Keine Stunde später starb er.

An jenem Sonntag zählte man sieben Tote. Aus einem Abstand von etwa drei Metern wurde ein 20-Jähriger, der sich mit anderen in einem angrenzenden Weiler versteckt hatte, von einem Soldaten, der kaum älter war als er selbst, in den Kopf geschossen. Ein Mann, der gerade an diesem 1. Oktober von Apeldoorn vor der dort anstehenden Razzia nach Putten geflohen war (seine Frau erwartete ihr elftes Kind), wurde auf der Flucht in die Wälder ohne jegliche Vorwarnung erschossen. Ein 20-Jähriger, der mit Freunden Fußball spielte, wurde niedergeschossen und erlag wenig später im Krankenhaus von Ermelo seinen Verletzungen. Auch einer seiner Freunde wurde von den Kugeln getroffen. Er überlebte.

Die Tochter von van Beek wollte ihren Vater nicht gehen lassen, als die Deutschen in das Haus ihrer Eltern eindrangen. Nachdem man ihr erklärt hatte, dass dann auch sie mitmüsste, ist »sie kurz nach oben gegangen, um ihre Jacke zu holen«, und aus dem Fenster ihres Schlafzimmers geflüchtet. Ihr Nachbar wurde mittags gegen halb zwei Zeuge davon, wie sie versuchte, durch einen ausgetrockneten Graben zu fliehen.

Man konnte sie über dem Grabenrand sehen und die Deutschen schossen auf sie. Ich sah, dass sie die Gewehre auf sie richteten und in ihre Richtung schossen. Immer wieder fiel sie hin und ich dachte, dass sie getroffen sei, doch sie stand jedes Mal wieder auf und flüchtete dann weiter, nachdem sie sich zuerst nach den Deutschen umgeschaut hatte. Diese hörten auf zu schießen, sobald sie fiel oder stehen blieb, doch fingen sofort wieder an zu schießen, sobald sie weiterlief. Ich habe ihr ein paar Mal zugerufen, dass sie nicht weglaufen sollte, da die Deutschen nicht schießen würden, wenn sie stehen bliebe, doch sie lief einfach weiter. Anscheinend war sie durch den Schrecken so verstört, dass sie einfach nicht stehen bleiben konnte. Daraufhin nahm einer der Soldaten ein Maschinengewehr und feuerte vier Schüsse ab. Hendrika fiel zu Boden und stand nicht wieder auf.

Manche Dorfbewohner legten sich, als sie von der Razzia hörten, »krank« ins Bett. Die Erfahrung von vier Besatzungsjahren hatte sie gelehrt, dass bei Krankheit in der Regel eine Ausnahme gemacht wurde. Vossegat ging sofort ins Bett. Als die Deutschen kamen, sagte seine Frau, dass ihr Mann Kinderlähmung habe. »Als sie weggegangen waren«, erzählte Vossegat, »saß ich im Bett und schaute, wer alles vorbeilief, und plötzlich sehe ich Witvoet (ein untergetauchter Polizist aus Weert, der bei ihm in der Nähe wohnte) auf dem Fahrrad mit Frau und Kind in Richtung meines Hauses kommen. Er fragte, ob er hereinkommen und hier bleiben dürfe. Vossegat ergriff die Chance und meinte zu Witvoet, dass er sofort seine Uniform anziehen solle, »denn ich dachte, dass es besser sei, einen Polizisten als einen Zivilisten im Haus zu haben. Sollten Deutsche kommen, konnte ich sagen, dass er in Weert Dienst tat und ich ihn zu mir eingeladen habe.«

Vossegat und Witvoet haben die Razzia überlebt.

Andere ließen sich sehr wohl mit dem Argument ins Dorf locken, dass es sich lediglich um eine Ausweiskontrolle handle. Auch van den Berg, ein Uhrmacher, legte sich »krank« ins Bett, als er von der Razzia hörte. Um viertel nach vier kam ein Deutscher, der ihm mitteilte, dass er zur Kirche gehen müsse. Van der Berg weigerte sich zunächst entschieden, hatte er doch ein sechs Monate altes Kind. Es sei nur zur Kontrolle der Personalausweise, meinte der Deutsche. Seine Frau warnte ihn, aber er ging dennoch mit.

Andere wussten vor lauter Angst nicht, was sie tun sollten. Eine Frau erzählte:

Mein Mann wollte zuerst fliehen, denn die Moffen schossen scharf. Er zog seinen Anzug an, einen Rollkragenpullover und Stiefel und sagte: »Ich mache mich aus dem Staub!« Doch das hat er nicht getan; und er blieb einfach sitzen, wie, ich weiß es nicht. Und wen die Moffen sahen, den schossen sie nieder; er hätte es also doch nicht tun können, sie hätten ihn bestimmt gleich erschossen. Um elf etwa kam ein Schwager von mir und sagte: »Hier stimmt was nicht, wir fliehen!« Doch mein Mann ging wieder nicht. Er fand auch, dass etwas nicht stimmte, und blieb wieder sitzen. Den ganzen Morgen saß er hinter dem Spion und schaute, was bei der Kirche passierte. Plötzlich sah er es nicht mehr ganz so schwarz, denn es wurden auch Frauen und Kinder festgehalten, eine echte Razzia konnte es also nicht sein.

Um vier wagte sich ihr Mann kurz nach draußen:

An der Ecke stand ein holländischer Polizist und mein Mann fragte ihn: »Was geht hier denn vor?« »Ach nichts,« sagte dieser, »auf der Oldenaller wurden Moffen erschossen und die Moffen suchen jetzt nach Waffen, das ist alles. Geh nur zur Kirche, denn dort sind alle.«

Und er ging.

Manchmal konnten die Frauen verhindern, dass ihr Mann, Sohn oder Bruder sich meldeten, wie die Tochter des Schulleiters Voorhuizen, die mit ihrem Mann und ihren Kindern bei ihrem Vater und Bruder zu Besuch war.

Als ich nach Hause kam (aus der Kirche, aus der man sie freigelassen hatte), wartete mein Mann mit meinem Bruder auf mich, doch ich sagte schnell: »Ihr müsst sofort weg!«

Mein Mann hatte schon ein Loch in den Boden gemacht. Mein Bruder sagte noch: »Nein, ich möchte erst noch Pudding mit Traubensaft essen!« Er hat erst noch in aller Ruhe gegessen, doch da kamen schon die Deutschen. Mein Bruder stürzte los, rannte nach hinten und ist vor der Polizei auf den Dachboden geflohen. Er hat Glück gehabt, denn das Haus wurde nicht durchsucht.

Es gab allerdings auch Frauen, die ihre Männer ermutigten, sich zu melden, wie die Frau des Notars Neervoort.

Da sagte ich dumm, wie ich war: »[...] Die werden doch nicht allen Männer etwas antun. Geh du doch auch.« Gott sei Dank hat er es nicht getan.

Wer einmal auf dem Dorfmarkt war, für den gab es kein Zurück mehr. Im Abstand von hundert Metern standen Soldaten mit Maschinengewehren. Überall wimmelte es von Militärsoldaten. Auf dem Platz vor der Alten Kirche standen Militärfahrzeuge, von allen Seiten wurden Menschen herangeschafft. Die Frauen, die im Laufe des Mittags kamen, wurden sofort in die Kirche gebracht und dort festgehalten. Deutsche Soldaten und niederländische Polizisten sorgten für Ordnung. Sofort nach dem Ende der Gottesdienste waren die ersten Dorfbewohner von Soldaten im Gemeindehaus zusammengetrieben worden. Unter ihnen war die Tochter des Schulleiters Voorthuizen. Sie versuchte ruhig zu bleiben. »Wir haben ein Pfadfinderspiel gespielt, um die Zeit zu vertreiben und uns abzulenken.« Gegen vier Uhr wurden sie aus dem Gemeindehaus geführt. Sie mussten sich in einer Reihe aufstellen und befürchteten schon das Schlimmste. In Vierer- und Fünfergruppen wurden sie »wie Herdenvieh« dann zur Alten Kirche getrieben.

Die Männer mussten sich zuerst vor der Kirche versammeln, danach wurden sie hinter die Kirche gebracht. Anfangs durften sie sich noch frei bewegen. Später, etwa gegen drei Uhr, wurden sie zur Schule am Marktplatz gebracht, die für die vielen Männer allerdings keinen ausreichenden Platz bot. Schon nach kurzer Zeit liefen die Toiletten über und die Abwässer gelangten in die Gänge und Klassenzimmer, wo die Männer zusammengepfercht waren. Der Gestank war unerträglich.

Pfarrer Holland berichtete:

Die Männer sprachen wild durcheinander und schließlich hörten wir Genaueres, auch über das Attentat. Ich hatte einen deutschen Soldaten gefragt, was das Ganze sollte, und er hatte geantwortet: »Die Wehrmacht duldet nicht, dass ein deutscher Offizier niedergeschossen wird.« [...] Nachdem ich das gehört hatte, war ich sehr pessimistisch – und andere auch.

Nach einiger Zeit hieß es, dass Männer über fünfzig gehen konnten, doch als Pfarrer Holland endlich den Ausgang erreicht hatte, durfte niemand mehr die Schule verlassen. Bis neun Uhr abends standen sie dort.

Mittags noch war Otten in der Schule gewesen, um zu fragen, wer etwas über das Attentat wisse. Der örtliche NSB-»Bauernführer« Jansen sagte: »Ich weiß etwas«, und verließ zusammen mit Otten die Schule. Nach einer halben Stunde kam Otten zurück. Daraufhin mussten Schuiteman und seine beiden Söhne vortreten. Ihr Knecht, der bei ihnen untergetaucht war, war von Jansen angezeigt worden. Zu dritt wurden sie zu den Geiseln gebracht, die gegen neun Uhr abends noch immer an der Mauer des Cafés de Heerdt standen. Jansen war freigelassen worden.

Obwohl man die Männer, die älter als fünfzig waren, freigelassen hatte, war die Schule noch immer überfüllt. Unter ihnen war auch Kiks, ein Zimmermann:

Abwechselnd haben wir auf den Holzbänken gesessen und so die Nacht verbracht.

Es war kalt und stank wie die Hölle, alle Fenster waren geschlossen. [...] Man sprach davon, dass die, die etwas von dem Attentat wussten, es sagen sollten, im Interesse Puttens, denn das wäre um einiges besser gewesen.

Kiks und sein Freund Frericks, den man ebenfalls in der Schule festhielt, wussten nicht, was sie tun sollten. In der Nacht des Attentats hatte Kiks, der Frericks bei der Luftabwehr vertreten hatte, gehört, wie vor dem Gebäude der Luftabwehr beim Gemeindehaus ein Auto gehalten hatte. Er und zwei weitere Männer (der Bäcker van Eekelen und der alte Nachtwächter Pieper) hatten gesehen und gehört, dass in dem Auto zwei Verwundete lagen. Der Fahrer des Fahrzeugs hatte jedoch von ihnen verlangt, niemandem etwas zu sagen. Als Kiks gegen Morgen nach Hause kam, hatte er dennoch Frericks von dem Vorfall berichtet, der sich, als sie beide schließlich in der Schule festgehalten wurden, fragte, ob er es den Deutschen nicht melden müsse. Am Sonntagabend um neun Uhr mussten alle Männer zwischen siebzehn und fünfzig Jahren, die in Putten ansässig waren, heraustreten. Kiks war in Amsterdam gemeldet und blieb aus diesem Grunde als Nicht-Ansässiger mit vielen anderen in der Schule, wo er die Nacht verbrachte.

Frericks wurde mit den anderen Einwohnern Puttens von der Schule zur Kirche gebracht, die zuvor geräumt worden war. Die Frauen, die mittags dort gefangen gehalten worden waren, hatte man nach Hause geschickt. In der Kirche waren vierhundert Männer die ganze Nacht im Dunkeln eingepfercht. Sie hatten fürchterlichen Durst. Manche von ihnen hatten seit dem frühen Sonntagmorgen nichts mehr gegessen oder getrunken. Die Männer versuchten so gut es ging, auf den Bänken zu liegen und etwas zu schlafen, doch es war sehr laut. Viele liefen in der Kirche auf und ab. Toiletten gab es nicht. Zudem war es in der Kirche sehr kalt, Soldaten gingen ein und aus, es zog durch das ganze Gebäude. Pfarrer

Holland hatte aus dem Konsistorium einen Stuhl geholt und versucht, darin etwas zu schlafen, seinen Talar um sich gehüllt. Zweimal bat er einen Soldaten, ihn freizulassen, weil er schon 66 Jahre alt sei. Obwohl der Soldat sich darum bemühte, wurde auch Holland weiter festgehalten. Nur Oberst Fullriede konnte darüber entscheiden und dieser war nach Utrecht gefahren. Gegen drei Uhr nachts kamen Deutsche in die Kirche und fragten, wo der Herr Pfarrer sei.

Sie kamen zu mir und meinten, ich solle bekanntgeben, dass sich die Männer zwischen siebzehn und fünfzig Jahren morgens um sieben bei einer bestimmten Türe aufzustellen hatten. [...]

Die Deutschen gingen wieder und daraufhin kamen alle Männer zu mir und fragten, was los sei. Da dachte ich: »Am besten ich sage es gleich, dann wissen sie es zumindest.« Das habe ich dann auch getan. In der Kirche waren auch Jungen, die jünger als siebzehn waren, von denen wich der Druck, sie sangen und pfiffen und warfen mit Kissen. Sie wurden fast schon ein wenig übermütig. Ich habe sie ein Mal gerügt, daraufhin waren sie still, doch nach einiger Zeit fingen sie wieder an. Wir haben sie dann gelassen.

So haben wir die Nacht verbracht. Als es hell wurde und ich sehen konnte, wer alles da war und wo die Männer saßen (um viertel nach sechs) habe ich zu den Männern gesprochen, fünfzehn, vielleicht zwanzig Minuten lang. [...]

Ich habe einfach so gesprochen und man darf nicht vergessen, dass der Druck schwer auf mir lastete. Ich kann mich nicht mehr genau erinnern, was ich dort gesagt habe. Ich habe sie einfach auf die Dinge hingewiesen, die ich für notwendig hielt. Noch während ich sprach, kam die Wehrmacht herein; sie blieben allerdings hinten in der Kirche stehen und haben mich zu Ende reden lassen. Ich hatte davor nicht gefragt, ob ich sprechen dürfe, ich betrachtete es einfach als meine Pflicht. Danach habe ich mit den Männern gebetet und gesagt, dass ich mit ihnen ein paar Psalmverse singen wolle. Als ich das gesagt hatte, schaute ich Richtung Wehrmacht, denn ich wusste nicht, ob es in Ordnung war. Jemand nickte oder rief ja, ich weiß es nicht mehr genau. Wir haben dann Psalm 84, Vers 3 und 4 gesungen. Bei der zweiten Hälfte von Vers 4 sah ich, dass einige der Männer sehr aufgewühlt waren.

Er sprach »über die Nähe Gottes«, erinnerte sich einer von ihnen. Ein anderer schrieb in einem Brief nach Hause, dass Pfarrer Holland eine Predigt »über den entsetzlichen Sonntag« gehalten habe, »der Putten nun heimsuchte, ohne dass es daran Schuld trage«. Verhey erzählte später, dass Pfarrer Holland gesagt habe, dass wir uns in unser Schicksal fügen müssten, dass wir es nicht zu schwarz sehen dürften, aber auch nicht zu rosig. Wir würden wahrscheinlich deportiert werden, sagte er. Seine Worte machten einen tiefen Eindruck auf mich.

MONTAG, 2. OKTOBER 1944

Am Montagmorgen mussten sich die Männer im Alter zwischen siebzehn und fünfzig Jahren gegen halb acht im Mittelgang der Kirche aufstellen; danach wurden sie aus der Kirche geführt. Die zurückbleibenden Männer und Jungen mussten zur Alterskontrolle am Ausgang ihre Personalausweise zeigen und wurden danach zur Schule gebracht. Sie kamen mittlerweile fast um vor Hunger. Nach einiger Zeit mussten sie die Schule wieder verlassen und erneut zur Kirche, wo die Frauen mit Essen hereinkamen. Den Frauen war als Gegenleistung für ihre Freilassung von den Deutschen befohlen worden, Essen zu bereiten. Geertje Vos war früh aufgestanden, um für die Männer zu kochen. Als das Essen fertig war, ging sie mit den anderen Frauen ins Dorf.

Immer wieder sprachen wir uns Mut zu. Wir kamen schließlich nach Putten. Es war nicht einfach, denn die Töpfe mit dem Essen waren schwer. […] Wir mussten uns vor der Eierhalle aufstellen, hinter der Kirche. Dann plötzlich wurden wir in die Papiermakerstraat getrieben. All die vielen hundert Leute! Dann sahen wir, dass die Männer herauskamen: die zwischen siebzehn und fünfzig; und überall waren Maschinengewehre auf dem Markt. Wir sind fürchterlich erschrocken. Wir dachten, dass sie jetzt alle erschossen würden. Dann mussten wir in die Kirche. Wie eine Kuhherde wurden wir in die Kirche getrieben. Wir suchten einen Platz und setzten uns. Vom vielen Stehen waren wir so müde geworden. Wieder in der schrecklichen Kirche. Dann kamen die Männer herein. Was für eine Freude! Ob wir ihnen wohl das Essen geben durften? Und würden sie dann vielleicht freigelassen werden? Oder mussten wir alle zusammen hier bleiben? Wir sahen lauter bekannte Gesichter. Wir stellten uns auf oder zwischen die Kirchenbänke. Da stellten wir fest, dass es nur die Männer über fünfzig und die Jungs unter siebzehn waren. Weg war unsere Freude!

Die Töpfe wurden den Frauen fast aus den Händen gerissen.

Erst saßen wir nur da, mit den Töpfen auf den Schößen. Wir durften den armen Männern noch kein Essen bringen, obwohl sie doch solch einen Hunger hatten. Wir durften überhaupt nicht zu ihnen. Später dann schon, doch dann war es unmöglich zu dem eigenen Mann zu gelangen, denn andere rissen es einem aus den Händen.

Sie hatten vor allem großen Durst. »Nein, kein Essen, nur etwas zu trinken, nur Trinken. […] Seit gestern habe ich nichts getrunken«, meinte ein alter Mann.
Die Männer zwischen siebzehn und fünfzig Jahren, die man frühmorgens aus der Kirche geholt hatte, hatten sich mittlerweile auf dem Marktplatz aufstellen müssen. Überall standen

Soldaten mit Maschinengewehren. Die Männer hatten fürchterliche Angst, denn sie dachten, dass sie nun erschossen würden. Die Frauen und Mädchen, die mit Essen zur Kirche gegangen waren, durften den Männern auf dem Marktplatz nichts geben. Weinend standen sie in einiger Entfernung da, einige Frauen wurden ohnmächtig. Dann kamen Deutsche, die fragten, ob jemand etwas über das Attentat wisse. Bauer Verhoef und sein Nachbar, Bauer Hogebrug, traten vor. Des Weiteren durften auch die NSB-Mitglieder vortreten. Ein Junge aber, der mit einem Mädchen aus einer NSB-Familie verlobt war, weigerte sich, als er hörte, dass ihre Familie sich um seine Freilassung bemüht hatte. Einem anderen wurde geraten, den Deutschen zu melden, dass er die Soldaten, die am *Dolle Dinsdag* in der Harderwijkerstraat niedergeschossen worden waren, bei sich zu Hause versorgt hatte. Weil allerdings nur NSB-Mitglieder vortreten durften, tat er es nicht, weil er Angst hatte, dass man ihn dann auch für einen Landesverräter halten würde.

Als die Deutschen erneut fragten, ob jemand etwas über das Attentat und die Täter berichten könne, trat Frericks vor:

Ich hatte es mit Kiks besprochen: Wir taten, was wir für richtig hielten. […] Draußen mussten wir uns unter Maschinengewehren hintereinander in Fünfer- oder Sechserreihen aufstellen. Jeder dachte natürlich: »Jetzt ist's aus.« […]

Frericks berichtete Vogel vom SD, was er gesehen hatte. Danach wurden Kiks aus der Schule, van Eekelen aus der Kirche und der alte Pieper von zu Hause geholt und zum Polizeibüro gebracht. Was sie über die Ereignisse in der Samstagnacht bei der Luftabwehr zu berichten hatten, wurde ausführlich zu Protokoll genommen, mittags wurden sie freigelassen. So gut es ging, versuchten einige Krankenschwestern auf Anweisung von Doktor Vonk, möglichst viele Männer aus der

Kirche freizubekommen, indem sie TBC-Bescheinigungen ausstellten. Sie wussten, dass die Deutschen vor ansteckenden Krankheiten eine ungeheure Angst hatten.

Wir haben mit den Moffen geredet und gesagt, dass einige der Männer Lungenpatienten seien. Die durften heraus und kamen in die Eierhalle, wo auch Essen für sie bereitstand. Wir haben Aspirin verteilt und später auch Brot. [...]

De Vries, der sehr krank war und nicht länger stehen konnte, erhielt von Oberst Fullriede die Erlaubnis, sich kurz in der Kirche auszuruhen. Das war seine Rettung: Sie vergaßen ihn. Glück hatte auch Doktor Lenstra. Seine Frau bekam in der Nacht ein Kind und durch Ottens Vermittlung durfte der Doktor nach Hause. Polizist Oosterink schloss mit den Deutschen einen Deal. Sie wollten Schinken haben und den bekamen sie auch – allerdings im Tausch gegen seinen zukünftigen Schwiegervater, der Metzger war.

Gegen Mittag stieß zu der Männergruppe auf dem Marktplatz eine weitere Gruppe: die Nicht-Ansässigen im Alter zwischen siebzehn und fünfzig Jahren, die in der Nacht in der Schule gefangen gehalten worden waren. Alle Männer, die nun draußen standen, mussten ein großes Karree bilden, und in diesem Karree patrouillierten deutsche Soldaten. Die Männer fürchteten nun nicht mehr, auf der Stelle erschossen zu werden. Van Losenoord sah, wie die Deutschen zu trinken begannen: »Sie hatten Geneverschnaps und nahmen immer wieder einen Schluck.« Dann gab ein Oberleutnant den Befehl, »die ganze Kompanie« antreten zu lassen.

Den Frauen in der Kirche entging nicht, dass die Männer abgeführt wurden: »Wir hörten Trampeln und Schritte, wie von einer großen Horde, die an der Kirche vorbeimarschierte.« Manche sahen es durch die Kirchenfenster mit eigenen Augen, so erzählte Otten, der zu diesem Zeitpunkt in der Kirche war, »es war ein fürchterliches Durcheinander, die Frauen schrien und beteten, es ging durch Mark und Bein, es war schrecklich.« Aus den Fenstern der Häuser an der langen Stationsstraat sahen die zurückbleibenden Einwohner Puttens mit Entsetzen, wie die Männer abgeführt wurden.

Dreimal insgesamt wurden am Montagmittag die Männer und Frauen, die noch in der Kirche festgehalten wurden, aufgefordert, alles zu berichten, was sie über das Attentat wussten. Ansonsten – so der SS-Offizier Fernau vom Wachbataillon Nord-West – würde in Putten dasselbe passieren, was auch in Polen geschehen sei: Die Kirche würde mit allen Leuten »in Staub verwandelt« werden.[15] Pfarrer Holland, der die Worte des deutschen Offiziers übersetzte, begriff nun, dass Putten hart gestraft werden würde. Der Offizier teilte mit, dass auf Puttens Grundgebiet auf zwei deutsche Offiziere ein Attentat verübt worden sei, und forderte jeden, der etwas darüber wisse, auf, es innerhalb einer viertel Stunde zu melden. Könne der Vorfall nicht aufgeklärt werden, so würde Putten es zutiefst bereuen. Niemand meldete sich.

Pfarrer Holland ergriff das Wort. Er ermahnte jeden, mit sich ins Gericht zu gehen und sich zu fragen, was im Angesicht einer solch schweren Bedrohung für die ganze Gemeinde zu tun sei. Daraufhin kam ein anderer mit der Nachricht,

dass in diesem Moment über unser Schicksal entschieden würde. Und dass gleich ein Offizier erscheine, der mitteile, was passiere. Die Spannung stieg mit jeder Minute. [...] Dann kam mit großem Pomp ein deutscher Offizier herein, begleitet von demselben Polizisten wie tags zuvor. Er blieb hinten in der Kirche stehen. Es herrschte atemlose Stille.

Fullriede stellte sich diesmal nicht neben die Kanzel, sondern auf die Galerie. Neben ihm stand Otten, der die Worte des Oberst übersetzte. Die Frau von Pfarrer de Jager erzählte:

[…] Er las vor, dass wir alle aus der Kirche dürften, dass wir um vier Uhr Putten verlassen haben müssten, weil Putten niedergebrannt werden sollte.

Fullriedes Erklärung schlug ein wie eine Bombe. »Die Leute waren nicht zu beruhigen.« Holland sah, wie die Stimmung in ein »sauve qui peut« umschlug. Schwester Heystek erzählte:

Ich werde diesen Augenblick niemals vergessen. Ich hatte das Gefühl, dass mir der Boden unter den Füßen wegsackte, plötzlich war alles so schrecklich. Die Männer weg, Putten abgebrannt, die Frauen und Kinder voller Angst. […] Ich dachte an nichts mehr und ich wollte nur noch eines: weg aus der Kirche! Ich rannte weg, durch das Kirchenportal […] nach Hause.

Als die Männer am Montagmittag abgeführt worden waren, war es warm. »Sie trugen nur leichte Kleidung. Was sollte aus ihnen werden, der Winter stand bevor«, schrieb Geertje Vos, deren Schwager unter den Deportierten war.
SS-Männer vom Wachbataillon patrouillierten die 660 Männer zum Bahnhof. »Es machte ihnen Spaß«, erinnerte sich Punt, ein Gastwirt. Als sie bei der Pferdevermietung waren, wollte Zeegers Frau ihrem Mann etwas zu essen geben, doch die Soldaten schnauzten: »Die brauchen kein Essen mehr!«
Die Männer wurden am Bahnhof vorbei über die Bahnlinie geführt. Im Wald mussten sich die Gefangenen hinknien. Die 38 Geiseln mussten sich neben die Gräber legen, die dort russische Kriegsgefangene Wochen zuvor gegraben hatten. Sie waren in Todesangst, dass sie jeden Moment erschossen würden. Englische Flugzeuge flogen vorüber, doch es passierte nichts. Jemand vom Gemeindehaus kam und las Namen von Männern vor, die noch freigelassen werden sollten. Dabei handelte es sich um etwa zwölf Männer, meist NSB-Mitglieder oder andere deutschfreundliche.

In der Zwischenzeit rangierten die Deutschen einen Zug, was einige Zeit in Anspruch nahm. Dann wurden die Gefangenen in kleinen Gruppen, damit sie nicht fliehen konnten, zu den Viehwaggons geführt. Die Geiseln wurden in den letzten Waggon getrieben. Im selben Augenblick kamen auch die Frauen herbei, die mit Essen und Kleidung den Männern nachgelaufen waren. Zur selben Zeit setzte auch der Flüchtlingsstrom aus dem Dorf ein:

Die Flüchtlinge mussten am Bahnhof vor dem geschlossenen Schlagbaum anhalten und zusehen, wie wir zu sechshundert in die Waggons getrieben wurden. [...] Es schien, als sei es absichtlich so inszeniert worden.

Danach blieb nicht mehr viel Zeit, um noch Abschied voneinander zu nehmen.

DIE AKTE »POLIZEISÄUBERUNG PUTTEN«

Der historische Wert dessen, was Menschen über ihre Vergangenheit erzählen, ist groß. In der erinnerten Vergangenheit finden sich zum einen häufig wichtige und einzigartige Informationen, die auf keine andere Art und Weise zu erheben sind, zum anderen aber spricht aus ihnen nicht nur das individuelle, sondern auch das kollektive Bewusstsein. Was Menschen über ihre Erfahrungen erzählen, ist schließlich nicht selten die Folge einer Reflexion, die für unser Wissen um die Vergangenheit von großem Wert sein kann. Mündliche Zeugnisse haben allerdings auch eine Kehrseite. Sie erwecken schnell die Illusion, als seien sie unabhängig von politischen Ereignissen und als bestünde kein Zusammenhang zu wirtschaftlichen und strukturellen Veränderungen in der Gesellschaft, denn über diese sprechen Menschen weitaus weniger als über das, was in ihrem persönlichen Leben vorgefallen ist. Um die Vergangenheit wirklich zu verstehen, müssen die Zeugnisse in einen Kontext eingeordnet werden, der zuweilen bereits durch dieselben Zeugnisse vorausgesetzt wird.[16]

Auch in den Berichten und Erzählungen der Einwohner Puttens über die Razzia finden sich zahlreiche Hinweise auf den breiteren historischen Kontext. Die Erinnerungen derjenigen, die die Razzia miterlebt haben, verraten vor allem die enge Beziehung zu ethischen Fragen. Bis heute dominiert in den Erinnerungen die Tatsache, dass sich so viele Puttener Männer und Frauen an jenem Sonntagmittag auf Befehl deutscher Soldaten und niederländischer Polizisten zum Zentrum des Dorfes begeben haben. Die Berichte darüber handeln in ihrem Kern, wie nüchtern und wirklichkeitsgetreu sie auch erzählt sein mögen, von Zweifeln, Angst und mangelnder Einsicht, von jenen Gefühlen also, an die viele nach dem Krieg lieber nicht erinnert werden wollten, und die die Zeugenaussagen über das Auftreten der niederländischen Polizei unverkennbar beeinflusst haben. Die schleppende Untersuchung des Auftretens der Polizei am 1. Oktober 1944 hatte sich mittlerweile tief ins kollektive Bewusstsein der Puttener Bevölkerung eingeprägt. Das ist wenig verwunderlich, denn als nach dem Krieg deutlich wurde, dass von den sechshundert Männern, die nach Deutschland deportiert worden waren, nur etwa vierzig die Entbehrungen in den Konzentrationslagern überlebt hatten, wurde die Antwort auf die drängende Frage, warum ein derart hartes Schicksal gerade Putten getroffen hatte, in der Rolle der Puttener Polizei gesucht. Die Aussagen, die die Überlebenden nach der Befreiung gegenüber Kuilman und Wildschut gemacht haben, legen davon Zeugnis ab, wie die Puttener Gemeinschaft die Tragödie psychisch verarbeitet hat.

Für die Anschuldigung der Kollaboration der niederländischen Polizei mit den Deutschen gab es allerdings auch ein politisches Motiv. Als Overdijk, der ehemalige Gruppenkommandant der Staatspolizei, im Mai 1947 von dem RIOD-Mitarbeiter Wildschut befragt wurde, erklärte dieser, dass der Fall sich gleich nach der Befreiung Puttens am 18. April 1945 in die »verkehrte Richtung« entwickelt habe. Die Polizei sei hart angegriffen und praktisch der gesamte Polizeiapparat suspendiert worden, obgleich es sich – wie er meinte – ausnahmslos um »hervorragende Niederländer« gehandelt habe. Ihm sei angelastet worden, dass er als Leiter der wirtschaftlichen Abteilung der Polizei in Putten Schwarzhändler gefangen genommen habe, die daraufhin nicht mehr aus Deutschland zurückgekehrt seien. Für ihn sei das Vorgehen gegen die Polizei nichts anderes als ein reiner Machtstreit, bei dem die Gegenpartei zu Beginn die Oberhand gehabt habe, was schließlich dazu geführt habe, dass er gefangen genommen worden war. Als er im Sommer 1945 nach Putten zurückgekehrt sei, habe man angefangen, ihn und den gesamten Polizeiapparat wegen seiner Kooperation mit den Deutschen am 1. Oktober 1944 in Verruf zu bringen. Am schlimmsten seien die »Jung-Widerstandskämpfer« gewesen, »Schwarzhändler«, wie er meinte, die von Leuten unterstützt worden seien, »die auch keine reine Weste« gehabt hätten. Bezichtigungen wie »sie gingen von Haus zu Haus und schleppten die Menschen zur Kirche« hätten kein Ende genommen.[17]

Die so genannte »Sonderrechtsprechung« und die »politische Säuberung bezüglich der Polizei« verliefen in Putten sehr mühsam und nur unter erheblichen Schwierigkeiten. Bei der Untersuchung der Rolle einzelner Polizisten erschwerten vor allem politische Ambitionen, zweifelhafte Kriegsreputationen und persönliche Sympathien oder Antipathien gegenüber den Verdächtigten eine objektive Einschätzung des individuellen Handelns der Beteiligten. Das war ein Problem, mit dem man überall in den Niederlanden zu kämpfen hatte, wo die Fragen von Kollaboration und Widerstand eine Rolle spielten. Die Akte »Aburteilung und politische Säuberung bezüglich der Polizei Putten« gehört allerdings vor allem wegen der besonderen Art der Kooperation der Polizei mit der Besatzungsmacht bei den Ereignissen am 1. Oktober 1944 zu den kompliziertesten Nachkriegsverfahren, mit denen der »Sondergerichtshof« in Arnheim, das »Säuberungstribunal« in Zutphen und die »Säuberungsräte« der Polizei betraut waren.

DER POLIZEILICHE FAHRZEUGDIENST UND DIE PUTTENER POLIZEI

Dem stellvertretenden Bürgermeister Numan oblag unmittelbar nach der Befreiung Puttens die Aufgabe, die ernstlich gestörten Verhältnisse unter den Dorfbewohnern wieder ins Lot zu bringen und die Gemeinde wirtschaftlich neu aufzubauen. In Putten, so berichtete er, »herrschte ein unglaublicher Hass, nicht nur gegen die Deutschen, sondern vor allem auch gegen die ehemaligen Widerstandskämpfer. Der neue Bürgermeister durfte kein Puttener sein, doch er musste auf der Seite der einstigen Untergrundbewegung stehen – und er musste schießen können, weil man gerade in Putten Agitationen erwartete.« Numan, der als Ortsgruppenkommandant der so genannten »Inneren Niederländischen Streitkräfte« (Binnenlandse Strijdkrachten, BS)* gerade bei den im Untergrund operierenden Gruppen in hohem Ansehen gestanden hatte, war von der Militärverwaltung als Bürgermeister in Putten eingesetzt worden und musste zugleich als Vorsitzender des örtlichen Ausschusses »politische Säuberung bezüglich der Putte-

*Verbund niederländischer Widerstandskämpfer in den letzten Jahren der Besatzungszeit. Beim Anrücken der Alliierten wurden die Widerstandsgruppen immer aktiver. Um ihre Aktionen zu koordinieren gründete die niederländische Exilregierung im September 1944 die Binnenlandse Strijdkrachten (Innere Niederländische Streikräfte) unter Befehl von Prinz Bernhard, in denen alle anerkannten Widerstandsgruppen aufgenommen waren. Siehe hierzu auch Kap IV in diesem Buch.

ner Polizei« auftreten. Für die Atmosphäre, die in Putten herrschte, konnte er nur wenig Verständnis aufbringen.

»Die Stimmung war völlig vergiftet, die Einschätzung der Situation vollkommen falsch. Die Frauen schrien ständig die Polizisten an: ›Du hast meinen Mann ermordet!‹ Ich wollte sie davon überzeugen, dass Gerechtigkeit walten würde und dass ihr Verhalten falsch war, doch das ist mir nicht gelungen.«[18]

Bei der politischen Säuberung der Puttener Polizei muss zwischen zwei Abteilungen der Polizei unterschieden werden. Zunächst ging es um die Beamten des polizeilichen Fahrzeugdienstes (Politie Motor Dienst, PMD) unter Leitung von Otten. Diese Polizeiabteilung war im April 1943 vom Westen der Niederlande nach Putten evakuiert und in der Eierhalle untergebracht worden. Insgesamt arbeiteten für den PMD in Putten etwa neunzig Männer.

Neben dem PMD, der keine polizeilichen Aufgaben erfüllte und auch keine Ermittlungszuständigkeiten besaß, gab es in Putten die Dienst habende Staatspolizei, die seit der Reorganisation der niederländischen Polizei im Jahr 1943 zur Region Arnheim gehörte. Gemeinsam mit den drei Ortspolizisten, die es seit 1940 in Putten gab, unterlag sie damit dem mittlerweile gleichgeschalteten Generaldirektorat der Polizei.

Bei der Befreiung Puttens waren beim PMD noch 54 Männer im Dienst. Sie alle wurden in Erwartung der Ergebnisse der politischen Säuberung vorläufig vom Dienst suspendiert.[19] In der ersten Juniwoche empfahl der örtliche Ausschuss »politische Säuberung bezüglich der Puttener Polizei«, alle Beamten des PMD zu rehabilitieren, mit Ausnahme von zwölf Polizisten, darunter PMD-Kommandant Otten, der Leiter Overeynder und noch drei weitere höhere Beamte. Fünf der zwölf Polizisten waren NSB-Mitglieder gewesen, was an sich schon ein hinreichender Grund zur Suspendierung gewesen wäre.[20]

Der Ausschuss beschäftigte sich mit dem PMD im Übrigen nicht wegen seiner Rolle bei der Razzia am 1. Oktober 1944, sondern wegen seiner Zusammenarbeit mit dem Kampfgruppenverband Rauter seit Mitte Dezember desselben Jahres. Im November war Otten vom Generaldirektorat der Polizei in Zwolle, zu dem der PMD ein gespanntes Verhältnis hatte, vor die Wahl gestellt worden, mit seinen Mitarbeitern für die Besatzungsmacht zu arbeiten oder zum Arbeitseinsatz hinter der Ijssel eingesetzt zu werden. Otten entschied sich für die Zusammenarbeit. Die Abteilung blieb unter niederländischer Leitung und wurde vom Arbeitseinsatz freigestellt. Otten verteidigte diese Art der wirtschaftlichen Kollaboration mit dem Argument, dass man erwartet habe, dass es sich nur noch um wenige Monate bis zur Befreiung handeln würde. Zudem, so erklärte er gegenüber dem örtlichen Ausschuss, konnten auf diese Weise das Material und die Lagerbestände für die niederländische Polizei sichergestellt werden, die andernfalls sicherlich von den Deutschen konfisziert worden wären.[21]

Der Ausschuss kam im Juni 1945 zu dem Ergebnis, dass die leitenden Personen und Offiziere »nicht energisch genug« aufgetreten seien und zu wenig getan hätten, um die Zusammenarbeit des PMD mit der SS zu verhindern. Zudem hätten sie ihre Beamten in keinerlei Weise dabei unterstützt, die Zusammenarbeit mit dem Feind zu verweigern.[22] Letztendlich ging es um noch etwa vierzig Beamte. Gegen einige wenige wurde ein Disziplinarverfahren eingeleitet, fünf Beamte des PMD wurden entlassen.

Die politische Säuberung bezüglich des »echten« Puttener Polizeikorps ist ein Kapitel für sich. Im August 1944 arbeiteten bei diesem Polizeikorps 13 Männer.[23] Nach dem *Dolle Dinsdag* waren die NSB-Polizisten geflohen und etwa zehn bis zwanzig Männer des PMD wurden daraufhin unter Leitung von Doornbosch zum Polizeikorps verlegt. Die Evakuierung von neunhundert Personen aus Arnheim nach Putten im September 1944 brachte eine zusätzliche Belastung für die Polizei mit sich, erneut wurden Mitarbeiter des PMD dem Polizeikorps zugeteilt.[24]

In der zweiten Hälfte des Jahres 1945 behandelte der Ausschuss die gegen die Puttener Polizei erhobenen Vorwürfe. Sieben der vierzehn Polizisten, gegen die ein Verfahren eingeleitet worden war, waren suspendiert worden und mussten vor dem Ausschuss erscheinen. Fünf von ihnen – van der Wijk, Woudstra, van der Kleut, Oosterink und Janssen – unter anderem im Zusammenhang mit ihrem Auftreten am 1. Oktober 1944. Gegen van der Wijk wurde kein Verfahren eingeleitet. Nicht ihm, sondern »dem unglücklichen Zusammentreffen zahlreicher Umstände« wurde die Schuld an der Festnahme eines untergetauchten Mannes gegeben. Im Fall der übrigen vier empfahl der Ausschuss im Oktober 1945 die Versetzung und schließlich die Aufhebung der Suspendierung. Außer im Fall Oostering, gegen den auch noch ein Verfahren vor dem »Sondergerichtshof« lief, wurde diese Empfehlung von den höheren Säuberungsinstanzen übernommen.

Die Anhörungen des örtlichen Ausschusses »politische Säuberung bezüglich der Puttener Polizei« waren überaus emotionsgeladen. Der Fall Woudstra und der Fall van der Kleut machten deutlich, wie zerrissen und zerrüttet die Puttener Gemeinschaft nach der Besatzungszeit war und wie sehr die politische Säuberung bezüglich der Polizei von 1945 die Erinnerung an das Auftreten der Polizei vom 1. Oktober geprägt hat.

DER FALL WOUDSTRA: DIE SO GENANNTE
HÜHNERVERSCHLAG-AFFAIRE

Bei dem Ausschuss »politische Säuberung bezüglich der Puttener Polizei« war eine Klage eingegangen, dass der Polizist Woudstra fünf Männer, die sich in einem Hühnerverschlag verschanzt hatten, derart stark unter Druck gesetzt haben solle, dass diese schließlich keinen anderen Ausweg mehr sahen, als sich zum Dorf zu begeben und sich dort zu melden. Zwei von ihnen, die Brüder Meiling, haben die Lager überlebt und sind aus Deutschland zurückgekehrt:

Am 1. Oktober 1944 sagte der niederländische Polizist Woudstra aus Putten zu mir, dass ich mich auf dem Markt in Putten zu melden habe. Ich hatte mich zu dieser Zeit mit noch einigen anderen im Hühnerverschlag eines gewissen van der Velde in der Poststraat zu Putten versteckt gehalten. Woudstra sagte, dass wir uns auf seine Verantwortung hin melden konnten. Daraufhin sind alle von uns gegangen, obgleich wir zuvor abgemacht hatten, uns versteckt zu halten. Ich gehöre zu den wenigen, die zurückgekehrt sind.[25]

Woudstra hingegen erzählte, dass er an jenem Mittag keinen Dienst mehr gehabt habe und nach Hause gegangen sei.

Viele Nachbarn kamen dann zu mir nach Hause und fragten mich, was sie tun sollten. Ich habe die Entscheidung ganz ihnen überlassen, jedoch gesagt, dass die Deutschen damit gedroht hätten, jeden zu erschießen, den sie finden würden. Bei einem der Nachbarn waren einige Männer in einen Hühnerverschlag gekrochen und auf Bitte einer der Frauen, deren Männer sich dort versteckt hielten, bin ich doch noch zu den Männern gegangen, um ihnen zu sagen, dass die Deutschen sie erschießen würden, wenn sie sie fänden. Daraufhin haben sich alle Männer gemeldet.[26]

Die Frau, die Woudstra gebeten hatte, zu den Männern zu gehen, hat nach dem Krieg bei dem Ausschuss Anklage gegen ihn erhoben. Der Polizist habe, so behauptete sie, die Männer, die sich doch so gut versteckt gehabt hätten, gezwungen, sich zu melden. Nach Meinung von Woudstras Wirtin eine »vollkommen unverständliche« Anschuldigung, denn ihr zufolge sei die Frau derart froh gewesen, dass sich die Männer gemeldet hatten, dass sie aus lauter Dankbarkeit Woudstra sogar noch ein Geschenk gemacht habe.

Der Ausschuss kam letztendlich zu dem Ergebnis, dass die Frau Woudstra überredet hatte, zum Hühnerverschlag zu gehen, da sie gehofft habe, dass dadurch die fünf Männer aus dem Verschlag hervorkämen und sich melden würden. Nur ein älterer Mann, der zu der Gruppe gehörte, gab nach langem Drängen zu, dass sie alle den Hühnerverschlag freiwillig verlassen hätten.[27]

Alle beim Fall Woudstra beteiligten Parteien – die Männer, die die Lager überlebt hatten, die Frauen, der Polizist – hatten nach dem Krieg größte Mühe, eine für sich selbst und ihre Umgebung akzeptable Version der verwirrenden Ereignisse an jenem bewussten Sonntagmittag zu finden. Die Männer kämpften mit Schuldgefühlen, weil sie sich mit den anderen gemeldet hatten, was drei von ihnen mit dem Tod bezahlen mussten. Die Frauen fühlten sich schuldig, weil sie in ihrer Angst vor den Folgen, Woudstra überredet hatten, ihre Männer zu überzeugen, dass sie sich melden sollten, was sie später vor niemandem zuzugeben wagten. Eine der Frauen konnte nach dem Krieg nur sehr schwer mit ihrer Scham leben, sodass sie Erleichterung suchte, indem sie gegen Woudstra Anklage erhob. Für Woudstra schließlich hatten die Frauen als Alibi gedient, um die Männer mit womöglich mehr als der normalen Überzeugungskraft zu überreden, den Hühnerverschlag zu verlassen, obwohl er zu diesem Zeitpunkt gar keinen Dienst mehr gehabt hatte.

Der Ausschuss konnte in diesem Fall zu keiner anderen Empfehlung kommen, als Woudstra zu versetzen und seine Suspendierung als Polizist aufzuheben.

Auch van der Kleut war unmittelbar nach der Befreiung Puttens des Dienstes enthoben worden.[28] Aber vierzehn Tage später – nach seiner Anhörung vor dem Ausschuss – durfte er bereits wieder zurück zu seiner Arbeitsstelle. Ende Juni 1945 wurde er erneut suspendiert, diesmal wegen seines »ärgerlichen Auftretens am 1. und 2. Oktober«. Es hieß, er habe jeden dazu bewogen, sich zu melden, seinen beiden Söhnen aber soll er zur Flucht geraten haben. Zudem soll er einer Frau zufolge am 1. Oktober zu deren Mann gesagt haben: »Geh nur, euch passiert schon nichts.« Zwei andere Frauen erzählten: »Unsere Männer hatten sich gut versteckt, doch van der Kleut hat insgesamt viermal gesagt, dass sie zum Vorschein kommen sollten, und dass es so besser sei, während er doch zu anderen gesagt hatte (u.a. zu seinen Söhnen), dass sie wegbleiben sollten.«

Schon als van der Kleut hierzu im Mai angehört worden war, hatte er zu dem Fall Stellung bezogen:

Ich war mit fünf deutschen Militärsoldaten unterwegs gewesen […]. Allen oben genannten Personen mit Ausnahme von P. S., der wahrscheinlich nicht zu Hause war, befahlen die deutschen Soldaten, dass sie sich aus Gründen einer Personalausweiskontrolle zur Kirche zu begeben hätten. Des Weiteren teilte der entsprechende Soldat mit, dass eine weiße Fahne aus dem Haus gehängt werden müsse und dass niemand im Haus zurückbleiben dürfe, da bei einer erneuten Durchsuchung jeder, der im Haus angetroffen würde, erschossen werde. Auf die von der Ehefrau […] gestellte Frage, was denn passieren würde, habe ich entgegnet, dass mir darüber nichts bekannt sei, doch dass aufgrund der von dem deutschen Kommandanten erwähnten erneuten Durchsuchung es nicht ratsam sei, dass die Bewohner in ihren Häusern zurückblieben.

Jetzt, nachdem oben genannte Personen dem Befehl der deutschen Soldaten Folge geleistet haben und zur Kirche gegangen sind, was für sie und ihre Familie fatale Folgen hatte, sind es nicht die Deutschen, sondern erneut die Polizei, in diesem Fall der Unterzeichnende, der sich verantworten muss. […] Am Mittag sah der Unterzeichnende in der Gegend von Volenbeek geflohene Personen und sagte zu ihnen, es sei gut, dass sie geflohen seien.

Eine erneute Klage gegen van der Kleut behandelte der Ausschuss in der ersten Juniwoche. Den Frauen zufolge soll er sogar ihre Kinder nach dem Aufenthaltsort ihres Vater gefragt haben. Der Polizist blieb bei seiner ersten Aussage:

Ich habe zu den Leuten gesagt: »Ich weiß nicht, was passieren wird, aber die deutschen Offiziere sagen, dass alle Männer zur Kirche kommen müssen. Dort sollen die Personalausweise kontrolliert werden. Außerdem will man die Häuser durchsuchen und jeder, den man noch zu Hause antrifft, soll erschossen werden.«

Der Ausschuss konnte nichts Belastendes gegen van der Kleut finden. Auch die Anschuldigung, dass der Polizist seine Söhne zur Flucht angespornt haben soll, wurde entkräftet. Sie waren schon früh geflohen, weil van der Kleuts Frau der Sache nicht getraut hatte.

Mitte Juni erlebte der Fall allerdings eine Wende. Eine Woche, nachdem van der Kleut verhört worden war, erschienen bei der Anhörung drei betroffene Frauen. Nach der Anhörung kam man zu dem Schluss, dass van der Kleut sicherlich nicht in Putten bleiben konnte. Er wurde beschuldigt, im November 1944 Geiseln genommen zu haben, die daraufhin einige Wochen in Vught interniert worden waren. In Erwartung der Ergebnisse der Untersuchung wurde er erneut suspendiert.

Im Herbst 1945 sprach der Ausschuss eine Empfehlung aus: Van der Kleut sollte versetzt und seine Suspendierung aufgehoben werden. Für sein Auftreten bei der Verhaftung der Geiseln sollte er eine Woche lang mit Einbehaltung eines Wochenlohns dem Dienst fernbleiben. Doch die Agitationen gegen van der Kleut nahmen damit kein Ende. Gewisse Personen in Putten versuchten, koste es, was es wolle, zu erreichen, dass van der Kleut seines Dienstes enthoben werde. Man brauchte und wollte einen Schuldigen. Während es im Fall Woudstra um Scham- und Schuldgefühle der Puttener Gemeinschaft ging, wurde van der Kleut das Opfer im Ringen um die generelle Einschätzung der Rolle der niederländischen Polizei während der Besatzungszeit. Dabei schreckte man auch vor falschen Anschuldigungen nicht zurück. Viele Einwohner waren der Meinung, dass die Puttener Polizisten wegen ihrer Haltung während des Krieges um jeden Preis versetzt werden müssten. Unter ihnen war auch Wouters, der unmittelbar nach dem Krieg damit begonnen hatte, Augenzeugenberichte über die Razzia für ein Gedenkbuch zu sammeln und gegen die Puttener Polizei und die vermeintlichen Säuberungsprozeduren zu agitieren. Zudem schrieb er regelmäßig Leserbriefe ans *Puttensch Nieuwsblad*. Am 8. Juni zog er in einem Leserbrief das Urteilsvermögen des Beratungsausschusses stark in Zweifel. Er beschuldigte van der Kleut, Oostering und Woudstra, dass sie die Bevölkerung mit schönen Reden aus ihren Häusern gelockt hätten. Eine Woche später reagierte der ehemalige Widerstandskämpfer Oosterbroek, der an den so genannten Säuberungsvorgängen unmittelbar beteiligt war, mit der Frage, was Wouters eigentlich selbst im Krieg geleistet habe. Wouters ging daraufhin noch einen Schritt weiter. Er zitierte einen Artikel aus der Tageszeitung *Trouw* vom 3. Juni 1945, in dem behauptet wurde, dass man der Polizei damals versprochen habe, sie werde verschont, wenn sie die Männer herbeischaffe. Man hatte, so meinte Wouters, doch wohl das Recht zu wissen, was am 1. Oktober 1944 in Putten genau geschehen sei. Ihm zufolge wurde viel zu wenig getan, um die Vorgänge zu erhellen, und der Bürgermeister habe der Bevölkerung auch zu wenig Zeit gegeben, bei dem Ausschuss ihre Klagen einzureichen (nämlich bis Ende Dezember 1945). Damit beschuldigte er Numan implizit, dass er die ganze Sache vertuschen wollte. Wouters hatte selbst zu den Geiseln gehört, die von van der Kleut gefangen genommen worden waren, weshalb auch er einige Wochen in Vught interniert worden war.

Wouters konnte weite Teile der Puttener Bevölkerung auf seine Seite bringen. In den Leserbriefen, die im Juli und August im *Puttensch Nieuwsblad* erschienen sind – der Chefredakteur Amsing war ein guter Freund von Wouters – wird deutlich, wie uneinig sich die Puttener Bevölkerung bei der Frage über das Auftreten und die Rolle der Puttener Polizei war. Viele fanden, dass die Polizei den Leuten einen falschen Rat gegeben habe. Anstatt sie zur Flucht zu bewegen, habe die Mehrheit der Polizisten mit beruhigenden Worten die Männer dazu bewogen, sich zur Kirche zu begeben, wodurch sie in die Hände der Deutschen gefallen seien. Polizeikommandant Overdijk wehrte sich hingegen vehement gegen diese Beschuldigungen. Ihm zufolge hatte die Polizei alles nur Denkbare getan, um die Folgen der Razzia so gering wie möglich zu halten. In seinen meist behutsamen Leserbriefen ließ er dabei durchblicken, dass nicht die Polizei, sondern die Widerstandsgruppe, die das Attentat verübt hatte, Schuld am Drama von Putten trage.[29]

Als die Diskussion sich auf die Frage nach der Verlässlichkeit der Politik und die Rolle des Polizeikommandanten Overdijk zuzuspitzen drohte, erklärte am 24. August das *Puttensch Nieuwsblad* die Diskussion für beendet. Aus den Leserbriefen geht deutlich hervor, dass in der Öffentlichkeit gegen Overdijk ernsthafte Vorbehalte bestanden. Overdijk war direkt nach der Befreiung Puttens im April 1945 verhaftet, doch zur Überraschung vieler bereits drei Wochen später schon wieder freigelassen worden. Am 9. Mai 1945 wurde er vom Dienst suspendiert – jedoch nicht wegen seiner Rolle bei der Puttener Razzia – und zwei Monate später wurde die Suspendierung wieder aufgehoben. Wie so viele andere Fälle sollte auch dieser Fall mit der Frage nach Kollaboration und Widerstand die Erinnerung der Puttener Bevölkerung lange Zeit schmerzlich prägen.

In der kurzen, öffentlichen Diskussion im *Puttensch Nieuwsblad* über das Auftreten der Puttener Polizei während der Razzia kamen zwar viele Aspekte zur Sprache, über die sich der Ausschuss beugen sollte, doch gleichzeitig erhoben sich auch mehr Fragen als beantwortet werden konnten. Zum großen Teil war die Unruhe vor allem dadurch verursacht worden, dass in diesem Sommer 1945 niemand so recht wusste, was unter Ausschluss der Öffentlichkeit eigentlich besprochen wurde und welche Schlüsse der Ausschuss ziehen würde, denn weder die Anhörungen noch die im Oktober 1945 ausgesprochenen Empfehlungen waren öffentlich.

Während die Puttener Bevölkerung noch voller Ungeduld auf ein Urteil der entsprechenden politischen Instanzen über die Zusammenarbeit des Polizeiapparats mit den Deutschen wartete, wurde dem Ausschuss schon bald deutlich, dass es in keinem einzigen Fall hinreichende Gründe gab, um schwere disziplinarische Maßnahmen oder Entlassungen zu empfehlen. Letzteres konnte nur im Falle von so genannten »schlechten« Polizisten erfolgen, Polizisten also, die ganz offensichtlich mit den Deutschen kollaboriert hatten. Für die, die Fehler gemacht hatten oder »zu lax« aufgetreten waren, galt Versetzung als gerechtes und geeignetes Mittel. Nur gegen einzelne Puttener Polizisten wurden Disziplinarmaßnahmen ergriffen – manchmal sogar auf Bitte der Betroffenen selbst.

In seiner doppelten Funktion als Vorsitzender des Ausschusses und stellvertretender Bürgermeister, was im Übrigen keine ungewöhnliche Kombination war, blieb Numan in Anbetracht der vorläufigen Ergebnisse der »politischen Säuberung bezüglich der Polizei« nichts anderes übrig, als die Gemüter so gut als möglich zu besänftigen. Mit der Empfehlung, die jeweiligen Polizisten, gegen die eine Klage eingegangen war, zu versetzen, hoffte er, dass der Fall in Vergessenheit geraten würde. Dazu war eine starke öffentliche Hand notwendig, so fand er.[30] Fragen über die Mitarbeit der Polizei bei der Razzia wurden mit Berufung auf die Notwendigkeit lokaler Zusammengehörigkeit in der Zeit des Wiederaufbaus und die Rücksichtnahme auf die Opfer vom Tisch gefegt. Aussichtslose öffentliche Diskussionen über das Auftreten der Polizei wurden im Keim erstickt. Dem Chefredakteur des *Puttensch Nieuwsblad* wurde unmissverständlich zu verstehen gegeben, dass man keine öffentliche Diskussion über die Rolle der Polizei wünschte.[31] Overdijk wurde per Dienstbefehl untersagt, weitere Leserbriefe zu dieser Frage zu schreiben.[32] Kein Wunder, dass Numan von seinen Gegnern deswegen verdächtigt wurde, die Polizeifrage unter den Teppich kehren zu wollen.

Auch wenn Numan die erhoffte öffentliche Erklärung über das Auftreten der Polizei hätte geben wollen (er persönlich war der Meinung, dass die Polizei sich hätte weigern müssen, die Deutschen bei der Hausdurchsuchung zu begleiten),[33] wäre es ihm doch nicht möglich gewesen. Der nichtöffentliche Charakter der politischen Säuberung verbot es, eine solche Erklärung abzugeben. Zudem war, wie die Fälle Woudstra und van der Kleut gezeigt haben, das Auftreten der Polizei unlösbar mit dem der anderen Einwohner Puttens verbunden. Weder eine allgemeine Erklärung noch eine in Einzelheiten gehende Aussage wäre der Ruhe innerhalb der Puttener Gemeinde dienlich gewesen.

Die Vorgänge um die politische Säuberung und das Bürgermeisteramt Puttens haben die Geschichte der Erinnerung an das Auftreten der Polizei am 1. Oktober 1944 nachhaltig beeinflusst. Zwar war es Numan 1945 gelungen die Angelegenheit von einer öffentlichen Diskussion fern zu halten, doch damit war sie nicht in Vergessenheit geraten. Die Frage, inwieweit die Polizei mit ihrem Auftreten einen Fehler begangen hatte und ob dabei auch Polizisten zur Verantwortung gezogen werden mussten, beschäftigte und spaltete weiterhin die Puttener Bevölkerung für eine lange Zeit.

Das Machtvakuum in Putten

Bei der Agitation gegen die Polizei, vor allem gegen die Beamten des PMD, spielte auch die Tatsache eine Rolle, dass Otten, der am 1. Oktober 1944 eine derartig wichtige Rolle gespielt hatte, ein Mitglied der NSB gewesen war. Dabei gilt es, das Auftreten des Mannes, der Fullriede gebeten hatte, die deutschen Patrouillen von niederländischen Polizisten begleiten zu lassen, im Zusammenhang einer fehlenden politischen Verwaltung in Putten zu bewerten. Der NSB-Bürgermeister Klinkenberg war nach dem *Dolle Dinsdag* geflohen. Der vor ihm amtierende Bürgermeister van de Poll konnte den Posten nicht mehr bekleiden, da er am 1. September 1944 von seinem Amt suspendiert worden war.[34] Amtsinhaber van de Camp, der Ende September gerade aus dem Krankenhaus entlassen worden war, kam für den Posten noch nicht in Frage und hatte den Tierarzt Vervoorn gebeten, als stellvertretender Bürgermeister aufzutreten. (Vervoorn war 1938 bereits zum stellvertretenden Bürgermeister in Notzeiten ernannt worden. Ein Vorgehen, das auch in anderen Gemeinden durchaus üblich war, wenn es unter den Regierenden keine geeigneten Personen gab.) Der Gemeindesekretär Schipper hatte sich jedoch unter Berufung auf das Gemeindegesetz der Ernennung Vervoorns widersetzt. Die Folge war, dass in Putten während der Razzia niemand als Vertreter der Gemeinde auftrat.[35]

Es war Otten, der sich am 1. Oktober 1944 berufen fühlte, in dieses Machtvakuum zu springen. Vielleicht spielte auch eine Rolle, dass er es als ranghöchster Polizeibeamter als seine Pflicht betrachtete. Persönlich hatte er durchaus für einzelne Bewohner bei Fullriede etwas zu erreichen gewusst, der den uniformierten Otten für den Polizeikommandanten von Putten hielt. Ganz anders verhielt es sich bei der Zusammenarbeit der PMD-Beamten mit den deutschen Patrouillen, denn dabei handelte es sich um einen Dienstbefehl, der von Otten erteilt worden war.

Während Otten formell betrachtet an jenem Sonntag, dem 1. Oktober 1944, eigentlich frei hatte, hatte der örtliche Polizeikommandant Overdijk Dienst. Wie aus seinem Auftreten ersichtlich wird, gab Overdijk ganz deutlich einer Art des passiven Widerstandes den Vorzug und hielt nur wenig von Ottens Kurs der Schadensbegrenzung durch eine Zusammenarbeit mit den Deutschen. Trotzdem erteilte Overdijk seinen Männern den Befehl, die Patrouillen zu begleiten, da er die Zusammenarbeit ja nicht mehr ablehnen konnte, nachdem Otten Fullriede dies angeboten hatte.

Otten und Overdijk, die einander nicht besonders lagen, hatten sich nicht darüber verständigt, welchen Rat sie der Bevölkerung erteilen sollten. Vielleicht hatten sie hierzu auch gar nicht die Zeit. Ebenso wenig hatten sie ihren Männern einen deutlichen Auftrag mitgegeben, was zur Folge hatte, dass jeder Polizist selbst entscheiden musste, ob und wie er den Leuten den Befehl, sich zur Kirche zu begeben, überbringen sollte. Größtenteils hing das Schicksal der Puttener Männer davon ab, wie jeder einzelne Polizist meinte, diesen heiklen Dienstauftrag ausführen zu müssen. Nicht zuletzt ist hierin einer der Gründe dafür zu suchen, dass die Polizei in Putten nach dem Krieg so heftig ins Kreuzfeuer der Kritik geraten ist.

Ebenso wenig wie die Bevölkerung von Putten erkannte die Polizei, mit welcher Raffinesse die Deutschen die Razzia einfädelten und ausführten. Es wurde schließlich nicht einfach nur der Befehl erteilt, den Frauen und Männern aufzutragen, ihre Häuser zu verlassen und sich zur Kirche zu begeben, was bei der Bevölkerung und der Polizei sicherlich Argwohn erweckt hätte. Dahingegen erschien die so genannte Personalausweiskontrolle recht harmlos und in Anbetracht der Tatsache, dass auf Deutsche ein Attentat verübt worden war, durchaus vertretbar. Zudem wurde die Puttener Bevölkerung dadurch getäuscht, dass die meisten Polizisten in der kleinen Gemeinschaft bekannt waren und durchaus geschätzt wurden.

Die Mehrzahl der Beamten hat die Dienstanweisung ausgeführt, manche von ihnen drückten ein Auge zu, andere waren streng, ganz nach ihrer persönlichen Art. Für einige war sie nichts als eine Dienstanweisung, andere wagten nicht, zur Flucht zu drängen, weil sie fürchteten, dass diejenigen erschossen würden, die von den Deutschen dabei erwischt würden. Wieder andere fürchteten die Konsequenzen, wenn die Deutschen noch jemanden im Haus vorfänden. Und dann wird es sicher auch solche gegeben haben, die in ihrer Naivität geglaubt haben, dass es sich tatsächlich nur um eine Ausweiskontrolle handelte.

Ottens pflichtbewusstes kooperatives Auftreten am 1. und 2. Oktober war eine zweischneidige Sache. Er konnte zwar verhindern, dass es bei den Deutschen oder den Einwohnern Puttens zu gefährlichen Missverständnissen kam, und er konnte durch ein gewisses Einvernehmen mit Fullriede in einzelnen Fällen auch etwas erreichen, doch seine Zusammenarbeit mit Fullriede nahm der Aktion der Deutschen ihren grimmigen Charakter, wodurch viele in die Falle liefen. »Die Deutschen sprachen fast kein Wort niederländisch und sahen, dass die Holländer das Ganze viel leichter ausführen konnten«, entfuhr es ihm versehentlich gegenüber dem RIOD-Untersucher Wildschut.[36] Gerade Letzteres sollte vielen noch lange im Gedächtnis bleiben. Nicht die deutschen

Soldaten (die immerhin sieben Personen rücksichtslos erschossen hatten), sondern die niederländischen Polizisten galten in den Augen vieler Einwohner Puttens als die eigentlichen Verbrecher. So nahm Wouters in dem 1948 veröffentlichten Gedenkbuch zur Razzia in einer umfangreichen Beilage alle Artikel und Leserbriefe über die Rolle der Polizei währen der Razzia auf, die in den vorangegangenen drei Jahren im *Puttensch Nieuwsblad* erschienen waren.

Weder gegen Otten noch gegen Overdijk wurden wegen ihres Auftretens am 1. Oktober 1944 Disziplinarmaßnahmen ergriffen. Gegen Otten war zwar wegen seiner NSB-Mitgliedschaft (die er erst Ende Oktober 1944 kündigte) und seiner PMD-Politik ein politisches Säuberungsverfahren eingeleitet worden, doch sein Auftreten am 1. Oktober wurde so positiv beurteilt, dass es nicht zu einer Bestrafung gekommen ist. Er wurde im Dezember 1946 aus der Haft entlassen.[37] Gegen Overdijk wurde 1946 zwar auch eine juristische Untersuchung eingeleitet, doch in seinem Fall hatte diese nichts mit seinem Auftreten während der Razzia zu tun.[38]

RESÜMEE

Wie überall in den Niederlanden führte auch in Putten die schnell zunehmende Unzufriedenheit über die Ergebnisse der Säuberungs- und Aburteilungsverfahren so genannter »schlechter« Niederländer im Jahr 1945 zu Desillusionierung und Frustration. Die Puttener Gemeinde, die noch immer über den Verlust so vieler Männer zutiefst erschüttert war und vergeblich auf ein klärendes Wort des Bürgermeisters Numan in Bezug auf die Rolle der Polizei wartete, drohte im Sommer 1945 die Geduld zu verlieren, als deutlich wurde, dass die politischen Säuberungsvorgänge keine schnelle

Aburteilung zuließen und zu keiner harten Bestrafung der Beteiligten führten.

Die gesamte Säuberungsprozedur war ein äußerst kompliziertes und Zeit raubendes Unternehmen. Die betroffenen Instanzen und Autoritäten arbeiteten zu Beginn aneinander vorbei, was ein großes behördliches Chaos zur Folge hatte. Auch anderswo in den Niederlanden erzielten die lokalen Ausschüsse in der ersten Phase der Untersuchung nur geringe Fortschritte. Zwar hatte mit dem Antritt der Regierung Schermerhorn-Drees im Juni 1945 die Normalisierung von Politik und Verwaltung höchste Priorität und war die politische Säuberung in eine, wie es hieß, »geordnete Phase« eingetreten, doch damit war die Zufriedenheit über die Säuberungsprozedur noch nicht gestiegen. Im Gegenteil. Sie wurde von vielen als zu umständlich und undurchsichtig erfahren, was die Abneigung gegen sie nur noch verstärkte.[39]

War die »politische Säuberung bezüglich der Polizei« ganz allgemein eine der schwierigsten Aspekte der Säuberungsvorgänge, galt dies für Putten ganz besonders, weil die Zusammenarbeit der niederländischen Polizisten mit den deutschen Soldaten am 1. Oktober 1944 das Problem des gesamten Auftretens der Polizei deutlich machte. Die verbreitete Auffassung, dass die politischen Säuberungsmaßnahmen hinsichtlich der Polizei in den Niederlanden deshalb so zögerlich verliefen, weil der gesamte Polizeiapparat während der Besatzungszeit größtenteils »lax« aufgetreten sei und deshalb Maßnahmen entsprechend der Säuberungsgesetze aus dem Jahr 1945 sinnlos gewesen seien, muss zumindest im Fall Puttens kritisch hinterfragt werden.[40] In Putten sprach der Ausschuss nicht aus diesen Gründen in nahezu keinem einzigen Fall mehr aus als eine Empfehlung zur Versetzung, sondern er konnte schlichtweg zu keinem anderen Schluss kommen, als dass im Auftreten der Polizei nichts Belastendes vorlag. In keinem der Fälle, die dem Ausschuss zur Beurteilung vorlagen, konnte von Seiten der niederländischen Polizei von Zwang auf die Bevölkerung die Rede gewesen sein.

Wie sehr die Behörden in Putten auch in erster Linie innere Ruhe und Ordnung sicherstellen wollten, man kann Numan sicherlich nicht vorwerfen, dass er für die »politische Säuberung bezüglich der Polizei« nichts getan habe. Tatsache ist allerdings, dass er aus Angst vor Puttener Unruhen der Mythenbildung über das Auftreten der Polizei großen Vorschub geleistet hat. Als Alt-Widerstandskämpfer war er persönlich zwar für eine rigorose »politische Säuberung bezüglich der Polizei«, doch zu seiner Politik der Zensur und der Beschwichtigung sah er keine reelle Alternative. Als Vorsteher auch der Puttener Polizei konnte er nur schwer zulassen, dass sein Polizeikommandant in Leserbriefen zum Anführer der Diskussion über das Auftreten der Polizei wurde, während die Säuberungsprozedur des ihm unterstehenden Personals noch lange nicht abgeschlossen war. Numan war ein typischer Vertreter der Nachkriegselite und durch sein politisches Können und seine Fähigkeiten siegte die pragmatische und gemäßigte Politik auf dem Gebiet der Säuberung und Aburteilung über die der radikalen Selbstreinigung der Nation. Letztere lag vor allem im Bestreben des ehemaligen Widerstands, und hier besonders der Kommunisten, die sich als »Partei des Widerstandes« verstand.[41]

Es war der Kommunist Wouters, der die ambivalente Haltung von Politik und ehemaligem Widerstand in Putten auszubeuten versuchte. Was genau seine Motive waren, lässt sich nicht eindeutig sagen. Vielleicht fühlte er sich schlichtweg übergangen, weil ihm in der neuen politischen Konstellation kein Platz gegönnt war, vielleicht aber versuchte er sich gegenüber seinem populäreren Parteigenossen Oosterbroek zu profilieren.[42]

Im Sommer 1945 war die Säuberungsprozedur durch den Puttener Ausschuss noch in vollem Gang. Die meisten Empfehlungen sprach der Ausschuss in den letzten drei Monaten desselben Jahres aus, während die endgültigen Entscheidungen erst in der ersten Hälfte des darauf folgenden Jahres gefällt wurden. In diesem Zeitraum hatte die öffentliche Meinung alle Gelegenheit, auf Basis von Erinnerungen, Gerüchten und Klatschgeschichten den Vorgang der Ereignisse jeweils neu zu rekonstruieren. Die meisten Einwohner Puttens verloren dabei aus dem Blick, dass sich nur ganz wenige Männer auf Betreiben der Polizei hin zum Dorfkern begeben hatten. Als Overdijk am Sonntagmittag gegen zwei Uhr ins Dorf gegangen war, waren bereits hunderte Männer, Frauen und Kinder unterwegs ins Dorf. Zu diesem Zeitpunkt trieben die Deutschen also schon längst die Einwohner zusammen, ohne dass dabei auch nur ein einziger niederländischer Polizist beteiligt gewesen wäre.[43] Die meisten Einwohner Puttens waren schließlich zum Ort des Attentats gebracht worden, zur Oldenaller Brücke und zur Kreuzung an der Harderwijkerstraat, die zugleich die Hauptzugangsstraße zum Dorf bildete, und viele andere waren schlichtweg von schießenden Soldaten, die einen Kordon um Putten gelegt hatten, ins Dorf getrieben oder beim Verlassen der Kirche ergriffen worden.

Nicht dieser Hergang der Ereignisse, sondern Gefühle der Schuld und der Scham, der Trauer und der Wut, der Missgunst und des Neides bestimmten Art und Inhalt der Erinnerung an das Auftreten der Polizei am 1. Oktober 1944. Indem die Polizei zum Sündenbock gemacht wurde, wurden persönliche Schamgefühle über die fatalen Entscheidungen und falschen Einschätzungen erleichtert. Über der Frage nach dem Auftreten der Polizei hing die Trauer über den Verlust der Nächsten und die Wut über das schwere Schicksal, das Putten heimgesucht hatte. Der Gedanke, dass es an jenem Sonntag aus dem hermetisch abgeriegelten Dorf keinen Ausweg mehr gegeben hatte, war unerträglich.

Die undurchsichtige Abwicklung der Säuberung und der »Sonderrechtsprechung« waren die Ursache dafür, dass immer mehr Menschen erneut nach dem »Wie« und

»Warum« der »Abrechnung« fragten. Die Frage nach der Rolle der Puttener Polizei wurde zu einer Obsession, die sich weder im Ort selbst noch landesweit aus der Erinnerung an die Razzia wegdenken lässt.

II. Eine deutsche Vergeltungsmassnahme

»Am 1. Oktober 1944 in der Frühe«, erklärte nach dem Krieg
Oberst Fullriede, der am 1. und 2. Oktober die Leitung über
die Vergeltungsmaßnahme gegen die Puttener Bevölkerung
hatte, »wurde ich in meinem Hauptquartier von einem in
Huizen oder Harderwijk stationierten Regiment [...] telefonisch über das Attentat informiert. Ich habe diesem Regiment sofort den Befehl erteilt, in Putten alle Straßen zu sperren, verdächtige Personen anzuhalten, die gesamte Umgebung nach den vermissten Offizieren abzusuchen und ansonsten auf weitere Anweisungen zu warten. Ich habe mich daraufhin telefonisch mit von Wühlisch, dem Chef des Stabes
des Wehrmachtsbefehlshabers in den Niederlanden, in Verbindung gesetzt. [...] Ich habe ihm mitgeteilt, welche Maßnahmen ich ergriffen habe, woraufhin ich den Befehl empfing, das Dorf Putten und die gesamte Umgebung abzusper-
ren, niemanden ins Dorf oder aus dem Dorf zu lassen, die
Bevölkerung aus der gesamten Umgebung zusammenzutrei-
ben und den Fall zu untersuchen. Von Wühlisch stellte mir
zu diesem Zwecke noch ein in Utrecht stationiertes Fall-
schirmregiment, das unter dem direkten Befehl des Wehrmachtsbefehlshabers stand, zur Verfügung. Zur Ausführung
der Befehle von von Wühlisch bin ich dann von Utrecht nach
Putten abgereist.«[44]

Das Attentat, von dem Oberst Fullriede während seines Verhörs vor dem Sondergerichtshof in Arnheim sprach, war in
der Nacht zum 1. Oktober 1944 auf dem Reichsweg zwischen
Nijkerk und Putten verübt worden. Dabei war ein deutsches
Militärfahrzeug beschossen worden, dessen vier Insassen zu

Fullriedes Ersatz- und Ausbildungsregiment »Hermann Göring« gehört hatten, das im nahe gelegenen Harderwijk stationiert war.

Die beiden Obergefreiten Hedrich und Hüttenbreuker konnten während des Schusswechsels entkommen. Außer ihnen befanden sich in dem Auto noch Oberleutnant Eggert und Leutnant Sommer. An jenem Samstagabend waren sie gegen elf Uhr abends von Utrecht zu ihrem Regiment in Harderwijk unterwegs, als sie plötzlich hinter sich ein kleines Licht sahen und unmittelbar darauf die grellen Scheinwerfer eines entgegenkommenden Fahrzeuges. Sofort wurden sie unter Beschuss genommen. Das Auto fuhr an der Brücke gegen einen Telefonmast und kam zum Stillstand. Schießend sprangen sie aus dem Auto. Die beiden Obergefreiten suchten in einem Graben neben der Straße Deckung, Hedrich strauchelte über einen Verletzten, gemeinsam mit Hüttebreuker kroch er in einen nahe gelegenen Wald, wo sie – wie sie später aussagten – gelähmt vor Angst die ganze weitere Nacht liegen blieben. Erst gegen Morgen versuchten sie, ein vorbeifahrendes Auto anzuhalten. Gerade zu diesem Zeitpunkt erreichte Leutnant Koch von der Flakartillerie in Harderwijk den Ort des Attentats. Er war von Hauptmann Franke, dem Ortskommandanten in Harderwijk, ausgeschickt worden, nachdem man ihm berichtet hatte, dass ein bei einem Attentat schwer verwundeter Offizier ins Krankenhaus Salem eingeliefert worden war. Um zwanzig nach acht schickte Fullriede das in Harderwijk stationierte Regiment nach Putten.[45]

Im Mai 1946, ein Jahr nach der Befreiung der Niederlande, wurde Oberst Fullriede im Gefängnis Avegoor in Ellecom in Gewahrsam genommen. Wie sich während des Verhörs herausstellte, war er zwei Jahre zuvor von der Ostfront in die Niederlande abkommandiert worden, wo er offiziell ab dem 1. Oktober 1944 den Befehl über eine zwölftausend Mann starke Streitmacht führte. Er war zu diesem Zeitpunkt 49 Jahre alt. Er sollte vor allem als stellvertretender Befehlshaber des Ausbildungsregiments der Division »Hermann Göring« auftreten und dieses zu einem Panzerregiment umgestalten. Dieses Regiment, das nach seinem Namensgeber – dem Oberbefehlshaber der Luftwaffe Göring – ein Luftwaffenregiment war, unterschied sich von anderen Regimentern durch das blaue Band, das die Soldaten am Arm trugen. Bataillone des Ausbildungsregiments waren in Utrecht, Amersfoort, Harderwijk und Hilversum stationiert.[46]

Die Anklage gegen Fullriede vor dem Sondergerichtshof in Arnheim lautete auf Kriegsverbrechen und Verbrechen gegen die Menschlichkeit. Zu dem Attentat und der darauf folgenden Razzia wurde er während der drei Jahre seiner Inhaftierung in Arnheim zahlreiche Male verhört. Zur selben Zeit lief auch ein Untersuchungsverfahren gegen General Friedrich C. Christiansen, den Befehlshaber der Wehrmacht in den Niederlanden, und den Chef des Stabes, Generalleutnant Heinz H. von Wühlisch. Beide hatten bei der Entscheidung für die Razzia und bei deren Ausführung eine wichtige Rolle gespielt.

CHRONIK EINER REPRESSIVMASSNAHME

SONNTAG, 1. OKTOBER 1944

Bei der Aktion gegen Putten sollen etwa tausend Männer eingesetzt worden sein.[47] Einige Soldaten des Regiments »Hermann Göring« bezogen Posten bei der Harderwijkerstraat, wo diese auf den Reichsweg Nijkerk-Putten mündet. Dort wurde jeder, der ins Dorf wollte oder es zu verlassen suchte, angehalten. Die Soldaten des Fallschirmregiments aus Utrecht zogen einen weiten Kordon um das Dorf. Nach und nach wurde das Netz enger gespannt. Alle Personen, auf die die Soldaten innerhalb des Kordons stießen, mussten sich ins Dorf begeben. Auf jeden, der zu fliehen versuchte, war »gezielt zu schießen«, wie es in der so genannten Wachdienstvorschrift hieß.[48]

Als Erstes untersuchte Fullriede den Ort des Attentats an der Oldenaller Brücke, wo bereits zahlreiche deutsche Soldaten versammelt waren. Danach ging er zu Koopman, dem Puttener Bauern, der in der Nacht nicht unweit von diesem Ort den schwer verletzten Leutnant Sommer beherbergt hatte. Mitten in der Nacht hatte Koopman gehört, wie gegen die Fensterscheiben geklopft wurde.

Ich rief was, denn ich dachte, dann wartet er noch! Ich war schnell draußen, ging hinters Haus und sah dort einen Mann. Er kam herein und hielt mir die Hände hin, die voller Blut waren. Ich sagte: »Komm herein.« Zu meiner Frau meinte ich,

84

dass sie auch aufstehen solle. Zu dem Mann sagte ich: »Setz dich auf den Stuhl.«[49]

Der Mann konnte ein paar Worte niederländisch und bat Koopman, ihm beim Ausziehen von Jacke und Koppel behilflich zu sein:
 Als ich fertig war, sagte er, dass ich zur Straße gehen solle, um dort ein deutsches Auto anzuhalten.
 Koopman ging zum Reichsweg, wo es ihm gelang, ein deutsches Militärauto anzuhalten.
 Ich sagte auf Niederländisch: »Je kameraad is gewond!«[*] Das verstanden sie. Daraufhin verbanden sie Sommer so gut es ging und nahmen ihn mit.
 Als Belohnung erhielt Koopman am Sonntagmorgen von Fullriede eine Bescheinigung. Er hatte deutlich Ehrfurcht vor dem Oberst:

Auf seinem Revers waren lauter Sterne, er war sonnengebräunt und war nicht mehr gerade jung. Er schaute nicht allzu freundlich. Er sagte: »Du bleibst zuhause, aber alle anderen müssen weg.« Ich sagte: »Ich verstehe Sie nicht.« Daraufhin schrieb er auf einen Zettel, dass wir und unser Haus vor der Aktion verschont bleiben sollten, und er ließ sogar noch unser Haus bewachen.

Danach ging Fullriede zur Harderwijkerstraat, wo seine Soldaten die Leute zusammentrieben und bewachten. Oberleutnant Schwarz versuchte, mit einigen Männern Puttens Bürgermeister ausfindig zu machen.
 Im Laufe des Morgens wurden die wichtigsten deutschen Besatzungsautoritäten – General Friedrich C. Christiansen, der Befehlshaber der Wehrmacht in den Niederlanden, und der Höhere SS- und Polizeiführer Hans Albin Rauter, General-

---

*»Euer Kamerad ist verletzt.«

kommissar für das Sicherheitswesen – über das Puttener Attentat informiert. Nachdem der Chef des Stabes, Generalleutnant Heinz H. von Wühlisch am Morgen mit Fullriede über die zu treffenden Maßnahmen gesprochen hatte, informierte dieser die deutsche Polizei. Gegen Ende des Vormittags wurde Rauter in seinem Hauptquartier in Apeldoorn vom Befehlshaber der Sicherheitspolizei und des SD, Eberhard Schöngarth, telefonisch über das Attentat informiert. Rauter und Schöngarth gaben den Befehl, die Suche nach den Tätern einzuleiten.[50]

Danach kam die gesamte Maschinerie in Gang. Gegen elf wurde Müller vom Einsatzkommando der Sicherheitspolizei in Deventer beauftragt, nach den Tätern zu fahnden. Müller schickte Vogel von der Sicherheitspolizei in Nijkerk mit einigen Männern nach Putten.[51] Dieser hielt den ganzen Tag über telefonisch Kontakt mit Müller. Mittags berichtete er, dass das Regiment »Hermann Göring« eine umfangreiche Aktion vorbereite. Befehlshaber Fullriede habe ihm mitgeteilt, dass er nichts mit der Sicherheitspolizei zu tun haben wolle und dass er nicht wünsche, dass sich Vogel mit der Angelegenheit befasse, da die Wehrmacht dafür zuständig sei. »Wurden die beiden Offiziere mir oder dem SD geklaut?«, habe er Vogel entgegnet. Trotzdem wollte Müller, dass Vogel weiter ermittelte. Mit etwa acht Männern begann er die Verhöre.[52]

Von Wühlisch musste nun noch seinen Vorgesetzten Christiansen in Kenntnis setzen. Um elf Uhr ging er wie jeden Tag in dessen Hauptquartier in Hilversum, um dem Wehrmachtsbefehlshaber in den Niederlanden Bericht zu erstatten und Befehle in Empfang zu nehmen. Christiansen war über das Attentat außer sich vor Wut: »Das ganze Nest muss angesteckt und die ganze Bande an die Wand gestellt werden«, schnauzte er den Chef des Stabes an. Von Wühlisch machte sich an die Ausführung.[53]

Er nahm mit Rauter und Schöngarth Kontakt auf. Rauter schlug von Wühlisch vor, am Ort des Attentats zwanzig Häuser niederzubrennen, wie es seit September 1944 auch andernorts in den Niederlanden als »gerechte Strafe« bei Widerstand, Sabotage und Attentaten auf die Besatzungsmacht gang und gäbe war.[54] Zudem schlug er vor, einige »Todeskandidaten« hinzurichten. Darunter waren Gefangene zu verstehen, die wegen Widerstand, Spionage und Sabotage verurteilt waren und »in Reserve« gehalten wurden, um gegebenenfalls zur Vergeltung hingerichtet zu werden. Allerdings gab es auf der Veluwe nicht genügend solcher »Todeskandidaten« und Rauter wollte nicht wahllos Geiseln erschießen lassen, da, wie er meinte, davon eine »ungünstige politische Auswirkung« ausgehen würde. Es schien ihm deshalb besser, die gesamte wehrfähige männliche Bevölkerung Puttens nach Deutschland in Arbeitslager zu deportieren. Das entsprach zugleich auch der Sicherheitspolitik, wie sie die Besatzungsmacht seit August 1944 in den Niederlanden verfolgte.[55] Noch im Laufe des Vormittags arbeiteten Rauter, Schöngarth und von Wühlisch die Vergeltungsmaßnahme bis ins Detail aus, wovon Fullriede am frühen Abend in Kenntnis gesetzt wurde.

Fullriede sollte alle Männer zwischen siebzehn und fünfzig Jahren »abtransportieren«, Frauen und Kinder aus Putten evakuieren, die Häuser und das Dorf mit Ausnahme der Wohnung des Bauern, der den verletzten Leutnant Sommer in der Nacht aufgenommen hatte, und der Häuser und Wohnungen von Deutschgesinnten niederbrennen. Fand man die Attentäter, sollten diese hingerichtet werden. Auf Fullriedes Frage, wie er die vielen Männer zwischen siebzehn und fünfzig Jahren abtransportieren sollte, entgegnete ihm von Wühlisch, dass am nächsten Tag, dem 2. Oktober, auf dem Bahnhof in Putten ein Zug bereitgestellt werde. Dafür mussten besondere Maßnahmen getroffen werden, da am 17. September der Bahnstreik ausgebrochen war. SS-Mannschaften sollten in Putten die Männer von der Wehrmacht übernehmen und abtransportieren.

Die SS-Truppen waren von Rauter bereits am Sonntagmorgen – gleich nachdem er von dem Attentat gehört hatte – nach Putten gesandt worden. Den ganzen Mittag über war

Fullriede damit beschäftigt, die umfangreiche Vergeltungs-
maßnahme zu organisieren. Weil auf der Harderwijkerstraat
bereits Geiseln genommen worden waren, blies er die von
Oberleutnant Schwarz begonnene Aktion, zehn angesehene
Männer Puttens als Geiseln zu nehmen, ab. Nachdem man am
Abend die Frauen, die in der Kirche festgehalten worden
waren, wieder nach Hause geschickt hatte, kehrte er nach
Utrecht zurück.

MONTAG, 2. OKTOBER 1944

Fullriede traf am frühen Montagmorgen in Putten ein. Um
sieben Uhr fand im Polizeibüro eine Besprechung statt, an der
all diejenigen teilnahmen, die von deutscher Seite aus an der
Vergeltungsaktion beteiligt waren. Als Fullriede eine Stunde
später das Polizeibüro verließ, befahl er dem niederländischen
Polizisten Otten, der dort seit den frühen Morgenstunden
gewartet hatte, ihn zum Schloss Oldenaller zu begleiten.
Otten zufolge war Fullriede in schlechter Stimmung. Auf
dem Schloss erklärte Fullriede barsch, dass Putten als Vergeltungsmaßnahme am Mittag niedergebrannt werden solle,
zeigte sich aber bereit, Schloss Oldenaller zu verschonen,
wenn Boreel, der Besitzer, einige der dann obdachlosen Einwohner Puttens in seinem Schloss aufnehme. Boreel weigerte
sich jedoch. Tief verstört stieg Fullriede mit Otten wieder ins
Auto, ließ allerdings bei dem Schloss eine Wache zurück, die
verhindern sollte, dass das Schloss angezündet werde. Um
zehn Uhr waren Fullriede und Otten wieder auf dem Polizeibüro.[56]
    Bis ungefähr ein Uhr war Fullriede mit der Organisation
des Abtransportes der Männer beschäftigt. Zur selben Zeit
fahndete der SD nach den Attentätern. In Reaktion auf Vogels
Mitteilung am Sonntagmittag, dass Fullriede die Zuständig-

keit des SD in dieser Wehrmachtsangelegenheit in Zweifel zog, war der SD-Mann Müller am Montagmorgen persönlich nach Putten gereist. Als Müller um halb acht auf dem Polizeibüro ankam, war Fullriede noch in der Besprechung. Fullriede erklärte erneut, dass er die Leitung innehabe und sie auch nicht abzugeben gedenke, da es sich hier um Anordnungen von den höchsten Wehrmachtsinstanzen handle, und dass er »sich nicht hineinreden« lasse. Er beauftragte Müller zu untersuchen, welche Wohnungen und Häuser von Mitgliedern der NSB oder Wehrmachtsangehörigen verschont bleiben konnten. Müller gab die Anweisung an Vogel weiter.[57] Gemeinsam mit Tierarzt Vervoorn – die Deutschen wussten mittlerweile, dass er der eigentliche Verantwortliche in Putten war und somit Zugang zu den Akten im Bürgermeisteramt hatte – und drei NSB-Männern stellten sie mit Hilfe des Meldeamtes eine Liste mit Namen von Personen zusammen, die eine Bescheinigung bekommen sollten, dass ihre Häuser und Wohnungen nicht angezündet werden durften. Als die Liste etwa zweihundert Namen umfasste, machte Vogel dem Ganzen abrupt ein Ende. Die Bescheinigungen wurden von Fullriede unterzeichnet und von Polizisten verteilt. Neben den auf der Liste verzeichneten Personen erhielten auch das gesamte Polizeipersonal und die Beamten des polizeilichen Fahrzeugdienstes eine solche Bescheinigung.[58]

Die Fahndung des SD nach den Attentätern hatte bis dahin nur wenig ergeben. Müller hatte in der Zwischenzeit bei den auf dem Marktplatz festgehaltenen Männern fragen lassen, ob jemand etwas zu melden habe. Ein paar Männer traten hervor und wurden von Polizisten des SD verhört.[59] Alle Ergebnisse wurden unmittelbar an Christiansens Hauptquartier weitergeleitet.

Die Männer mussten sich auf dem Markt hinter der Kirche in einem großen »U« aufstellen, an der Mauer des Cafés de Heerdt hatte man erneut diejenigen aufgestellt, die als Geiseln galten und die die Nacht in der Eierhalle verbracht hatten. An jeder Ecke des Marktes standen Soldaten mit Geschützen.[60] Pflegerinnen wurde erlaubt, den Männern Aspirin und Brot zu bringen. Hin und wieder wurden Männer aus den Reihen geholt und für nicht transportfähig erklärt.[61] Alle Mitglieder der NSB wurden freigelassen.

Dann musste die »ganze Kompanie« antreten. Man befahl den Männern, sich nach rechts zu wenden und sich in Fünferreihen aufzustellen. Neben jede Reihe trat ein bewaffneter Soldat. Die Männer wurden in Gruppen zu Hundert eingeteilt, bei dem Befehl »Hinlegen!« mussten sie sich auf die Erde werfen. Wer dann nicht lag, sollte erschossen werden. Das dauerte etwa eineinhalb Stunden. Dann wurden sie in Begleitung von SS-Männern des Wachbataillons Nord-West unter Leitung von Leutnant Helle in einem langen Zug abgeführt, zuerst die Männer auf dem Markt, dann die Geiseln. Der Weg zum Bahnhof dauerte etwa eine halbe Stunde.[62]

Hinter dem Bahnhof ließ man die Männer in einem Tannenwald anhalten. Dort mussten sie sich bei dem Befehl »Hinlegen« in jene Erdgruben werfen, in denen einige Wochen zuvor russische Kriegsgefangene biwakiert hatten. Auf dem Bahnhof wurden Züge rangiert. Nach einiger Zeit kam nochmals jemand vom Gemeindehaus und rief einige Namen auf, meist von Mitgliedern der NSB oder anderer deutschfreundlicher Personen. Diese wurden dann noch freigelassen.[63]

Zu der Zeit, als die Männer zum Bahnhof abgeführt wurden, hielt man in der Alten Kirche noch immer die Männer über fünfzig und die Frauen fest. Um halb drei kam Fullriede in die Kirche und forderte jeden auf, der etwas über das Attentat wisse, es ihm innerhalb von einer viertel Stunde zu melden. Seine Worte wurden von Pfarrer Holland übersetzt. Ein Mann trat vor. Genau fünfzehn Minuten später kam Fullriede nochmals in die Kirche. Mit Otten als Übersetzer an seiner Seite stellte er sich oben auf die Galerie, zog ein Blatt Papier aus der Tasche und las folgenden Text vor:

Im Namen des Wehrmachtsbefehlshabers in den Niederlanden wird das nachfolgende Urteil über die Gemeinde Putten ausgesprochen.

1. Das Dorf Putten wird plattgebrannt.
2. Die männlichen Einwohner der Gemeinde werden nach Amersfoort abtransportiert.
3. Das Dorf Putten soll innerhalb 2 Stunden [...] vollständig evakuiert sein.

Des Weiteren erläuterte er, welches Gebiet zu evakuieren sei. Die Bevölkerung solle sich nördlich des Reichsweges Putten-Nijkerk begeben, wo auch Ältere und Kranke untergebracht würden. Den Männern am Bahnhof könnten vor ihrer Deportation noch Kleider mitgegeben werden.[64]

Die Ausführung der Brandlegung übertrug Fullriede Pionierführer König. Um kurz vor halb sieben ging in Putten das erste Haus in Flammen auf. Etwa einhundert Wohnungen und Häuser wurden durch das Feuer verwüstet.[65]

Gegen acht verließ Fullriede mit seinem Auto das Dorf.[66] In Utrecht informierte er von Wühlisch telefonisch über die Ausführung des Befehls. Unteroffizier Schlegel von Christiansens Hauptquartier übermittelte um halb neun folgende Abendmeldung an das Oberkommando des Heeres in Berlin:

Ein Überfall auf Wehrmacht-PKWs, ein Offizier verwundet, verschleppt, ein Offizier gefallen, ein Soldat schwer verwundet, südlich Putten (25 KM W Apeldoorn). Sühnemaßnahmen: Arbeitsfähige Männer von 17-50 Jahren zur Zwangsarbeit nach Deutschland; Restbevölkerung evakuiert; Putten niedergebrannt. Ausgenommen Häuser von NSB'ern und deutschfreundlichen Niederländern.[67]

Viele hatten im letzten Moment noch versucht, Fullriede dazu zu bewegen, die befohlene Strafmaßnahme zurückzuziehen oder zumindest zu entschärfen. Nachdem auf der Polizeiwache die Ereignisse bei der Luftabwehr in der Nacht vom 30. September auf den 1. Oktober zu Protokoll genommen worden waren, hatte Kiks Fullriede wiederholt gedrängt, von der Brandstiftung abzusehen. Die Attentäter, so versuchte er ihn glauben zu machen, konnten aufgrund ihres Dialektes keine Männer aus Putten gewesen sein. Fullriede hatte daraufhin zugesagt, das Leben der 38 Männer, die noch immer als Geiseln festgehalten wurden, zu verschonen. Zudem vertraute er ihm an, dass er gar nicht genug Brennmaterial habe, um ganz Putten »plattzubrennen«.[68]

Auch Otten hatte nach eigener Aussage alles Erdenkliche versucht, um Fullriede »zu erweichen«.

Ich habe Fullriede zu mir nach Hause eingeladen [...] und versucht, ihn nach einigen Geneverschnäpsen von seinen Plänen abzubringen, doch er trank nicht mehr als zwei oder drei Gläser. Wir hatten den ganzen Besuch sorgfältig in Szene gesetzt, meine Frau hatte sogar noch unser Kind in die Stube gelegt, weil Deutsche durch Kinder hin und wieder noch zu erweichen waren. Doch es hat nichts genützt.

Völlig ratlos sagte er schließlich zu Fullriede: »Einen Befehl ausführen ist gut, aber es geht darum, wie man es tut.«

Ich erwähnte daraufhin, dass es in Putten fünfzehn alte Häuser gebe, die er gerne niederbrennen dürfe. Darüber ließe sich reden, meinte er. Das habe ich sofort Doornbosch gemeldet und gesagt, dass er Vervoorn bitten solle, eine Liste mit fünfzehn baufälligen Häusern zusammenzustellen.

Vervoorn erstellte eine Liste mit einigen Gebäuden, darunter Häuser an der Nijkerkerstraat. Gegen vier Uhr überreichte Otten Fullriede die Liste, der zu ihm meinte, dass er schauen wolle, was er tun könne. Danach erklärte Otten seinen Männern vom polizeilichen Fahrzeugdienst PMD, dass Fullriede seinen Befehl, Putten niederzubrennen und alle Männer zwischen siebzehn und fünfzig Jahren zu deportieren, ausführen müsse, dass der Oberst aber zugleich versuchen wolle, die Maßnahme zu entschärfen. Um selbst allerdings gedeckt zu bleiben, würden einige alte Häuser angezündet.

Einige Puttener wiegten sich also in dem Glauben, dass sich die Verwüstung des Dorfes in Grenzen halten würde. Manche dachten sogar, dass es sich nur um fünf, zehn oder höchstens zwanzig Häuser handeln würde. »Mein Schwiegervater kam von Vervoorn zurück«, erzählte eine Frau, »und der hatte zu ihm gesagt: ›Alles halb so schlimm. [...] Es geht nur um ein paar alte Häuser, die ich selbst anweisen darf‹.«

Otten machte sich an die Vorbereitung der Evakuierung des Dorfes. Dazu hatte er die Polizei und die Beamten des PMD in Gruppen eingeteilt. Das Rote Kreuz musste um Unterstützung gebeten, eine Erste-Hilfe-Station eingerichtet und ein Krankenwagen bereitgestellt werden. Ebenso mussten Notlager für die Evakuierten gesucht oder errichtet werden, denn es war bereits Oktober und es konnte zu regnen anfangen.

Die Bevölkerung hatte den Befehl erhalten, sich nördlich des Reichsweges Nijkerk-Ermelo zu begeben. Eine Frau, die mit ihrer Tochter vor der Brandlegung aus Putten geflohen war, berichtete später:

Überall wurde so fürchterlich viel geschossen, das machte uns so nervös, wir wurden ganz verrückt davon. Ich zog den Wagen und der Schweiß tropfte mir von der Stirn. Bei einem Bauernhof fragte ich, ob ich meine Sachen dort lassen durfte, alles war so schwer, ich konnte einfach nicht mehr. Vor allem die Decken waren so schwer. [...] Doch dort sagten sie, dass wir sie etwas weiter weg einfach liegen lassen sollten. Dann kam ein Bauer [...] und ich flehte ihn an: »Kannst du uns denn nicht helfen?« Die Bauern durften nämlich in ihren Häusern bleiben. »Ich gehe nicht mehr weiter. Ich schaffe es einfach nicht mehr.« Wir haben dann ein paar Sachen dort gelassen. Meine Tochter war so krank. Sie wollte in der Scheune etwas trinken und als sie dort an der Pumpe stand, öffnete sich die Tür einen Spalt und wurde gleich wieder zugemacht. Sie trauten sich nicht, uns anzuschauen. Wir haben dann noch etwas gewartet und sind dann weitergegangen. Dann brach die Achse unseres Wagens, und dann das Schießen überall!

Bei der Oldenaller Brücke haben ihr Soldaten geholfen und ihren Wagen dann auf den Weg zurück gezogen:

»Wohin müsst ihr?«, fragten sie. »Gott, was weiß ich, alles wird doch niedergebrannt«, sagte ich. Doch sie sahen es nicht ganz so schwarz und sagten, dass es schon nicht so schlimm werden würde, weil überall so viel Sabotage vorkäme, so wie in Frankreich. [...]

Etwas weiter weg stand ein Frachtauto. Die Soldaten waren auf dem Weg nach Amsterdam und nahmen sie bis Nijkerk mit.

Auch die Frau von van Beek, der deportiert worden war, wusste später Positives über die »Hermann Göring«-Soldaten zu berichten. Am Montagmorgen kamen deutsche Soldaten zu ihr, die eine Wildente geschossen hatten und sie baten, sie für sie zu braten. Am Mittag erreichte sie die Mitteilung, dass sie das Haus verlassen musste. Daraufhin kamen die zwei Soldaten zurück, um die Ente zu holen.

Ich gab sie ihnen und sie wollten mir Geld dafür geben. Doch das wollte ich nicht. Sie sahen, dass ich traurig war, und hatten Mitleid mit uns. »Sie müssen nicht weg«, sagten sie, »hier wird nichts angezündet. Wer sagt so was? Sicher die SS, kommen Sie nur mit, dort steht ein Offizier, der wird es Ihnen schon sagen.« [...] Wir machten uns dann wieder daran, die Kühe zu melken [...].

Die meisten Leute, die ihre Häuser verlassen mussten, nahmen vor allem Kleider und Bettwäsche mit. »Damit zumindest das nicht in die Hände der Deutschen fiel«, meinte jemand.

Pfarrer Holland versuchte in seinem Haus zu retten, was zu retten war.

Ich hatte das Taufbuch und alles zusammen und dachte: »Was soll ich damit nur machen?«, denn das durfte nicht verbrennen. Ich wollte die Sachen bei Beernink in den Safe legen, doch den hatte man auch gefangen genommen und der Schlüssel war in seiner Tasche. Schließlich haben wir sie zwischen zwei Zinkwannen im Garten vergraben. Daraufhin bin ich zur Polizei gegangen, um sie zu bitten, die Kirche und das Pfarrhaus zu verschonen.

Andere waren nicht weniger in Aufregung. »Das Haus war der reinste Ameisenhaufen«, erzählte eine Frau, die 1942 aus Scheveningen evakuiert worden war.

Alle liefen durcheinander, die Kinder wollten wenigstens ein paar Spielsachen mitnehmen, Frau Hoogkarspel lief schreiend durchs Haus. Ich hatte nicht so viel zu tun [...]. Als ich bei ihnen aufgenommen wurde, hatte ich mich von dem ganzen Zeug schon gelöst, dem Silber, den Möbeln und so weiter, und auch meinen Mann hatte ich schon so lange nicht gesehen, dass mir alles andere ganz gleich war. Doch die anderen schleppten ihre Erbsachen, ihre Bettwäsche und ihr Silber herum: Alles war ja so alt und wertvoll und musste unbedingt mit!

Pfarrer de Jager hatte hingegen kaum etwas mitgenommen. Für jeden ein Paar frische Unterwäsche, ein Paar Schuhe und eine Regenjacke. Seine Frau und er hatten beschlossen, mit ihrem Sohn zum Schuldirektor nach Telgt zu gehen. »Als wir dort ankamen, hatte er bereits viele Leute im Haus, auch Juden. Sie hatten Deutsche und jüdische Kinder unter einem Dach! Doch wir konnten auch noch aufgenommen werden.«

Die meisten, so erlebte es Schwester Heystek, dachten bei der Evakuierung nur an sich.

Der Auszug der Frauen am Montag war auch fürchterlich. All die kleinen Karren, hier und da noch ein Schwein oder ein paar Hühner, ansonsten war überall alles ganz ausgestorben. Manche nahmen alles mit, Möbel und Ziegen und so. Das hat mich eigentlich sehr geärgert, denn für die Kranken hatten wir keine Wagen mehr.

In dieser Situation war besonders schwer zu verkraften, dass Mitglieder der NSB von der Razzia völlig unberührt blieben und ihre Häuser nicht verlassen mussten. Jemand sah, wie die Frau von Timmer, der seit dem *Dolle Dinsdag* in Putten Gruppenleiter der NSB war, sich in aller Ruhe mit den Deutschen unterhielt: »Solche Dinge machten einen wütend.«
  Währenddessen versuchte die niederländische Polizei, die Leute zu beruhigen. So meinte ein Polizist zu einigen Einwohnern, die gerade das Dorf verließen:

Ach, geht nur noch ein kleines Stück weiter und dann dort in den Wald, damit sie euch nicht sehen. Wartet nur ab, ihr werdet sehen, dass nichts passiert und ihr bald wieder zurückdürft.

Nicht alle Einwohner Puttens mussten ihre Häuser verlassen. Auch nach der Evakuierung konnte keine Rede davon sein, dass das Dorf »ausgestorben« war. Frauen mit kleinen Kindern, Kranke und Alte hatten bereits am Sonntag den Befehl erhalten, ein weißes Laken aus dem Haus zu hängen, zum Zeichen, dass sie von der Strafmaßnahme befreit waren. Am Montagmittag hatten Mitglieder der NSB, Deutschfreundliche, Polizisten und einige andere von Fullriede eine Bescheinigung erhalten, die sie an der Tür ihres Hauses befestigen mussten. Die meisten der ungefähr 250 Personen, die im Besitz einer solchen Bescheinigung waren, sind zur Sicherheit im Haus geblieben. Beamte des PMD und der Polizei patrouillierten im Dorf, denn als die Evakuierten ihre Häuser verlassen mussten, hatten sie sie nicht abschließen dürfen. Trotzdem befürchtete man Plünderungen.

Gegen Abend wurden die ersten Feuer gelegt. »Als erstes gingen einige Häuser am Betonweg [...] in Flammen auf«, erzählte eine Frau. Obgleich sie selbst im Besitz einer Bescheinigung war und ein Laken aus dem Haus gehängt hatte, fühlte sie sich alles andere als sicher. »Plötzlich fuhr ein Auto vor und diese Kerle sprangen mit Fackeln heraus und liefen um das Haus. Offensichtlich wollten sie alles anzünden.« Gerade noch rechtzeitig konnte Polizist Alberts eingreifen, der bei ihr in der Gegend wohnte. »Bei uns in der Gegend«, erzählte Schwester Heystek, die auch eine Bescheinigung hatte, »wurde alles niedergebrannt.«

Sie sind um das Haus gesprungen und wollten alles anzünden. Alberts hat sie allerdings davon abgehalten. Es war schwierig, denn die Häuser mit den Zetteln an der Tür standen zwischen den anderen und die Moffen waren wie Wilde. Ich stand den ganzen Abend auf der Straße, die Moffen kamen johlend vorbei, sie hatten solch einen Spaß an der ganzen Sache. Sie wetteiferten darum, wer als Erster ein Feuer entzündete, es war schrecklich.

»Um zehn vor halb sechs war das erste Feuer zu sehen«, erzählte Doktor Vonk. »Ich werde nie vergessen«, berichtete Pfarrer de Jager, »was für ein schöner Abend der 2. Oktober 1944 gewesen war. Der Himmel war wolkenlos, kein Wind ging, es war ganz ruhig. An verschiedenen Stellen stiegen schwarze Rauchsäulen zum Himmel.«

Einige Polizisten versuchten noch zu retten, was zu retten war.

Aus den Kaninchen- und Hühnerställen haben wir noch die Tiere gejagt, damit sie nicht in den Flammen oder dem Rauch umkamen.

Die Hoffnung, die manche hegten, dass lediglich ein paar alte Schuppen in Flammen aufgehen würden, war schnell verflogen. Gegen sechs Uhr befahlen die Deutschen, die Nijkerkerstraat zu räumen. Vervoorn, der im Haus Nummer 16 wohnte, meinte, dass dies entgegen den Vereinbarungen sei und blieb wo er war.

Gleich neben uns brannte es. Die fünf Häuser, die als erste dran glauben mussten, standen überhaupt nicht auf meiner Liste. [...] »Wir sind verraten und verkauft!«, dachte ich. Und es brannte immer weiter, es war fürchterlich.

In der Regel wurde der an Otten gemachten Zusage nachgekommen, dass der Dorfkern verschont bleiben sollte, da ansonsten auch die Wohnungen der deutschfreundlichen Einwohner Puttens verwüstet würden. Eine Ausnahme bildete lediglich das Café de Heerdt neben der Alten Kirche. Betrunkene Soldaten hatten das Café angezündet. Obwohl sie noch selbst versuchten, das Feuer zu löschen, ging das Café um zwei Uhr nachts in Flammen auf. Bis fünf Uhr morgens versuchte Otten dann mit einigen Männern das Feuer zu löschen und möglichst viel Mobiliar zu retten.

Die Brandlegung verlief äußerst systematisch. Etwa fünf bis sieben Männer fuhren beladen mit Sprengstoff durch das Dorf. Einige von ihnen gingen in die Häuser, stellten eine Flasche mit Brennstoff auf den Tisch, schlugen die Scheiben des Hauses ein und zündeten die Gardinen und die Tischdecken an. Anstatt einer Flasche mit Brennstoff wurde wahrscheinlich auch Trotyl verwendet, das die Soldaten auf die heruntergerissenen Gardinen streuten. Von außen warfen sie oft auch noch eine Handgranate ins Haus. Wegen der Detonationen meinte Fullriede, der eine Stunde nach den ersten Bränden das Dorf verließ, dass die Puttener Waffen in ihren Häusern versteckt haben mussten. Zu Overdijk sagte er:

»Das sind keine Handgranaten, das ist Munition, die die Leute versteckt haben.« Das war natürlich nicht möglich, trotzdem machte er Meldung. Er sagte auch noch: »Sie sagen immer wieder, dass das alles einfache Bauern sind, doch Leute, die so einfach sind, sind auch kampfbereit. Es spielt sich hier ungeheuerlich viel ab.«

Die Brandstifter machten sich wie Besessene ans Werk, sie waren betrunken und hatten sichtlich Freude an der Ausführung des Befehls. Aus dem Fenster eines Hauses beobachteten zwei Wehrmachtsoffiziere das Feuer. »Aber Fräulein, das ist doch schön«, meinte einer zu der entsetzten Frau bei ihnen im Haus. Keiner der im Dorf Zurückgebliebenen fühlte sich sicher, nicht einmal das NSB-Mitglied Haaitsma.

Die Deutschen kamen auch noch zu uns. Weil wir aber eine Bescheinigung an der Tür hatten, zogen sie wieder ab. Bei uns waren sie noch recht ruhig, später allerdings führten sie sich auf wie Wahnsinnige.

Nicht nur Soldaten von Fullriedes »Hermann Göring«-Regiment, die an ihrem blauen Armbinde zu erkennen waren, zündeten die Häuser an, sondern auch etwa ein Dutzend SS-Männer des Wachbataillons Nord-West, das unter Befehl von Kommandant Ziegler stand und ein eigenes Sprengkommando hatte. Als Kommandant Fernau die Puttener Männer zum Bahnhof abgeführt hatte, war Ziegler mit einigen seiner Männer im Dorf geblieben. Im Haus des abgeführten Gemeindesekretärs Schipper spielten sie, bevor das Haus in Flammen aufging, auf der Orgel »Stille Nacht, heilige Nacht«.

Es wurden nicht nur Häuser angezündet, sondern auch auf andere Weise zerstört und geplündert. Die Soldaten waren vor allem an Nahrungsmitteln interessiert. Tierarzt Vervoorn berichtete, dass er mit eigenen Augen gesehen habe, wie Offiziere der Wehrmacht »so ganz junge Soldaten den Leuten ihre Kaninchen abnahmen, und dass sie ein Schwein in ihr Auto schafften«.

Auch die niederländischen SS-Männer vergriffen sich am Besitz der Bevölkerung. Ein Polizist sah, dass in jener Nacht holländische SS-Männer mit Weinflaschen und Eingemachtem in die Eierhalle kamen. Sie setzten sich dort ins Büro, wo sie sich die Sachen schmecken ließen. Sie meinten, dass ihretwegen die Häuser ruhig abbrennen könnten, denn wenn sie den Krieg verlieren würden, würden ihre Frauen und Kinder ja auch ermordet werden.

Auf der anderen Seite des Reichsweges, wohin die Bevölkerung geflüchtet war, herrschte eine ängstliche Spannung. Niemand wusste, ob sein Haus in Brand stand oder nicht. Viele waren in einem Haus nahe der Bahnlinie untergekommen. Dort hörten sie plötzlich Flugzeuge:

Ob sie durch das Feuer angezogen wurden oder durch die Radioberichte alarmiert worden waren, wissen wir nicht, doch in dieser Nacht wurde die Gegend um Putten und die Bahnlinie heftig von Flugzeugen unter Beschuss genommen.

Das Geschützfeuer ging dicht über uns nieder. Wir schliefen nicht viel, wir fühlten uns dort in dem Holzhaus nicht besonders sicher.

Am Montagabend um elf Uhr feuerte ein englischer Flieger (»der kam jeden Abend«, meinte Doktor Vonk) auf einen großen Wagen. Er berichtete:

[…] Das Flugzeug kam von der Seite des Dorfes und nahm den Wagen unter Beschuss, obwohl überall Menschen in der Schusslinie waren. Durch die vielen Flüchtlinge waren die Häuser brechend voll. Der Engländer schoss einfach durch die Menge. Um elf Uhr holte mich ein Polizist, weil Leute verletzt worden waren […] Manche waren schwer verletzt. […] Ein Junge wurde ins Krankenhaus gebracht und ist dort gestorben.

Nahe einem anderen Haus in der Bahnhofsstraße schlug eine Bombe ein.

Ich bin natürlich sofort aus dem Bett gesprungen. Die Kinder fingen zu schreien an und ich habe mich schnell angezogen. […] Dann kam der Moffe herein, der Wache gehalten hatte: »Mensch, was für ein Schreck!«

Im Laufe der Nacht hatten die Soldaten des Regiments »Hermann Göring« den Befehl erhalten einzurücken. Einige Soldaten blieben allerdings im Dorf zurück, um zu patrouillieren. Zieglers SS-Männer bezogen ein Hotel und verließen Putten erst am nächsten Morgen. Sie waren betrunken, laut und suchten Streit.

Ein Zeuge gab zu Protokoll:
»Morgen müsst ihr alle auch dran glauben!«, schrien sie, »und das Haus auch! […] Denn da ist kein Ausweis an der Tür.«
»Den haben wir verloren«, antwortete ich ruhig. Ich sah, dass

sie betrunken waren, doch ich war alles andere als beruhigt. Als wir beim Essen waren, kamen die Soldaten zurück, ohne Offizier allerdings. Sie kamen herein und baten um Licht, damit sie ihre Feldpost lesen konnten. Ich war wütend, habe ihnen aber doch einen Kerzenstumpen gegeben. Damit sind sie dann hinaufgegangen und haben gegessen und gesungen. Sie waren äußerst fröhlich. […] Dann kam so ein Junge herein und fragte. »Wird das Haus denn ganz bestimmt nicht angezündet?« Zitternd stand er da. Dann kam endlich der Offizier und der sagte sofort: »Geh ruhig schlafen, es wird nichts mehr angezündet.«

Doch selbst am Dienstagmorgen gingen noch Häuser und Wohnungen in Flammen auf. Das letzte Gebäude war ein Haus, das sich drei Kilometer außerhalb von Putten befand und in dem Soldaten des Regiments »Hermann Göring« in der Nacht von Montag auf Dienstag übernachtet hatten. Als sie es morgens um halb acht verließen, zündeten sie das Haus an – zusammen mit der Herberge Oldenaller waren es die einzigen Gebäude, die in der weiteren Umgebung Puttens niedergebrannt wurden.

Polizist Onstenk hatte unterdessen in der Nacht versucht, die Evakuierten zu beruhigen.

Von allen Seiten wurde ich gefragt: »Steht mein Haus noch?« Es war fürchterlich. Der ängstliche Ton der Frauen, mit dem sie fragten, denn sie wussten ja nichts und warteten darauf, was wir sagen würden. Und wenn man dann sagen musste, dass ihre Häuser in Flammen aufgegangen waren, dann schauten sie mich mit großen Augen an und ich sah in ihren Gesichtern die Angst. Alles, was sie besaßen, war weg.
Am nächsten Morgen durften die Menschen wieder ins Dorf und zu ihren Häusern zurück. Zu diesem Zeitpunkt waren die Brandstifter noch immer in Putten.

Da stand noch ein großer Bus und die Moffen liefen singend umher. […] Wir waren natürlich entsetzt, dass sie noch da waren und ihre Lieder brüllten. Auch holländische SS-Männer waren dabei. Die sagten, dass eine Vergeltungsmaßnahme schon notwendig gewesen sei, doch dass sie so etwas auch nicht gewollt hätten. Sie waren gar nicht so schlimm. […] Sie wollten auch helfen, Kranke ins Krankenhaus zu schaffen – und am Abend zuvor haben sie noch Häuser angezündet!

Die singenden Moffen waren die Letzten. Danach haben wir keine Deutschen mehr gesehen.

Der Einzug der evakuierten Einwohner in das noch rauchende Putten war schrecklich, erzählte Onstenk.

Wie sie da liefen, mit ihren Kanarienvögeln und Decken, voll unsicherer Spannung, und dann zu der Stelle kamen, wo einst ihr Haus gestanden hatte. Ich hatte erwartet, dass die meisten laut aufschreien würden, nach all dem Elend, das sie heimgesucht hatte; die Männer waren deportiert, ihr Haus zerstört worden. Doch hier und da fiel nur eine stille Träne […]

Doktor Vonk erinnerte sich, dass manche einen Nervenzusammenbruch bekamen, andere standen unter Schock. Van Dam vom Café de Heerdt lief tagelang um die Ruine seines ehemaligen Hauses:

Man konnte nichts tun. Plötzlich hatte man keine Zukunft mehr. Alles war nur grau. Man hörte kaum, was die Leute zu einem sagten. Und man ging wieder zu dem Trümmerhaufen und lief herum. Angst, etwas anzufassen, bis die Polizei kommt und meint, dass man doch wenigstens die Radiogeräte wegholen müsse, die unter dem Schutt lagen […] Weg, all meine Bemühungen, ein stilvolles Café zu führen. Meine Eltern und Urgroßeltern hatten da schon gewohnt, das Café war vor hunderten von Jahren gegründet worden, wahrscheinlich schon im Mittelalter. Es war immer im Besitz der Familie gewesen.[...]

Otten, der die Rückkehr leitete, ließ sofort Essen zubereiten, denn viele hatten ihr Haus verloren und konnten selbst nicht mehr kochen. Die freiwillige Feuerwehr aus Harderwijk rückte an und riss vom Feuer zerstörte Häuser nieder, um Einsturzgefahr zu verhindern. Unter den Trümmern der 85 Häuser konnten noch Hausrat und Lebensmittel geborgen werden, Gläser mit eingemachtem Gemüse, Fleisch, Kartoffeln und einige Öfen.

Vor dem Brand zählte Putten ungefähr zweitausend Wohnungen, etwa 750 von ihnen gehörten zum eigentlichen Zentrum des Dorfes.[69] In der Nacht vom 2. auf den 3. Oktober 1944 wurden in Putten 75 Wohnhäuser angezündet. Dabei handelt es sich in acht Fällen um ein Zweifamilienhaus, in einem Fall um ein Haus mit drei Wohneinheiten. Insgesamt betraf es also 84 Wohnungen, in denen 94 Familien und einige wenige Alleinstehende wohnten. Die zerstörten Häuser befanden sich hauptsächlich am Rande des Dorfes, der eigentliche Ortskern Puttens war größtenteils verschont geblieben. Außer diesen Wohnhäusern waren auch zwei Geschäfte, vier Cafés, eine Bäckerei sowie die Häuser eines Besenbinders, eines Schuhmachers, eines Maurers, eines Dachdeckers und eines Milchhändlers zerstört worden.[70]

Vervoorn rief die so genannte »Kommission des 1. Oktober« ins Leben, um die Obdachlosen zu unterstützen. Man sammelte Kleidung, Hausrat und Lebensmittel und verteilte sie unter den Betroffenen. Etwa 240 Familien hatten finanzielle Unterstützung nötig. Viele hatten durch das Feuer ihre Lebensmittelkarten verloren, die nicht sofort ersetzt werden konnten. Wer Anspruch darauf hatte, erhielt kommunale Unterstützung. Die »Kommission des 1. Oktober« organisierte zusätzlich noch eine Sammlung, um die Familien, deren Hauptverdiener deportiert worden war, zu unterstützen. Man sammelte Geld und in den Kirchen wurden Kollekten durchgeführt. Zusammen mit den Schenkungen, die später noch eintrafen, erbrachte die Sammlung schließlich etwa achzigtausend Gulden, was damals ein sehr hoher Betrag war.

Das Verfahren gegen Fullriede und Christiansen

Nahezu unmittelbar nachdem er sich Anfang Mai 1945 den Alliierten gestellt hatte, gelang es Fullriede, einen Sonderstatus zu erlangen. Der Bürgermeister von Ülzen bei Lüneburg – wo Fullriedes Freundin Carola Scheller nach dem Krieg wohnte – stellte ihm jedenfalls eine Erklärung folgenden Inhalts aus:

Col. Fullriede is a prisoner of war responsible to the Town Major of Ülzen, subject to Army requirements, he has permission to reside at 1 Hanstedt, near Ülzen, and will not be interfered with by anyone.

Any question regarding the Col. will be referred to the Town Major's office Ülzen.[71]

Mehr als ein halbes Jahr verging, ehe Fullriede schließlich selbst diesem ruhigen Intermezzo ein Ende bereitete. Am 7. Oktober 1945 begab er sich nach Lüneburg, wo der Bergen-Belsen Prozess – der erste große Prozess gegen Kriegsverbrecher – begann. Er erkundigte sich, ob unter den Journalisten auch ein Niederländer sei, und ließ ihm eine Notiz übermitteln. Einige Tage später sprach er mit dem niederländischen Kriegsberichterstatter Goderie. Tief beeindruckt von dem, was ihm Fullriede – »ein zivilisierter und gebildeter Mann von Welt« – über sein Auftreten in Putten erzählte, versprach er, dafür zu sorgen, dass ein Brief, den Fullriede an Prinz Bernhard, den Befehlshaber der »Inneren Niederländischen Streitkräfte«, geschrieben hatte, diesen auch wirklich erreichte. Nach seiner Rückkehr in die Niederlande, erfuhr Goderie, dass der Brief an das niederländische Justizministerium weitergeleitet worden war.[72]

Am 3. Dezember 1945 wurde Fullriede auf Antrag der niederländischen Regierung von den Engländern – Ülzen lag in der englischen Besatzungszone – gefangen genommen und vorübergehend im Gefängnis in Celle inhaftiert. Krank und offensichtlich tief deprimiert schrieb er Ende Januar 1946 an seinen Sohn:

Man hat mich wochenlang in einer engen, nassen und eiskalten Gefängniszelle eingesperrt. Jetzt bin ich unter Polizeibewachung, da ich krank wurde, im Krankenhaus. Was dann wird, weiß ich nicht. Ich nehme an, obwohl man es mir nicht sagt, daß es wegen Verbrennung der Stadt Putten ist. Ich habe aber im Gegenteil die Stadt, trotzdem ich meinen eigenen Kopf dabei riskierte, nicht verbrannt, sondern habe getan, was ich konnte, um die Stadt zu retten. Den Befehl mußte ich aber anscheinend ausführen, sonst war die Stadt erledigt, da dort 2 deutsche Offiziere ermordet wurden. Ich habe für die Frauen und Kinder getan, was ich nur konnte und ich habe mir keine unritterliche Handlung vorzuwerfen, weder dort noch irgendwo anders. Ich mußte aber, obwohl ich die Regierung haßte, die unser Volk ins Unglück führte, meinen Fahneneid halten und habe als Soldat meine Pflicht stets erfüllt, selbst auf den verlorensten Posten.[73]

Anfang April 1946 wurde Fullriede in Celle von einem Ermittlungsbeamten der *Netherlands War Crimes Commission* in Deutschland verhört. Er wurde im Keller jenes Gebäudes in Bad Oeynhausen inhaftiert, in dem die Kommission ihren Sitz hatte. Am 17. April 1946 wurde er der Polizei in Enschede übergeben, deren Ermittlungsabteilung die weiteren Untersuchungen übernahm.[74] Danach wurde er zunächst in Amsterdam inhaftiert und dann nach Arnheim gebracht, wo der Sondergerichtshof im Fall Putten ermittelte und wo mittlerweile auch der ehemalige Befehlshaber der Wehrmacht, Christiansen, in Haft war. Am 3. Mai legte Fullriede eine Erklärung über die Razzia ab und wurde drei Tage später vernommen.

Gegen die Deutschen, die im Drama von Putten eine Hauptrolle gespielt hatten, wurde nach dem Krieg in zwei Fällen – Christiansen und Fullriede – ein Verfahren eingeleitet. Der dritte Beteiligte, von Wühlisch, beging in der Nacht vom 20. auf den 21. September 1947 in seiner Gefängniszelle Selbstmord. Tags zuvor muss er erkannt haben, dass er nicht mehr nur als Zeuge gegen Christiansen auftreten sollte (aus diesem Grunde war er an die Niederlande ausgeliefert worden), sondern zunehmend selber in Verdacht geriet. Daneben galt er auch als einer der Hauptverantwortlichen der Razzia in Rotterdam im November 1944.[75] Gegen Albin Rauter, den Höheren SS- und Polizeiführer in den Niederlanden, wurde im Frühjahr 1948 die Todesstrafe verhängt, die im März 1949 vollstreckt wurde. Die Repressalie gegen Putten, die als Wehrmachtsfall behandelt wurde, spielte in seinem Fall kaum eine Rolle. Eberhard Schöngarth, der Befehlshaber der Sicherheitspolizei und des SD schließlich, der ebenfalls an Anordnung und Ausführung der Razzia beteiligt war, war bereits im Frühjahr 1947 in Hameln von den Engländern verurteilt und am 13. Mai desselben Jahres hingerichtet worden. Er konnte also leider nicht mehr zum Fall Putten verhört werden.[76]

Die erste der an der Aktion in Putten beteiligten Personen, denen der Prozess gemacht wurde, war also Fullriede. In den Niederlanden hatte man dem Verfahren mit großen Erwartungen entgegengesehen, denn Putten galt »als das entsetzlichste Drama, das sich auf niederländischem Boden während des Krieges ereignet hatte.«[77]

Das Interesse der Presse und der Öffentlichkeit war ungemein groß.[78] Bereits bei der Inhaftierung zwei Jahre zuvor wurden Fullriede und Christiansen als zwei grundverschiedene Persönlichkeiten beschrieben. Christiansen, so schrieb *Het Vrije Volk*,

macht einen müden Eindruck, wenngleich er nicht schlecht aussieht. Sein flacher Hut ähnelt jetzt eher dem eines Petroleumverkäufers, die Uniform der Deutschen Wehrmacht ist ohne ihre Abzeichen, die hier und da Löcher im Stoff hinterlassen haben, kaum zu erkennen. Gelassen geht er hinein, gefolgt von Oberst Fullriede, der gepflegt aussieht und gut gekleidet ist, gleich einem wohlhabenden Geschäftsmann, mit Mantel und Pelzkragen, einem fast neuen Anzug, mit Hemd und teurer Seidenkrawatte. Seine Kleidung hebt sich deutlich gegen den grauen Matrosenpullover ab, der unter Christiansens Uniform zu sehen ist.[79]

Auch während der Prozesstage im Jahr 1948 machte Fullriede auf die Presse einen ganz anderen Eindruck als Christiansen. Fullriede war

ein ergrauter schlanker Mann in einem grauen Anzug, der hinter seiner goldenen Brille mit den kleinen Brillengläsern intelligent in den Saal schaut [...]. Er macht – wer objektiv sein möchte, wird es zugeben müssen – einen besseren Eindruck als die meisten Deutschen, die bisher in den Niederlanden angeklagt wurden [...]. Rommels ehemaliger Kommandant, der auch beim Komplott der Offiziere gegen Hitler beteiligt gewesen sein muss, versteckt sich nicht hinter »Befehl« oder »Gedächtnislücken«. Er sagt, worum es geht, und was er sagt, klingt glaubwürdig.[80]

Alles in allem trugen Fullriedes Erscheinung und sein Auftreten in hohem Maße dazu bei, das Bild zu bekräftigen, das er von sich selbst in seiner Verteidigung mit großer Überzeugung zeichnete: das eines ehrsamen Mannes, der gehandelt hat, wie er handeln musste. Nicht nur, dass Fullriede sympathisch erschien, in der Presse wurde er auch als ein hervorragender und fairer Feldherr dargestellt. Zweimal soll er im Februar 1943 die berüchtigten Gefechte um den Kasserine Pass bei Tunis angeführt haben. In Arnheim sprach er über »wir von der alten kaiserlichen Armee«, womit er zugleich deutlich machte, dass er und die anderen Offiziere der Wehrmacht auf Hitler und seinen politisierten SS-Anhang herabblickten.

Auch Oberstaatsanwalt Fikkert verhehlte nicht, dass er Fullriede respektierte. Auf einer Pressekonferenz, die der Gerichtsverhandlung vorausging, sprach er sich positiv über den Angeklagten aus.[81] In seinem Plädoyer am Ende des zweiten Prozesstages, ließ er keinen Zweifel darüber bestehen, dass Fullriede für ihn nur ein »Rädchen im Getriebe« war, »das dafür verantwortlich war, dass Putten zum ›Dorf der Witwen und Waisen‹ wurde«. Die wirklichen Schuldigen der Repressalie waren seiner Meinung nach Christiansen, von Wühlisch und vor allem Rauter, der letztendlich den Befehl gegeben hatte, die gefangen genommenen Männer in ein deutsches Straflager zu deportieren.[82]

Die zentrale Frage im Fullriede-Prozess war, ob der Verdächtige alles ihm mögliche getan hatte, um die Ausführung des erlassenen Befehles zu unterminieren. Fullriede hat sich bei seiner Verteidigung nicht auf das bekannte »Befehl-ist-Befehl-Argument« berufen, sondern von einem Ausnahmezustand gesprochen. Er habe die Normen des Kriegsrechtes und der Menschlichkeit überschritten, um Schlimmeres zu verhindern. Putten sei nur zum Schein in Brand gesteckt worden. Es sei seine Absicht gewesen, höchstens zwanzig Häuser den Flammen preiszugeben.

Der Oberstaatsanwalt akzeptierte Fullriedes Berufung auf den Ausnahmezustand nicht und brachte eine andere, seiner Ansicht nach glaubwürdigere Version des Geschehenen vor:

Ich meine, dass es sich so verhält, dass der Angeklagte – aus verständlichen Gründen – verärgert war, als er den Bericht über das Attentat hörte; dass er den Befehl im Einvernehmen angenommen hat [...]; dass er, als er die befohlene Aufgabe zur Ausführung bringen sollte, sich weniger als zu Beginn von Rachegefühlen beherrschen hat lassen und sich von einer positiveren Seite gezeigt hat; dass er dann – wie feststeht – viele Freistellungen von Gefangennahmen und Brandlegungen ausgestellt hat und das Niederbrennen des Dorfes Putten auf etwa hundert Häuser beschränkt hat, und somit den ihm erteilten Befehl nicht vollständig ausgeführt hat [...].

Oberstaatsanwalt Fikkert zufolge habe Fullriede erkannt, dass Deutschland den Krieg verlieren würde, und habe gefürchtet, dass seine Familie – die sich in Südwestafrika aufhielt und sich damit in den Händen der Alliierten befand – ausgewiesen würde, wenn er als Kriegsverbrecher verurteilt würde. So habe er sich auf zwei Seiten abdecken wollen. Der Oberstaatsanwalt forderte deshalb fünf Jahre Gefängnis mit Anrechnung der Untersuchungshaft.

Fullriedes Anwalt Plochg stellte seinen Mandanten konsequent als »den anderen Deutschen« dar. Dieser sei, ohne sich seiner Verantwortung entziehen zu wollen, ohne aber auch blindlings Befehle zu befolgen, schuldlos in eine schwierige Lage geraten und habe versucht, größeres Leid zu verhindern, indem er kleineres Leid verursacht habe.[83] Dieses Bild, durch das Fullriede eher als Opfer denn als Täter erschien, war durch biografische Details und zahlreiche Besonderheiten bei seinem Auftreten in Putten für die Medien viel interessanter als das sachliche und kurze Plädoyer des Oberstaatsanwaltes und so wurde es auch in allen Zeitungen ausführlichst beschrieben.[84] Fullriede, der seit Ende der zwanziger Jahre mit seiner Familie auf einem Pachtbauernhof in Südwestafrika gelebt habe, sei 1938 – wie er selbst erklärt habe – »notgedrungen« nach Deutschland zurückgekehrt und habe seine Frau und seinen Sohn in Afrika zurückgelassen, weil er befürchtet habe, dass sein Besitz in Deutschland konfisziert würde, wenn er der Aufforderung zum Wehrdienst nicht nachkäme. Im Krieg habe er – nach Aussagen seines Anwalts – seine Pflicht als Soldat tapfer, gewissenhaft und ehrenhaft erfüllt. Kaum, dass er in den Niederlanden gewesen sei, sei von ihm verlangt worden, gegen Putten aufzutreten, was er nur mit Widerwillen getan habe. Die Zahl der gefangen zu nehmenden Männer habe er mittels der Bescheinigungen von achthundert auf sechshundert zu reduzieren gewusst, die Zahl der niederzubrennenden Häuser auf zwanzig. Das Dorf selbst habe er verschont, der Rest sei partiell und nur zum Schein in Brand gesetzt worden. Dass schließlich trotzdem etwa hundert Häuser in Flammen aufgegangen seien, sei nicht seine Schuld, sondern das Werk zügelloser SS-Trupps gewesen, die abends in Putten zurückgeblieben seien. Fullriede habe noch vor seinem Weggehen den Auftrag gegeben, die Feuerwehr zu alarmieren, um die Feuer zu löschen. Der Puttener Bevölkerung habe er zusätzliche Zeit gegeben, um das Dorf zu verlassen. Trotz besseren Wissens habe er Christiansens Einheit gemeldet, dass der Befehl vollständig ausgeführt worden sei. Als von Wühlisch ihn zwei Tage nach der Razzia zu sich zitiert und ihm nahe gelegt habe, in seinem Bericht zu erwähnen, dass er auf Befehl der SS die Zahl der in Brand gesteckten Häuser drastisch verringert habe, habe er sich geweigert. Es sei ausschließlich auf seine Verantwortung hin geschehen. Dass er sich tatsächlich für sein »unkorrektes« Auftreten in Deutschland zu verantworten hatte, werde aus der Tatsache ersichtlich, dass er schon einige Tage nach der Razzia nach Deutschland beordert worden sei. Glücklicherweise sei er durch das hilfreiche Eintreten von Freunden einer Bestrafung entgangen. Dass er sich im Ganzen nicht schuldig gefühlt habe, sei aus dem Brief zu entnehmen, den er Prinz Bernhard geschrieben habe, womit er seine Inhaftierung und Auslieferung selbst provoziert habe. Mit diesem Prozess hoffe Fullriede, dass er sich von jeglichem Makel befreien könne. Die Niederlande und vor allem Putten hätten ein Recht darauf zu wissen, was die Ursache für das Leid gewesen sei, welches das Dorf heimgesucht habe, und was Fullriedes Anteil dabei gewesen sei.

Fullriedes Anteil war seinem Anwalt Plochg zufolge äußerst gering gewesen. Die einzige Maßnahme, die Fullriede aus eigener Initiative ergriffen habe – der Befehl, alle Straßen und Wege von und aus Putten zu sperren, um die vermissten Offiziere und die Attentäter aufzuspüren – sei ein vollkommen legitimes Mittel gewesen. Alles Übrige sei durch von Wühlisch befohlen und von der SS ausgeführt worden. Noch Sonntagnacht habe Fullriede ernsthaft erwogen, sich krank zu melden, um sich dem Befehl zu entziehen. Fullriede sei, so beschloss Plochg seine Verteidigungsrede, stets von dem Gedanken durchdrungen gewesen, dass er unter Einsatz des eigenen Lebens eine noch größere Katastrophe von Putten abgewendet habe.

Obgleich es zuweilen einen anderen Anschein hatte, basierte der Prozess gegen Fullriede und später auch gegen Christiansen auf der Rechtsprechung, wie sie während der internationalen Militärtribunale in Nürnberg in Bezug auf Kriegsverbrechen und Verbrechen gegen die Menschlichkeit entwickelt worden war. Im Falle der beiden in den Niederlanden Angeklagten waren dabei vor allem die Nürnberger Urteile relevant, die sich mit der Frage beschäftigten, inwieweit Repressalien als legitimes Mittel betrachtet werden konnten. Im Fall Fullriede waren zudem diejenigen Nürnberger Urteile von Bedeutung, die sich auf die Rechtmäßigkeit der so genannten »Befehl-ist-Befehl-Verteidigung« bezogen.

In der Frage, ob Repressalien legitim waren, folgte das niederländische Gericht den Urteilen des United States Military Tribunal in Nürnberg beim Prozess gegen General Wilhelm List in den Jahren 1947-1948.[85] Das Urteil, in dem die Rechtmäßigkeit verneint wurde, wurde von den Gerichten übernommen, die Rauter und Fullriede verurteilten.[86] Fullriedes Anwalt Plochg versuchte aus diesen Gründen Fullriedes Anteil an der Repressalie gegen Putten abzuschwächen, indem er die mildernden Umstände in dessen Auftreten (so das Niederbrennen von »nur« zwanzig Häusern, die zusätzliche Zeit, die der Bevölkerung zur Verfügung stand, um die Häuser zu verlassen, und die Ausstellung zahlreicher Freistellungen) betonte und nachdrücklich darauf hinwies, dass die einzige eigenständig getroffene Entscheidung – nämlich Putten mit Truppen abzuriegeln – im Rahmen der Fahndung nach den Attentätern und dem vermissten Offizier und nicht als Teil der Repressalie betrachtet werden müsse. Plochgs Hinweis darauf, dass Fullriede sich nicht auf die »Befehl-ist-Befehl«-Verteidigung berufen wollte, erscheint dabei in besonderem Licht, wenn man bedenkt, dass es weniger Fullriedes Verdienst (wie Plochg und Presse den Sachverhalt darstellten), sondern eher ein taktisches Manöver des Anwalts war, der schließlich sehr gut wusste, dass in Nürnberg und im Prozess gegen Rauter die Berufung auf den »Befehl von oben« zurückgewiesen worden war.[87]

Plochgs Strategie hatte Erfolg. Das Gericht verurteilte Fullriede am 2. Juni zu zweieinhalb Jahren Gefängnis mit Anrechnung der Untersuchungshaft; Oberstaatsanwalt Fikkert hatte fünf Jahre gefordert. Sowohl Fikkert als auch Plochg, der auf unschuldig plädiert hatte, legten gegen das Urteil Berufung ein. Der Sonderkassationshof wies am 10. Januar 1949 beide Berufungsanträge zurück. Der Generalstaatsanwalt war der Auffassung, dass Fullriede sich sehr wohl dem Befehl hätte verweigern können. Trotzdem war der Sonderkassationshof von Fullriedes Auftreten offensichtlich angetan, wie aus dem Urteil ersichtlich wird:

Angeklagter Fullriede hat sich sehr eingesetzt, den verbrecherischen Befehl seiner Vorgesetzten zu mildern, sodass ihn vergleichsweise eine nur geringe Schuld trifft. Die milde Strafe, die im angefochtenen Urteil auferlegt wurde, ist damit auszuführen.[88]

Doch selbst dieses Urteil noch, das im Vergleich zu anderen Strafen und in Anbetracht eines derartiges Verbrechens eine »sehr milde Sanktion« darstellte, war für den Oberst inakzeptabel, der »zutiefst davon überzeugt« war, das Beste für Putten im Sinn gehabt zu haben, ja »der Retter von Putten« gewesen zu sein.[89]

Während der Untersuchungshaft war es Fullriedes größte Sorge gewesen, dass man ihn nach einem Freispruch über die Grenze nach Deutschland schaffen könnte. Er fürchtete, dort in die Hände der Engländer zu fallen und im Lager Marienburg inhaftiert zu werden.[90] Wie aus Dokumenten ersichtlich wird, die dem Richter damals nicht zur Verfügung gestanden hatten, hatte Fullriede, indem er sich nach der Befreiung freiwillig bei den niederländischen Autoritäten gemeldet hatte, nach reiflicher Überlegung das kleinere Übel gewählt. Denn Anfang der dreißiger Jahre hatte Fullriede mit seiner Frau und seinem Sohn in der ehemaligen deutschen Kolonie Südwestafrika gewohnt, die damals unter dem Protektorat der Engländer stand. Fullriede war zu dieser Zeit, noch ehe Hitler also an die Macht kam, Reserveoffizier der englischen Armee. 1938 war er allerdings nach Deutschland zurückgekehrt und zur Wehrmacht gegangen.[91] Damit war er faktisch ein Deserteur, den – sollten ihn die Engländer zu fassen bekommen – die Todesstrafe erwartete. Indem er sich nach der Befreiung den niederländischen Autoritäten stellte, hoffte er einerseits nicht in die Hände der Engländer zu fallen, andererseits in den Niederlanden die Staatsanwaltschaft und die Richter milde zu stimmen, um schnell wieder mit einem Visum zu Frau und Kind nach Südwestafrika zurückkehren zu können.

In Erwartung des Urteils des Sonderkassationshofes wurde Fullriedes Untersuchungshaft Ende November 1948 aufgehoben und er wurde ins Lager in Crailo überbracht. Plochg, der Fullriedes Absicht gekannt haben muss, versuchte alles, um Fullriede in den Niederlanden Bewegungsfreiheit zu beschaffen, damit dieser mit der südafrikanischen Delegation über die Verlängerung seines Visums verhandeln konnte. Fullriede sollte währenddessen im Haus des bekannten Malers Pyke Koch in Utrecht wohnen. Doch zu all dem kam es nicht. Im Februar 1949 wurde der Oberst über die Grenze nach Deutschland geschafft.

DER »PUTTEN-PROZESS« GEGEN CHRISTIANSEN

Der Prozess gegen Fullriede wurde letztlich auf zwei juristische Fragen reduziert, deren Beantwortung für die Bemessung der Schuld von größter Bedeutung war. In erster Linie ging es um das Problem, ob im Falle des Attentates auf deutsche Soldaten Repressalien gerechtfertigt waren und ob gerade in diesem besonderen Falle diese Art der Repressalie legitim war. Der Staatsanwalt und das Gericht, das seiner Argumentation folgte, beurteilte die Aktion gegen Putten als maßlos und in diesem Sinne eher als eine Repressivmaßnahme, die gemäß dem Kriegsrecht unzulässig war und in keinem Verhältnis zu der gegen die Besatzungsmacht gerichteten Tat stand. Des weiteren ging es um die Frage, wer die Verantwortung für die Repressalie getragen hatte. Staatsanwalt und Gericht hielten Fullriede für weniger verantwortlich als die beiden anderen Beteiligten, nämlich Christiansen, der zum Wehrmachtsbefehlshaber aufgestiegene Favorit Görings und General der Flieger honoris causa, und der Chef des Stabes von Wühlisch. Durch seinen Selbstmord hatte sich von Wühlisch einer Anklage entzogen. Christiansen wurde kurz nach Fullriede im Jahr 1948 angeklagt.

Am 1. Mai 1945 war Christiansen nach Hause zurückgekehrt. Zwei Monate später, am 6. Juli, wurde er gefangen genommen und in einem Internierungslager in Schleswig-Holstein inhaftiert. Auf Antrag der niederländischen Regierung wurde er im Januar 1946 an die Niederlande ausgeliefert. Die Voruntersuchungen dauerten fast eineinhalb Jahre, die Gerichtsverhandlung fand am 21. und 22. Juli 1948 statt. Am 5. August 1948 erging das Urteil. Aufgrund der Bedeutung der Vorgänge in Putten beim Verfahren gegen Christiansen sprach man damals auch vom »Putten-Prozess«.[92]

Bei dem Prozess gegen Christiansen spielte die Beziehung zwischen Christiansen und seinem Stabschef von Wühlisch eine große Rolle, denn die Schuld des einen entlastete jeweils den anderen. Zweifellos war es dabei für Christiansen von Vorteil, dass von Wühlisch, der als Zeuge für den Prozess gegen Christiansen in die Niederlande gebracht worden war, mittlerweile Selbstmord verübt hatte. Sein Selbstmord wie auch der Umstand, dass er offensichtlich seit einiger Zeit geistig unzurechnungsfähig gewesen war, belasteten ihn schwer. Christiansens Anwalt Arnold ließ daher auch nichts unversucht, beides zugunsten seines Mandanten auszubeuten. Nicht von Wühlischs Urteil über Christiansen als eines Menschen, der in der Lage war, selbständig Entscheidungen zu treffen, sondern Stellungnahmen etwa von Generaloberst Student, der von Christiansens geistigen Fähigkeiten weit weniger angetan gewesen war, machte er zum Gegenstand seiner Verteidigung.[93]

Die Taktik des Anwalts, Christiansen als »Sklaven« seiner Vorgesetzten und seines »gerissenen Stabschefs« von Wühlisch darzustellen, der hinter Christiansens Rücken alles eigenmächtig entschieden haben soll, blieb Presse und Öffentlichkeit keineswegs verborgen. So schrieb *De Maasbode*:

Während des Prozesses spielte Christiansen den ehrlichen, offenherzigen Seemann, der zufällig bei der Wehrmacht gelandet war. Er sagte zu seinem Vernehmer: »Mein Herr, ich weiß von nichts. Ich traf niemals Entscheidungen, sondern habe mich immer an das Urteil meiner Offiziere gehalten. Und wenn sie, ehrliche und anständige Männer, mir rieten: das und das muss geschehen, was blieb mir dann, einem einfachen Seemann, anderes zu tun übrig?«[94]

Genau das entsprach der Argumentation von Christiansens Anwalt. Er betonte, dass Christiansen ohne Ausbildung Seemann und Offizier geworden war. Dadurch, meinte Arnold, lagen Christiansens Fähigkeiten deutlich unter denen seiner Offiziere, bei denen es sich meist um Berufsoffiziere und Offiziere mit einer akademischen Ausbildung gehandelt hat. Hinsichtlich seines Intellektes stand er zudem deutlich, ja deutlich [...] unter dem Reichskommissar und Rauter. Das fühlte Christiansen. Das Ergebnis sind Aufbrausen und impulsives Verhalten, wie es einem Seemann eigen ist. Dieses impulsive Verhalten ist die Folge eines Gefühls der Minderwertigkeit, wenn er sich Personen gegenüber sieht, die ihm überlegen sind. [...] Deshalb sein Ausbruch, als er zurecht erbost war über das, was in Putten geschehen war, als er ausfällig wurde und sich mit kraftvollen Ausdrücken Luft zu verschaffen suchte.

Mit den letzten Worten zielte der Anwalt auf Christiansens wütende Reaktion, als von Wühlisch ihn über das Attentat bei Putten informiert hatte.[95]

Arnolds Verteidigung konzentrierte sich auf die Beantwortung der Frage, ob es überhaupt rechtmäßig gewesen sei, Geiseln zu nehmen. Im Fall Puttens habe es sich, so meinte Arnold, um eine erlaubte Aktion der Besatzungsmacht gehandelt. Das Attentat habe das Völkerrecht geschändet, da es der Bevölkerung nicht erlaubt sei, Widerstand zu leisten, solange gewisse Bestimmungen der Haager Konvention und des Landkriegsrechts befolgt würden. Wahllose Zivilisten dürften nicht willkürlich einen Soldaten der Wehrmacht erschießen und erst recht kein feindliches Auto aus dem Hinterhalt unter Beschuss nehmen. Mit anderen Worten: Das Attentat in Putten sei eine unrechtmäßige Tat gewesen und die Repressalie damit gerechtfertigt und nicht maßlos, im Gegenteil. Denn anstatt die Geiseln hinzurichten, seien lediglich »einige Bürger« deportiert worden.

Entsprechend dem Urteil, das über Fullriede verhängt worden war, verwarf das Gericht kategorisch die Argumente der Verteidigung mit der Begründung, dass im Fall Puttens die Bedingungen, die eine Repressalie gestattet hätten, nicht erfüllt worden seien, da man nach den Attentätern nicht wirklich gefahndet habe. Zudem betrachtete das Gericht die Repressalie als unverhältnismäßig zu dem Attentat.

Das Gericht hielt Christiansen für eine der drei wichtigsten Besatzungsautoritäten, erachtete Christiansens Schuld aber dennoch für die geringste. Zudem wollte man dem fortgeschrittenen Alter des Angeklagten, der zu diesem Zeitpunkt 68 Jahre alt war, Rechnung tragen. Christiansen wurde zu zwölf Jahren Gefängnis mit Anrechnung der Untersuchungshaft verurteilt. Oberstaatsanwalt Fikkert hatte zwanzig Jahre gefordert, da er ihn vielmehr als einen Mann betrachtete, der die Methoden des nationalsozialistischen Regimes »einsatzfreudig« akzeptiert, ein System der Vergeltung und des Terrors durch seine Mitarbeit gestützt und – wenn sein eigener Sachverstand nicht ausreichte – sich auf die Urteile seiner Offiziere verlassen und sich ansonsten nach dem Kompass der Befehle gerichtet habe, die ihm von oben erteilt worden seien.[96]

Die entsetzte öffentliche Meinung

Obgleich man in den Niederlanden in gewisser Hinsicht bereit war, bei der Verurteilung der Hauptverdächtigen der Razzia in Putten mildernde Umstände gelten zu lassen, zeigte man sich über die niedrigen Strafen, zu denen das Gericht Fullriede und Christiansen verurteilt hatte, offen entsetzt. Viele fanden, dass sie in keinerlei Verhältnis zu der brutalen Razzia und deren katastrophalen Folgen standen. Besonders verwirrend für die Öffentlichkeit war dabei der große Widerspruch zwischen dem Bild, das die jeweiligen Anwälte von ihren Mandanten gezeichnet hatten – Fullriede als »Retter Puttens« und Christiansen als ohnmächtiger »Garnisonskommandant« – und ihrer eigenen Erinnerung an den brutal auftretenden Christiansen und dem, was man über den damals deutlich agierenden Oberst Fullriede gehört hatte.[97]

Für die Medien setzten beide Prozesse somit die Diskussion fort, die seit der Befreiung nahezu unaufhörlich geführt worden war. Viele ehemalige Widerstandskämpfer hatten sich schon bald nach 1945 über alle Maßen enttäuscht gezeigt über die langwierigen und umständlichen Verfahren und die in ihren Augen milden Urteile, mit denen sich ihrer Meinung nach das gesamte politische Nachkriegssystem unglaubwürdig machte. Auf der anderen Seite gab es konservative Kritiker, die in den Prozessen und ihren Urteilen lediglich gefährliche liberal-progressive Wortgefechte sahen. Jegliche Verfahrensfehler oder Nachlässigkeiten im Zusammenhang mit diesen Nachkriegsprozessen nahmen sie zum Anlass, um sich generell gegen eine Abrechnung mit den Kriegsverbrechern und Kollaborateuren zu wenden.

So standen sich zum Beispiel die Ansichten der ehemaligen Widerstandszeitung *De Prinsestad* und der Wochenzeitschrift *Elsevier* im Zusammenhang mit den Prozessen diametral gegenüber. *Elsevier* vertrat die Meinung, dass es höchste Zeit werde, der Aburteilung und Säuberung ein Ende zu bereiten, da »gute« und »böse« nun einmal nicht scharf voneinander zu unterscheiden seien. Ein Mann wie Fullriede, so fand die Zeitschrift *Elsevier*, sei wohl eher selbst ein Opfer des Naziregimes als ein Kriegsverbrecher.[98] »Wir sind ganz anderer Ansicht«, reagierte daraufhin *De Prinsestad*:

Von einem degenerierten und abgestumpften SS-Offizier hätte man erwarten können, dass er einen derartigen Befehl blindlings ausführte. So jemanden könnte man als eine gefährliche Bestie einfach abknallen. Aber Fullriede? Ist seine Schuld nicht sogar größer als die des blinden Nazi-Anhängers, der von Kindesbeinen an in dieser Lehre erzogen wurde und nach unseren Maßstäben auch kein Gewissen mehr hatte? Durfte man von einem Menschen, der noch über sittliche Normen verfügte, nicht erwarten oder gar fordern, dass er sich einem solchen Befehl verweigert hätte und untergetaucht wäre? Das wäre sehr gut möglich gewesen. Und wenn nicht, dann hat ein Offizier noch immer einen Revolver. Fullriede aber hat keinen Ausweg gefunden. Er war zu sehr Deutscher, als dass er dem Befehl seiner Vorgesetzten keinen Gehorsam geleistet hätte. Doch gerade deshalb ist er in so großem Maße schuldig.[99]

Selbst die fünf Jahre, die der Staatsanwalt gegen Fullriede gefordert hatte, waren für *De Prinsestad* noch zu milde, da Fullriede sehr gut gewusst habe, dass er gegen die Gesetze von »Ehre und Gewissen« verstoßen habe. Das Jesuitenblatt *De Linie* zeigte sich ebenfalls äußerst enttäuscht, entdeckte aber im Dilemma der Richter ein interessantes kasuistisches Problem:

Der Putten-Prozess hätte ein Prozess im großen Stile werden können, der ganz Europa gezeigt hätte, wie bei dem tragischen und Schrecken erregenden Problem der Repressalien geurteilt und Recht gesprochen werden kann. Doch je länger der Prozess andauerte, desto deutlicher wurde, dass hier weder die juristischen noch die moralischen Fragen der Repressalie zur Sprache kommen würden, sondern dass das »Recht-Sprechen« zu einer ausweglosen Sackgasse wurde, weil der Angeklagte meinte, dass er Putten nicht zugrunde gerichtet, sondern gerettet habe.

Das hatte eine Art psychischen Schock zur Folge, denn Putten stand ganz oben auf der Abrechnungsliste des niederländischen Volkes (soweit wir das Drama der Juden als nicht-militärisches Verbrechen hierbei außer Acht lassen). Der symbolische Strafantrag auf fünf Jahre stand in keinerlei Verhältnis zu den verübten Verbrechen (soweit diese als Kriegsverbrechen gebrandmarkt werden) – auch nicht, wenn Fullriede nichts weiter als eine untergeordnete, ausführende Instanz gewesen war.

Nur der Ewige Richter wird Schuld und Buße gerecht aufrechnen können, der zeitliche Richter steht vor dem unlösbaren Rätsel von zufällig zusammenhängenden Tatsachen, Absichten, Möglichkeiten und Berechnungen, das sich in der Frage zuspitzt, inwieweit jemand, der sich in einer tragischen Situation verstrickt sieht, das geringere Übel bewusst tun darf, um das größere zu vermeiden.[100]

Tragik witterte auch die Zeitung *De Zwerver*, die sich über das geringe Strafmaß von fünf Jahren zunächst wunderte, aber daraus folgerte: »Ein Strafantrag, den man zu verstehen lernt, wenn man von der Tragik im Leben dieses Offiziers Kenntnis genommen hat.« Die aus dem christlichen Widerstand stammende Zeitung ging sogar noch einen Schritt weiter und suchte den Fehler bei sich selbst, indem sie schrieb, dass es auch in den Niederlanden »viele Fullriedes« gegeben habe. Sie zielte dabei auf diejenigen, die, anstatt der Besatzungsmacht den Gehorsam und die Zusammenarbeit zu verweigern, in der Besatzungszeit auf ihren Posten geblieben waren, um Schlimmeres zu verhüten. Damit berührte die Zeitung eine Problematik, die noch bis auf den heutigen Tag aktuell ist und sowohl ethische als auch politische und juristische Fragen aufwirft, die sich nur unzureichend beantworten lassen. Die Zeitung schrieb:

Die Tragödie Fullriedes ist die Tragödie unseres Volkes, das zuweilen meinte, klüger als die Besatzungsmacht zu sein; das meinte, umkehren zu können, wenn es den halben Weg mitgehe, und dann keine Möglichkeit mehr sah, umzukehren. Dann mögen die Motive noch so edel gewesen sein, das Ergebnis ist fürchterlich. […] Der Weg der Auflehnung ist nicht der des halben Weges. Er ist der Weg der Entschlossenen, der Weg des Widerstandes.[101]

Der Fullriede-Prozess hatte nicht nur grundlegende Fragen über Kollaboration und Widerstand des niederländischen Volkes aufgeworfen, das »Putten-Drama«, so stellte die ehemalige christliche Widerstandszeitung *Trouw* fest, hatte sich auch zu einem rein juristischen Wortgefecht entwickelt.[102]

Tatsächlich lagen Welten zwischen den sachlich-kühlen juristischen Überlegungen des Kassationshofes Anfang 1949 und den ersten emotionalen Worten in Fikkerts Plädoyer im Mai 1948:

Mit Entsetzen hat die gesamte zivilisierte Welt das Drama von Putten zur Kenntnis genommen, das mit den fürchterlichen Ereignissen im tschechischen Dorf Lidice zu vergleichen ist.[103]

Der Christiansen-Prozess verstärkte bei Presse und Öffentlichkeit die bereits vorhandenen Gefühle von Unmut und

Verwirrung. Man zeigte sich äußerst enttäuscht über die Macht der Rechtsprechung. Die Zeitung *Vrij Nederland* zog eine traurige Bilanz. Die niederländische Rechtsprechung, so schrieb die Zeitung des ehemaligen sozialistischen Widerstandskämpfers van Randwijk, sei nicht imstande gewesen, den Fall sowohl gegen die große Politik als auch gegen die Kriegsverbrecher zu führen.

Die Medien warfen neben der Frage nach dem Selbstbild der Niederlande eine zweite, ebenfalls noch immer brennende Frage auf, nämlich ob bei der Rechtsprechung lediglich juristisch-technische oder nicht auch sittliche und ethische Überlegungen und Erkenntnisse eine Rolle spielen sollten. Sollte Letzteres der Fall sein, stellte sich die Frage, ob Kriegsverbrecher und politische Delinquenten überhaupt das Recht auf Verteidiger hätten. Erneut war es *De Prinsestad* (31. Juli 1948), die sich des Dilemmas bewusst war. Selbstverständlich habe jeder Recht auf juristischen Beistand, doch die Anwälte hätten sich in ihrer Verteidigung strikt auf die juristische Argumentation zu beschränken. Häufig würden die Grenzen mit dem Argument überschritten, dass es im Interesse des Mandanten sei. Das träfe, so meinte die Zeitung, vor allem auf Christiansens Anwalt zu, der seinen Mandanten für unzurechnungsfähig erklärt habe. »Das mag zwar sein«, reagierte die Zeitung, »auch habe niemand Hitler jemals ernst genommen.«

Fullriedes Anwalt Plochg, der seinen Mandanten eigentlich als einen Widerstandskämpfer betrachtete, weil er den erhaltenen Befehl nur teilweise ausgeführt habe, und Christiansens Anwalt Arnold, der das Attentat in Putten als unrechtmäßig bezeichnete, schienen in dieser Hinsicht die Grenzen dessen, was schicklich ist, überschritten zu haben.

Für die Juristen war der Fall Putten nach den Prozessen gegen Fullriede und Christiansen abgeschlossen, für den heutigen Historiker aber bleiben noch viele Fragen über die Razzia, die Täter und ihre Motive offen. Damals wusste man zu wenig über das »Dritte Reich« und seinen politischen Aufbau, sodass es schlichtweg unmöglich war, die Handlungen der einzelnen Verdächtigen über das Niveau der persönlichen Entscheidungsprozesse zu erheben. Das erklärt, warum bei den Prozessen selbst sowie in den Medien Fullriedes und Christiansens Persönlichkeiten derart im Mittelpunkt standen.[104] Daneben spielt auch eine Rolle, dass Richter keine Historiker sind, und es sich bei einem Gerichtsprozess um keine Geschichtsschreibung handelt. Der Ermittlungsrichter sucht die Schuld des Verdächtigen, dessen Anwalt bemüht sich, seine Unschuld zu beweisen und der Richter spricht das Urteil und setzt das Strafmaß fest: insgesamt ein äußerst selektiver Prozess, bei dem bestimmte Fragen relevant sind, andere jedoch keine Beachtung finden. Der Richter beschränkt sich auf jene Tatsachen, die notwendig sind, um Schuld oder Unschuld eines Verdächtigen festzustellen. Der Historiker hingegen stellt das Handeln der Menschen in einen weiteren historischen Kontext. Sein Ziel ist es, die Vergangenheit besser zu verstehen. Zur Beurteilung dessen, ob das Bild, das von Fullriede in den ersten Jahren nach der Befreiung gezeichnet worden ist, noch zutrifft oder nicht – ob er also wirklich »der Retter von Putten« war – muss der historische Kontext, in dem dieser Wehrmachtsoffizier operiert hat, näher untersucht werden und seine Stellung und Persönlichkeit innerhalb des Gesamtkontextes analysiert werden.

Fullriedes und Christiansens Verteidigung hatte alles daran gesetzt zu verhindern, dass ihren Mandanten das Etikett

»Nationalsozialist« angeheftet wurde. Die Auffassung, dass es zwischen der nationalsozialistischen Partei und der Wehrmacht, zwischen jenen also, die an das »Dritte Reich« glaubten, und jenen, die trotz ihrer Abkehr aus nationalen und patriotischen Motiven Deutschland dienten, ein unüberbrückbarer Graben herrschte, genoss schon bald nach Hitlers Machtübernahme überaus große Popularität. Auch im »Putten-Prozess« spielte dieses raffinierte politische Konzept eine bedeutende Rolle. Sowohl die Angeklagten als auch ihre Anwälte griffen dankbar darauf zurück und auch in den Zeitungsartikeln über die beiden Prozesse wird die Auffassung vertreten, dass innerhalb der Wehrmacht »ein gewisser Anstand« geherrscht habe.

Die Legende von der Distanz der Wehrmacht zum Hitlerregime und zur SS hielt sich hartnäckig. Erst seit Anfang der neunziger Jahre hat sich das Bild von der Rolle der Wehrmacht während des Zweiten Weltkriegs grundlegend geändert, obgleich bereits während der Prozesse von Nürnberg gegen die militärische Spitze des »Dritten Reiches« andere Fakten ans Licht gekommen waren. In der öffentlichen Meinung war jahrelang die Wehrmacht ein Heer von Berufssoldaten, die korrekt und voller Hingabe aufgetreten sind, die die Vorgehensweise der SS verabscheut und eine eigene strenge Moral und Soldatenehre gekannt haben.[105] Das Bild vom »guten Soldaten« wurde in den Memoiren der Generäle breit ausgemalt und vereinfachte nach dem Krieg die lautlose Integration der jüngeren Offiziere in die Gesellschaft. Eventuell begangene Verbrechen wurden in der Erinnerungsliteratur als Ausnahmen betrachtet.[106] Sprachen Mitläufer und Täter über die Vergangenheit, stellten sie sich als Opfer des Nationalsozialismus dar und neigten dazu, den Krieg, den die Wehrmacht geführt hat, als »unpolitischen Krieg« und als »Krieg wie jeden anderen« zu betrachten.[107]

Dieses Bild hält einer genaueren Untersuchung nicht stand.[108] Die Wehrmacht arbeitete häufig intensiv mit der SS zusammen und war bereits zu einem frühen Zeitpunkt an der Organisation der Massenmorde an Juden in Serbien und an den verbrecherischen Aktionen der Einsatztruppen an der Ostfront beteiligt. Ebenso wenig ist die Führung der Wehrmacht gegen die nationalsozialistische Ideologie immun gewesen; sie hat auch in ihrem Sinn Befehle erteilt. Hitlers Vernichtungskrieg in Osteuropa fand die allgemeine Unterstützung der Wehrmacht und auch Soldaten der Wehrmacht machten sich Kriegsverbrechen schuldig. Zu den verbrecherischen Befehlen, die die Wehrmachtsspitze erlassen hat, gehörten unter anderem die berüchtigten Anweisungen, alle kommunistischen Kommissare zu erschießen, im Kampf gegen die Russen den internationalen Status der Kriegsgefangenen zu missachten, beim militärischen Einsatz die Zivilbevölkerung als Partisanenverdächtige einzubeziehen und schließlich auch beim Völkermord an den Juden mitzuwirken.[109]

Noch ehe in der Sowjetunion von einer wirklichen Partisanenfront die Rede sein konnte, hatte die Wehrmacht den Kampf gegen sie bereits eröffnet, Frauen und Kinder einbezogen. Ganze Dörfer wurden in Brand gesteckt und die Einwohner erbarmungslos ermordet. Als die Zahl der Partisanen im Frühjahr 1942 tatsächlich stark anwuchs – mitunter als Reaktion auf das Vorgehen der Wehrmacht –, trat Himmler in Aktion. Ab September 1942 wurden SD-Kommandos, Polizeiregimente und SS-Brigaden bei allen großen Aktionen eingeschaltet. Partisanen wurden als »Banditen« gebrandmarkt und der Kampf gegen sie als »Bandenbekämpfung« bezeichnet. Die gesamte Bevölkerung wurde zum Feind erklärt, der nur zu besiegen war, indem man die Dörfer niederbrannte und das Vieh abführte, das man für die Versorgung brauchte. Eine so genannte Kampfanweisung vom Dezember 1943 schrieb vor, »gegen Frauen und Kinder jedes Mittel anzuwenden, wenn es nur zum Erfolg führte«. Ziel dieses Auftretens war, sowohl Hinterland als auch Frontlinie zum Kampfgebiet des deutschen Heeres zu machen und statt nur den Partisanen der gesamten Bevölkerung den Krieg zu erklären. Ende 1942 war die Symbiose zwischen Wehrmacht und SS komplett und beiden haftete gleichermaßen die Weltanschauung der Nazis an.[110]

Die Verbrechen der Wehrmacht beschränkten sich keineswegs nur auf die Ostfront. Auch in Jugoslawien und in Griechenland spiegelte die Repressionspolitik der Wehrmacht den Charakter des Hitlerregimes mit seinem Hang zu Gewalt und Terror wider. Bei der Befreiung Griechenlands wurde deutlich, dass die Wehrmacht im Kampf gegen die Partisanen hunderte Dörfer dem Erdboden gleichgemacht hatte. Die Häuser von hunderttausenden Griechen waren geplündert und in Brand gesteckt, viele Ernten waren vernichtet und Kirchen gebrandschatzt worden. Tausende Zivilisten waren von Soldaten der Wehrmacht ermordet, verwundet oder erhängt worden. Das im August 1942 niedergemetzelte und verwüstete Dorf Komeno wurde das »Putten« von Griechenland.[111]

Nach Mussolinis Fall im Juli 1943 kam es auch in Italien zu einer wahren Gewaltexplosion der deutschen Besatzungsmacht gegen die Partisanen, deren Zahl nach der Entwaffnung des italienischen Heeres und der Besetzung durch die Deutschen stark zugenommen hatte. Im April 1944 erging von Generalfeldmarschall Kesselring, seit Ende 1943 Oberbefehlshaber Südwest (Mittelmeerraum), folgender Erlass an die Truppen:

Den Banden wird mit planmäßigen Unternehmungen entgegengetreten werden. Daneben muß aber auch eine laufende Sicherung der Truppe gegen Überfälle und Anschläge erfolgen. [...] Tatkräftiges, entschlossenes und schnelles Handeln ist erstes Gebot. Schlappe und unentschlossene Führer werde ich zur Rechenschaft ziehen, daß sie die Sicherheit ihrer unterstellten Truppe und die Achtung vor der deutschen Wehrmacht gefährden. Zu scharfes Durchgreifen wird bei der derzeitigen Lage niemals Grund zu einer Strafe sein.[112]

Die Aktionen, die mit diesem Freibrief eingeläutet wurden, dienten einem doppelten strategischen Ziel. Zum einen sollten die Partisanen besiegt, zum anderen sollte der Zivilbevölkerung deutlich gemacht werden, welche fürchterlichen Folgen Partisanenaktionen für sie haben konnten. Nicht die deutschen Besatzer, die die italienische Bevölkerung zur Kollaboration zwingen wollten, sondern die Partisanen sollten als Ursache der Repressalien gelten; ihnen sollte die Bevölkerung deshalb jede Sympathie und Unterstützung versagen. Das Auftreten gegen die Zivilbevölkerung war bis in alle Einzelheiten ausgearbeitet: Bei einem Attentat sollte die unmittelbare Umgebung abgeriegelt werden, die ganze Bevölkerung musste ausnahmslos gefangen genommen werden. Wurde das Attentat aus Häusern verübt, sollten diese in Brand gesteckt werden. Alles kam auf »schnelles, entschlossenes und scharfes« Handeln an.[113]

Nach dem Fall Roms Anfang Juni 1944 kam es im Küstengebiet nördlich von Rom, dem strategisch wichtigen westlichen Gebiet der Apenninen, tatsächlich zur Ausführung dieser Anordnungen. Ende Juni hat der britische Field Marshal Alexander wiederholt den italienischen Widerstand zum Kampf aufgerufen. »Let your activities be such as to make travelling by road in cars or motor-cycles death for the enemy.« General von Zangen, der für die Verteidigung der Küste in Mittelitalien verantwortlich war, reagierte darauf mit folgender Anordnung:

Wo Banden in größerer Zahl auftreten, ist ein jeweils zu bestimmender Prozentsatz der in dieser Gegend wohnenden männlichen Bevölkerung festzunehmen und bei vorkommenden Gewalttätigkeiten zu erschießen. [...] Werden Soldaten [...] aus Ortschaften beschossen, so ist die Ortschaft niederzubrennen.[114]

Um die Bevölkerung in die Knie zu zwingen, sollten »arbeitsfähige Teile der Bevölkerung zum Arbeitseinsatz ins Reich

[...] deportiert« werden, womit Kesselrings »Freibrief« noch überboten wurde. Das hatte zur Folge, dass Vermutungen von deutscher Seite bereits ausreichten, um Repressalien gegen die Zivilbevölkerung zu ergreifen. Den Wehrmachtssoldaten wurden Partisanen als »hinterlistiger Abschaum« beschrieben und so stand auch psychologisch betrachtet einem »scharfen Durchgreifen« nichts mehr im Wege.[115]

Vor allem die Truppen des Regiments »Hermann Göring«, die auch in Putten agieren sollten, zeichneten sich in Italien durch ihr grausames Auftreten gegen die Partisanen aus. Das Regiment hatte eine lange Geschichte. Die 1933 errichtete Brigade wurde zehn Jahre später nach Training und Erweiterung als Division nach Tunesien entsandt. Nach dem Kampf auf Sizilien wurde die Einheit nach Italien verlegt. Die Rekrutierung der Soldaten erfolgte freiwillig und die Truppen bestanden hauptsächlich aus sehr jungen Soldaten aus den Reihen der Hitlerjugend. In vielerlei Hinsicht, glich das Regiment »Hermann Göring« der Waffen-SS. Es war eine Eliteeinheit der Wehrmacht, von der Hitler besonders angetan war.[116] Ende Juni 1944 kam es in der Provinz Arezzo im Süden der Toskana zu brutalen Aktionen dieses Regiments. Nahezu die gesamte Bevölkerung Civitellas in Val di Chiana und San Pancrazio wurde auf grausamste Weise niedergemetzelt. Im Juli folgten noch mehr derartiger »Straf«-Expeditionen.[117]

Das »Putten« von Frankreich, der Ort Oradour-sur-Glane, wurde kurz nach der Landung der Alliierten in der Normandie am 6. Juni 1944 Opfer des erbarmungslosen deutschen Auftretens. Obgleich dort eine SS-Einheit auftrat, unterschied sich das Vorgehen nicht von den Aktionen in den zahllosen Orten im besetzten Europa, die Opfer grausamster Wehrmacht- und SS-Gewalt wurden. Auch das Dorf Tulle suchte ein derartiges Schicksal heim. Das niederländische Putten war kein bedauerlicher Ausnahmefall, sondern lag schlichtweg am Ende des langen Marsches der Wehrmacht über Ost-, Mittel-, Süd- und Nordwesteuropa in den Untergang des »Dritten

Reiches«. Am Regiment »Hermann Göring« in Harderwijk klebte eine blutige Tradition von Mord und Gewalt.

Lange Zeit waren Historiker der Auffassung, dass gerade in den Niederlanden, wo 1940 keine Militär- sondern eine Zivilregierung eingerichtet worden war, die deutsche Wehrmacht sich beim Kampf gegen den Widerstand mehr und mehr mit einem zweiten Platz in der Besatzungshierarchie hat zufrieden geben müssen. In gewissem Sinne hatte diese Sicht der Dinge ihren Ursprung in der These von der »sauberen« Wehrmacht. Solange man der Meinung war, dass die Hauptlast im Kampf gegen den Widerstand auf den eigentlichen Besatzungsautoritäten lag – bei Rauters SD in Den Haag und bei Seyss-Inquarts Reichskommissariat – traf die Wehrmacht eine geringere Schuld. Doch auch in den Niederlanden schien, je länger der Krieg dauerte, die Wehrmacht gerade auf dem Gebiet des Kampfes gegen den Widerstand eine wahre »Renaissance« zu erleben, auch wenn diese durch den mittlerweile gut ausgebauten SS- und Polizeiapparat in gewisser Hinsicht gebremst wurde. Im letzten halben Jahr des Krieges war Christiansens Position derart gestärkt worden, dass ihm bei der Bekämpfung des Widerstandes faktisch der gesamte ausführende Apparat zur Verfügung stand. Über das Vorgehen gegen den bewaffneten Widerstand in den Niederlanden bestanden für die Wehrmacht nicht die geringsten Zweifel. In einem bereits Ende Januar 1944 erlassenen Wehrmachtsbefehl hieß es:

Bei einem Angriff auf Einheiten der Streitkräfte solle sofort zurückgeschossen und die Umgebung des Tatortes weiträumig abgesperrt, die sich dort aufhaltende Zivilbevölkerung ergriffen, deren Häuser niedergebrannt und der gesamte mutmaßliche Täterkreis, gelegentlich alle männlichen Einwohner des Gebietes, der Sipo übergeben werden.[118]

Dieser Erlass zeigt große Übereinstimmungen mit Christiansens Befehl und von Wühlischs Ausarbeitung der Repressalie in Putten.

Im September 1944 wurde unmittelbar beim Vormarsch der Alliierten in den Niederlanden der Ausnahmezustand ausgerufen. Seyss-Inquart und Christiansen fürchteten eine Zunahme des Widerstandes oder gar einen Aufstand der niederländischen Bevölkerung hinter der Front, zumal der Großteil der deutschen Truppen an den Kriegsschauplatz verlegt worden war. Während der Kampf bei Arnheim noch in voller Heftigkeit wütete, schickte von Wühlisch ein Telex nach Berlin mit der dringenden Bitte, der Wehrmacht in den Niederlanden das Recht einzuräumen, Einwohner, »die durch passives Verhalten die kämpfende Truppe gefährdeten, standrechtlich oder auch ohne standrechtliches Verfahren« erschießen zu dürfen. Einige Tage später wurde dem Antrag stattgegeben. Damit reichten in den Niederlanden die Vollmachten der Wehrmacht weiter als je zuvor und berührten deutlich die Befugnisse der Sipo.[119]

In den Niederlanden hatte in der Schlussphase der Besatzungszeit die Wehrmacht alles andere als nur einen marginalen Anteil am Kampf gegen den Widerstand. Und es war zweifellos auch Christiansen, der auf ein härteres Vorgehen gegen den Widerstand drang.[120] Geistig und strategisch waren die deutschen Besatzungsautoritäten vollständig auf eine Aktion wie gegen Putten vorbereitet. Sowohl Christiansen als auch Rauter waren sich der gefährlichen Situation in den besetzten Niederlanden deutlich bewusst und bereit, harte Maßnahmen zu ergreifen, um die Ruhe hinter der Front zu gewährleisten.

Die zur Durchführung von Repressalien ausgebildete Truppe des Regiments »Hermann Göring« in Harderwijk war weniger als fünfzehn Kilometer von Putten entfernt stationiert. Den ganzen September über war die militärische

Lage äußerst gespannt. Zwei Wochen vor der Razzia in Putten hatte die Schlacht um Arnheim getobt, bei der das Regiment »Hermann Göring« eine herausragende Rolle gespielt, aber auch viele Verlust erlitten hatte.[121] Putten lag schließlich in jenem Kampfgebiet, über das die Wehrmacht die Befehlsgewalt hatte und in dem im Fall von Partisanenaktionen »schnell und scharf« durchgegriffen werden sollte. In den nahe gelegenen Städten Apeldoorn und Deventer lagen SD-Außenkommandos bereit, die eine Aktion in Putten tatkräftig unterstützen konnten. Dass die Razzia am Sonntagmorgen so kurz nach dem Attentat einsetzen konnte, überrascht aus diesen Gründen genauso wenig wie die weitere Ausführung der Repressalie mit ihren festen Bestandteilen: »wer zu fliehen versucht, wird erschossen, Häuser werden in Brand gesteckt und die wehrhafte männliche Bevölkerung wird deportiert.« Kein einziger Kommandant der Wehrmacht verfügte innerhalb dieses Szenarios über einen wirklichen Spielraum für seine eigene Politik. Auch ein Mann wie Fullriede nicht.

FULLRIEDES BIOGRAFIE

Der 1895 in Bremen geborene Fritz W. H. Fullriede hatte 1944 bereits eine lange Militärkarriere hinter sich. Er begann als einfacher Soldat im Ersten Weltkrieg. In der Schlacht an der Aisne wurde er verletzt, kurz darauf bekam er bei dem Stellungskrieg auf dem Balkan Typhus und erlitt schließlich noch eine Giftgasvergiftung. Nach der deutschen Niederlage wurde er Leutnant der Schutzpolizei in Bremen. Ein Jahr später verließ er aus eigenem Entschluss den Dienst, wobei er allerdings lediglich seiner Suspendierung zuvorkam, denn als Freikorpsmitglied war er im März 1920 am Kapp-Putsch beteiligt gewesen. Er heiratete und bekam 1924 einen Sohn.

Die Familie lebte in dieser Zeit von den Erträgen des Groß-
grundbesitzes von Fullriedes Frau und ihres Vaters in Schle-
sien. Da Schlesiens Hinterland entsprechend den Bestimmungen des Versailler Vertrags an Polen ging, musste Fullriede
den Erbteil seiner Frau unter Wert verkaufen. Die recht aussichtslose Lage im Deutschland dieser Jahre prägte Fullriedes
politische Aktivitäten. Er war an zahlreichen Zwischenfällen
beim polnischen Grenzschutz beteiligt und war Mitglied ver-
botener deutsch-nationaler Organisationen. Da er keine
Hoffnung sah, seine materielle Lage zu verbessern, beschloss
er 1927, der Weimarer Republik den Rücken zu kehren. Die
Familie zog ins ehemalige Deutsch-Südwestafrika, wo sie im
District Otja Katjongo bei Wilhelmsthal einen Bauernhof
pachtete.

Im Jahr der Machtübernahme Hitlers wurde Fullriede Mitglied der NSDAP. Im bei Wilhelmsthal gelegenen Ort Swakopmund gründete er eine nationalsozialistische Partei. Als
die Nazis Mitte 1933 das Gesetz abschafften, wodurch diejenigen, die am Kapp-Putsch beteiligt gewesen waren, vom
Polizeidienst suspendiert worden waren, versuchte er alles,
um wieder auf seinen Posten in Bremen zurückzukehren.
Außerdem wollte er, dass sein Sohn in Deutschland die Schule besuchte. Nachdem in Swakopmund die NSDAP verboten
worden war, war auch dort für ihn kein Weiterkommen mehr.
1936 gelang es Fullriede zur Polizei in Bremen zurückzukehren, wo mittlerweile auch alle seine ehemaligen Kollegen wieder bei der Reichswehr arbeiteten und wo er Hauptmann bei
der Schutzpolizei wurde. Im selben Jahr noch beantragte er
die Versetzung zur Wehrmacht. Im Frühling 1937 wurde er
Hauptmann bei den Panzergrenadieren.[122]

1939 musste Fullriede, der sich aus persönlichen Gründen
für längere Zeit erneut in Südwestafrika aufgehalten hatte,
nach Deutschland zurückkehren, wo er vom Heerespersonal-
amt erneut den Panzergrenadieren zugeteilt wurde. Ende desselben Jahres wurde er befördert. In Magdeburg musste er

allerdings ins Lazarett eingeliefert werden, wo er bis zum Ausbruch des Krieges blieb. Von September bis April 1940 war er in Braunschweig, danach ging er nach Polen. Nachdem er vom Polenfeldzug zurückgekehrt war, diente er bei den Besatzungstruppen im Rheinland. Im Juni 1941 nahm er mit den Panzergrenadieren von Kaiserslautern an der Invasion der Sowjetunion teil. Südlich von Riga wurde er an Bein und Bauch schwer verletzt und verbrachte bis Oktober 1942 erneut die Zeit im Lazarett. Nach seiner Genesung schloss er sich im Januar 1943 den deutschen Truppen in Tunesien an, wofür er mit dem Ritterkreuz ausgezeichnet wurde. Fullriede spielte in der Schlacht um den Kasserine Pass im Februar und bei Kairouan Anfang April eine herausragende Rolle.[123]

Mitte 1943 wurde Fullriede nach Sizilien versetzt, wo am 9. Juli die Landungen der Alliierten einsetzten. Schon bald brach die italienische Verteidigung zusammen und die Engländer rückten siegreich nach Syracuse vor. Die »Kampfgruppe-Fullriede«, die speziell für diesen Einsatz formiert worden war, versuchte zusammen mit anderen deutschen Einheiten die Engländer zu stoppen, doch mussten sie sich schon bald zurückziehen. Am 11. August begann die Evakuierung der deutschen und italienischen Verteidigungstruppen aufs italienische Festland.

Fullriede war mit seinem Einsatz in Sizilien bewusst ein großes Risiko eingegangen, denn offiziell war er noch immer englischer Reserveoffizier. Als der Kampf in Sizilien entbrannte, eröffneten die Engländer somit auch die Jagd auf den Deserteur, der nun in ihrer Reichweite agierte. Die Wehrmacht fing im Juni 1943 ein Telex ab, in dem es hieß, dass Fullriede vor ein englisches Kriegsgericht gebracht werden sollte, wenn er in die Hände der Engländer fiel. Das hätte bedeutet, dass er zum Tod durch Erhängen verurteilt worden wäre. Auch Fullriedes Frau und sein Bauernhof in Afrika waren in Gefahr, sein Sohn war bereits im spanischen Andalusien inhaftiert worden.[124] Obgleich General Hildebrandt sich bei Kesselring dafür einsetzte, Fullriede nicht länger an der Front einzusetzen, bat Fullriede selbst nachdrücklich darum, auf eigene Verantwortung auf Sizilien zu bleiben. Seiner Bitte wurde stattgegeben.[125] Im August 1943 wurde Fullriede, der aufgrund seiner großen Verdienste auf Sizilien zum Oberst befördert worden war, erneut im Kampf gegen Russland eingesetzt. Ein halbes Jahr später, Anfang 1944, bekam er den Befehl, sich bei der »Führerreserve« in Italien zu melden, was bedeutete, dass er Befehlshaber, die krank, verwundet oder auf Fronturlaub waren, zu vertreten hatte.

Fullriede wurde von seinen Vorgesetzten sehr geschätzt. Man rühmte seinen offenen und ehrlichen Charakter und sein entschlossenes Auftreten. Er scheute sich nicht, eine eigene Meinung zu vertreten, besaß ein großes Verantwortungsgefühl, war selbstständig und konnte schnell Entscheidungen treffen, wenn diese nötig waren. Er war ein »fröhlicher Mann mit einer guten Gesundheit«. Ein Jahr später schrieb General Baade, dass dieser »außergewöhnliche ehrliche Mann, der rücksichtslos seine Meinung nach oben vertritt«, seinen Truppen ein großes Vorbild sei und von ihnen hoch geschätzt würde. Aus diesem Grunde sollte auch die Beförderung zum Divisionsführer in Betracht gezogen werden.

Für unsere Kenntnis der Person Fullriede zur entscheidenden Zeit 1944 ist dessen »Tagebuch« aus demselben Jahr eine einzigartige Quelle, da sein Auftreten in Putten dadurch bedeutend an Konturen gewinnt.[126] Wie aus dem Tagebuch ersichtlich ist, wurden seine strategischen Fähigkeiten tatsächlich überaus geschätzt. Fullriede besuchte regelmäßig Kesselring und auch die Namen anderer großer Generäle des italienischen Kriegsschauplatzes sind in seinem Tagebuch aufgezeichnet. Zugleich zeigte er sich äußerst kritisch gegenüber der Strategie des deutschen Oberbefehls in Italien. »Es ist wie in Tunis und Sizilien«, schrieb er geringschätzig, als er im Februar den Befehl über General Baades Regiment, mit dem er auf Sizilien gekämpft hatte, übernehmen musste. Fullriede führte Befehl über zahlreiche Regimenter, die er umzustrukturieren und auszurüsten hatte.

Die Lage in Mittelitalien war schwierig. Der Winter dauerte lang in diesem Jahr und in den Bergen war es eisig. Die Truppen, die er Anfang März 1944 in der Gegend bei Tivoli inspizierte, waren in einem erbärmlichen Zustand. Nur unzureichend gekleidet und schlecht bewaffnet hatten die Männer wochenlang schutzlos in den verschneiten Bergen gelegen. »Es tut einem weh, wenn man diese armseligen, zerlumpten und ausgepumpten Kerle sieht.« Ende März wurde Fullriede krank, was bei seinem Aufenthalt »in diesen alten, elenden italienischen Steinhäusern, die völlig undicht und ohne Öfen sind« wenig verwunderlich war. Fullriede genas und konnte Mitte April auf Fronturlaub nach Rom. Durch das »Bandengebiet«, so schrieb er, fuhr er nach Spoleto, um von dort aus per Flugzeug nach Magdeburg zu fliegen, wo seine Geliebte Carola Scheller wohnte. Zehn Tage später war er wieder in Rom, wo er Kesselring traf. Obgleich die Lage in Italien prekär war, genoss Fullriede seinen Aufenthalt. Er fand genügend Zerstreuungen, die ihn die Entbehrungen vergessen ließen. Er ging ins Kabarett, besuchte die Oper, wo er berühmte Sänger hörte. Er liebte alte Klöster, in denen er sich herumführen und sich zu einem Gläschen guten Weines einladen ließ. Vor allem in Rom, das er regelmäßig besuchte, nahm er am gesellschaftlichen Leben teil. Er traf herausragende Persönlichkeiten des italienischen öffentlichen Lebens und machte dankbar Gebrauch von ihrer Gastfreundschaft – vor allem, wenn sie ihn in alte Schlösser oder prachtvolle Landhäuser führten. In Fullriedes Tagebuch, in dem er vor allem seine militärischen Erlebnisse aufgezeichnet hat, wird mehr als nur zwischen den Zeilen deutlich, dass er ein Lebensgenießer war, der den täglichen Kampf hervorragend mit abendlicher Zerstreuung zu verbinden wusste. In Anbetracht der zahlreichen gesellschaftlichen Kontakte, muss er ein gern gesehener Gast gewesen sein, der ein großes Interesse an Kunst und Kultur hatte. Seine große Liebe galt Florenz und dort vor allem dem Luxushotel Excelsior am Arno, wo er während seiner Fronturlaube des Öfteren »glänzend aufgenommen« wurde. Desgleichen war er auch ein Liebhaber der italienischen Küche.

Unterdessen befanden sich die deutschen Truppen an der Front in einer prekären Lage. Trotz der heftigen Angriffe der Alliierten, erhielten sie den Befehl, auf ihrem Posten zu bleiben, anstatt sich langsam über die Berge zurückzuziehen, um so Mann und Material in Sicherheit zu bringen. »Es ist ein Wahnsinn und wird zu einer fürchterlichen Niederlage für uns führen«, prophezeite Fullriede. Die deutsche Verteidigungslinie vor Rom brach schnell zusammen. Als Fullriede am Morgen des 4. Juni erwachte, hörte er, dass er und seine Männer die einzigen waren, die im Hotel zurückgeblieben waren. »Man hat uns einfach in Rom vergessen.« Deckung suchend vor den feindlichen Luftangriffen flüchtete er entlang der Via Flaminia. Links und rechts brannten auf der Straße Fahrzeuge und es schlugen Bomben und Granaten ein. »Jetzt tritt ein, was jeder vernünftige Mensch voraussah. Aus der Absatzbewegung ist eine regellose Flucht geworden. [...] Alles fährt planlos zurück. Keine Befehlsstelle ist zu erreichen.« Am 8. Juni erreichte er das Hotel Excelsior in Florenz – verbittert über die schlechte Heeresführung und den ungeordneten, verzweifelten Rückzug. Als er noch am selben Abend in Kesselrings Hauptquartier ankam, tat man so, als sei überhaupt nichts geschehen. Am 18. Juni erhielt er den Befehl, das Panzergrenadierregiment 67 zu übernehmen. Fünf Tage später wurde er zurückgerufen. General Baade sei, so schrieb Fullriede in sein Tagebuch, vollkommen seiner Meinung über die schlechte Führung »dieses versauten Feldzugs«.

Am 25. Juni erfuhr Fullriede, dass er zu der Führerreserve in Deutschland versetzt worden war, worüber er in Anbetracht der schwierigen Lage in Italien nicht gerade glücklich war. Er hatte, so wurde ihm mitgeteilt, diese Versetzung der Anerkennung seiner Vorgesetzten zu verdanken. Am 28. Juni kam er bei Carola Scheller an und keine vier Tage später wurde ihm mitgeteilt, dass er doch in Italien bleiben solle, da er dort zum Kommandanten des ersten Regiments der Fallschirm-Panzerdivision »Hermann Göring« ernannt worden war, jener Division, die Hitler aufs Höchste gelobt und die sich bei den Vergeltungsmaßnahmen gegen die italienischen »Banden« besonders ausgezeichnet hatte. Am 15. Juli bezog Fullriede mit seinem Regiment bei der so genannten »Irmgardlinie« Stellung, in der Nähe des Ortes Civitella dei Chiana und anderer Dörfer, die noch vierzehn Tage zuvor von einer schweren Repressivmaßnahme heimgesucht worden waren. Fullriede wusste das. Am 16. Juli schrieb er in sein Tagebuch:

Dort waren ca. 200 Einwohner von uns erschossen worden und die Städtchen ziemlich zerstört worden, weil dort deutsche Soldaten von den Italienern ermordet und die Brücken gesprengt wurden.

Am 17. Juli musste Fullriede Italien schließlich endgültig verlassen. Zehn Tage später lag er mit seinem ersten Regiment der Fallschirm-Panzerdivision vor Warschau, tags darauf zog er über Warschau nach Minsk, wo er den Durchbruch der Russen stoppen konnte.

Bei den darauf folgenden Angriffen versuchten die Truppen der Division »Hermann Göring« die Stellung zu halten, an Rückzug über Warschau war nicht zu denken, da dort mittlerweile der Aufstand ausgebrochen war. Die Soldaten waren ausgezehrt und völlig erschöpft. Am 4. August sah Fullriede, dass Warschau brannte. »Dort sind jetzt auch unsere Kosacken eingesetzt, die dort wüst hausen.« Die Russen rückten allerdings vor und Fullriedes Regiment erlitt große

Verluste. Es kam zu Konflikten über die richtige Strategie, Gegenangriffe der Deutschen misslangen immer wieder. Am 10. August schrieb Fullriede voller Verzweiflung: »In diesem Totenwald ist kein Weiterkommen.«

Für Fullriede selbst nahte allerdings die Rettung. Am 17. August erhielt er den Befehl, sich in die Niederlande zu begeben und die dort stationierte Truppenmacht zu übernehmen. Es handelte sich dabei um etwa zwölftausend Männer sowie ein Ersatz- und Aufrüstungsregiment in Utrecht, das zum Teil an der Küste eingesetzt wurde. Zwei Tage später verließ er Polen. Nach einem kurzen Zwischenstopp bei Carola Scheller erreichte er am 25. August 1944 sein Stabsquartier in Utrecht.

Die Niederlande, »dies saubere reiche Holland, das wohl die höchste Wohnkultur aller Länder hat«, war für den erschöpften Oberst, der mittlerweile auf die Fünfzig zuging, eine willkommene Abwechslung. In Utrecht bezog er die prächtige Wohnung eines »Filmjuden«, dessen exzellente Köchin »glücklicherweise« zurückgeblieben war. Hinter seiner Bewunderung für die Niederlande verbarg sich allerdings auch ein Hass gegen ihre Bevölkerung, denn, so schrieb er in sein Tagebuch:

Hier laufen genauso wie in Italien die Menschen rum und tun nichts, während man in Deutschland sogar unsere Frauen und Kinder zu Tode schuftet. Dies dickfellige und nur auf Geldverdienen eingestellte Pack wartet genau wie in Italien auf die Anglo-Amerikaner und wird genauso reinfallen, wenn der Krieg über das Land geht.

Am 28. August traf Fullriede auf Christiansen. In den darauf folgenden Tagen kämpfte er gegen die Alliierten, die schnell über Belgien aufrückten. Sein zweites Regiment der Panzerwaffentruppe hielt an der Front drei Tage Stellung – am 8., 9. und 10. September – und wurde schließlich von den Alliierten eingeschlossen und auseinander getrieben. Beinahe das gesamte Material ging dabei verloren. »Es war absolut die Schuld dieser lächerlichen oberen Führung«, schrieb Fullriede. Am nächsten Tag teilte ihm Christiansen mit, dass selbst nahezu unerfahrene Rekruten eingesetzt werden mussten. Fullriede schrieb daraufhin in sein Tagebuch: »Es ist schon nichts mehr da.«

In dieser Zeit findet sich in seinen Aufzeichnungen nichts anderes mehr als Klagen und Kritik. Die Führung versage, schreibt er, Soldaten würden von ihren Kameraden im Stich gelassen, verwundete Offiziere von Belgiern und Engländern erschossen und Rekruten liefen wie kopflose Hühner ins Gefechtsfeuer. »Es ist nur gut, dass die Angehörigen in Deutschland nicht wissen, auf welche sinnlose, verantwortungslose Art hier ihre Jungen geopfert werden.«

Dann entbrannte am 17. September der Kampf um die Niederlande. Fullriede reiste zur Front ab, erteilte Befehle, ordnete Truppen neu und griff wenn nötig direkt ein. Zwischendurch reiste er zu Christiansens Hauptquartier, wo man ihm aber keine genauen Angaben über die Lage machen konnte. Auch hier ließ die Führung zu wünschen übrig. Die Verluste auf deutscher Seite waren sehr groß. Unter diesen Umständen, so schrieb er in sein Tagebuch, könne er nicht zulassen, dass auch seine sechzehnhundert Rekruten eingesetzt würden. Das wäre »Kindermord«. Trotz eines entsprechenden Befehls aus Berlin, schickte er die Rekruten zu Fuß nach Deutschland zurück. Dann wendete sich das Blatt. Die deutsche Verteidigung erzielte Siege. Zwar musste sich sein erstes Regiment den Amerikanern ergeben, doch in Anbetracht der veränderten Situation bestand durchaus Anlass für Großzügigkeit. Als ihn der englische Stabsarzt darum bat, das abgeworfene Verbandsmaterial einsammeln zu dürfen, gab er dazu die Erlaubnis. Am 26. September kapitulierten die bei Oosterbeek eingeschlossenen Engländer. Drei Tage später wurde Fullriede telefonisch mitgeteilt, dass er erneut nach

Deutschland abreisen müsse. Am 30. September, am Tag vor der Razzia, bekam er den Befehl, sich zu melden.

Das Bild, das wir aus all dem von Fullriede gewinnen können, ist das eines geschätzten Soldaten und eifrigen, pflichtbewussten und fähigen Befehlshabers, dem die Sache und seine Männer sehr am Herzen lagen. Er war kein Fanatiker, kämpfte weder für die Partei noch für deren Ideologie. Er liebte das Leben, die Bürgerkultur und vor allem Italien. Deutschlands Schicksal war ihm wichtig, auch wenn ihm seine eigene Zukunft – zweifellos verlangte es ihn danach, so schnell wie möglich wieder nach Südwestafrika zurückzukehren – näher lag. Es schmerzte ihn, dass sein Vaterland dem Untergang zusteuerte. An keiner Stelle in seinem Tagebuch wird allerdings auch nur der leiseste Zweifel an Hitler oder dessen Kreis oder gar am Sinn des Krieges erkennbar. Die Befehlshaber klagte er nur an, weil er sich selbst für den besseren Strategen hielt. Er machte einen soliden, ausgeglichenen Eindruck und bewahrte stets einen kühlen Kopf. Weder in den eiskalten polnischen Wäldern noch in der heißen Schlacht um Arnheim zeigte er auch nur die geringste Spur von Zweifel oder Panik.

Dass die Italiener und Niederländer (von den Russen oder Polen ganz zu schweigen) sich gegen ihn und seine Mannschaften zur Wehr setzten, mündete wiederholt in Racheakten, die sich schwer anders erklären lassen, als aus seinem Gefühl, dass der Krieg so »anständig« wie möglich geführt werden müsse. Das »Warum« dieses Krieges war keine Frage, die ihn besonders beschäftigte. Er bedauerte die Verluste auf deutscher Seite und die Entbehrungen, die seine Männer durchstehen mussten. Für die Bevölkerung in den besetzten Ländern, auf die er bei seinem Vormarsch stieß, brachte er kein Wort des Mitleids auf. Ohne die geringsten Skrupel bezog er in Utrecht das Haus eines anderen. Es hatte sich ja »doch nur« um einen deportierten reichen Juden gehandelt, der es in der Filmwelt weit gebracht hatte. Damit bezeugte auch Fullriede den »alltäglichen« Antisemitismus, der bei der Wehrmacht selbstverständlich war.

Für unseren Zusammenhang ist vor allem von Bedeutung, was Fullriede bei seinem langen Marsch über Polen, Russland, Italien und die Niederlande bei der Bekämpfung des Widerstandes konkret erlebt hat. Unbewegt berichtete er Anfang Juli 1944 von den schweren deutschen Repressalien im »Bandengebiet« bei Arezzo. Zwar ist anzunehmen, dass er sich selbst nicht an der Bekämpfung der Partisanen beteiligt hat – es gibt für Fullriedes Beteiligung am Kampf gegen den italienischen Widerstand keinerlei Beweise – doch waren ihm die Vorgänge sicherlich bekannt. Von den Befehlen Kesselrings zur Bandenbekämpfung muss er gewusst haben und auch die Soldaten seines Regiments »Hermann Göring«, die bei derartigen Aktionen eingesetzt wurden, werden ihm erläutert haben, wie in solchen Fällen zu verfahren sei. Auch Christiansen und seine Mitarbeiter werden ihn über die Situation in den Niederlanden informiert und ihm sicherlich nicht ihre Furcht vor einem Aufstand der Widerstandsbewegung hinter der Front verhehlt haben. Außerdem gilt es zu bedenken, dass Fullriedes Tagebuch nur für das Jahr 1944 Auskunft gibt. Über seinen Anteil an der Bandenbekämpfung zwischen 1942 und 1943 in Polen und Russland ist uns nichts bekannt. Doch Tatsache ist, dass es nur wenigen gelungen ist, von diesem Feldzug mit reiner Weste zurückzukehren.

DEMORALISIERUNG

Über die deutschen Soldaten des Regiments »Hermann Göring« ist mangels Unterlagen nur wenig bekannt. Mit Ausnahme des Pionierführers König, der von Fullriede mit der Brandstiftung betraut worden war, kennen wir nicht einmal die Namen der Männer des Sprengkommandos, das in Putten die Häuser in Brand gesteckt hat. Wahrscheinlich waren unter ihnen auch Soldaten des Fallschirmjägerregiments aus Utrecht. Insgesamt hat es sich um höchstens zwanzig Mann gehandelt.[127]

Dem niederländischen Historiker de Jong zufolge war mit dem Auftreten der Wehrmacht in Putten ein »Gesinnungswandel« verbunden, mit dem die Bevölkerung in den Niederlanden vor September 1944 kaum, danach jedoch immer häufiger konfrontiert worden ist. Dabei drängt sich unmittelbar die Frage auf, wie es zu einem solchen Gesinnungswandel kommen konnte, wie es also möglich war, dass sich gewöhnliche Menschen zu professionell und entschlossen auftretenden Soldaten wandeln konnten und sich in den Dienst einer mörderischen Politik stellten. Wie war es möglich, dass Menschen hoch und heilig an eine verbrecherische Ideologie zu glauben begannen, an eine Welt, in der alle Normen und Werte auf den Kopf gestellt wurden, und trotz ihres nahenden Unterganges an dieser trügerischen Wirklichkeit festhielten?

Die Veränderung des einzelnen Soldaten zeigte sich als erstes an der Ostfront. Die materiellen Entbehrungen, die die Soldaten vor allem in Russland seit dem Herbst 1941 erleiden mussten, hatte für sie fatale Folgen. Als sich aufgrund des zähen Widerstandes der Roten Armee der angekündigte Blitzkrieg als Illusion erwies, flüchtete sich die Wehrmacht in Hitlers Wahnidee, dass es sich in Russland nicht um einen gewöhnlichen Krieg handele, sondern um einen wahren Überlebenskampf, um einen Krieg zwischen Ideologien, der den totalen Einsatz und die völlige Ergebenheit des deutschen Soldaten fordere. Der Verlust der technologischen Überlegenheit der Wehrmacht wurde damit durch eine politische Ideologie kompensiert, die ihrerseits zu einer Verrohung der Soldaten führte.[128]

In Russland erlitt die Wehrmacht ungeheure Verluste, was zu einer Zersetzung der einzelnen Einheiten und zur Auflö-

sung der normalen hierarchischen Strukturen führte. Stattdessen begannen die Soldaten in Gegensätzen von »wir« und
»sie« zu denken, was ihnen nun jenes Gefühl der Gruppenso-
lidarität vermittelte, das für den Kampf unentbehrlich war.
Existierende Vorurteile wurden durch die nationalsozialistische Ideologie verstärkt; jeder – ob Jude, Partisan oder Zigeu-
ner – galt als Feind. Daneben erzwang die ungewöhnlich
harte Disziplin den Zusammenhalt der Wehrmachtseinheiten
an der Front. Das alles führte zu einer veränderten Haltung
der deutschen Soldaten gegenüber den feindlichen Soldaten
und der Zivilbevölkerung. Die demoralisierten Truppen
begannen, die grausamsten Taten als legitim zu betrachten,
und da sie unbestraft blieben, bildeten sie gleichzeitig eine Art
Ventil für die erzwungene und harte Kampfdisziplin. Die
Zersetzung der Truppen suchte man vor allem dadurch zu
bekämpfen, indem man den Soldaten vorhielt, dass eine Niederlage dem Untergang der gesamten westlichen Zivilisation
gleichkäme. Der Feind war der Teufel, und Hitler Gott selbst.
Welchen Einfluss diese Propaganda hatte, wird aus den Briefen ersichtlich, die die Soldaten nach Hause schickten.
Während der Überfall auf die Sowjetunion im Sommer 1941
noch als Kriegszug gegen den Kommunismus gegolten hatte,
machte die Propaganda, als es der Wehrmacht an der Ostfront
immer schlechter erging, den Truppen glauben, dass sie berufen seien, die Menschheit gegen die Barbarei zu verteidigen.
　　Diese vollständige Verdrehung der Wirklichkeit hatte zur
Folge, dass bis weit in die achtziger Jahre hinein in Autobiografien, Geschichtsschreibungen und Berichten von Soldaten,
Offizieren und Generälen der Wehrmacht die militärischen
Heldenleistungen des Heeres und das harte Soldatenleben im
Vordergrund standen, während der vollkommen verbrecherische Aspekt als »normal«, als eben zum Kriegshandwerk
gehörend galt. Doch die Wehrmacht existierte nicht unabhängig vom Staat und die Motivation und das Selbstbild der einzelnen Offiziere und Mannschaften sind nicht isoliert von

Gesellschaft und Regime zu betrachten, zumal sich die Wehrmacht in zunehmendem Maße aus normalen Bürgern zusammensetzte und mehr und mehr einen repräsentativen Querschnitt der Bürgergesellschaft darstellte.[129]

Dass vom Kampf in Russland ein ungeheurer demoralisierender Einfluss auf die Wehrmachtssoldaten ausgegangen sein muss, lässt sich nicht bestreiten. Es ist deutlich, dass das grausame Auftreten der Wehrmacht wie auch das der SS im Zusammenhang des vermeintlichen oder nicht vermeintlichen Kampfes gegen Partisanen betrachtet werden muss.[130] Die Soldaten des Regiments »Hermann Göring« hatten sich jedenfalls in Italien einen Ruf als gnadenlose Kämpfer gegen Partisanen aufgebaut und waren im Sommer 1944 an der Ostfront eingesetzt worden. Wurden ihre Reihen auch stets mit neuen Mannschaften aufgefüllt, die Mentalität der Soldaten des Regiments »Hermann Göring« aus Harderwijk lässt sich aus der harten Schule erklären, die die meisten von ihnen durchlaufen haben.

Diese Wehrmachtssoldaten schossen in Putten aus nächster Nähe auf einen fliehenden Jungen und richteten ihre Gewehre so lange auf eine in Panik geratene, flüchtende junge Frau, bis diese tödlich getroffen zu Boden fiel. Wer floh, war ein Partisan, so wussten sie, und Partisanen mussten ohne Pardon erschossen werden. Dies war eine zum Reflex gewordene Dienstvorschrift.[131] So kam es, dass manche Soldaten lachend aus einem Fenster die Brandlegung beobachteten und voller Freude, ja sogar singend, Häuser ansteckten und Granaten durch die Fenster warfen. Brandstiftung und Verwüstung waren eben die gebräuchliche Repressalie gegen Aktionen der Partisanen. Partisanen waren minderwertige Gegner, mit denen man kein Mitglied zu haben brauchte. Solche Wehrmachtssoldaten waren es auch, die plündernd durch die Häuser zogen und schamlos alles an sich rissen, was ihren Geschmack fand. Die Erfahrung hatte sie schließlich gelehrt, dass sie für solche »Zwischenfälle« doch nicht bestraft würden, ebenso wenig wie für ihren übermäßigen Alkoholgenuss bei derartigen Aktionen. Und sie waren zugleich auch jene Wehrmachtssoldaten, die – wenn es sich gerade ergab – einen Gefangenen einfach gehen ließen, ein Feuer löschen halfen oder eine Frau bei ihrer Evakuierung aus Putten mit dem Auto nach Nijkerk mitnahmen. Das war immerhin ein Zeichen der bekannten Höflichkeit und Charakterstärke des deutschen Soldaten.

Unter den »Hermann Göring«-Soldaten waren in jenem Herbst 1944 blutjunge Rekruten, kaum siebzehn Jahre alt, doch durchdrungen vom Gedankengut der Hitlerjugend, der sie seit ihrem zehnten Lebensjahr angehören mussten. Beim Luftangriff auf Putten am Montagabend zitterten sie am ganzen Körper. Sie wussten es nicht besser, als dass das Dorf Bandengebiet war und dass Partisanen mit allen Mitteln bekämpft werden mussten. Sie glaubten felsenfest, dass es in Putten bewaffnete Einwohner gab und dass sie in ihren Häusern Munition versteckt hatten. In diesem Gebiet hinter der Front musste hart aufgetreten werden. Noch keine vierzehn Tage zuvor hatten sie auf dem Feld in der Schlacht um Arnheim viele ihrer Kameraden verloren, und die beiden Offiziere von Hitlers Wehrmacht, die bei dem Attentat getötet worden waren, mussten gerächt werden. So war es in Putten gewesen, in Oradour, in Tulle, in Figeac, in Civitella und in Kalavrita – und so war es beim Vernichtungskrieg in Osteuropa im weitaus größeren Umfang geschehen.[132]

Auch Fullriede war gegen den Demoralisierungsprozess nicht immun gewesen, wodurch sich sein ambivalentes Auftreten erklären lässt. Einerseits war er ein wirklicher Berufssoldat, der wusste, dass er Befehle auszuführen hatte, andererseits trat er auch als ein Offizier der alten Schule auf, ausgebildet in der deutschen Kaiserarmee, höflich und voller Respekt vor Älteren und Frauen. Aber er war zugleich auch der grausame Soldat, der die Befehle pflichtgetreu ausführte, auf die Niederländer herabsah, Mitleid mit seinen Rekruten hatte und die Partisanen hasste. Er hatte allerdings auch ein Auge für das niederländische Kulturgut – das alte Dorf, Schloss Oldenaller, Café de Heerdt – und zeigte Mitleid mit der Puttener Bevölkerung, die durch die Repressalie in Angst und Schrecken versetzt wurde. »Es gab ein großes Gejammer und Gerenne«, schrieb er in sein Tagebuch über die Reaktion der Einwohner, als ihnen mitgeteilt wurde, dass ihre Wohnungen zur Strafe niedergebrannt werden würden.

Fullriede und die Razzia von Putten

Betrachtet man die Anweisungen des Oberkommandos des Heeres in Berlin zum Auftreten gegen Partisanen und deren Ausführung durch die unterschiedlichen Einheiten der Wehrmacht, dann lässt sich festhalten, dass die Aktion gegen Putten eigentlich ganz nach den Regeln verlief. Nachdem Fullriede über das Attentat informiert worden war, ließ der Oberst das Dorf »sofort im weitem Umkreis« abriegeln, denn nach einem Attentat, bei dem deutsche Offiziere getötet worden waren, galt es, nach den Tätern zu fahnden. Daraufhin erkundigte er sich in Christiansens Hauptquartier nach den weiteren Dienstvorschriften, wo man genau wusste, was bei derartigen Fällen zu tun war. Für Christiansen war das Attentat bei Putten ein erstes Zeichen der von ihm und Seyss-Inquart so gefürchteten allgemeinen Erhebung des Widerstandes hinter der Front. Seine panische Reaktion schloss sich dabei nahtlos an die Empfehlungen aus Berlin an, in derlei Fällen hart und entschlossen aufzutreten.[133] Formell bedurfte es hierzu eines von Christiansen unterzeichneten Befehls, doch sofortiges Auftreten war in der gegebenen Situation nicht weniger geboten. Von Anfang an war allen beteiligten Parteien deutlich, worauf die Repressalie hinauslaufen musste. Der formale Dienstweg, über den man sich während der

Prozesse gegen Fullriede und Christiansen so ausführlich gestritten hat, ist in diesem Lichte betrachtet von zweitrangiger Bedeutung. Bei der Beschlussfassung handelte es sich um einen gemeinsamen Prozess von Wehrmacht und SS, der sich innerhalb eines bestimmten Rahmens entwickelte, und nicht um eine Entscheidung, die eine Person oder bestimmte Instanzen gefällt hatten. Fullriede riegelte das Dorf ab, in der Zwischenzeit nahmen Soldaten des Regiments »Hermann Göring« Geiseln, von Wühlisch veranlasste die Gefangennahme der gesamten Bevölkerung, und Fullriede wiederum stellte dem Bauern Koopman eine Bescheinigung aus, da er wusste, worauf die Razzia hinauslaufen würde, und das Ganze erfolgte lange bevor von Wühlisch mit Christiansen überhaupt nur gesprochen hatte.

Instanzen der Wehrmacht und der SS waren berechtigt, nach den Tätern und den vermissten Offizieren zu fahnden. Die Hinweise, die man über die Beteiligung von Einwohnern Puttens bei dem Attentat erhielt, unterstrichen die Notwendigkeit von Maßnahmen gegen das Dorf. Aktionen gegen Partisanen wurden in der Regel gemeinsam von SS und Wehrmacht vorbereitet und ausgeführt, und genau das ist in Putten geschehen. Die Razzia war also alles andere als eine reine Wehrmachtsaktion, wie Rauter und die Seinen nachdrücklich behauptet hatten, um sich selbst – übrigens mit Erfolg – zumindest in diesem Punkt von aller Schuld freizusprechen. Das Sondergericht folgte aus Mangel an Einsicht in die genauen Umstände sowohl im Fall Fullriede als auch im Fall Christiansen der Darstellung Rauters und seines Kreises.

Nur in der Frage, wie mit der zusammengetriebenen Bevölkerung zu verfahren sei, gab es gewissen Spielraum. Dass die Frauen und Kinder Puttens verschont wurden, lässt sich aus dem niederländischen Kontext der Besatzungspolitik heraus verstehen. Umfangreiche repressive Maßnahmen gegen Frauen und Kinder hatte es bis zu diesem Zeitpunkt in den Niederlanden noch nicht gegeben. Hier war die Situation noch nicht derart prekär, dass Frauen und Kinder automatisch zu den »Banden« gezählt wurden, wie es in Osteuropa, Griechenland, Italien oder Frankreich der Fall gewesen war. Bei ihrer Freilassung aus der Kirche am Abend des 1. Oktober handelte es sich also keineswegs um eine großmütige Geste von Seiten Fullriedes. Fullriede wusste, dass die Frauen und Kinder unversehrt bleiben würden. Was die männliche Bevölkerung betraf, so war vorgesehen, entweder einige Geiseln zu erschießen oder alle (oder einige) wehrhaften Männer zur Zwangsarbeit nach Deutschland zu deportieren. Die erste Möglichkeit erschien aufgrund der heftigen Reaktionen innerhalb der niederländischen Bevölkerung anlässlich der früheren Massenerschießungen von Geiseln wenig ratsam. Die zweite Möglichkeit lag indes durchaus nahe, da die Deutschen bereits begonnen hatten, bei Razzien möglichst viele wehrhafte Männer aus dem Norden, Osten und Westen der Niederlande zu ergreifen, um sie bei der Errichtung neuer Verteidigungslinien oder zu anderen Formen der Zwangsarbeit in Deutschland einzusetzen.[134]

Das Niederbrennen der Häuser schließlich passt vollständig ins Bild der gebräuchlichen Partisanenbekämpfungspolitik. Dabei war es wenig sinnvoll, alle Häuser und Wohnungen unterschiedslos niederzubrennen. Das hätte den Widerstand der Bevölkerung, die darauf überhaupt nicht vorbereitet gewesen wäre, ja geradezu provoziert. Aus diesem Grunde war Fullriede in diesem Punkt ein gewisser Spielraum gegönnt. Die Ausnahmekategorien verstanden sich von selbst: Häuser von Kranken, von Müttern mit kleinen Kindern, von Polizeipersonal, von NSB-Mitgliedern und anderen besonders Begünstigten konnten mühelos verschont werden. Das bedeutete zugleich, dass ein großer Teil der Puttener Häuser erhalten werden konnte. Dass das Ergebnis von Wühlisch nicht gefiel, da er um seinen eigenen Kragen bangte (»Die haben nur Angst vor Berlin«, lautete Fullriedes Tagebuchnotiz zu seinem Treffen mit von Wühlisch zwei Tage nach der Razzia), will noch nicht sagen, dass Fullriede Christiansens Anweisungen auch wirklich sabotiert hat.

Vielmehr weist alles darauf hin, dass Fullriede an jenem 1. Oktober 1944 zum ersten Mal eine derartige Repressalienaktion gegen Partisanen durchzuführen hatte und deshalb teilweise an der Rechtmäßigkeit der Aktion zweifelte und nicht immer voll entschlossen auftrat, sondern stellenweise durchaus auch etwas Mitleid zeigte. Erst nach wiederholter Ausführung solcher Maßnahmen lässt man in der Regel jegliche Zurückhaltung und Skrupel fallen. Fullriedes Persönlichkeit gebot ihm ein »anständiges« Auftreten – vor sich selbst und seinen Truppen. Ein »guter Soldat« der Wehrmacht ergriff schlichtweg keine derart repressive Maßnahme gegen die Bevölkerung.

Falls Fullriede wirklich erwogen haben soll, sich dem Befehl zu entziehen, wie er während seines Prozesses behauptet hat, so muss das in der Sonntagnacht gewesen sein, als er sich anscheinend eine Krankheitsbescheinigung besorgte, nachdem er aus Utrecht zurückgekehrt war. Neben dem Mitleid mit der Puttener Bevölkerung kann bei seinen Überlegungen in jener Nacht auch eine Rolle gespielt haben, dass er mit der Ausführung der Repressalie in dieser Endphase des Krieges einen »Betriebsunfall« riskierte, der ihn später womöglich teuer zu stehen kommen konnte, vor allem wenn er jemals als Deserteur der Englischen Armee in die Hände der Engländer fallen sollte. Seiner Meinung nach hatte er bis zu diesem Zeitpunkt einen »anständigen« Krieg geführt. Obgleich er Sonntagnacht noch zögerte, ob er die harten Maßnahmen ausführen sollte oder nicht, wusste er spätestens am Montagmorgen nach der Beratung im Polizeibüro, dass Putten tatsächlich in irgendeiner Weise bei dem Attentat beteiligt gewesen sein musste und ein Auftreten gegen das Dorf nicht zu verhindern war.

Fullriede fand selbst, dass er mit der großzügigen Ausstellung von Bescheinigungen ein großes Risiko auf sich genommen hatte, und fürchtete durchaus, für die Missachtung des

Befehls zur Rechenschaft gezogen zu werden.[135] Als ihm von Wühlisch am Donnerstag mitteilte, dass der Fall nach Berlin gemeldet worden sei, stieg auch Fullriedes »Angst vor Berlin«. Seine Furcht währte jedoch offensichtlich nicht lange. Zwar erhielt er einen Tag nach seinem Besuch bei von Wühlisch den Befehl, sich zum Divisionsführerlehrgang in Hannover zu begeben, doch dieser Befehl stand im Zusammenhang mit einer Anweisung vom 30. September 1944. Somit war Fullriedes Abreise nach Deutschland eine Folge jener Entscheidung, die bereits im Sommer getroffen worden war, ihn nämlich zum Divisionsführer zu befördern. Berlin hatte niemals die Absicht gehabt, ihn für sein Auftreten in Putten zur Rechenschaft zu ziehen, wie sich auch an Fullriedes weiterer Kriegskarriere zeigt. Aufgrund von Herzbeschwerden und »vieler anderer Gebrechen« durfte er den Rest des Jahres 1944 im Lazarett oder bei seiner Geliebten Carola Scheller verbringen. Im Januar 1945 wurde er erneut an die Front geschickt.

Nach seiner Aktion in Putten war Fullriede ein loyaler Soldat geblieben, der in Berlin großen Respekt genoss. Am 6. März wurde er überraschend zum Kommandanten in Kolberg ernannt, einer Hafenstadt in Westpreußen, die eine wichtige Bastion im Kampf gegen die Russen darstellte. Das Oberkommando hatte wissen lassen, dass eine Kapitulation ausgeschlossen sei, denn gerade in jenen Monaten sollte das deutsche Volk durch den Film »Kolberg« moralisch aufgerichtet werden. Das propagandistische Machwerk handelte davon, wie 150 Jahre zuvor Bevölkerung und Soldaten der Stadt Kolberg der Belagerung der Franzosen bis zum Äußersten standgehalten und damit den Fall des napoleonischen Kaiserreiches eingeläutet hatten. Die Botschaft, die Goebbels' Lieblingsfilm verkündete, dass nämlich auch die neue Ordnung des »Dritten Reiches« allen Niederlagen zum Trotz siegreich sein werde, durfte unter keinen Umständen durch die Realität im Kolberg des März 1945 zunichte gemacht werden: eine Stadt, überfüllt von Menschen, die vor der anrückenden Roten Armee, gegen die jegliche Verteidigung sinnlos war, geflüchtet waren.

Fullriede löste in Kolberg einen Kommandanten ab, der es gewagt hatte, dem Oberkommando nahe zu legen, die Stadt kampflos aufzugeben. Obgleich Fullriede zunächst versuchte, durch die Reorganisation der Verteidigungstruppen seinen unmöglichen Auftrag auszuführen und die Stellung um jeden Preis zu halten, leitete er in der Zwischenzeit heimlich die Evakuierung der Kranken und Verwundeten ein und schließlich – als er die Aussichtslosigkeit seiner Aufgabe einsah – die der gesamten Bevölkerung. Am 17. März ging er dazu über, auf eigenen Entschluss hin die Stadt vollständig zu räumen. Er selbst zog mit den letzten Soldaten ab. Mehr als siebzigtausend Flüchtlinge und Bürger der Stadt konnten so überleben, Kolberg selbst wurde zum größten Teil von den Russen verwüstet. Hitler blieb unter den gegebenen Umständen nichts anderes übrig, als Fullriedes eigenwillige Tat als »Sieg« zu bezeichnen und dem Mann, der die »Festung Kolberg« so verdienstvoll »verteidigt« hatte, das »Eichenlaub zum Ritterkreuz« zu verleihen.[136]

Am 2. Mai 1945 wurde der Panzerkommandant mit dem, was von seinen Truppen der dritten deutschen Panzereinheit noch übrig war, auf dem Damm bei Schwerin von den Russen und der englischen zweiten Armee eingeschlossen und zur Übergabe gezwungen.[137]

Fullriedes Auftreten in Kolberg zeigt ihn auch als einen Soldaten, der – so loyal er auch sein mochte – durchaus bereit war, Humanität über Befehl zu stellen und seine eigenen Entscheidungen zu treffen. So hatte er bereits in Sizilien das Heft in die Hand genommen, als seine Befehlshaber seiner Ansicht nach die falsche Strategie anwandten. Auch ignorierte er in den Niederlanden den Befehl, seine Rekruten in Arnheim einzusetzen, weil er es als »Kindermord« betrachtete. Er vernachlässigte seine Pflicht nicht, doch erfüllte diese nach bestem Wissen und Gewissen und wusste sich trotzdem (oder vielleicht gerade deswegen) zu behaupten. Sein Auftreten in Putten – so loyal gegenüber Christiansens Befehl einerseits, so kulant gegenüber der Bevölkerung andererseits – lässt sich dabei jedoch keineswegs als das des »Retters von Putten« charakterisieren, wie es sein Anwalt darzustellen versuchte.

Das SS-Wachbataillon und die »Aktion« in Putten

Es ist auffallend, wie sehr sich die Beobachtungen der Puttener Bevölkerung in ihren persönlichen Berichten und Erzählungen hinsichtlich des Auftretens der deutschen Soldaten und SS-Männer unterscheiden: von überaus »brutal« und »grausam« bis hin zu »zuvorkommend« und durchaus »höflich«. Obgleich diese Erinnerungen kurz nach dem Krieg noch lebendig waren, trat an deren Stelle im Laufe der Zeit ein weitaus homogeneres Bild: man erinnerte sich vor allem des unerbittlichen Auftretens, für unterschiedliche Nuancen war kaum mehr Raum. Ein weiterer Aspekt, der später zurücktrat, war die Tatsache, dass neben den deutschen Soldaten auch niederländische und deutsche SS-Männer des Wachbataillons Nord-West an der Verwüstung beteiligt gewesen waren.

Das Wachbataillon hatte einen äußerst schlechten Ruf. Die Mannschaften waren aktiv am Schwarzhandel beteiligt und verfügten über hohe Summen an Geld, über Alkohol und Zigaretten. Die zentrale Figur im Schwarzhandel war Bataillonskommandant Helle selbst.

SS-Hauptsturmführer Helle wurde 1941 in die Niederlande abkommandiert, um dort ein Wachbataillon zu errichten. Dieses unterstand Rauters direktem Befehl. Die erste Gruppe rekrutierte sich aus dem Lager Erica bei Ommen, wo Männer der Kraftwagenkompanie, die hauptsächlich Mitglieder der NSB waren, Dienst taten. Man hatte Ihnen versprochen, dass sie als Begleiter eines Transportes mit niederländischen Juden in die Ukraine konnten, um dort Bauernkolonien zu gründen. Doch das erwies sich als eine Falle. Wie manche zu spät erkannten, sollten sie mit diesem Versprechen lediglich in ein Dienstverhältnis gelockt werden, das eine militärische und politische SS-Ausbildung darstellte. Weil Helle ihnen jedoch erklärte, dass es sich bei dem Wachbataillon um eine niederländische Einheit unter niederländischer Führung handle, blieben die Männer im Dienst. Auch diese Aussage erwies sich als falsch, denn die höheren Ränge waren mit Deutschen besetzt, während Niederländer nur den niedrigsten Unteroffiziersrang, den des Unterscharführers, erhielten. Die meisten der zwölfhundert Männer des Wachbataillons waren Niederländer, daneben dienten in ihm etwa 150 bis 180 Ukrainer.[138] Ihre Hauptaufgabe bestand in der Bewachung der unterschiedlichen Konzentrations- und Internierungslager in den Niederlanden.[139]

Nach der Schlacht bei Arnheim, bei der Rauter das Bataillon als Kampfeinheit eingesetzt hatte, war es kein Wachbataillon mehr im eigentlichen Sinne: Es wurde nun mit der Durchführung von Razzien auf niederländische Männer für den Arbeitseinsatz an der Ijssellinie oder in Deutschland betraut. Helle erhielt dazu den Auftrag von Rauter, doch die Razzien, die von den Deutschen »Aktionen« genannt wurden, unterstanden letztlich dem Wehrmachtsbefehlshaber in den Niederlanden, Christiansen. So war das Bataillon Helle an der großen Razzia in Amersfoort am 7. Oktober 1944 und im Gebiet um Milligen am 10. Oktober 1944 beteiligt, wo Menschen erschossen, Häuser in Brand gesteckt und zahlreiche Wohnungen geplündert wurden. Zu den neuen Aufgaben des Bataillons gehörte auch die Fahndung nach Untergetauchten, Juden und abgeworfenen Soldaten der Alliierten sowie die Bekämpfung des bewaffneten Widerstandes auf der

Veluwe. Unter Helles Befehl und unter Leitung seines jungen und fanatischen Feldwebels Naumann übten die Mannschaften auf der Veluwe ein wahres Terrorregime aus. Niederländer wurden erschossen, Gefangene schwer misshandelt und Häuser vom Sprengkommando des Bataillons in die Luft gejagt. Alles, was den Geschmack der SS-Männer fand, wurde gestohlen.[140]

Die Beteiligung bei der Puttener »Aktion« entsprach damit vollständig der neuen Aufgabenstellung von Helles Bataillon. Insgesamt wurden etwa zweihundert Männer eingeschaltet, zumeist Niederländer. Die erste Kompanie, die unter Leitung von Ziegler stand, wurde an jenem Montagmorgen zur Bewachung der Kirche eingesetzt, während die deutschen Soldaten die Formierung der Männer auf dem Markt organisierten. Die zweite Kompanie, etwa 35 Ukrainer, stand unter Leitung von Kommandant Fernau. Sie bezogen auf einem Bauernhof außerhalb des Dorfes Stellung. Gegen etwa ein Uhr erschien Ziegler bei Fernau, da die Deutschen die Aufstellung der Männer auf dem Marktplatz beendet hatten. Fernau und seine SS-Männer sollten mit den auf dem Markt gefangen gehaltenen Männern zum Bahnhof abmarschieren. Als sie dort ankamen, stand ein Teil des Zuges schon bereit. Aufgrund der drohenden Angriffsgefahr alliierter Kampfflugzeuge und Jäger suchten sie in dem nahe gelegenen Wald Deckung. Nach einigen Stunden konnten die Männer abtransportiert werden. Zu diesem Zeitpunkt erschien auch Helle mit seinen Feldwebeln Bartsch und Naumann am Bahnhof, um nach dem Rechten zu sehen.[141]

Nach dem Krieg wurden viele Zeugen und Verdächtige zu den Verbrechen verhört, die die Männer des Bataillons während des Krieges begangen hatten. Dabei spielte in der gerichtlichen Untersuchung der Einsatz des Wachbataillons bei der »Aktion« gegen Putten nur eine untergeordnete Rolle. Seit September 1944 waren unter Helles Leitung die Mannschaften bei zahlreichen Razzien, Brandlegungen und Plünderungen beteiligt gewesen, deren Ausmaß nicht nur schlimmer als in Putten gewesen war, sondern die auch genauer zu beschreiben und einfacher als Kriegsverbrechen und als Verbrechen gegen die Menschlichkeit zu definieren waren. Einer genauen Untersuchung des Einsatzes vor allem von Zieglers Kompanie in Putten fehlte es hingegen an Zeugen und an eindeutigen und konkreten Beweisen. Zudem stellten die Lügen und die gegenseitigen Bezichtigungen der Verdächtigen Helle, Fernau und Ziegler die Untersuchung vor ein großes Problem.

Vor allem Ziegler tischte zahlreiche Lügengeschichten auf und ließ kein Mittel unversucht, um sich selbst freizusprechen und die so genannten Gegensätze zwischen der Wehrmacht (nach Zieglers Darstellung die brutal agierende Partei) und der SS (die höfliche, hilfsbereite Seite) zu verschärfen. Ziegler schrieb alle Verantwortung für Brandstiftung und Plünderung auf das Konto der Soldaten des Regiments »Hermann Göring«. Die »Hermann Göring«-Einheiten waren Ziegler zufolge ein ungeordneter und betrunkener Haufen. Das Ganze habe auf ihn den Eindruck einer »versoffenen Angelegenheit« gemacht. Er habe sich, so erklärte er, überaus an der Willkür geärgert, mit der die Soldaten des Regiments »Hermann Göring« aufgetreten seien. So soll Oberleutnant König zu einem Mädchen gesagt haben, dass er ihr Haus nicht in Brand stecke, wenn sie mit ihm schlafe. Auch soll König den Auftrag gegeben haben, das Hotel, in dem Ziegler Quartier bezogen hatte, in Brand zu stecken, was er aber habe verhindern können. Die Brandstiftung seiner eigenen Männer erwähnte Ziegler mit keinem Wort.[142] Zudem schreckte er nicht davor zurück, seine Kollegen in Misskredit zu bringen, die Puttener Bevölkerung als feige und verräterisch zu bezeichnen, sich selbst aber als äußerst anständigen Menschen darzustellen. Die Frage, was er mit seinen Männern am Montagabend zur Zeit der Brandlegung in Putten eigentlich zu suchen gehabt habe, wurde während des Verhörs leider nicht gestellt. Auch nicht, in wessen Auftrag er dort gewesen sei.

Auch Fernau versuchte, die Wahrheit zu verdrehen. Während Ziegler seinen Anteil an der Brandstiftung zu minimalisieren suchte und sich gar als Retter in der Not hervortun wollte, versuchte Fernau seinen Anteil an der Razzia zu verhüllen, indem er erklärte, dass er vollkommen davon ausgegangen sei, dass es sich um eine »ganz normale« Razzia gehandelt habe, also darum, die Männer zum Arbeitseinsatz an der Ijssellinie heranzuziehen.[143]

Helle erklärte hingegen, dass er überhaupt nicht an der Razzia beteiligt gewesen sei. Es seien Fernau und Ziegler gewesen, die dort aufgetreten seien. Er sei lediglich zur Kontrolle am Bahnhof erschienen. Naumann bestritt in allen Tonarten, überhaupt jemals in Putten gewesen zu sein. Alles, was er von der Aktion in Putten wusste, habe er vom Hörensagen. Gegen Bartsch, der im Frühjahr 1945 Bataillonskommandant des SS-Freiwilligengrenadierregiments der Division »Landstorm Nederland« wurde, kam es nicht zum Prozess.[144]

Dass Helle an der Razzia in Putten beteiligt gewesen war, wurde in der Anklage gegen ihn nicht einmal aufgenommen. 1949 wurde die Todesstrafe gegen ihn gefordert. Nach der Untersuchung wurde Ende Oktober desselben Jahres der Strafantrag auf eine Gefängnisstrafe von neun Jahren verringert, doch nach der Berufung des Staatsanwalts vor dem Kassationshof im November 1950 auf fünfzehn Jahre erhöht.[145]

1949 wurde Fernau vom Sondergericht in Amsterdam zu zehn Jahren Gefängnis verurteilt, aufgrund seiner Beihilfe bei fünf Hinrichtungen und seiner Teilnahme an zahlreichen Razzien, die das Wachbataillon im Herbst 1944 durchgeführt hatte. Als dritter Punkt wurde ihm die Deportation der Puttener Männer ins Lager Amersfoort zur Last gelegt. Im Berufungsverfahren erhielt Fernau im Jahre 1950 Strafminderung auf sechs Jahre. Ein Jahr später wurde seine Strafe im Zuge einer allgemeinen Amnestie auf fünf Jahre unter Abzug der bereits abgesessenen Haft verringert, wodurch er schon kurze Zeit später auf freiem Fuß war.[146]

Zu einem Prozess gegen den in Deutschland verbliebenen Ziegler ist es nie gekommen. Zwar wurde er 1947 ausführlich zu Putten verhört, doch man erachtete eine Auslieferung an die Niederlande nicht für notwendig, weil man es nicht als bewiesen betrachtete, dass er direkt oder indirekt an Morden beteiligt war.[147]

RESÜMEE

Die »Abrechnung mit dem Bösen«, wie man nach dem Krieg den gesamten Prozess der Sonderrechtsprechung und politischen Säuberung in den Niederlanden nannte, war für die Art und Weise, wie sich des Dramas von Putten erinnert wurde, ungemein wichtig. Externe politische Faktoren – wie die Regierungspolitik zu politischer Säuberung und Sonderrechtsprechung – und die internen juristisch-technischen Verfahren und Argumentationsmethoden haben den Prozessablauf tief geprägt. Die Rechtsprechung war dabei weniger eine Instanz, die die Vergangenheit objektiv analysierte, sondern sie hat den Geschichten und der Erinnerung der Razzia eine eigene Bedeutung gegeben.

Sowohl die Prozesse gegen die deutschen Kriegsverbrecher auf der höheren Führungsebene, als auch die politische Säuberung und Aburteilung der Puttener Polizei und die Verurteilung einzelner SS-Männer des Wachbataillons Nord-West waren maßgeblich an der Interpretation dessen beteiligt, was in Putten geschehen war. Im ersten Fall stand die Razzia in Putten selbst im Mittelpunkt der Anklage. Hier war es Aufgabe, den »Schreibtischtäter« (Christiansen) und den Ausführenden des Befehls (Fullriede) zu verurteilen. Im zweiten Fall ging es um die Aburteilung einiger niederländischer Polizisten, die die deutsche Besatzungsmacht raffiniert bei der Ausführung der Repressalie zu beteiligen gewusst hatte. Der Prozess gegen die Männer des SS-Wachbataillons führte zwar zu Verurteilungen – einige sogar mit hohen Strafen – jedoch nicht aufgrund der Vorfälle in Putten, obgleich etwa ein Dutzend Männer eigenmächtig an der Brandstiftung teilgenommen hatten.

Das Drama von Putten machte in aller Schärfe deutlich, wie verbrecherisch die Besatzungsmacht gehandelt hatte. »Putten« wurde dabei zur Metapher par excellence für die Abscheulichkeit des Nationalsozialismus, der so viele unschuldige Opfer gefordert hatte. Im Gegensatz zu den Prozessen gegen Christiansen und Fullriede fehlte den Gerichtsverfahren gegen die vergleichsweise schlimmeren Kriegsverbrecher Seyss-Inquart und Rauter ein solch zentrales Drama, das ihre Verbrechen deutlich ans Licht hätte bringen können. Im Fall Rauter ging es um die wesentlichen Merkmale seiner gesamten Politik und nicht um detailliert umschriebene Einzeltaten. Letzteres war hingegen im Prozess gegen Christiansen der Fall gewesen.[148]

Es soll hier nicht Schuld oder Unschuld von Fullriede oder Christiansen festgestellt, sondern die Geschichte der Nachkriegserinnerung an die Razzia in Putten untersucht werden. Diese Erinnerung wurde in den ersten fünf Jahren nach der Befreiung im großen Maße durch den Verlauf der Sonderrechtsprechung und vor allem der Aburteilung dieser beiden Kriegsverbrecher geprägt. In den Medien wurde ausführlich über die Entwicklung der Untersuchung und der Prozesse berichtet. Nicht selten waren Zeitungsartikel der Anlass zu einer breiten öffentlichen Diskussion über unterschiedliche Aspekte der jüngsten Vergangenheit, wodurch eine Verschiebung in Darstellung und Bewertung der Razzia und der Schuldigen auftrat.

Die öffentliche Meinung wie auch die Rechtsprechung waren damals so wenig wie heute unabhängige Kräfte. Sie beeinflussten sich nicht nur gegenseitig, sondern waren auch tief in der nationalen und internationalen Geschichte der ersten Nachkriegsjahre verankert, in der die Erinnerung an den Krieg einen zentralen Stellenwert besaß. Das galt in diesen Jahren des Wiederaufbaus und des Kalten Krieges vor allem für die niederländische Bevölkerung, doch auch für die im Puttener Fall Hauptangeklagten. Die jeweiligen Erinnerungen von Christiansen, von Wühlisch und Fullriede bewegten sich einerseits im niederländischen Nachkriegsklima von Sonderrechtsprechung und öffentlicher Meinung, andererseits aber wurzelten sie in der Geschichte des Nationalsozialismus und des »Dritten Reiches«. Alle drei entwickelten absichtlich und zugleich unwillkürlich eine »strategische« Erinnerung. Eine solche Erinnerung wird sowohl als Antwort auf die Anklage als auch durch die Verhöre und den Prozessablauf selbst beeinflusst und geformt. Bei den Prozessen gegen Fullriede und Christiansen prallten verschiedene Welten aufeinander, wobei Anwälte und Richter ihre Erwartungen auf die Angeklagten projizierten und umgekehrt. Die Rechtsprechung der Nachkriegszeit gibt dabei mindestens ebenso viel Auskunft darüber, was Staatsanwalt, Angeklagte, deren Anwälte und Richter nach dem Krieg über das Geschehen in Putten dachten oder wie sie es sehen wollten, wie darüber, was sich tatsächlich am 1. und 2. Oktober in Putten abgespielt hat.

Mitte der fünfziger Jahre waren nahezu alle deutschen und niederländischen Kriegsverbrecher, wie auch die niederländischen politischen Delinquenten, die bei der Durchführung der Razzia beteiligt gewesen waren, wieder auf freiem Fuß. Fullriede war begnadigt und freigelassen worden. Die verurteilten Polizisten waren, einige wenige Entlassungen ausgenommen, schon längst wieder im normalen Dienstverband tätig. Die verurteilten SS-Männer (Helle, Fernau, Naumann und die niederländischen Angehörigen der Waffen-SS) waren unter anderem in Folge der Begnadigungspolitik nach

Deutschland zurückgekehrt oder aus der Gefangenschaft entlassen worden.

Dass es also weniger zu einer »Abrechnung mit dem
Bösen«, sondern eher zu einer »Abhandlung des Bösen« kam,
die in den Augen mancher schneller als erwartet erfolgte,
hatte zahlreiche Gründe. Der Rechtsgang wurde in jenen Jahren durch eine veränderte öffentliche Meinung beeinflusst,
die von bestimmten Kreisen und den verantwortlichen
Machtträgern initiiert und gesteuert wurde. Nach der Befreiung zeigte sich schon bald, dass von einer schnellen und
strengen Aburteilung – wie sie die Exilregierung in London
und später auch die Niederlande in den ersten Monaten nach
der Befreiung erwartet hatten – keine Rede sein konnte. War
man zunächst noch der Auffassung, dass politische Delinquenten für lange Zeit aus der Gesellschaft entfernt werden
mussten (die Verfahren gegen die deutschen Kriegsverbrecher
kamen aufgrund technisch-juristischer Gründe erst später in
Gang), forderten bestimmte Kreise den Umschwung von
einer harten und strengen Linie, die sich aus den jüngsten
Erfahrungen des Krieges herleitete, zu einer gerechteren und
sozial-psychologisch verantwortbaren Politik der Bestrafung.
Da sich die Regierung zudem in Anbetracht der zahlreichen
zu behandelnden Fälle zu einer pragmatischeren Annäherung
an das Problem gezwungen sah, wurden schon bald viele so
genannte »leichte Fälle« auf freien Fuß gesetzt und man ging
zu einer großzügigen Begnadigungspolitik über. Diese Politik
wusste sich unbestreitbar durch einen breiten Konsens innerhalb der niederländischen Bevölkerung getragen.[149]

Der Wandel in der öffentlichen Meinung und die Politik
der ersten fünf Nachkriegsjahre reduzierte die Zahl der am
Puttener Drama Schuldigen auf einige wenige. Wer verurteilt
war, blieb in der Praxis meist für nur kurze Zeit inhaftiert.
Das hatte zur Folge, dass der außergewöhnliche Charakter
der Razzia in Putten – der einzige Ort in den Niederlanden,
wo als Repressalie derart viele Häuser in Brand gesteckt und

aus dem so viele Männer gleichzeitig in ein Konzentrationslager deportiert worden waren – schnell aus dem Blick geriet.

Obgleich Sonderrechtsprechung und politische Säuberung auch Informationen und historisches Quellenmaterial über die Razzia in Putten hervorgebracht hatten, führten die Prozesse weder zu einer besseren Einsicht in die Zusammenhänge der Tragödie noch gaben sie eine eindeutige Antwort auf die Frage, wer nun eigentlich die Verantwortung für dieses Kriegsverbrechen trug. Das lag nicht daran, dass es den Richtern oder der Staatsanwaltschaft an Sachverstand gefehlt hätte, obgleich mangelnde Einsicht in die Art der Entscheidungsprozesse des »Dritten Reiches« hierbei sicherlich eine Rolle gespielt haben. Die endlosen Diskussionen zwischen Christiansen, von Wühlisch, Fullriede und sogar Rauter zu diesem Punkt machen deutlich, dass von einer unilateralen Entscheidung in viel geringerem Maße ausgegangen werden konnte als bisher angenommen. Keiner der Beteiligten hatte zudem ein Interesse daran, die Verantwortlichkeiten deutlich offen zu legen.

Zu Beginn stand im Prozess gegen Fullriede die Durchführung der Razzia im Mittelpunkt und dieser Aspekt bildete auch einen der drei Anklagepunkte, die Christiansen zur Last gelegt wurden. Ihr Anteil an der Aktion gegen Putten galt als Kriegsverbrechen und als Verbrechen gegen die Menschlichkeit. Nach und nach wurden Beweisführung und Verteidigung allerdings durch technisch-juristische Fragen dominiert. Die Sache, um die sich schließlich alles drehte – der Tod der 540 deportierten Männer – konnte beiden Verdächtigen nicht direkt zur Last gelegt werden und trat deshalb während der Prozesse in den Hintergrund.

Die Erwartungen an die Ergebnisse dieser beiden großen Prozesse waren hoch gewesen und wurden nicht zuletzt gerade von den beteiligten Juristen geschürt. In den Augen des Staatsanwalts sollten die Prozesse als Rechtsinstrument eine stark didaktische Funktion für die zerrüttete niederländische

Volksgemeinschaft haben.[150] Doch welche Ergebnisse die Prozessführung auch erbracht haben mag, eine zusammenhängende und Sinn stiftende Darstellung der Vergangenheit konnte sie nicht schaffen. Das hatte seinen Grund zum einen in den bereits erwähnten Zügen, die der Rechtsprechung inhärent sind, zum anderen darin, dass die »Affäre Putten« sich durch die individuelle Strafzumessung in zahlreiche unterschiedliche Prozesse »zersplitterte«, in denen der Akzent stets auf einen anderen Teilaspekt der Razzia gelegt wurde. Sprach man vom Prozess gegen Christiansen auch hoffnungsvoll vom »Puttenprozess«, so machte gerade der Prozessverlauf offenbar, dass davon keineswegs die Rede sein konnte.

Das alles wirkte sich natürlich auf die Berichterstattung in den Medien aus und über sie auf die öffentliche Meinung. Auch der Presse gelang es nicht, in ihren Reportagen über die Prozesse ein allgemein akzeptiertes und kohärentes Bild des Geschehenen vorzulegen. Dabei gilt es zu bedenken, dass Medien nicht nur Informationsquelle und Widerspiegelung dessen sind, was sich ereignet hat, sondern ihrerseits eine wesentliche, häufig bestimmende Rolle in der öffentlichen Meinungsbildung spielen. Aufgrund ihrer eigenen politischen Auffassungen und pressepolitischen Absichten »schrieben« auch sie die Geschichte der Razzia.

Sonderrechtsprechung und politische Säuberung haben lediglich eine fragmentarische Darstellung des Dramas von Putten erbracht, bei der die Betonung auf Christiansens Motiven und der Befehlsstruktur, innerhalb derer Fullriede operiert hatte, lag. Die Presse konzentrierte sich vor allem auf die Persönlichkeiten der Angeklagten als erklärender Faktor ihres Handelns. Die »politische Säuberung bezüglich der Polizei« und die Verurteilungen einzelner Polizisten durch ein Sondergericht gehörten nicht zu den Nachrichten, die die Öffentlichkeit erreichten, und in den Prozessen gegen Helle, Naumann, Fernau und andere des Wachbataillons Nord-West spielte »Putten« kaum eine Rolle. Auf die vielen Fragen, die innerhalb und außerhalb der Puttener Gemeinschaft eine Rolle spielten, wussten weder die politische Säuberung noch die Prozesse eine Antwort zu geben.

Schließlich gilt es noch zu bedenken, dass die Geschichte der Erinnerung an die Razzia eine gewisse Hierarchie der Erfahrungen kennt. Die Deportation der Männer und die Tatsache, dass die meisten in den deutschen Lagern umgekommen waren, nahmen in der Erinnerung ab Juni 1945, als das Schicksal der Puttener Männer bekannt wurde, unverkennbar die erste Stelle ein. Das Dorf hatte um 1950 die schlimmsten materiellen Folgen der Brandlegung überstanden, auch wenn der Wiederaufbau der bei der Razzia zerstörten Häuser noch kaum in Gang gekommen war. Der Tod der vielen Männer aus der Puttener Gemeinde hingegen war ein psychologischer und sozialer Verlust, der sich nicht auf dieselbe Weise verarbeiten ließ.

III. Die Deportierten

Unter dem großen, 1400 Mann umfassenden Transport, der am 11. Oktober 1944 das Lager Amersfoort in Richtung Deutschland verließ, waren auch die 661 Männer und Jungen, die bei der Razzia in Putten aufgriffen worden waren. Nach einer grauenvollen Reise durch zahlreiche Konzentrationslager kehrten 1945 nur 49 von ihnen in die Niederlande zurück. Fünf Männer starben noch nach ihrer Rückkehr an den Folgen der Entbehrungen.[151]

407 Männer und Jungen, die in den deutschen Lagern den Tod fanden, stammten aus dem Dorf Putten selbst.[152] In manchen Straßen gab es in jedem Haus einen Toten zu betrauern. Ein großer Teil der Bevölkerung hatte neben dem eigenen Vater, Bruder oder Sohn auch andere Verwandte verloren. Ein derart großer Verlust in der recht kleinen Gemeinde mit ihren nur zehntausend Einwohnern war für die gesamte niederländische Bevölkerung ein großer Schock. Schon bald stellte sich die Frage, wie es möglich sein konnte, dass so viele Männer und Jungen aus einem einzigen Dorf umgekommen waren.

Aufgrund der Gespräche, die Wildschut und Treurniet 1947 im Auftrag des RIOD[*] mit etwa einem Dutzend Überlebenden der Konzentrationslager führten, wissen wir heute, in welchen Lagern die Männer inhaftiert waren und was sie dort erlebt haben. Die Interviews waren dabei deutlich dem

*RIOD (Rijksinstituut voor Oorlogsdocumentatie) Reichsinstitut für Kriegsdokumentation, errichtet am 8. Mai 1945 mit dem Ziel, Quellen und Material zur Geschichte der Niederlande im Zweiten Weltkrieg zu sammeln und auszuwerten. Heute NIOD, Niederländisches Institut für Kriegsdokumentation mit erweitertem Aufgabenbereich.

Ziel untergeordnet, möglichst viel über die Lager zu erfahren, denn so kurz nach dem Krieg wusste man nur wenig über sie. Wildschut und Treurniet ließen die Gesprächspartner ihre Gedanken nicht frei formulieren, sondern hielten sich an einen recht straffen Fragenkatalog.[153]

Die Erinnerungen an die Razzia von Putten und ihre Folgen unterlagen in erheblichem Maße dem Einfluss der damals gängigen Methoden der Psychoanalyse. Die Erfahrungen der Gefangenen in Arbeits- und Vernichtungslagern wurden mithilfe der psychoanalytischen Theorien über Anpassungsverhalten interpretiert, wodurch man sich eine Erklärung für die hohe Sterblichkeitsrate der aus Putten deportierten Männer erhoffte. Die RIOD-Mitarbeiter Wildschut und Treurniet waren Kinder ihrer Zeit und somit atmen die Protokolle ihrer Gespräche mit den Puttener Lagerüberlebenden den Geist ihrer Ansichten und Theorien. Zudem wurden durch ihre strenge Interviewmethode unbewusst die Geschichten der Überlebenden »zensiert«, da nur das, was in den Rahmen ihres Denk- und Fragenrahmens passte, zur Sprache kam. Die Interviewten selbst bekamen – wenn sie es überhaupt gekonnt oder gewollt hätten – kaum die Möglichkeit, sich in ihren Erzählungen jenseits der abgesteckten Pfade zu bewegen und von Erfahrungen zu erzählen, die nicht zum »Untersuchungsfeld« der beiden RIOD-Mitarbeiter passten.

Die Protokolle der Gespräche mit den Überlebenden des Putten-Transportes enthüllen die Dimensionen der Interaktion zwischen Überlebenden und Zeitgenossen. Die relative »Stille« hinsichtlich der Lagererfahrungen, die über Jahre hinweg bestand und heute als eine wesentliche Ursache für den späteren psychischen Zusammenbruch vieler Überlebender gilt, war nicht immer eine bewusste oder unbewusste Abwehrreaktion des Zuhörers oder ein Zeichen seiner Gleichgültigkeit. Häufig war sie die Folge einer nahezu unüberbrückbaren psychischen Barriere zwischen dem Überlebenden, der seine traumatischen Erfahrungen kaum in Worte fassen konnte, und dem Zuhörer, der, lebend in einer eigenen mentalen Welt, zwar zuhörte, doch das Wesentliche dieser Erzählungen über das Unmenschliche in einer menschlichen Welt nicht zu hören vermochte oder das Erzählte seiner eigenen Interpretation unterwarf.

Über die Art und Weise, wie sich Überlebende der Lagerzeit erinnern, wurden in den letzten Jahrzehnten viele Untersuchungen veröffentlicht. Gedächtnis und Erinnerungsvermögen wuchsen zu Themen, die in den unterschiedlichsten Disziplinen – von der Geschichte bis zur Neurologie und von der Anthropologie bis hin zur Literaturwissenschaft – erforscht werden. Früher war man der Auffassung, dass Ereignisse im Gedächtnis schlechthin aufgezeichnet oder gespeichert würden und nach Belieben abrufbar seien. Dagegen haben neuere Untersuchungen gezeigt, dass das Gedächtnis zwar die globale Erfahrung dieser Ereignisse festhält, dass aber die Erinnerungen nicht genau das wiedergeben, was wirklich geschehen ist. Damit stellte sich die Frage nach der Authentizität dessen, was Menschen über ihre Vergangenheit erzählen, neu. Heute ist mehr denn je deutlich, welchen Beschränkungen das Erinnerungsvermögen unterliegt. Zugleich haben die neueren Forschungen den tief greifenden Einfluss unseres Gedächtnisses auf unsere Erfahrung der Gegenwart und der Vergangenheit offengelegt: Unsere Gegenwart wird nämlich nicht nur durch die Vergangenheit bestimmt, sondern auch umgekehrt schafft die Gegenwart die Vergangenheit.

»Vernichtung durch Arbeit«

Von Amersfoort nach Neuengamme

Am späten Nachmittag des 2. Oktober 1944 wurden die 661 Männer in Viehwagen von Putten nach Amersfoort transportiert.[154] Der Zug fuhr nur langsam, da Fernaus Männer vom Wachbataillon Nord-West aus Angst vor Luftangriffen neben den Zugwaggons herliefen. Eine Stunde später hielt der Zug auf dem Bahngelände von Amersfoort. Von dort aus wurden die Männer durch die Stadt zum berüchtigten Lager Amersfoort gebracht. Es war mittlerweile dunkel geworden, Fernaus Männer – Ukrainer und niederländische SS-Männer – zerstreuten die Passanten.[155] Für die Gefangenen war es ein Vorgeschmack auf das, was sie erwarten sollte.

Man hatte uns am Sonntag aufgegriffen und deshalb trugen fast alle von uns nur die besten Anzüge. Auf dem Weg zum Lager waren Pfützen, in die wir nicht treten wollten, um unsere Kleidung nicht zu beschmutzen. Doch das wurde von der SS unter Fernaus Kommando verhindert. Er gab den Befehl zu schießen, und daraufhin flogen die Kugeln über unsere Köpfe. [...] Passanten wurden weggejagt und die SS schoss in die Nebenstraßen.[156]

Vor dem Lagertor musste die Kolonne lange stehenbleiben. Dann wurden die Männer ins Lager gejagt. Einer der Männer, Donker, erzählte:

Wir wurden mit Schreien und Stößen und viel Lärm begrüßt, doch das sollten wir später noch viel häufiger erleben. Jemand wurde geschlagen, weil er nicht gleich machte, was die Moffen sagten.

Einer der Jungen aus Putten wurde sofort so brutal zusammengeschlagen, dass er zu Boden sank.

Die Männer mussten sich zunächst auf der Schreibstube melden, wo jeder eine Nummer erhielt. Diejenigen Puttener, die als Geiseln genommen worden waren, kamen in den »Rosengarten«, einen mit Stacheldraht umzäunten Platz hinter einer Baracke. Daraufhin wurden der Gemeindesekretär Schipper und der Wildhüter Breevaart von den anderen getrennt und in den Bunker gebracht. Der Rest kam in den gerade entlausten Polizeischuppen. Doch schon tags darauf bestand zwischen den so genannten Geiseln und dem Rest der Männer kein Unterschied mehr; die meisten wurden in Block 9 untergebracht, wo es von Flöhen wimmelte.

Am Morgen des 3. Oktober wurden noch zwei Jungen aus Putten ins Lager eingeliefert. Es handelte sich um die beiden Söhne des Küsters der reformierten Kirche, die sich während der Razzia in der Kirche versteckt hatten, bei den Bränden jedoch nicht länger dort zu bleiben wagten. Als sie aus ihrem Versteck kamen, fielen sie in die Hände der Deutschen. Von den Jungen erfuhren die Männer im Lager vom Ausmaß der Brandstiftung.

Zu diesem Zeitpunkt sahen die Gefangenen ihre Lage noch nicht allzu hoffnungslos. Pfarrer de Ruig erzählte:

Wir dachten, dass wir nach einigen Wochen wieder zu Hause sein würden. Wir brauchten uns keine Sorgen um das Essen zu machen, das Wetter war gut, wir mussten nicht arbeiten, über unseren Köpfen flogen ständig englische Flugzeuge und außerdem brauchten wir keine Sträflingskleidung zu tragen. Wir waren ganz guter Dinge, es war gar nicht so schlimm.

Willem van Kernebeek, einer der achtzehn 17-jährigen Jungen, die bei der Razzia aufgegriffen worden waren, hatte sich schnell an die neue Situation gewöhnt. Mit vierzig anderen Männern wurde er in Block 3 untergebracht, der nicht sehr voll war:

Aufstehen, Kaffee holen, essen und dann konnte man im Lager herumlaufen. Die Stimmung war nicht schlecht, es war wie in Putten. Viele Jungs aus Putten waren da, wir vertrieben uns die Zeit mit Bockspringen, es war ganz lustig, denn unsere Freunde waren ja da! Die Erwachsenen hatten zu Hause ihre Arbeit und ihre Familie und fragten sich die ganze Zeit, wie es denen wohl geht. Und wir dachten ja, dass wir bald nach Hause könnten. […] Abends spielten wir viele Streiche, vor allem die älteren Jungs, wir haben uns mit Wasser beworfen, es war eigentlich ganz in Ordnung!

Am darauf folgenden Sonntag konnten sie im Lager keinen Gottesdienst abhalten, denn als Pfarrer de Ruig gerade beginnen wollte, war plötzlich Appell. Abends vor dem Schlafengehen sprach er mit einigen der Männer. Dann setzten sie sich zusammen aufs Bett, de Ruig las aus der Bibel vor und sie sprachen darüber. Vor dem Essen haben sie stets still gebetet.

Einige Männer wurden zum Stubendienst eingeteilt. Ernsten, der von Mai bis August 1944 bereits im Lager Amersfoort interniert gewesen war, weil er sein Radio nicht abgeliefert hatte, meldete sich sofort zusammen mit Koelewijn, Kraan und van den Broek als Aufseher von Block 9. Jeden Abend hielten sie Appell und sorgten dafür, dass alles in Ordnung gehalten wurde. Die Männer mussten um halb neun in ihren Betten liegen.

Ich sagte immer wieder zu ihnen, dass sie davor zur Toilette gehen müssten, weil sie sonst zu spät kämen. Deswegen gab es immer Ärger, denn sie machten dann einfach in den Gang.

Auch Aufseher van Losenoord gelang es häufig nicht, die Puttener Männer zur Ordnung zu bewegen.

Wir mussten stets vor der Küche antreten, rechts die Polizei und links wir. Am ersten Morgen wollte das einfach nicht klappen, die Puttener stellten sich nicht richtig auf, denn niemand wollte Nummer 1 sein. Außerdem waren die Befehle ja nicht zu verstehen. Es dauerte also viel zu lange. Da sagte ich zu Geurts: »So geht das nicht länger. Dann bin ich eben Nummer 1.« »Und ich Nummer 2!«, sagte er. [...] Beim Durchzählen gibt es immer welche, die ihre Nummern deutlich aufsagen und andere, die das nicht tun. Zoetbrood zum Beispiel musste das immer wieder vor der Mannschaft üben und laut rufen: vier, vier, vier, vier, vier, vier, vier!

Wer keinen Stubendienst hatte, brauchte nichts zu tun. Wer wollte, durfte Kartoffeln schälen. Ein einziges Mal schleppte Donker mit einer Schubkarre einen Baumstamm, doch dabei ist es geblieben. Im Lager arbeiteten vor allem diejenigen, die dort schon seit einiger Zeit waren, wodurch sich die Puttener nicht gerade beliebt machten. Als einer der wenigen meldete sich Wallet, ein Landwirt, mit seinem Sohn zur Landarbeit. Nach vier Tagen unterstanden ihm 25 Männer. Dabei kam er in Kontakt mit einem etwas älteren Offizier der Wehrmacht, der aufgrund von Wallets Bescheinigungen der Auffassung war, dass dieser überhaupt nicht ins Lager Amersfoort gehöre. Als der Offizier Wallet die Flucht anbot, machte dieser davon allerdings keinen Gebrauch, da er seinen Sohn nicht alleine lassen wollte. Tragischerweise hatte auch der Sohn am selben Tag wegen seines Vaters eine Fluchtmöglichkeit verstreichen lassen. Sie vereinbarten, von nun an auf eigene Faust zu handeln.

Das Essen im Lager war nicht schlecht, erinnerten sich die Männer. »Wir bekamen Buttermilchgrütze«, erzählte Grotenhuis, ein Landarbeiter:

Morgens bekamen wir nichts, mittags Suppe und abends vier Schnitten Brot. Jeder erhielt einen halben Liter Grütze, doch weil in unserer Baracke so wenig Männer waren, bekamen wir etwas mehr.

Daneben gab es noch die Pakete des Roten Kreuzes mit sechs oder acht Brotschnitten mit Schinken, dazu Kekse, ein paar Süßigkeiten und Zucker. Die Jüngeren und die älteren Männer erhielten zwei solcher Päckchen. Von ihrer Suppenration nahmen die älteren Männer immer nur zwei Drittel, den Rest gaben sie den Jungen. Manche trieben auch Schwarzhandel, einige Bauern hatten Geld bei sich, mit dem sie hauptsächlich Tabak kauften.

Am Mittwoch, dem 11. Oktober, mussten die Puttener morgens um halb sieben zum Appell antreten. An diesem Morgen bekamen sie weder zu essen noch zu trinken. Bei diesem und dem darauf folgenden Appell, der von ein Uhr mittags bis sechs Uhr abends dauerte, wurden Gefangene für einen Transport selektiert. Als der Transport zusammengestellt war, wurden in Marschordnung 1400 Männer in einem weiten Kreis um Amersfoort zum Bahnhof geführt. Einigen wenigen am Anfang des Zuges konnte noch etwas Brot zugesteckt werden, der Rest bekam nichts. Auf dem Bahnhof versuchte Lubbersen zu fliehen, doch der Fluchtversuch missglückte. Die Prügel, die darauf folgten, sollten ihm einschärfen, es nicht noch ein zweites Mal zu versuchen. Die Gefangenen wurden streng bewacht, sah Donker.

Bei und auf dem Bahnhof war alles abgesperrt, Passanten wurden ferngehalten. Auf dem völlig unbeleuchteten Bahnsteig war es sehr überfüllt, Befehle wurden gebrüllt und schließlich wurden wir zu zehnt in ein Abteil gestoßen. Der Rest musste in die Viehwaggons. Auf der Seite zu den Schienen wurden alle Abteile von außen geschlossen, auf der anderen Seite stellte sich in jedem Abteil ein bewaffneter Soldat auf.

Einige Männer sind mit knapper Not dem Transport entronnen; sie wurden in der Woche zuvor freigelassen. Insgesamt handelte es sich dabei um 59 der in Putten aufgegriffenen Männer, etwa die Hälfte stammte aus Putten selbst.

Plötzlich wurde Nummer 8395 aufgerufen. Ich musste hervortreten und zum Lagerleiter kommen. »Du kommst frei, ich gratuliere dir von Herzen.«

Das hatte der 53-jährige van Losenoord während jenes langen Appells am Mittwochmorgen gehört. Auch Schulleiter Koelewijn wurde freigelassen, weil er – wie es hieß – eine große Familie habe. Andere Puttener kamen mit einer Arztbescheinigung frei. Unter den Freigelassenen waren auch Koopmans beide Söhne und der Bauer, der den verwundeten deutschen Offizier versorgt hatte.[157] Restaurantbesitzer Punt, den man zu den politischen Gefangenen verlegt hatte, wurde fünf Wochen später auf freien Fuß gesetzt. Wildhüter Brevaart und einige andere Puttener wurden acht Tage nach ihrer Ankunft am 9. Oktober entlassen. Der Gemeindesekretär Schipper, den man im Bunker festgehalten hatte, kam in der ersten Novemberwoche frei.[158]

Die Entlassungen aus Amersfoort waren verschiedenen Personen und Instanzen zu verdanken. Der stellvertretende Bürgermeister Vervoorn ließ sofort nach dem Abtransport der Männer aus Putten eine Liste mit Personen erstellen, die für das Dorf generell oder einen der Betriebe unentbehrlich waren. Auf dieser Liste stand auch Pfarrer de Ruig, der als »Puttens einziger reformierter Pfarrer nicht zu entbehren war«.[159] Drei Tage nach der Razzia schickte Vervoorn die Liste mit 142 Namen an Seyss-Inquarts Beauftragten der Provinz Gelderland mit der Bitte, den beigefügten Brief dem Wehrmachtsbefehlshaber zu übermitteln und bei Christiansen für das Dorf ein gutes Wort einzulegen. Die Nahrungsmittelversorgung sei, so schrieb Vervoorn, durch die entstandene wirre Situation und den Mangel an Arbeitskräften ernsthaft in Gefahr. Das Vieh könne nicht mehr versorgt und die Kühe nicht mehr rechtzeitig gemolken werden. Der Zustand sei umso drückender, da Putten eine große Zahl Evakuierter aus Arnheim aufgenommen habe, unter ihnen äußerst bedürftige Leute. Vervoorn verbürgte sich persönlich für die Männer auf der Liste. Sie gälten, so schrieb er, als »ganz zuverlässig und nicht deutschfeindlich«.[160]

Daneben bat Vervoorn Doktor Vonk und andere Ärzte um eine Aufstellung, wer von den abtransportierten Männern bei ihnen in Behandlung gewesen war. Einige Puttener hörten daraufhin in Amersfoort am Dienstag, dem 10. Oktober, dass sie ärztlich untersucht werden sollten. Zu ihnen gehörte auch der Gemeindebeamte von Wolffen.

Wir hatten Nummern und eines Tages wurde auch meine Nummer aufgerufen; ich sollte mich beim Arzt melden. Ich verstand es überhaupt nicht. Die ganze Zeit war ich in Baracke 6. Mit noch dreißig anderen aus Putten musste ich zum Lagerarzt [...], Dr. Klomp, ein NSB'er. Ich dachte, dass ich doch keine Chance hatte, denn mir fehlte ja nichts.

Er bat einen anderen Arzt im Lager um Rat. »Was soll ich tun? Mir fehlt überhaupt nichts.« Darauf antwortete dieser: »Sag, dass du es am Magen hast. Es gibt keine Instrumente, mit denen das untersucht werden kann.« In den nächsten beiden Tagen wurden dreißig Männer freigelassen. Unter ihnen war auch von Wolffen.

Daneben hat Vervoorn dafür gesorgt, dass eine Liste von Männern mit großer Familie dem Roten Kreuz in Harderwijk übergeben wurde. Insgesamt wurden daraufhin etwa zwanzig Männer freigelassen.

Ganz anders war es zur Freilassung von van Losenoord gekommen:

[Mein Sohn] war bei der Polizei in Hattem und dort an einen Reichsdeutschen geraten, Keucheler, der beim »Alten Fritz« wohnte, und als dieser Keucheler hörte, dass ich gefangen genommen worden war, meinte er gleich: »Da musst du dich drum kümmern, denn dein Vater muss da weg!« Mein Sohn hat daraufhin einiges für mich unternommen, war an 33 verschiedenen Stellen, um seinen Vater freizubekommen. Am zweiten Tag stand er verzweifelt beim Lager, drehte sich eine Zigarette und kam dort mit einem Moffen ins Gespräch. Dem hat er die ganze Geschichte erzählt, dass sein Vater 53 und versehentlich im Lager sei, dass seine Mutter krank sei und dass er selbst bald antreten müsse. »Dann musst du Berg sprechen, bei dem hast du vielleicht Erfolg«, sagte der Deutsche. »Er kann brutal sein, manchmal aber auch ganz in Ordnung.« Mein Sohn erhielt daraufhin ein Schreiben, dass er ins Lager dürfe, um Berg zu sprechen. Als er ins Lager wollte, beschimpften ihn zwei Moffen. Solche Beschimpfungen hatte er noch nie in seinem Leben gehört, erzählte er später. Doch endlich wurde er hineingelassen. […] Er nahm Haltung an, lief mit Bergs Offizier mit, doch Berg dachte nicht daran, ihm die Hand zu geben. Das dauerte etwa zwanzig Minuten. Endlich kam Berg dann doch auf ihn zu, gab ihm die Hand und mein Sohn erzählte ihm die Geschichte. »Da bist du hier falsch, du musst zu einer anderen Dienststelle.« »Nein«, antwortete mein Sohn, »ich war an 32 verschiedenen Stellen und Sie sind der Einzige, der mir noch helfen kann.« Damit hatte er Berg überredet. »Dort ist mein Sekretär, erzähle ihm alles, dann kommt es schon in Ordnung.«

Das ist, soweit ich weiß, der einzige Grund, warum ich freigekommen bin, durch meinen Sohn.

Die Männer waren schon längst auf dem Weg nach Deutschland, als die Frauen von Putten ein Bittschreiben an Rauter schickten, der, so dachten sie, letztendlich die Verantwortung über die Deportation trug. »Gib uns unsere Männer und Kinder zurück«, schrieben sie, »gib den Kindern ihren Vater zurück.«

Obwohl wir als Bauernvolk keine Ahnung von Politik haben, können wir wohl fassen, dass Taten als hier in der Nacht vom 1. Oktober passiert, nicht ohne mehr vorüber gesehen werden können, aber wenn Sie nur ein Moment hier sein konnten und unser Kummer anschauen, dann würden Sie sicher sagen: »Jetzt ist die Strafe genug gewesen.« Die Hunderten, die nun weg sind, haben blindlings ihrem Befehl sich zu melden folgen geleistet. Haben sie gerade dadurch nicht bewiesen unschuldig an das Passierten zu sein?«[161]

Lagerkommandant Berg gab im Auftrag der Sipo in Zwolle dem Transport nach Neuengamme ein Schreiben mit, in dem es hieß, dass die Puttener Gruppe sechs Monate lang in Neuengamme, zwanzig Kilometer südöstlich von Hamburg, gefangen genommen werden sollte.[162] Wahrscheinlich wurden die Gefangenen gerade dorthin deportiert, weil es sich in relativer Nähe befand und es somit in transport-technischer Hinsicht die geringsten Probleme bereitete.

Der Transport erfolgte in einem gewöhnlichen Personenzug. Die Männer saßen zu zwölft mit je einem Deutschen in einem Abteil. Neben den Deutschen in den Abteilen patrouillierten auch auf den Gängen deutsche Soldaten. Manche Bewacher zeigten sich durchaus kulant, verteilten Zigaretten oder nahmen Briefe für die Familie an, mit Geld oder Wertmarken, die sie auch tatsächlich weiterleiteten. Weil in dieser Phase des Krieges jüngere Soldaten vor allem an der Front eingesetzt wurden, handelte es sich bei den Bewachern vor allem um ältere Männer.

An jenen Stellen zwischen Amersfoort und Apeldoorn, an denen die Bahn etwas langsamer fuhr, wagten insgesamt dreizehn Männer den Sprung aus dem Zug. Keiner von ihnen tat das völlig auf eigene Faust, alle hatten sie ihre Fluchtpläne mit den Männern im Abteil oder mit ihren Verwandten besprochen. Vieles sprach gegen eine Flucht: Die Deutschen waren bewaffnet, die meisten Männer glaubten noch immer, dass sie lediglich »jenseits der Ijssel« Zwangsarbeit leisten mussten, der Sprung aus einem fahrenden Zug war äußerst gefährlich und man fürchtete Vergeltungsmaßnahmen gegen die, die im Zug zurückblieben. Andererseits sprach auch vieles für einen Fluchtversuch. Wie man es auch betrachtete, die Entscheidung, aus dem Zug zu springen, ging die ganze Gruppe etwas an und spielte aus diesem Grunde in den Überlegungen der Männer eine große Rolle.

Als Wallet zufällig auf dem Bahnhof in Amersfoort die Bemerkung eines Deutschen hörte, dass der Transport nach Hamburg gehe, beschloss er, bei der erstbesten Gelegenheit zu fliehen. Noch lange Zeit zögerte er in dem dunklen Abteil. Mit leiser Stimme beriet er sich mit seinem Sohn und seinem Neffen. Dann, beim Bahnübergang Barneveld-Voorthuizen, sprangen sie. Sie haben überlebt.

Kurz danach ergriff der junge Jansen seine Chance:

[...] Der Zug fuhr langsamer. Ich zitterte. Bei Stroe höre ich plötzlich, wie zwei über den Schotter fliegen ... Mein Augenblick ist gekommen ... jetzt oder nie ... kein Trittbrett berührt ... nichts verletzt ... keine Schramme auf der Hand ... ich lag ... dann gleich auf und über die Bahnlinie ... unter dem Stacheldraht durch ... in eine Mulde gesprungen ... ich saß ziemlich weit vorne im Zug und als ich in der Mulde lag fuhr der hintere Teil des Zuges an mir vorüber.

Harmen Bos sprang aus dem Zug, als er merkte, dass der Deutsche ihn nicht hindern würde, ja sogar selbst noch meinte, dass er sich beeilen müsse, da wegen einer Razzia bei

Kootwijk Wachen entlang der Bahnlinie stünden.[163] Der junge Grotenhuis sprang, nachdem er sich mit seinem Vater darüber verständigt hatte, »denn zu Hause gab es viel auf dem Land zu tun«. Van Wincoop sprang ihm hinterher.

Als Cornelissen und Elbertsen in der Nähe von Twello aus dem Zug sprangen, verletzte sich Elbertsen ernsthaft und wurde bewusstlos. Cornellissen floh weiter und wurde in einem Haus aufgenommen, wo er erzählte, dass er Elbertsen habe zurücklassen müssen. Elbertsen wurde ins Krankenhaus in Apeldoorn gebracht, wo er unter Polizeibewachung versorgt wurde und nach vier Wochen dank eines niederländischen Polizisten freikam. Später erklärte er, dass er nur wegen seines vierjährigen Sohnes den Mut aufgebracht habe zu springen. »Ich hatte natürlich ungemein Heimweh nach meinem Sohn. Bei meiner Frau dachte ich: Ach, die wird es schon schaffen, die schlägt sich schon durch, aber so ein kleines Kind, das versteht doch überhaupt nichts.«

Vonhof, ein Metzger, hatte das Pech, in einem Abteil zu sein, in dem keiner der Männer die Flucht aus dem Zug wagte. Die Deutschen hatten gedroht, für jeden, der aus dem Zug sprang, zwei Männer zu erschießen.

Bei uns kam schon in Amersfoort ein Moffe herein, der damit gedroht hatte. Daraufhin habe ich zu den Männern in meinem Abteil gesagt: »Wenn ihr springt, springe ich auch, aber ich werde nicht alleine springen und dann ruhig zu Hause sitzen, wenn ich weiß, dass ihr dafür büßen müsst.« […] Im Gang lief ein Moffe hin und her. Wir hätten leicht alle zusammen springen können. Bei Stroe zum Beispiel hätte der ganze Zug fliehen können. Als wir aus Amersfoort wegfuhren, bekamen wir kein Essen. Man sagte uns: »Heute Abend kommt ihr an, denn ihr müsst auf die andere Seite der Ijssel.« Die meisten dachten also, dass es schon irgendwie werden würde.

Verhey wurde von anderen Männer an der Flucht gehindert und auch in Donkers Abteil hieß es, dass bei dem nächsten Fluchtversuch andere dafür mit ihrem Leben bezahlen müssten. Uhrmacher van den Berg wurde sogar von einem Mann in seinem Abteil zurückgezogen, als er bereits auf dem Trittbrett stand.

Wer aus dem Zug gesprungen war, war keineswegs erleichtert, die meisten Männer bereuten sofort ihre Entscheidung. Sie fürchteten, dass der Zug anhalten und man die Jagd auf sie eröffnen würde. Als es dazu nicht kam, stellte sich das Problem, wie sie im Dunkeln den Weg finden sollten. Mit ausgezogenen Holzschuhen schlichen van de Beek und Timmer in ein Dorf. Als sie zu einer hell erleuchteten Kirche kamen, rannten sie schnell weg. Ich dachte sofort: »Das ist doch nicht möglich, überall passiert dasselbe wie in Putten«. Weil sie Angst vor Spürhunden hatten, wagten sie nicht, entlang der Bahnlinie zu gehen. Sie versteckten sich in einem kleinen Wald. Timmer hielt Wache. Am Morgen kamen sie zu einem Schloss, wo sie erfuhren, dass sie in Apeldoorn waren. Sie riskierten nicht, direkt nach Hause zu gehen. Timmer ging zu einem Bekannten und van de Beek zu seinem Bruder in Voorthuizen, der ihn überaus glücklich begrüßte und van de Beeks Frau benachrichtigte. Erst am Samstag machte er sich, als es dunkel wurde, auf den Weg nach Hause.

Ich hatte natürlich Angst davor, dass mich die Leute sehen würden und dass es dann herauskäme. Ich ging deshalb zu Nachbarn, denen zu vertrauen war. Ihnen habe ich alles erzählt und sie gebeten, niemandem etwas zu sagen.

Nach dem Sprung fand Wallet seinen Sohn und seinen Neffen zwar leicht verletzt, doch wohlbehalten wieder. Sie liefen zu einem Bauernhof und erzählten dort, was geschehen war. Sie bekamen Grütze und Milch und sogar etwas Tabak. Der Bauer begleitete sie ein Stück. Gegen ein Uhr nachts kamen sie auf dem Gehöft an, wo Wallets Eltern wohnten. Auch sie wagten sich nicht nach Hause. Wallets Neffe ging zu einem Onkel, sein Sohn zu einer anderen Adresse und Wallet selbst blieb bei seinen Eltern. Als am 18. Oktober die Deutschen dort eine Razzia durchführten, konnte Wallet erneut fliehen. Als es dunkel war, ging er zu seinem eigenen Haus:

Doch von überall kamen Leute und fragten: »Woher kommst du?« Sie waren alle so schrecklich neugierig. Und die Moffen waren doch in der Nähe! Ich musste also immer wieder an verschiedenen Adressen untertauchen.

Für die, die nicht aus dem Zug gesprungen waren, dauerte der Transport zum Konzentrationslager Neuengamme drei Tage, von Mittwochabend bis Samstagnacht. Bei Almelo stand der Zug lange Zeit still, weil englische Flieger vorüberflogen. Die Wachen suchten entlang der Bahnlinie Deckung und hielten den Zug unter strenger Bewachung. Die Männer hatten Hunger und Durst. Einige wenige durften von den angrenzenden Äckern Futterrüben einsammeln, andere ließ man in einem nahe gelegenen Bauernhof Wasser holen. In mehr als 103 Stunden war das das einzige, was sie zu essen und zu trinken bekamen. Als gegen Mitternacht der Zug endlich von Almelo weiterfahren konnte, gelang es noch einem Mann aus Amsterdam durch ein Zugfenster zu entkommen. Bei Hengelo, kurz vor der Grenze, wurden gegen Morgen Türen und Fenster mit Stacheldraht versperrt und die Türen zugenagelt und versiegelt. An Flucht war nun nicht mehr zu denken.
Schon bald wusste man zu Hause in Putten, dass die Männer nach Deutschland unterwegs waren. Zeegers hatte in aller Eile ein paar Zeilen auf ein Stück Papier gekritzelt:

Liebe Marie liebe Kinder

Schnell will ich Euch einen Brief schreiben ich bin noch gesund und hoffe von euch dasselbe wir gehen nach Deutschland doch ich hoffe dass die Jungs ihr bestes tun solange ich weg bin wenn ihr nicht wisst was ihr mit dem Roggen machen sollt der muss in die Scheune und sorge dafür dass alles eingeholt wird noch schaffe ich es sei stark und liebe Grüße.°[164]

Grotenhuis' Bruder und Vater, die nicht mit ihm geflohen waren, schrieben:

Wir wollen schnell schreiben, dass wir in Deutschland sind. Wir sind noch nicht am Ziel. Im Moment steht der Zug in Hannover. Wir sind schon drei Tage unterwegs, das ist eine lange Zeit.

Heute sollen wir ankommen. Wir sind ganz guter Dinge. Wir werden das beste daraus machen. Wir hoffen, dass ihr das auch tut.

Wir werden bald mehr schreiben. Grüße von uns beiden. P. sei stark. Kees grüße Everts Frau.

Die Frau des Lehrers van Harten erhielt zwei der drei Briefe, die er ihr von unterwegs geschrieben hat, einer vom Samstagmorgen, dem 14. Oktober, und ein zweiter, geschrieben am selben Tag zwischen Hannover und Hamburg.

Wozu das alles gut sein soll, weiß nur unser himmlischer Vater. Liebste Fietje, wie gut verstehen wir jetzt [Psalm] 42, 84, 121 usw. Ich reise im Vertrauen, dass der Vater unseres Heilands uns überall bewahren kann, auch hier. Die Zeit, dass wir einander wiedersehen, wird kommen, so Gott will. Liebling, ich bin hier in so unbesonnener Gesellschaft, doch ich will nicht klagen. Wir leben noch alle, so weit ich weiß, und haben nur seit Mittwochabend fast nichts mehr zu essen gehabt. Aber das werden wir schon überstehen. Heute Mittag kommen wir wahrscheinlich in Hamburg an. Ob wir dort bleiben, weiß ich nicht. Ich hoffe und bete doch so sehr, dass ihr, du und Pa und Dina im Glauben alles unserem himmlischen Vater überantworten könnt. Vor allem in Amersfoort habe ich stets aufs Neue den Trost von Gottes Nähe erfahren. Darum bete ich auch für euch alle. Ihr macht euch wahrscheinlich um uns mehr Sorgen als wir uns um Zuhause, denke ich. Mit Gottes Hilfe werden wir es schaffen. Wenn das himmlische Königreich durch all das größer wird, dann war es nicht umsonst. Wir sehen uns bestimmt wieder, doch ich würde dich, Liebste, und die anderen so schrecklich gern in guter Gesundheit wiedersehen. Das wird wohl noch ein paar Monate dauern. Ich will versuchen, nicht ständig an dich, meine liebe Frau, und an unsere Kleine zu denken, denn dann halten wir es nicht durch.

Trotz Gottvertrauen konnte er seine Verzweiflung kaum verbergen:

Bittere Reue verzehrt mich, dass ich unterwegs nicht mehr Risiko auf mich genommen habe. Dann würde ich jetzt wahrscheinlich zu Hause bei dir sein, meine Liebste. Oh, ich bete jeden Augenblick darum, dass unser Vater im Himmel uns wieder vereinigen wird. Doch Gott hat so viele andere Gebete nicht erhört. Gottes Wege sind nun sehr schwer und unergründlich.

NEUENGAMME UND WEITER: DER SCHWERE TRANSPORT

Keiner der Überlebenden sollte je die Ankunft im Lager Neuengamme am Samstagabend, dem 14. Oktober 1944, vergessen:

Von Weitem schon sah man die Scheinwerfer und dorthin mussten wir. Überall waren Offiziere mit großen Hunden, es wurde geschrien und gebrüllt, alles war sehr beängstigend. Dann gingen wir zu Fuß durch das Tor und gleich darauf mussten wir auf das Kommando »Los« unseren Schritt beschleunigen. Man schaffte uns dann in die Keller, die Bunker.

Daraufhin, erzählte der Metzger Vonhof, wurden erst die Kranken aufgerufen. Sie kamen in den Waschraum, wo sie sich auf Bänke legen mussten und dann kahlgeschoren wurden. Spät in der Nacht kam er selbst an die Reihe. Seinen persönlichen Besitz und seine Wertsachen musste er in einer Papiertüte deponieren, er erhielt eine Blechnummer und musste sich ausziehen. Nur Hosenträger, Sockenhalter, Seife, Rasierzeug, Schuhe und Nahrungsmittel durfte er behalten. Nach dem Scheren und Waschen musste er zum Arzt und danach erhielt er ein Hemd, eine Unterhose, eine Hose und eine Jacke. »Und da stand man dann draußen, im Regen, ganz und gar gefangen.«

Das grausame Initiationsritual in Neuengamme hatte zum Ziel, die Gefangenen gefügig zu machen. Verhey erkannte das sofort. Beim Anziehen stürmte plötzlich ein Deutscher auf ihn zu, der ihn mit einem Knüppel auf den nackten Leib schlug. »Doch ich habe nicht mit der Wimper gezuckt!«, erzählte er. »Als ich zurück im Bunker war, sagte ich zu den anderen: ›Ich weiß jetzt, was ich zu tun habe, jetzt weiß ich alles.‹« Aart Jansen brauchte man nichts mehr zu erzählen. Er hatte schon früher in deutschen Zuchthäusern und Straflagern gesessen und wusste, was ihn erwartete.

Die Männer mussten in Neuengamme zwar nicht arbeiten, doch lernten sie ansonsten das Lagerleben mit all seinen Schrecken kennen: die endlosen Appelle, das brutale Auftreten der Lageraufseher und der anderen KZ-Häftlinge und das miserable Essen.

Das Gemüse war undefinierbar. Man sagte, dass es Endivie sei, doch ich dachte, das sind gekochte Rübenblätter. Es war schleimig und abscheulich! Ich sagte sofort: »Wir sind hier gelandet und müssen schlucken, was wir kriegen. Ich werd's kein Essen mehr nennen, schluckt's einfach runter, denn sonst überleben wir es nicht!« Ich holte mein Essen immer in dieser Mütze. Löffel gab es keine. Ich habe immer alles aufgegessen, aber die meisten konnten sich einfach nicht überwinden und bekamen das Zeug nicht runter. »Was man hier kriegt, ist Leben! Iss also, was du kriegst!« habe ich mir immer wieder gesagt. Und ich habe es runtergeschluckt, aber wie!

Die meisten der neu angekommenen Gefangenen blieben nur für kurze Zeit in Neuengamme. Bereits am Montag wurden die Männer für einen weiteren Transport selektiert. »Bei den Betten mussten wir uns ausziehen, dann im Laufschritt zum Doktor und dann wieder zum Bett zurück.« Etwa hundert Puttener – gelernte Handwerker, Kranke und Gebrechliche – blieben in Neuengamme zurück. Auch Aart Jansen, der nichts von alledem war. Bei der Selektion hatte er keinen Laut von sich gegeben:

Als […] meine Nummer aufgerufen wurde, schwieg ich; als auch mein Bruder aufgerufen wurde, hielt ich ihm die Hand vor den Mund. Ich wartete lieber ab. Und meinen Bruder wollte ich um jeden Preis bei mir haben.

Auch Cor Meiling blieb in Neuengamme. Er wurde Zimmermann in einem Quarantäneblock. Die anderen Männer wurden in einen so genannten »leichten« und einen »schweren« Transport aufgeteilt. Der »leichte Transport«, unter ihnen die 17-jährigen Jungen aus Putten, zählte etwa hundert Männer und fuhr drei Tage nach der Ankunft in Neuengamme von dort aus ins etwa dreißig Kilometer westlich von Hamburg gelegene Lager Wedel. Der »schwere Transport«, der etwa tausend Männer umfasste, unter ihnen die meisten

Männer aus Putten, ging nach Husum, einem Außenlager von Neuengamme in Schleswig-Holstein. Der schwere Transport war etwa drei bis vier Tage unterwegs. Verladen in Güterwaggons, erhielten die Männer auf der Fahrt kaum etwas zu essen.

Das Lager lag vollkommen abseits der bewohnten Welt. In der Baracke, in die ich kam, lagen bereits 34 Franzosen. Insgesamt gab es etwa 30 Blocks. Wir fragten natürlich sofort, wie es sei. »Fürchterlich«, sagten sie alle. Die Blocks lagen nebeneinander und es gab auch einen Stubendienst. Hinten im Lager waren die Ärzte, dort wurde auch das Essen ausgegeben und dort befanden sich auch Küche und Magazin. Das gesamte Lager war mit Stacheldraht umzäunt. Überall nichts als Morast. Wir lagen gleich neben der Bahnlinie. Auch drinnen war es sumpfig und schlammig. Wir hausten in Holzbaracken mit etwa dreißig Betten. In jedem Bett war praktisch schon ein Franzose und dann mussten auch noch wir in den Betten untergebracht werden. Bei uns war ein Holländer, der fließend französisch sprach […] und es bewerkstelligen konnte, dass die Holländer zusammen untergebracht wurden. Jede Nacht mussten etwa zwölf Männer auf dem Boden schlafen, wir haben uns dabei abgewechselt. Später haben wir das geändert. Dann bekamen auf alle Fälle die Kranken ein Bett. Die Zusammenarbeit war wirklich gut. Auch mit den Franzosen. Bei uns im Block ging es ganz ordentlich zu. Nur mit den Russen und den Polen hatten wir Schwierigkeiten. […]

Wir waren in unserem Block also 64 Männer. Unser »Blockältester« war allerdings so ein furchtbarer Kerl [ein Kapo]. Nun gut, ich kam da also abends an. Wir haben Suppe geholt, Wassersuppe mit Kartoffeln. Ich bin daraufhin gleich krank geworden, Durchfall […], musste aber trotzdem arbeiten. Beim Appell bin ich ein paar Mal zusammengebrochen und Freunde haben mich dann zum Arzt gebracht, doch wir wurden wieder zurückgeschickt.

Wir arbeiteten an den Panzerfallen. Erst fuhren wir mit dem Zug, etwa eine viertel Stunde, dann mussten wir noch laufen. […] Die Arbeit war folgende: Eine Wiese, dort mussten wir die Soden ausstechen und zehn Meter weiter aufstapeln. Damit sollten die Panzerfallen getarnt werden. Jede Kolonne hatte einen Kapo und zwei Vorarbeiter, alles Deutsche. Die Kapos waren wie Tiere, die Vorarbeiter gingen manchmal noch. Ich sehe die Gesichter noch immer vor mir. […]

Die Panzerfallen mussten 2,5 Meter tief werden. Sie hatten eine V-Form. Ich hatte früher noch nie gegraben, das war alles keine leichte Sache, doch an Arbeit bin ich noch nie zugrunde gegangen. […]

Unter den Aufsehern war auch ein SS'er, der Oberscharführer, ein ganz guter Kerl, was ich auch nicht verstehe. Manchmal verteilte er sogar Zigaretten, ja wirklich! […]

Das Lager war sehr alt, das sah man an den Baracken, die waren völlig heruntergekommen.

Im Lager wurden viele Appelle abgehalten. Die insgesamt zweitausend Gefangenen mussten um sieben Uhr aufstehen. Das Frühstück bestand aus Brot, Kaffee und manchmal Wurst. Für den Vormittag erhielt man »Portionen« (zwei Scheiben Brot) und um vier Uhr mittags nochmals eine dünne Scheibe. Abends gab es Abendessen. Weil es nicht genug Trinkwasser gab, tranken viele Gefangene verschmutztes Wasser und erkrankten an Dysenterie (Ruhr).

Wir mussten um halb acht einrücken. Draußen auf dem großen Platz mussten wir uns aufstellen, dann wurden wir willkürlich einem Vorarbeiter in Kolonnen zu 100 Mann zugeteilt, danach zur Bahnlinie, die genau am Lager entlangging und dann standen wir da und mussten auf den Güterwaggon warten. In den wurden wir eingeladen und fuhren dann eine dreiviertel oder eine Stunde lang. Wir hielten irgendwo in einer Weidenlandschaft und mussten aussteigen. Dann mussten wir manchmal noch eine halbe Stunde laufen, über Bäche springen, über die manchmal nur ein ganz kleiner Steg führte. Die Moffen trieben uns mit Schlägen an und dann musste man springen. Oft waren wir schon vor der Arbeit völlig durchnässt.

Erst nach Einbruch der Dunkelheit kamen die Gefangenen wieder ins Lager zurück.

Fast täglich starben Menschen beim Kommando. Die wurden auf dem Rückweg von den Gefangenen zurückgetragen. Auch die, die im Sterben lagen, mussten wir schleppen. […]

Die Grabungsarbeiten waren äußerst kraftraubend.

Wir mussten den ganzen Tag graben. Und wenn man einen halben Meter gegraben hatte, stand man bereits im Wasser, wir kamen jeden Tag also durchnässt ins Lager zurück. In Neuengamme hatten wir Holzschuhe bekommen, die so einen Riemen haben. Doch wenn man die jeden Tag anhat, ist schon bald nichts mehr davon übrig. Unsere Schuhe wollten wir schonen, falls wir wieder auf Transport mussten.

Unsere kaputten Füße taten uns höllisch weh, doch wir konnten nichts machen. Wir bekamen nicht einmal Binden. Wir alle hatten Geschwüre an den Füßen, manchmal sogar richtige Löcher. Das heilte nicht mehr.

Die Kapos waren roh und brutal. »Wenn sie in der Nähe waren, zitterten wir am ganzen Leib«, erzählte Vonhof. »Man konnte noch so hart arbeiten, es half alles nichts, wie Irre tobten sie. Einige wurden auch während der Arbeit totgeschlagen.«

Uhrmacher van den Berg musste schon nach wenigen Tagen ins Krankenrevier aufgenommen werden, doch die Behandlung war erbärmlich schlecht. Wer zum Arzt musste, stand stundenlang in der Reihe. Nur wer hohes Fieber hatte, wurde im Krankenrevier aufgenommen. Vierzehn Tage nach ihrer Ankunft gelang es Vonhof, in der Krankenbaracke aufgenommen zu werden, wo er auf einem Strohsack liegen musste. Es stank erbärmlich. Jeden Morgen musste er beim Arzt erscheinen, der seine Füße mit einer Rolle rauem Toilettenpapier verband. Unter den Ärzten war auch ein dänischer Arzt, der bei den Gefangenen in hohem Ansehen stand, allerdings über keine Medikamente verfügte und so nichts für sie tun konnte.

Anfang November wurden von den insgesamt zweitausend Gefangenen willkürlich eintausend Männer in ein anderes Lager deportiert: Ladelund. Unter ihnen waren auch zahlreiche Männer aus Putten, unter anderem Verhey und Vonhof. Verhey hatte die Männer noch gewarnt: Die Deutschen sagten zwar, dass die Gefangenen in ein neues Lager kämen, doch er wisse es besser. Und tatsächlich: Husum war noch nichts im Vergleich zu dem fast an der dänischen Grenze gelegenen Ladelund.

Der Transport nach Ladelund dauerte ungefähr zwei Tage; wir bekamen noch eine extra Ration Brot mit. Ich weiß es noch genau: Wir kamen da an dem kleinen Bahnhof an und dann mussten wir, erschöpft wie wir waren, doch lange laufen. Der wahrste Leidensweg […]. Dabei sind auch Menschen tot umgefallen, die später dann geholt wurden. Als das Lager in Sicht kam, sagte ich: »Da sind ja unsere neuen Baracken.« Sie waren völlig heruntergekommen. Wir kamen von der einen Hölle in die andere, so war's. Hier war es noch schlimmer. In Husum hatten wir noch ein Bett, hier nicht mehr. Die Baracken waren alle gleich, die Umgebung nass und feucht.

In Ladelund konnte Ernsten sich mehr als eineinhalb Monate lang nicht waschen oder rasieren. Wer in die Waschbaracke kam, wurde hinausgeprügelt, weil es nicht genug Wasser gab. Zudem lagen dort auch die Kohlen aufgestapelt. So gut es ging, wuschen sich die Gefangenen deshalb im Freien bei der Arbeit, wo das Wasser in den tiefen Panzerfallen stand, die sie graben mussten. Regenwasser gab es nur für die Dysenteriepatienten. Die Gefangenen schliefen in einer langen, nicht allzu verfallenen Baracke. Zuerst noch auf dem Boden, später dann auf einigen Brettern. Die meisten Männer aus Putten waren in einem sandigen Pferdestall untergebracht. Die russischen Gefangenen hatten eine deutliche Vorrangstellung und was sie nicht bekamen, das nahmen sie sich. Unter den niederländischen Gefangenen pflegte man immer mehr die Zusammengehörigkeit und den Zusammenhalt. Es war sehr kalt, Ladelund lag an der dänischen Grenze, wo ein eisiger Seewind wehte. Unterwäsche hatten sie schon lange nicht mehr, nur noch eine Hose und ein Papierhemd, das zwar recht warm, doch schnell verschlissen war. Viele Männer waren erkrankt, vor allem an Dysenterie, doch die Kranken wurden kaum versorgt.

Wenn man was am Bein hatte, getraute man sich nicht zum Arzt zu gehen, denn der schrieb einen doch nicht krank. Das machte er erst, wenn man fast tot war, davor schon gar nicht. Der Arzt hatte zudem nur Papierverband und davon hatte man nichts.

In Ladelund mussten die Gefangenen dieselbe Arbeit wie in Husum verrichten: Panzerfallen graben. Das Lagerregime war erbarmungslos hart.

Manchmal wurden einige halb tot geschlagen. Wenn man im Graben stand oder draußen, dann schaute der Kapo zu und holte sich einen Mann, der dann 25 Schläge auf seinen Hintern bekam. Dann musste man lange so stehen bleiben, vornüber gebeugt.

In diesem Lager wurde van den Berg, der beim Morgenappell außen stand, einmal bewusstlos geschlagen. Bei einer anderen Gelegenheit erhielt van Beek einen Schlag auf seine Niere. Medizinische Versorgung gab es keine. »Ich werde niemals den 18. und 19. November 1944 vergessen«, schrieb Donker später über seine Zeit im Lager.

Ich bekam mit einem Stück Holz einen Schlag auf meine Schulter, wodurch ich tagelang meinen Arm nicht bewegen konnte. Dabei musste ich doch graben. Die Kapos und die Vorarbeiter behielten mich streng im Auge und alle fünf Minuten bekam ich eine Ladung Stockschläge. Ich musste am Grabenrand arbeiten und tat es anscheinend wieder nicht richtig. Der Vorarbeiter stellte sich hinter mich und stieß mich in die dreckige Schlammgrube. Ich kroch wieder heraus, so gut es ging, und fing wieder an zu graben. Noch keine fünf Minuten später bekam ich einige Schläge in den Rücken, ich konnte keine Luft mehr holen und ich dachte, dass mir die Lungen kaputtgeschlagen wurden.

Viele Männer starben während der Arbeit – so viele, dass das Kommando auch »Spukkommando« oder »Totenkommando« genannt wurde. Zu Anfang mussten die Gefangenen zu Fuß zum Arbeitskommando, später wurden sie auf offenen Waggons transportiert. Wer am Rand stand, für den war es so früh am Morgen bitterkalt. Abends, auf dem Rückweg zum Lager, mussten die Toten mit zurückgenommen werden, zusammen mit den Kranken und den Kesseln, in denen Brot und Kaffee gebracht wurde. Die Toten wurden täglich mit einem Fuhrwerk im Lager abgeholt.
Sie wurden nackt ausgezogen und man schrieb eine Nummer auf ihre Brust, mit einem blauen Stift. Dann wurden sie in ein Tuch gewickelt.

In den ersten Dezemberwochen wurden die Gefangenen nach und nach wieder zurück nach Neuengamme transportiert, zunächst die Kranken und Mitte Dezember dann auch die

Übrigen. Während des Transportes in Viehwaggons, fünfzig Gefangene pro Wagen, vierzig Stunden lang, kamen zahllose Männer ums Leben. Von Neuengamme aus wurden viele erneut in ein anderes Lager geschafft, Verhey und einige andere Männer des Putten-Transportes blieben allerdings dreieinhalb Monate lang in Neuengamme.

Neuengamme war nicht ganz so schlimm wie Husum und Ladelund, fanden sie. Sie erhielten dreimal pro Tag zu essen und brauchten nicht zu arbeiten. Sie nannten sich selbst dann auch das »Läusekommando«. Kranke mussten zum Appell nicht ins Freie, für sie wurde in den Baracken Appell abgehalten. Dadurch blieben zumindest ihre Kleider trocken. Die Kranken aus Husum und Ladelund wurden in Neuengamme in der Krankenbaracke untergebracht. Zu Beginn gab es noch Medizin, doch auch diese war schon schnell aufgebraucht. In der Krankenbaracke lagen Verhey, van Beek (der eine zerschlagene Niere hatte), van der Berg (mit einem »dicken Bein«), der junge Schuiteman (mit eiternden Füßen). Schuiteman wurde sogar unter Narkose operiert und blieb bis März in der Krankenbaracke. Außer ihnen wurde dort auch noch Donker aufgenommen. Sein linkes Bein war von der Leiste bis zum Fuß geschwollen. Auch Vonhofs Fuß bereitete unerträgliche Schmerzen:

Zuerst ging ich zum Sanitätsdienst. Noch nie habe ich solch ein Schlachthaus gesehen. Überall waren »Ärzte«, der Boden war blutüberströmt, ja, genau wie in einer Schlachterei. Unter den Transporten waren zwei Phlegmone-Fälle [eiternde Entzündungen]. Die »Ärzte« schnitten einfach hinein, es gab keine Narkosemittel, sie schnitten ganze Gliedmaßen ab und die Patienten schrien wie die Verrückten. Ich sah das und dachte: »Ach Herrje, jetzt muss auch mein Fuß dran glauben, die hacken den einfach ab.« Doch da war ein sehr guter deutscher Doktor, der schaute sich meinen Fuß an und sagte: »Einspritzen mit Lebertransalbe und Zinksalbe«, damit mein Fuß sauber wird.

Als er wieder etwas laufen konnte, wurde er Nachtwächter in der Baracke für Dysenteriefälle, wofür er zusätzlich eine Scheibe Brot erhielt. Die Arbeit war entsetzlich, denn jede Nacht starben zwischen zehn und fünfzehn Männer.

Anfang Januar 1945 ging erneut ein Transport mit Männern aus Putten nach Meppen an der niederländischen Grenze, wo sie zu den Gefangenen kamen, die dort bereits im November angekommen waren. Ein Teil der Männer, die Mitte Dezember aus Ladelund ins Hauptlager Neuengamme deportiert worden waren – es handelte sich dabei vor allem um die Kranken in der Krankenbaracke oder im etwas besseren »Schonungsblock« –, blieben in Neuengamme zurück.

In Meppen trafen die Männer jene Puttener wieder, die die ganze Zeit über in Neuengamme geblieben waren, wie Vonhofs Bruder oder Cor Meiling. Vonhofs Bruder hatte sich vor dem Krieg bei einem Arbeitsunfall auf seinem ganzen Körper schwere Brandwunden zugezogen und hatte eine steife Hand. Aus diesem Grund musste er im Keller des Lagers Flechtwerk verrichten. Cor Meiling, der als Handwerker in Neuengamme geblieben war, arbeitete zunächst an zwei großen Segeltuchzelten, später dann wurde er beim Barackenbau eingesetzt, dann aber wegen seines langsamen Arbeitstempos in ein Tragekommando abkommandiert. Er erkrankte an Dysenterie und kam in die Krankenbaracke. Als es ihm wieder besser ging, schickte man ihn zum Kanalisationstrupp. Ende Dezember wurde er in ein neues Lager abtransportiert. Für diesen Transport hatte sich auch Vonhofs Bruder gemeldet, da die Bedingungen im Flechtkeller äußerst schlecht waren. Dieser Transport war ein so genannter »leichter« Transport. Etwa fünfhundert Männer kamen nach Lehrbeck in Westfalen, wo sie in einer Flugzeugfabrik Zwangsarbeit verrichten mussten. Meiling musste in den Baracken Zimmermannsarbeiten ausführen. Vonhofs Bruder hatte sich gemeldet, als »Dreher und Schlosser« gesucht wurden.

Ende März 1945 wurde das Lager geräumt, und man brachte die Gefangenen nach Fallersleben, wo sie eine Woche lang blieben. Dort brauchten sie nicht zu arbeiten, da alle Kommandos bereits eingeteilt waren. In der Nähe lag Watenstedt, wo sie in einer Fabrikhalle gebadet und entlaust wurden. Danach erfolgte ein tagelanger, fürchterlicher Transport nach Ludwigslust, etwa fünfzig Kilometer östlich von Hamburg. Dorthin kamen auch Puttener, die aus Neuengamme ins Lager Behndorf bei Helmstedt deportiert werden sollten.[165] Am 2. Mai 1945 wurden sie von den Amerikanern befreit.

Der so genannte »leichte« Transport

Der 17-jährige van Kernebeek war unter dem »leichten« Transport, der im Oktober von Neuengamme nach Wedel ging.

Früh am Morgen kamen wir schon an. Wir liefen zum Lager, das noch ziemlich wild aussah, Sträucher in der Mitte. Überall waren Zebras, doch wir waren in zivil. Als wir reinkamen, wurden wir in 14 Gruppen zu 100 eingeteilt. Wir waren nie ganz vollzählig, denn die Kranken fielen natürlich aus, doch die wurden dann ersetzt.

Links standen fünf oder sechs Baracken, ganz hinten war die Krankenbaracke. Rechts waren die Küche und das Schuhmagazin. Dahinter die Baracken der Aufseher, hinter einem hohen Zaun. Unsere Aufseher waren von der Marine. Ich glaube, dass es insgesamt zwanzig Baracken waren, in vier Reihen zu je fünf. Die Schreibstube stand vor dem Revier.

In Wedel standen wir sehr früh auf, um vier Uhr schon, dann mussten wir Brot und Kaffee holen, uns waschen und dann gleich zum Appell, um halb fünf. Das hieß: Kommandos voll machen, zählen, mit dem Zug nach Sülldorf und von dort eine halbe Stunde durch die Wiesen laufen, erst dann waren wir am Ziel.

Dort hatten wir an einem Panzergraben zu graben, fast vier Meter tief und bestimmt fünf Meter breit. Die ganze Zeit stand man im Wasser, manchmal bis zu den Knien.

Dann kamen auch Krankheiten, Lungenentzündung, Dysenterie. Da fing es eigentlich erst an, die Baracken waren voll mit Kranken. Außerdem war es in diesem Winter schrecklich kalt. [...]

Hundert Kranke hatten wir etwa. In Wedel sind viele gestorben, auch Puttener.

Van Kernebeek versuchte, sich so gut es ging zu drücken, und berief sich dabei auf sein Alter. Schließlich gelang es ihm, mit seinem Bruder ins Krankenrevier aufgenommen zu werden. Sie wollten unter allen Umständen beisammen bleiben. Im Dezember 1944 wurden die Brüder mit einem großen Krankentransport nach Hamburg deportiert. »Die gesunden Männer waren zusammen mit den Kranken in einem Abteil und auch die Leichen wurden in Säcken mitgenommen.« Wer arbeiten konnte, wurde im Arbeitskommando eingeteilt, in Hamburgs Hafen oder auf dem Bahnhof, um den Schutt zu beseitigen. Van Kernebeek und sein Bruder wurden auf dem Dachboden eines Hauses in der Spaldingstraße untergebracht, das als Lazarett diente. Dort sollte er den Dachboden sauber halten, doch er war zu schwach. Danach bekam er leichtere Aufgaben. Im Februar 1945 wurden die Schwerkranken unter ihnen nach Neuengamme zurückgebracht. Unter ihnen waren auch van Kernebeek und sein Bruder, der dort starb. Van Kernebeek musste zweimal an einer Bauchfellentzündung operiert werden. Anfang April wurde er nach Bergen-Belsen deportiert.

Ich konnte nicht laufen, sie hievten mich hoch und sofort spürte ich, dass alles [seine Bauchfellentzündung] wieder aufsprang. Zuerst lag ich einfach auf dem Appellplatz und dann kamen endlich vier Häftlinge, die mich in eine Baracke trugen, ohne Fensterscheiben und Türen, einfach auf den Brettern.

Beim Anrücken der Engländer wurde das Lager geräumt. Van Kernebeek wurde einfach vor die Baracke geworfen. Er schrie so laut er konnte und wurde dann schnell auf eine Matratze hinter die Baracke gelegt.

Da lag ich dann eine Woche im Freien, Tag und Nacht. Ich habe nichts zu essen bekommen. Und dann fing ich an zu wachsen! Da wurde ich so groß, wie ich jetzt bin. Es regnete und stürmte in diesen Tagen. Ich lag zwischen Tausenden von Leichen. In der Baracke lagen auch Tausende Menschen, es war drängend voll. Ich war ehrlich gesagt froh, dass ich draußen lag, denn drinnen trat man sich tot und die Läuse waren einen Zentimeter dick an den Wänden. Ich hatte Glück, denn kurz zuvor hatte ich noch einen guten Verband bekommen, doch nach der Befreiung sah es aus wie ein schwarzes Tuch, voll mit Läusen! Überall war ein schreckliches Durcheinander. Ich habe dort bis zur Befreiung gelegen.

Gerrit Horseling war mit sechs Puttener Männern des »leichten« Transportes Ende November von Wedel ins wenige Kilometer vor der niederländischen Grenze gelegene Außenlager Meppen bei Versen deportiert worden. Wie in Husum und Ladelund mussten auch hier Panzerfallen und Schützengräben angelegt werden. In Meppen waren mittlerweile auch Aart Jansen, dem es als Schneider gelungen war, zunächst in Neuengamme zu bleiben, und sein Bruder. Jansen konnte sich auch in Meppen wieder in der Schneiderei betätigen, wodurch er zusätzliche Vergünstigungen für seine Dorfgenossen regeln konnte. In der letzten Märzwoche wurde das völlig verlauste Meppen geräumt.[166] Die Gefangenen wurden ins Lager Bremen-Farge deportiert, wo bei der Ankunft Aart Jansens Bruder starb. Bremen-Farge war Ernsten zufolge, der dort über die Lager Ladelund, Husum und Meppen gelandet war, das Schlimmste, was er je erlebt hatte.[167]

Mitte April 1945 wurden die Gefangenen erneut nach Neuengamme transportiert. Wieder gelang es Aart Jansen, in der Schneiderei unterzukommen. Als die Amerikaner anrückten und das Lager geräumt wurde, musste alles neu nummeriert werden. Da sah er die Männer aus Putten wieder, die noch am Leben waren: Es waren nur noch dreizehn.

Von Neuengamme brachen sie erneut auf. Der Krankentransport, der unter deutschem Befehl stand, dauerte drei Tage. Manchmal mussten die Gefangenen zu Fuß gehen, manchmal wurden sie in offenen Waggons transportiert. Als eine der ersten Gefangenengruppen, die aus Norddeutschland evakuiert wurden, kamen sie schließlich in Lübeck an, wo sie auf das Frachtschiff Athen geladen wurden. Die Niederländer versuchten zusammenzubleiben. Es gab kaum zu essen oder zu trinken, die Pakete des Roten Kreuzes wurden ihnen auf dem Schiff von Russen abgenommen. Nach zwei Tagen brachte man die Männer auf ein anderes Schiff, die Cap Arcona, um am 2. Mai erneut auf den Frachter Athen geladen zu werden, der mit etwa zweitausend Männern an Bord die Hafenstadt Neustadt anfuhr, wo sie schließlich von den Engländern befreit wurden. Die Cap Arcona, auf der sich 4.500 Männer befanden, wurde von englischen Jagdfliegern bombardiert und geriet in Brand. Dabei starben neun Männer aus Putten; vier Männer – Ernsten, Aart Jansen, Horseling und Teunissen – konnten überleben. Eine andere Gruppe Gefangener wurde in Lübeck auf ein großes Kornschiff geladen. »Es war ein altes Kriegsschiff und sogar bewaffnet«, meinte van den Berg.

Thalbeck [Thielbeck] hieß es, glaube ich. [...] Später fuhr neben uns noch ein Schiff, auf das wir umgeladen wurden [...] Wir lagen tagelang unten im Schiffsraum, im Dunkeln, einfach auf dem eisernen Boden. [...] Am 30. April kamen dann Leute vom schwedischen Roten Kreuz.

Der 19-Jährige Jannes Priem aus Putten und van den Berg waren unter den 250 vor allem schwedischen Gefangenen, die Dank der Bemühungen des schwedischen Attachés Arnoldsen auf den Schiffen Magdalena und Lili nach Schweden gebracht wurden, wo sie am 2. Mai ankamen.[168]

Andere Kranke aus Neuengamme, unter ihnen Schuiteman, Donker und Verhey, wurden mit Autos des schwedischen Roten Kreuzes nach Watenstedt bei Brunswijk gebracht, wo sie von schwedischen Krankenschwestern gepflegt wurden und sogar Zigaretten erhielten. Kurze Zeit schien es, als müssten sie in der Fabrik in Watenstedt arbeiten, doch die Fabrik wurde bombardiert. Da auch das Lager bombardiert wurde, wurde es vierzehn Tage später nach Ravensbrück evakuiert. Wer zu Fuß gehen konnte, musste zu Fuß gehen, die übrigen wurden in Bussen zur Bahnlinie gebracht. Zu fünfzig oder sechzig eingepfercht in einen offenen Kohlenwagen waren die Männer sieben volle Tage lang nahezu ohne Essen und Trinken unterwegs. Einen »Totentransport«, nannte es Verhey.

Als die Russen anrückten, wurde auch Ravensbrück geräumt. Wer noch laufen konnte, musste sich auf einen Marsch Richtung Malchow und Schwerin begeben. Während dieses Marsches flüchtete Verhey mit einem Kameraden in den Wald. Von einem Bauern erfuhren sie, dass sie von den Russen befreit worden waren. Andere Gefangene wurden in offenen Frachtautos transportiert. Van Beek, Schuiteman und Donker kamen mit solch einem großen Transport in Malchow an, wo sie am 2. Mai von den Russen befreit wurden.

Lubbersen, der lange Zeit in Neuengamme geblieben war, wurde im Januar 1945 aus Neuengamme ans Frontgebiet bei Soest in Deutschland deportiert, wo die Gefangenen auf dem Bahngelände arbeiten mussten. Als die Amerikaner anrückten, wurden sie erneut evakuiert. Auf dem Marsch gelang es Lubbersen zu fliehen. In einer Scheune fand er Kleidung und konnte bei einem deutschen Bauern arbeiten, wo er schließlich von den Amerikanern befreit wurde.

Am Sonntag, dem 8. April wurden aufgrund der Offensive der Alliierten Kranke aus Neuengamme nach Sandbostel evakuiert. Vonhof war einer der fast dreitausend Männer, von denen mehr als ein Drittel auf dem Weg nach Sandbostel starben. In Sandbostel wurden sie »in einer Art Misthaufen«, untergebracht, »mehr war es nicht, alles voller Läuse, ohne Fensterscheiben, wir hatten keine Decken, keine Betten, nichts. Alles war vollkommen verdreckt!« Ende April wurden die Gefangenen befreit.[169]

HEIMWÄRTS

Als am 2. Mai 1945 die SS-Wachen aus dem Lager Reyerhorst zwischen Wöbbelin und Ludwigslust flohen, verließ auch Meiling mit noch zwei anderen das Lager. Abends stießen sie auf die Amerikaner und gestärkt mit Schokolade, Zigaretten und Brot machten sie sich auf den Weg in die Niederlande. Zu Fuß, per Anhalter und auf dem Fahrrad reisten sie durch Deutschland. Ein amerikanisches Auto brachte sie in einem Stück bis nach Enschede. Im Quarantänelager mussten sie auf den Transport warten, doch am Ende des zweiten Tages hielt es Meiling nicht länger aus. Er machte sich auf eigene Faust auf den Weg und kam am 11. Mai in Putten an, wo er als erster Rückkehrer mit einem Blumenstrauß empfangen wurde. Auch sein Bruder kam wohlbehalten aus Deutschland zurück.[170] Vonhofs Bruder, der die Befreiung des Lagers abgewartet hatte, erkrankte vom Essen sofort an Dysenterie. Nach einigen Zwischenstopps in den Krankenstationen ehemaliger Lager kam er schließlich per Bus und Bahn in den Niederlanden an. Am 31. Mai erreichte er Putten zusammen mit Arendse und van de Kamp. Verhey, der auf dem Marsch nach Malchow mit einigen anderen geflohen war, zog zu Fuß von Bauernhof zu Bauernhof. Russen begegnete er nicht und die Deutschen waren geflohen. Der belgische Gesandte setzte sich dafür ein, dass er die Grenze passieren durfte. Mit Autos brachten die Amerikaner ihn und die anderen in die Niederlande. Von Nijmwegen fuhr Verhey per Anhalter nach Putten, wo er am 27. Mai ankam.

Im Lager Malchow, erzählte van Beek, hatten die Gefangenen gleich nach der Ankunft der Russen die Küche gestürmt, in der – wie sich herausstellte – große Vorratsmengen lagen. Er selbst war zu schwach gewesen, doch Donker konnte einige Schnitten mit Schmalz ergattern. Ihm wurde so übel davon, dass er dachte, nun doch sterben zu müssen. Dann gab es richtiges Essen, zunächst zwar noch wenig, doch mit der Zeit mehr und auch fetthaltiger. Zum ersten Mal hatten die russischen Gefangenen keine Vormachtstellung, stellte Donker zufrieden fest. Sie konnten das Lager verlassen, mit sechs anderen Holländern wartete er auf eine Gelegenheit, nach Hause zurückkehren zu können. Van Beek war dafür allerdings noch zu schwach:

Ich habe vierzehn Tage in der Krankenbaracke gelegen. Dann gingen wir per Flugzeug nach Brüssel [...], das war Ende Mai 1945. Etwa zwölf Tage lang blieben wir dort in einem Hotel im Zentrum der Stadt. [...] Man nahm uns dort gut auf, sehr gut sogar [...]. Am 3. Juli bin ich nach Hause gekommen. Weil ich so geschwächt war, konnte ich noch nicht gehen. Man hat mich in einem englischen Frachtwagen nach Hause gebracht.

Donker hatte mit Schuiteman und Zoetbrood beschlossen, nicht länger zu warten, sondern es auf eigene Faust zu versuchen. Sie konnten einen Pass organisieren und gingen einen Tag nach Pfingsten los. Ein belgischer Konvoi ehemaliger Kriegsgefangener nahm sie mit, doch als die Belgier in Autos der Alliierten umstiegen, hatten Donker und seine Männer das Nachsehen. Doch sie hatten ihre Lektion bereits gelernt. Seelenruhig schlossen sie sich der nächsten Gruppe Belgier an und diesmal gelang es ihnen, in die Autos der Alliierten mit umzusteigen. Sie waren vierzehn Tage unterwegs. In Enschede wurden sie entlaust und mussten eine zweitägige Krätzebehandlung über sich ergehen lassen. Danach begaben sie sich zunächst zu Bekannten, da sie ihre Familien nicht erschrecken wollten, so schrecklich sahen sie aus, meinten sie.

Die Schiffsüberlebenden aus dem Lübecker Hafen wurden zunächst im Krankenhaus von Neustadt untergebracht. Ernsten war so geschwächt, dass er nicht einmal seinen Teller halten konnte. Als es ihm nach einigen Tagen etwas besser ging, machte er sich mit einigen anderen auf den Weg in die Niederlande. Per Frachtauto fuhren sie zum Flugplatz in der Lüneburger Heide, flogen nach Brüssel und reisten von dort aus mit dem Zug nach Tilburg. In einem Frachtauto fuhr Ernsten mit drei anderen Überlebenden aus Putten – Teunissen, Horseling und Jansen – Richtung Putten. In Putten sah Ernsten als erstes seinen Neffen und sagte: »Geh, hol deine Mutter!« Doch er erkannte mich nicht, ich lief auch ganz gekrümmt, wie ein alter Mann. Ich konnte nicht einmal mehr sagen: »Helft mir doch«, als ich aus dem Auto aussteigen musste. Dann haben mir mein Schwager und mein Bruder geholfen, und als meine Frau nach Hause kam, saß ich in diesem Zimmer in einer Ecke, ich hatte noch meinen Sträflingsanzug an.

Einen Monat später, am 11. August, kamen van den Berg und Priem aus Schweden an. Bereits an Bord des Schiffes hatte man sie gepflegt. Alle zwei Stunden bekamen sie zu essen. Nach zwei Monaten wurden sie mit Autos des Roten Kreuzes nach Groningen und von dort aus mit dem Zug nach Hause gebracht.

Bergen-Belsen wurde von den Engländern befreit. Nach ihrer Ankunft filmten sie nur, erinnerte sich van Kernebeek, der gerade achtzehn Jahre alt geworden war. Er blieb noch eineinhalb Monate im Lager. Frauen brachten warmen Kaffee und Brot. Polnische Mädchen versorgten ihn, doch van Kernebeek erkrankte an Fleckentyphus und Dysenterie. Kanadische Hilfsdienste brachten die Kranken ins Krankenhaus. Per Flugzeug kam er am 29. Juni in Eindhoven an und am 1. Juli war er in Putten. »Ich hatte so dünne Arme und so dicke Beine, dass niemand sich getraute, mich zu besuchen.«

Bei der Befreiung des Lagers Sandbostel waren dort noch dreizehn Männer aus Putten; einige von ihnen starben, als im Lager Typhus ausbrach. Mit Frachtwagen der Engländer wurden die Überlebenden nach Neukirchen gebracht und dort entlaust und desinfiziert, aber ohne Erfolg. Daraufhin kamen die Kranken nach Bremen-Farge, wo sie noch immer unter Quarantäne standen.

Die Franzosen konnten gehen, in ordentlicher Kleidung und mit 10.000 Francs in der Tasche, mit Transportflugzeugen wurden sie in ihre Heimat gebracht.

Darauf folgten die Belgier und die Polen. Nur die Holländer blieben. Erneut warten, immer nur warten. – Endlich eine Handvoll holländische Schwestern, ein Pfarrer und ein Pastor. Es schien ausschließlich eine private Initiative zu sein.

Im Zuge der Puttener Suchaktion nach den Männern wurden in Groningen Busse bereitgestellt, die die Männer von Bremen-Farge ins Groninger Krankenhaus bringen sollten. Wegen der Quarantäne konnten die Männer allerdings nicht transportiert werden. Nach vierzehn Tagen schließlich wurden die Überlebenden aus Putten mit Frachtautos nach Enschede gebracht und dort erneut unter Quarantäne gestellt. Am 2. Juni durfte Vonhof nach Hause.

Erst am Sonntagmorgen gab es einen Transport nach Amersfoort. Doch ich dachte: »Ich möchte nicht nach Amersfoort, dorthin kriegen sie mich nie mehr!« Zum Glück fuhr der Fahrer über Voorthuizen und ich sagte: »Stopp, halt an. Von hier aus schaffe ich es schon.«

Männer der »Inneren Niederländischen Streitkräfte« von Voorthuizen gaben Vonhof Grütze zu essen und brachten ihn mit dem Auto nach Hause.

EPILOG

Wochen, Monate, ja Jahre gingen vorüber, ehe die zurückgekehrten Männer sich zumindest etwas erholt hatten. Sie alle mussten von Ärzten behandelt werden. Als Ernsten 1947 von Wildschut und Treurniet vom RIOD befragt wurde, meinte er, dass er »langsam aber sicher wieder Mensch werde«, und jetzt, zwei Jahre nach dato, versuchen wolle, seine alte Arbeit als Anstreicher wieder aufzunehmen. Noch immer befand er sich in ärztlicher Behandlung. Van Kernebeek hatte nach seiner Rückkehr achtzehn Monate lang krank im Bett gelegen und einen »Zusammenbruch« erlitten. Auch er fühlte sich ganz langsam wieder besser. Vonhofs Bruder war etwa vier Monate lang krank gewesen. »Ich habe es nur noch manchmal an den Nerven«, sagte er zwei Jahre später, »das ist das einzige, ansonsten habe ich weiter nichts mehr.« Meiling wurde absolute Ruhe verordnet und er durfte keinen Besuch empfangen.

Auch die, die aus dem Zug gesprungen oder in Amersfoort freigelassen worden waren, befanden sich im Schockzustand. Schipper, der Gemeindesekretär, war nach seiner Freilassung in Amersfoort am 7. November ein gebrochener Mann. Er musste sich in ärztliche Behandlung begeben, »denn das Lager war mir schlecht bekommen. Ich hatte eine Art seelischen Zusammenbruch.« Losenoord, der ebenfalls freigelassen worden war, erzählte:

Ich muss Ihnen ehrlich sagen: Ich war tagelang völlig verstört, wirklich. Eines Abends, als ich einen Brief wegbrachte, stand da ein deutsches Auto mit einem Moffen, der mit der Pistole auf mich zielte, und ich kann ihnen sagen: Ich stand wie angewurzelt da, ich war ein gebrochener Mann, so hat mich das alles mitgenommen!

Nur wenige Männer des Putten-Transportes haben die Konzentrationslager überlebt. Die entsetzlich lange Totenliste wird von den Lagern Neuengamme (166 Tote) und Ladelund (111 Tote, darunter 74 Männer aus Putten selbst) angeführt, gefolgt von Meppen (56 Tote), Hamburg-Spaldingstraße (28 Tote), Bergen-Belsen (25 Tote), Husum (22 Tote), Hamburg (14 Tote), Engerhafe (12 Tote), Bevern (12 Tote), Sandbostel (7 Tote), Ravensbrück (6 Tote), Totenburg (6 Tote). Bei der Bombardierung der Schiffe in der Lüneburger Bucht starben 21 Männer. Viele der Männer waren während der Transporte von Lager zu Lager ums Leben gekommen. Im Fall von sieben Männern wissen wir nicht, wo sie genau starben.[171]

Die Erzählungen der Männer zeigen deutlich, wie schlecht es innerhalb der Konzentrationslager um auch nur die elementarsten Bedürfnisse der Gefangenen bestellt war. Obgleich ihre Berichte dem entsprechen, was auch andere

Deportierte erzählen – die schlechte Nahrungsversorgung, die erbärmlichen Wasch- und Schlafgelegenheiten, die fehlende medizinische Versorgung und das brutale Auftreten der Lagerkommandanten, Kapos und russischen Gefangenen – war die Situation der Männer aus Putten in dreierlei Hinsicht eine besondere: Gerade sie gehörten zu jenen Gefangenen, die in den relativ kleinen Außenlagern von Neuengamme in Schleswig-Holstein und an der niederländischen Grenze beim Bau von Panzer- und Laufgräben unter den denkbar rauhesten Bedingungen zu Tode geschunden wurden – »Vernichtung durch Arbeit«.[172] Gerade sie wurden zu einem Zeitpunkt in die Lager deportiert, als die Organisation der Lager zusammenbrach und vor allem die Nahrungsmittel- und medizinische Versorgung stagnierte. Und gerade sie, die unter der Befehlsgewalt des Hauptlagers Neuengamme standen, mussten beim Anrücken der Alliierten in Norddeutschland im April 1945 die entsetzlichen Todesmärsche durchstehen, ehe sie befreit wurden.

DER PSYCHIATER, DER PFARRER UND DIE ERINNERUNG AN »PUTTEN«

Als im Mai 1945 in den Niederlanden bekannt wurde, dass so viele Männer aus einem einzigen Dorf in den deutschen Lagern umgekommen waren, war man im ganzen Land entsetzt. Putten schien in sich das ganze Elend und das ganze Leid zu verkörpern, das über die Niederlande in den vergangenen fünf Jahren hereingebrochen war. Das Dorf wurde zum Symbol dessen, was das »Dritte Reich« verursacht hatte. Für das niederländische Bewusstsein wurde Putten zum Inbegriff von Unrecht und teuflischer Allmacht.

In den dünnen Ausgaben der nationalen Presse jener Tage erschienen in regelmäßigen Abständen größere oder kleinere

Berichte über die Situation in Putten. Der erste Bericht war bereits am 11. Mai 1945 in der Zeitung *Het Parool* zu lesen, in der unter der Schlagzeile »Putten in Trauer versetzt« berichtet wurde, dass von den zweihundert Männern, die im Lager Sandbostel interniert gewesen waren, nur noch dreißig am Leben seien. *De Waarheid* widmete der »Tragödie von Putten« im Juni zwei lange Artikel, in denen ausführlich von der Razzia und ihren Folgen berichtet wurde. *Vrij Nederland* veröffentlichte einen Artikel eines Korrespondenten der niederländischen Nachrichtenagentur ANP*, der mit den niederländischen Krankenwagen nach Nordwestdeutschland mitgereist war, auf der vergeblichen Suche nach eventuellen Überlebenden des Putten-Transportes. »In Putten braucht kein Empfangskomitee bereitgestellt werden«, beschloss er seinen Bericht. »Wenn die Krankenwagen heute oder morgen in die Niederlande zurückkehren, werden sie keine Männer aus Putten mit sich führen.« Putten sei, so schrieb das *Amsterdamsch Dagblad*, »die am schwersten getroffene Gemeinde in den Niederlanden«. Und in *Elseviers Weekblad* erschien eine Zeichnung des bekannten Zeichners Jo Spier: »Dorf der Witwen.«[173]

Auch im darauf folgenden Jahr stand Putten noch im Mittelpunkt der öffentlichen Anteilnahme. Für das Dorf wurden Hilfsaktionen organisiert und im März 1946 sprach der damalige Ministerpräsident Schermerhorn in seiner wöchentlichen Radiosendung über die »Tragödie von Putten«. Sein Aufruf, die Stiftung »Jugend aus Putten« finanziell zu unterstützen, wurde sowohl in regionalen als auch überregionalen Zeitungen veröffentlicht.[174] In Anbetracht all dieser Publizität und Teilnahmebezeugungen war es daher wenig überraschend, dass die Tageszeitung *Trouw* ihren Artikel über den gerade an die Niederlande ausgelieferten Wehrmachtsbefehlshaber in den Niederlanden, Christiansen, mit der Schlagzeile »Wer ist der Schuldige von Putten?« versah.[175]

*Algemeen Nederlands Persbureau

Entsetzt über die vielen Toten, die Putten zu betrauern hatte, fragten sich viele, wie es zu einer derart hohen Sterberate hatte kommen können. Ende Juni 1946 erschien in der Zeitung *De Baanbreker* ein Essay des jungen Amsterdamer Arztes van Dantzig, der mit demselben Transport wie die Männer aus Putten nach Husum und Ladelund deportiert worden war. Aufgrund eigener Beobachtungen in den beiden Außenlagern von Neuengamme untersuchte er in seinem Artikel, welche Faktoren die hohe – seiner Ansicht nach »abnormal« hohe – Sterberate unter den Puttener Männern verursacht haben könnte oder wie sie zu erklären sei. Van Dantzig verband hierzu den soziokulturellen Hintergrund der Puttener Männer mit psychoanalytischen Theorien über die Anpassung in Extremsituationen und dem Verhalten, das er bei den Puttener Männern im Lager selbst beobachtet hat.

Dieser Artikel – »Die Tragödie der Puttener« – hatte großen Einfluss auf die Erinnerung an die Razzia von Putten. Ihm waren noch mehrere Nachdrucke beschieden und all diejenigen, die in der Folgezeit daran interessiert waren herauszufinden, warum so viele Männer des Putten-Transportes gestorben waren, orientierten sich an diesem Artikel. Meist wurde dabei allerdings übersehen, dass van Dantzig mit seinem Artikel keine historische Analyse, sondern vielmehr seine eigenen Mutmaßungen über das Verhalten der Männer in den Lagern vorlegte. Um seine Prämissen zu prüfen, muss daher nicht nur untersucht werden, was die wenigen Überlebenden des Putten-Transportes selbst über ihre Überlebensstrategien berichtet haben, sondern gilt es auch zu berücksichtigen, was wir heute über die Lager, in denen die Männer interniert waren, wissen. Dabei kann es nicht das Ziel sein, den Wahrheitsgehalt der Erzählungen der Männer zu bewerten. Indem wir ihre Zeugnisse in einen historischen Kontext stellen und untersuchen, welche Konzepte in der Psychiatrie über die Anpassungsstrategien von Menschen in Extremsituationen entwickelt wurden, zeigt sich vielmehr, dass sowohl die Zeugnisse als auch die psychoanalytischen Theorien über das Lagerverhalten einer historischen Entwicklung unterworfen sind. Die Antwort auf die Frage, warum die Sterberate unter dem Putten-Transport derart hoch war, hat aus diesem Grunde auch ihre eigene Geschichte.

VAN DANTZIG UND »DIE TRAGÖDIE DER PUTTENER«

Als van Dantzig 1944 verhaftet wurde, war er 24 Jahre alt und hatte gerade in Amsterdam sein Medizinstudium beendet. Während seines Studiums hatte er sich sehr für Psychologie interessiert und im letzten Jahr seines Studiums als Gruppenleiter in einem Heim für schwer erziehbare Jugendliche gearbeitet. Im August 1944 wurde er wegen Widerstandsaktivitäten verhaftet und später über Amersfoort nach Neuengamme deportiert. Mitte Oktober 1944 befand er sich unter demselben Transport nach Husum wie der Großteil der Männer, die man in Putten aufgegriffen hatte. Als viele von ihnen vierzehn Tage später zu einem Arbeitskommando nach Ladelund abtransportiert wurden, war van Dantzig erneut unter ihnen.[176]

In Husum musste van Dantzig zusammen mit den Puttener Männern Panzerabwehrgräben ziehen; in Ladelund arbeitete er als Sanitäter im Krankenrevier des Lagers. Der Zustand der äußerst primitiven, schlecht ausgerüsteten Krankenbaracke war erbärmlich. Die Männer lagen auf feuchtem Stroh. Morgens musste van Dantzig diejenigen, die in der Nacht gestorben waren, ins Freie tragen. Nach der Verlegung nach Neuengamme im Dezember 1944 wurde er dort Häftlingsarzt. Ende April 1945 musste er den Krankentransport begleiten, der schließlich – auf der Flucht vor den Alliierten – das Lager Sandbostel erreichte, wo van Dantzig an Fleckentyphus erkrankte. Nach der Kapitulation der Deutschen wurde er nach Rotenburg und von dort aus vom Roten Kreuz ins Notkrankenhaus in Harreveld bei Lichtenvoorde gebracht. Ende Mai 1945 konnte er in die Niederlande zurückkehren.[177]

Aufgrund einer TBC-Erkrankung war van Dantzig nach der Befreiung fünf Jahre lang ans Bett gefesselt. Den Artikel über Putten verfasste er auf seinem Krankenbett, nachdem er in einer Zeitung einen Bericht über das Schicksal der Deportierten gelesen hatte. Während seines Studiums hatte er Vorlesungen über Psychoanalyse an der Amsterdamer Universität besucht. Nach seiner Lehranalyse in den fünfziger Jahren wurde er Mitglied der »Niederländischen Psychoanalytischen Gesellschaft« und später deren Vorstandsmitglied. Seitdem spielte er innerhalb der niederländischen Psychiatrie und Psychoanalyse eine prominente Rolle. Von 1965 bis 1980 war er Direktor des Amsterdamer Institutes für Medizinische Psychotherapie. 1973 wurde er an der Universität von Amsterdam zum außerordentlichen Professor ernannt.[178] Im Vorwort seiner Doktorarbeit, die er ein Jahr zuvor veröffentlicht hatte, beschrieb er seine Entwicklung vom Arzt zum Psychiater, vom Psychiater zum Psychoanalytiker und vom Psychoanalytiker zum Psychotherapeuten.[179]

Van Dantzigs psychiatrische Ausbildungsjahre lagen in der Zeit zwischen 1955 und 1966. Seine eigene Entwicklung markiert zugleich auch die allgemeine Veränderung innerhalb der psychologischen Forschung und Lehre nach dem Zweiten Weltkrieg, nämlich von einer eher geisteswissenschaftlich orientierten Psychologie zu einem empirisch-quantitativen, verhaltenstherapeutischen Ansatz. Während früher Krankheitsbilder in Form von Aufsätzen beschrieben wurden, geschah dies später in Form wissenschaftlicher Abhandlungen. Van Dantzigs Artikel über Putten gehört deutlich in die erste Phase.

Van Dantzig sollte sein ganzes Leben lang vom Problem des Zusammenhanges zwischen individuellem Verhalten und soziokulturellen Einflüssen fasziniert bleiben. Wiederholt trat er als Befürworter einer Psychiatrie auf, in der die Psychoanalyse, die die Psychiatrie zunächst völlig beherrschte, als lediglich eine der Möglichkeiten galt, wie der Mensch verstanden und interpretiert werden könne. Aus diesem Grunde sollte einerseits die Psychoanalyse mit der Psychotherapie (von Psychoanalytikern lange Zeit geringschätzig belächelt) in die allgemeine Psychiatrie integriert werden, andererseits sollte die Psychoanalyse den Familienstrukturen und familiären Beziehungen mehr Bedeutung schenken. Im Mittelpunkt von van Dantzigs Doktorarbeit »Snippers«, einer Zusammenstellung seiner wichtigsten Arbeiten und Berichte, steht die Aussage, dass Psychologie und Soziologie jeweils von den Einsichten der anderen Disziplin profitieren sollten. Seinen Essay über Putten, in der van Dantzig soziologische und anthropologische Thesen über die Dorfgemeinschaft mit psychoanalytischen Theorien verbindet, wertete er selbst als einen ersten Versuch in diese Richtung und nahm ihn deshalb als ersten Artikel in seiner Doktorarbeit auf. Eigenen Aussagen zufolge habe er in dem Artikel über Putten Themen wie »Angst, Tod, Ohnmacht und Allmacht, das Zusammenspiel von persönlichem Schicksal und dessen sozialer Determination« dargestellt, die in seinem späteren Werk eine zentrale Stellung einnehmen sollten.[180]

Van Dantzigs Artikel »Die Tragödie der Puttener« umfasste nur eine einzige Zeitungsseite. Im Mittelpunkt stand die These, dass es im Lager allgemein bekannt gewesen sei, dass die Puttener Gruppe der Situation im Konzentrationslager weniger gewachsen war als andere Gefangene. Da sie bei ihrer Ankunft in guter körperlicher Verfassung und an körperliche Arbeit gewöhnt waren, konnte die hohe Sterberate unter den Männern keine Folge ihrer physischen Verfassung sein, sondern musste vielmehr an ihrem fehlenden Anpassungsvermögen an das Lagerleben gelegen haben. Van Dantzig zufolge seien viele Puttener nicht in der Lage gewesen, sich von den Gesetzen zu lösen, die den Lauf ihres Lebens und die Ordnung ihrer Gemeinschaft zuvor bestimmt hatten, um sich den für das Lager geltenden Gesetzmäßigkeiten zu unterwerfen, die sich, so einfach sie auch waren, nicht ohne Schaden übernehmen ließen.[181]

So arbeiteten sie, die sie ans Graben gewöhnt waren, beim Anlegen der Panzergräben härter als in Anbetracht der Unterernährung gut für sie war. Sie ruhten sich entsprechend ihrem ursprünglichen Arbeitsrhythmus als Bauern aus und nicht, sobald sich die Möglichkeit bot. Sie kümmerten sich nicht um ihre Beinwunden (weil sie deswegen stundenlang vor dem Revier stehen mussten mit der »Gefahr einer kalten Abendsuppe und eines schlechten Schlafplatzes«) und tranken außer Kaffee und Tee auch Wasser, ohne zu erkennen, wie tödlich das verschmutzte Wasser sein konnte. All diese Beispiele illustrierten van Dantzig zufolge, wie wenig die Puttener in der Lage gewesen seien, sich von ihrer Vergangenheit zu lösen und das Lagerleben mit all seinen eigenen Gesetzen und Absurditäten zu akzeptieren.

Van Dantzig nannte für das mangelnde Anpassungsvermögen folgende Gründe: Die Puttener seien als Gruppe aufgegriffen worden und hätten sich dadurch von dem Kollektiv nicht lösen können; die Puttener seien unschuldig gefangen genommen worden, wodurch sie das Lagerleben nicht in ihre Lebensgeschichte integrieren konnten und das Lager für sie eine absurde Irrealität bleiben musste, die sie nicht akzeptierten; als »Neulinge« hätten die Puttener keine Lagererfahrung gehabt; und schließlich – als vierten und letzten Punkt – habe der Charakter der Puttener Gemeinschaft eine problemlose Anpassung verhindert. »Putten ist ein ländliches Dorf«, schrieb er, »die Bevölkerung rechts-protestantisch eingestellt, hat Sinn für Tradition und pflegt einen herzlichen und warmen Umgang untereinander. Es ist deutlich, dass eine solche Gemeinschaft ein großes Maß an Sicherheit und Kontinuität bietet, und dass deren einzelne Glieder derart tief in die kollektiven Lebensumstände eingebettet sind, dass sie – unvermittelt in eine vollkommen andere Umgebung versetzt – nur mit größter Mühe eine angemessene Haltung finden werden.«[182]

Zudem habe auch die Art, wie die Puttener ihre Situation verarbeitet hätten, eine Anpassung ans Lagerleben verhindert. Sie hatten Heimweh nach Familie und Dorfleben, was ihre körperliche Verfassung angetastet habe. Van Dantzig folgerte, »dass dieses Zugrundegehen an unumstößlichen Gesetzen, die sie letzten Endes selbst aufgestellt hatten, den Fall der Puttener zu einem wahrlich Tragischen macht.«[183]

Van Dantzigs Essay gehört zu der frühen Erinnerungsliteratur von Überlebenden der deutschen Konzentrationslager, unterscheidet sich allerdings von ihr durch seinen wissenschaftlichen Anspruch und psychoanalytischen Ansatz. Er ist mit einem Artikel eines anderen Lagerüberlebenden zu vergleichen, des amerikanischen Psychoanalytikers österreichischer Herkunft, Bruno Bettelheim, der als Jude nach dem so genannten Anschluss Österreichs von 1938 bis 1939 in den Konzentrationslagern Dachau und Buchenwald interniert war und nach seiner Freilassung in die Vereinigten Staaten emigrierte. Van Dantzigs Essay kann in vielerlei Hinsicht wie eine Einzelfalluntersuchung der allgemeinen Studie Bettelheims über das Verhalten von Individuen und Gruppen in Extremsituationen, die im Oktober 1943 in einer renommierten amerikanischen Zeitschrift erschien, gelesen werden.[184] Bettelheims Artikel stellte die erste analytische Veröffentlichung zu nationalsozialistischen Konzentrationslagern dar und fand überaus große Beachtung. Als die amerikanischen Truppen im April 1945 Buchenwald befreiten, legte General Eisenhower den amerikanischen Offizieren nahe, den Artikel zu lesen. Bettelheims Essay hatte großen Einfluss auf das Denken über den Nationalsozialismus, die Bewertung der Arbeits- und Vernichtungslager und auf die Einschätzung der Reaktionen und des Verhaltens der Gefangenen.[185]

Was durch die hohe Anerkennung, die Bettelheims Artikel zuteil wurde, allerdings meist vergessen wurde, war die Tatsache, dass es sich dabei zunächst um das subjektive Zeugnis eines Überlebenden handelte. Wie van Dantzigs Essay basierte auch Bettelheims Studie auf eigenen Beobachtungen. Als Bettelheim 1938 verhaftet wurde, musste er seine Psychoanalyse beenden, die er wegen ernster Depressionen begonnen hatte. Aus Angst, verrückt zu werden, hat er, nachdem er nach Dachau deportiert worden war, die Psychoanalyse in Form einer Introspektion selbst wieder aufgenommen. Aus diesem Grunde ging er auch daran, seine Mitgefangenen zu beobachten. Für ihn stellte es einen Versuch dar, sich gegen die Nazis, die versuchten, seine Persönlichkeit zu brechen – was im Lager systematisch erfolgte, ja das Ziel der Lager selbst war, wie er erkannte –, aufzulehnen und damit zu überleben.

Doch noch aus einem anderen Grund trägt Bettelheims Studie einen persönlichen Charakter. Während schon »normale« Erinnerungen nicht frei von gegenwärtigen Einflüssen sind, werden gerade traumatische Erinnerungen von unserer Psyche dergestalt bearbeitet, dass sie in der Gegenwart erträglicher werden. Bettelheim, der im Lager natürlich keine Notizen machen konnte, brauchte drei Jahre, ehe er sich in der Lage sah, den Artikel zu schreiben. Einen ersten Entwurf stellte er zwar bereits im Jahr 1940 fertig, doch es fand sich kein einziger Verleger, der bereit war, ihn zu veröffentlichen. Bettelheim führte seine Selbstanalyse fort, um seine Lagererfahrungen so zu verarbeiten, dass ein neuer Entwurf des Textes der Kritik standhalten konnte. Der Artikel war also auch das Ergebnis eines langwierigen psychischen Verarbeitungsprozesses.

Bettelheim unterschied drei unterschiedliche Verhaltensweisen bei den Lagergefangenen: kollektives, individuelles (bezogen auf die Ereignisse im Lager) und privates Verhalten (bezogen auf die Geschichte des Individuums und seiner Persönlichkeit vor der Deportation) und unterteilte diese in vier Phasen: der anfängliche Schock der Gefangennahme, der Initiationsprozess (die grobe Behandlung, mit der die Gefangenen meist schon während ihres Transportes ins Lager konfrontiert wurden), die Phase der Adaption der »Neuen« (der gerade im Lager angekommenen Gefangenen) und die Periode des Verhaltens als »alte« Gefangene. Danach ordnete er die Reaktionen der Gefangenen während der unterschiedlichen Phasen hinsichtlich ihres sozio-ökonomischen Hintergrundes, wobei er erkennen musste, dass auch er sich – als ein Intellektueller der Wiener Mittelklasse – innerhalb der zehneinhalb Monate, in denen er in Dachau und Buchenwald interniert war, von einem »neuen« zu einem »alten« Gefangenen entwickelt hatte.

Bettelheim betrachtete es als seine Pflicht, nach seiner Freilassung der Welt zu berichten, was in den Lagern vor sich ging, und damit seine »Schuld« gegenüber seinen Mitgefangenen, die noch immer inhaftiert waren, einzulösen. Bettelheim wollte dabei keinesfalls über sich selbst schreiben. Nur ein unpersönlicher, wissenschaftlicher Artikel, würde, so meinte er, die Welt von den Verbrechen der Deutschen überzeugen.[186]

Auch van Dantzig hat nie über seine eigenen Lagererfahrungen geschrieben, doch auf seinem langjährigen Krankenbett wird er wie Bettelheim einen ähnlich schmerzlichen Verarbeitungsprozess durchlebt haben. So betrachtet, ist van Dantzigs »Die Tragödie der Puttener« nicht nur ein erster psychoanalytischer Deutungsversuch, sondern auch ein persönliches Zeugnis und das Ergebnis einer äußerst persönlichen Verarbeitung seiner Lagerzeit.[187] Ähnlich wie aus Bettelheims kritischen Bemerkungen zum Verhalten der Gefangenen – nicht zuletzt auch zur Kategorie, zu der er selbst gehört hatte – lässt sich auch aus van Dantzigs Ausführungen zum Verhalten der Puttener ableiten, wie sehr er im Lager selbst mit den Verhaltensmechanismen gerungen haben muss, die er bei den Puttenern festzustellen meinte. 1996 erklärte er in einem Interview, in dem er sich ausnahmsweise zu seiner persönlichen Lagererfahrung äußerte:

Während meiner Lagervergangenheit habe ich gelernt: der Angst nicht nachgeben, denn dann ist alles aus. Aufgeben heißt sterben. Das klingt sehr dramatisch, doch im Lager war es buchstäblich so. Einmal war ich fürchterlich an Durchfall erkrankt. Ich wurde von der Arbeit freigestellt und lag in der Krankenbaracke. Eines Morgens wurde ich wach und ich konnte einfach nicht mehr. Ich war ausgezehrt vom Durchfall und dem Hungerödem, ich war nur noch Haut und Knochen. Ich wollte nur noch liegen bleiben, doch ich wusste, dass das meinen Tod bedeuten würde. Es ist seltsam, ich kann mich nicht erinnern, dass ich den Beschluss gefasst habe: Ich muss aufstehen. Doch irgendwann muss ich aufgestanden sein. [...] Nicht nachgeben, aufstehen, weitergehen, denn aufgeben heißt sterben – das hat mich seitdem begleitet.[188]

Wie Bettelheim wollte van Dantzig von seinen Beobachtungen und Erkenntnissen im Lager als »neutraler« Zuschauer berichten. Seine These war, dass derjenige, der im Lager seine Individualität »zurückgewann«, der sich also von seinem vormaligen Erfahrungshintergrund und Milieu zu lösen verstand, der dann ganz von der Realität des Lebens im Lager durchdrungen war und erkannte, dass das Lager die einzige existierende Realität war, dass derjenige ein Anpassungsverhalten zeigte, das die Überlebenschancen vergrößerte. Darin stimmte er mit Bettelheim überein, der eine derartige Lebenshaltung als »Bewahrung der Integrität der Persönlichkeit« beschrieb und diese als absolute Bedingung zum Überleben wertete.[189]

In Bettelheims Unterscheidung der Anpassungsphasen gehörten die Puttener Männer unverkennbar zur Gruppe der »neuen« Gefangenen, da sie erst im Oktober 1944 in Neuengamme ankamen. Ihre Initiationsphase umfasste den

Aufenthalt im Lager Amersfoort, den Transport von Amersfoort nach Neuengamme und den fürchterlichen, entwürdigenden »Empfang« dort. Ihr Lagerleben als »neue« Gefangene brachte mit sich, dass sie erst noch lernen mussten, die Realität des Lagerlebens zu akzeptieren, wie es die Gefangenen, die dort schon länger waren, offensichtlich getan hatten. Die »alten« Gefangenen hatten sich ihr Leben im Lager so gut es ging eingerichtet, ergriffen jede Chance zur Verbesserung und hatten ihre Gefühle verbannt. »Wenn du die ersten drei Monate überlebst, dann überlebst du auch die nächsten drei Jahre«, das war die allgemeine Überzeugung im Lager.[190]

Folgte man Bettelheims Thesen, so war es also keineswegs überraschend, dass die Sterberate unter den Männern, die im Oktober in Putten aufgegriffen worden waren, hoch war, und dass sie schon so kurz nach ihrer Ankunft in den Lagern Husum und Ladelund starben. Schon ihre Stellung als »neue« Gefangene bietet hierfür eine hinreichende Erklärung. Van Dantzig allerdings war der Auffassung, dass die Sterberate »abnormal« hoch gewesen sei, da die durchschnittliche Lebenserwartung zwei Jahre betragen habe.[191] Diese seiner Meinung nach übermäßig hohe Sterberate – die meisten der Puttener Männer starben bereits in den ersten beiden Monaten ihrer Gefangenschaft – fand für van Dantzig ihren Grund in einer Reihe von besonderen Faktoren: die Gefangennahme der Puttener als Gruppe, ihre Stellung als Gefangene aufgrund einer Repressalie und ihr soziokultureller Hintergrund. Mit Ausnahme des soziokulturellen Hintergrundes handelte es sich also um die Faktoren, die auch Bettelheim, wenn auch im allgemeineren Sinne, in seine Analyse des Anpassungsverhaltens der Gefangenen einbezogen hatte.

Weil die Puttener Männer als Gruppe gefangen genommen wurden und die meisten von ihnen aus ein und demselben Dorf stammten, war es ihnen schwerer gefallen als anderen individuellen Gefangenen, sich von zu Hause zu lösen, so nahm van Dantzig an. Psychisch habe sich das in einem Heimweh geäußert, das ihnen die Anpassung erschwert und sie schließlich geistig und körperlich gebrochen habe. Zum zweiten seien die Puttener Männer unschuldig gefangen genommen worden. Im Gegensatz zu politischen Gefangenen oder Kriminellen hätten sie das Leben im Lager damit nicht als eine Folge des von ihnen selbst gewählten Lebensweges betrachten können. Hierin waren sie mit einer Kategorie Gefangener vergleichbar, die auch Bettelheim unterschieden hatte: die nicht-politischen Gefangenen der Mittelklasse, die nicht akzeptieren konnten, dass sie unschuldig aufgegriffen worden waren. Sie waren am wenigsten gegen den Schock der Initiation und der ersten Periode im Lager beständig. Im Gegensatz zu den politischen Gefangenen (häufig kommunistische Widerstandskämpfer) fehlte es ihnen an einer eindeutigen ideologischen Kraft, die sie gegen die systematische Unterminierung ihrer menschlichen Integrität bewahrt hätte. Gerade dieser Faktor, so van Dantzig, habe das Anpassungsverhalten der Puttener stark untergraben.

Sowohl van Dantzig als auch Bettelheim griffen bei ihrer Analyse auf Freuds Theorien über die Funktionsweise der menschlichen Psyche zurück.[192] Beide unterwarfen eine soziologische Gemeinschaft (der eine die Einwohner Puttens, der andere die Gefangenen in Dachau und Buchenwald) einer psychodynamischen Analyse. Van Dantzig ging dabei allerdings einen Schritt weiter als Bettelheim, indem er im soziokulturellen Hintergrund der Puttener den letzten Grund sah, warum sie sich nicht an die Realität des Lagerlebens anpassen konnten. Während die anderen Faktoren in van Dantzigs Studie allgemeine Anerkennung finden sollten, wurde gerade der soziokulturelle Faktor kontrovers bewertet, weil damit die besondere Ausprägung der Puttener Gemeinschaft für den Untergang der Männer im Lager »mitverantwortlich« gemacht wurde.

Nach dem Krieg erschienen in Europa und Amerika zahlreiche Artikel und Studien von Psychiatern über die psychologischen Effekte, die die Konzentrationslager auf die Gefangenen gehabt haben. Bettelheims These, dass diejenigen, die sich geistig behaupten konnten, größere Überlebenschancen hatten als andere, fanden sich in den Niederlanden bei Psychiatern wie Kaas, Rümke und Cohen wieder.[193] Gefangene, die aus politischen Gründen im Lager inhaftiert waren, weil sie etwa im Widerstand gewesen waren oder einer von den Nazis verbotenen politischen Partei angehört hatten, hätten – so war man allgemein der Auffassung – aufgrund ihrer kämpferischen Haltung die besten Überlebenschancen gehabt. Psychiater de Wind schrieb 1949, dass Menschen, die ein religiöses oder ideologisches Lebensprinzip hätten, sich am schnellsten wieder von dem Schock der Inhaftierung und der Initiationsrituale erholten.[194]

Der überaus große Wert, den die Psychiater einem kämpferischen Charakter beimaßen, hing mit der Bewertung der politischen und kulturellen Auseinandersetzung der dreißiger und vierziger Jahre zusammen. Vor allem unter Literaten, Politikern und in unabhängigen linken Kreisen wurde der Aufstieg des Nationalsozialismus als der Ausdruck einer kulturellen und geistigen Krise bewertet.[195] In diesem Licht betrachtet, haben van Dantzigs Interpretationen auch einen politischen Aspekt. Van Dantzig, politisch links orientiert, konnte weder in dem soziokulturellen Hintergrund noch im religiösen Lebensprinzip der Puttener eine Basis für den Widerstand gegen die Entmenschlichung in den Konzentrationslagern erblicken. Ihm zufolge waren die Puttener geistig und politisch einfach nicht fähig gewesen, die Lager zu überleben.

Im Laufe der Jahre mussten Psychiater und Psychologen ihre Theorien über das Verhalten von Gefangenen in Konzentrations- und Vernichtungslagern neu überdenken. De Wind, ein Überlebender von Auschwitz, war in den Niederlanden einer der ersten, der den Mut hatte, seinen eigenen

Standpunkt zu revidieren. Die Thesen über Anpassungs- und Überlebensmechanismen, die seine Fachkollegen in früheren Jahren aufgestellt und vertreten hatten, seien, so schrieb er, »aus subjektiver Berichterstattung nachträglich konstruiert«. Der Glaube an die Geisteskraft sei eine Art Wunschtraum gewesen. »Nach dem Krieg war es zuweilen schwierig zu erkennen, dass man sein Überleben nichts anderem als dem puren Zufall zu verdanken habe und dass der Glaube an die eigene Überlegenheit ein Mythos war.«[196] Da man in einer »vollkommen unberechenbaren Welt« lebe, müsse man das Aufklärungsideal, dass der Mensch sein eigenes Schicksal bestimmen könne, aufgeben, stellte de Wind fast vierzig Jahre nach seiner ersten Veröffentlichung zu diesem Thema fest. Ein Jahr zuvor hatte ein anderer Auschwitz-Überlebender Ähnliches erklärt. Die Überlebenden seien, so schrieb Primo Levi in »Die Untergegangenen und Geretteten«, »letzten Endes [...] vom Glück gerettet worden, und es hat nicht viel Sinn, unter ihren verschiedenen Schicksalen nach etwas Gemeinsamem zu suchen«.[197]

Van Dantzig versuchte de Wind insofern entgegenzukommen, als er sich bereit zeigte, neben den besonderen persönlichen Eigenschaften und Erfahrungshintergründen, die die Überlebenschancen erhöht hätten, auch dem Zufall eine wichtige Rolle beizumessen. »Ich denke, dass beides wahr ist«, schrieb er 1993.[198]

Im Gespräch mit den Überlebenden: die RIOD-Interviews

Wildschut, ein Jurist, wurde 1947 bei seinen Gesprächen mit zehn Überlebenden aus Putten von einem Kollegen des RIOD, Arie Treurniet, unterstützt. Arie Treurniet war Leiter der Abteilung »Gefängnisse und Konzentrationslager« des

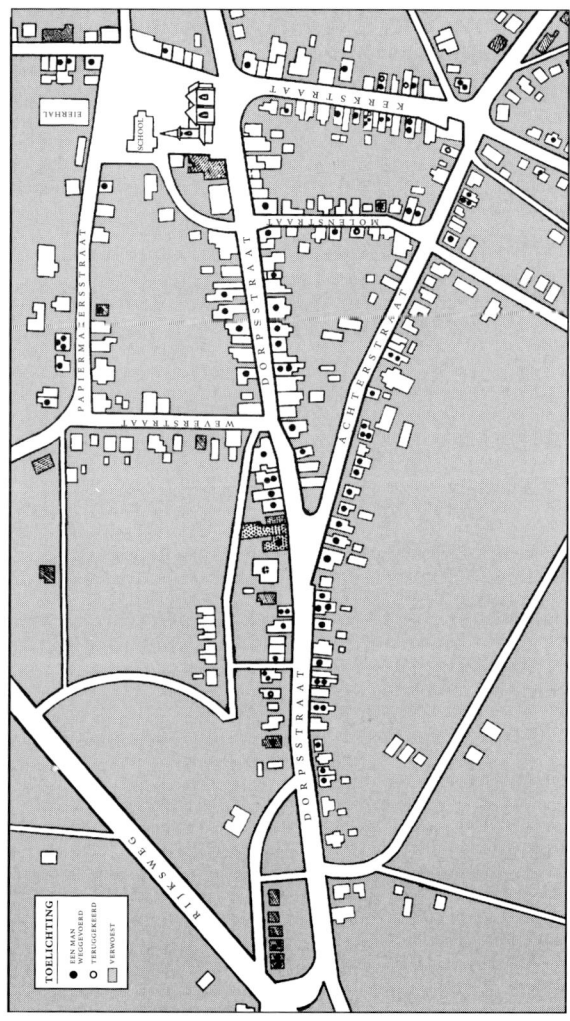

Die Häuser im Zentrum Puttens, aus denen Männer nach
Deutschland deportiert wurden. Erläuterungen:
• ein Mann deportiert
○ zurückgekehrt
▬ zerstört

Die Alte Kirche

Das Denkmal von Putten (ca. 1949)

Schloss Oldenaller

M. L. van Geen bei seiner Ernennung zum Bürgermeister in Putten. (1927)

Holzschnitt von Jo Bezaan: »Die Vergeltungsmaßnahme gegen Putten wird vorgelesen.«

Harderwijkerstraat

Der Bahnhof von Putten.

Luftaufnahme des Puttener Dorfkerns (1939)
Mitte: Die Alte Kirche
Rechts unter der Alten Kirche die Schule
Darunter die Eierhalle

Pfarrer C. B. Holland

G. J. Numan, Stellvertretender Bürgermeister Puttens (1945)

Tj. Wouters

Der Turm der Alten Kirche in Rauchwolken gehüllt.

Die Ruine der Herberge Oldenaller.

Rauchwolken über dem brennenden Putten.

H. H. von Wühlisch (ganz rechts), H. A. Rauter (erster von links),
Fr. Christiansen (dritter von links) und F. W. H. Fullriede (Mitte hinten) (1946)

Fr. Christiansen vor seinem Prozess.

2 ½ JAAR VOOR PUTTEN

Aus: *De Prinsestad* (5. Juni 1948) »2 1/2 Jahre für Putten«.

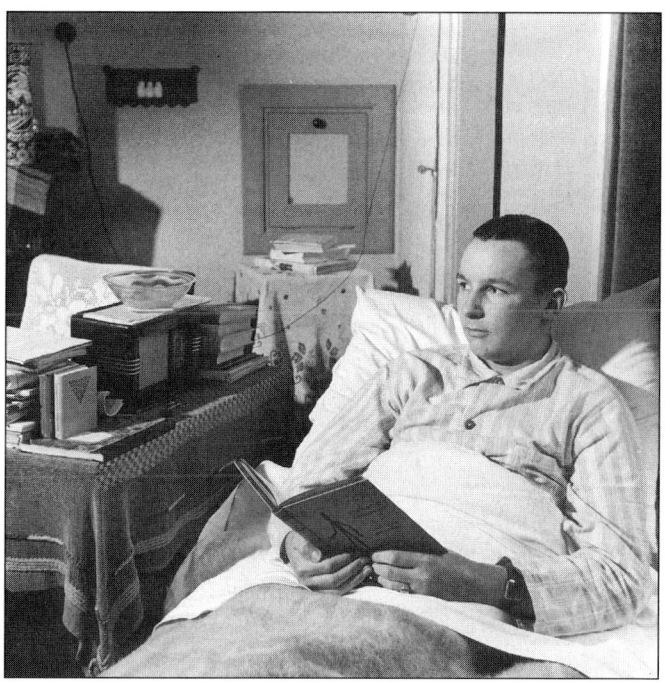

Wilhelm Kernebeek bei seiner Genesung nach der Rückkehr aus den deutschen Konzentrationslagern.

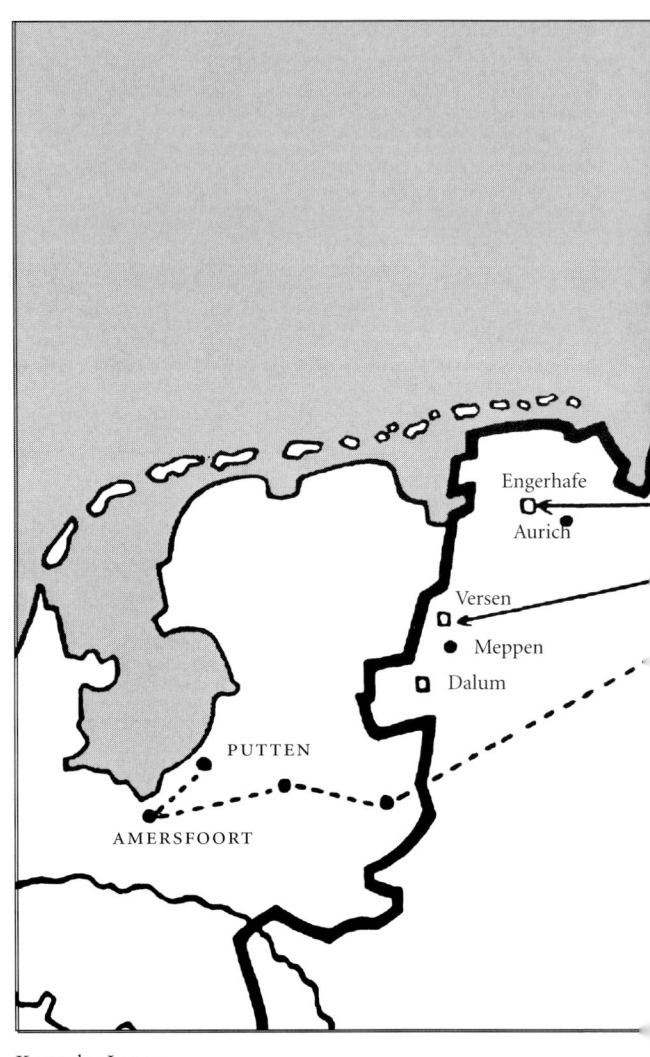

Karte der Lager:
Gestrichelte Linie: entlang der Bahnlinie Putten – Amersfoort –
Hamburg – Neuengamme wurden die Männer nach Neuengamme
deportiert.

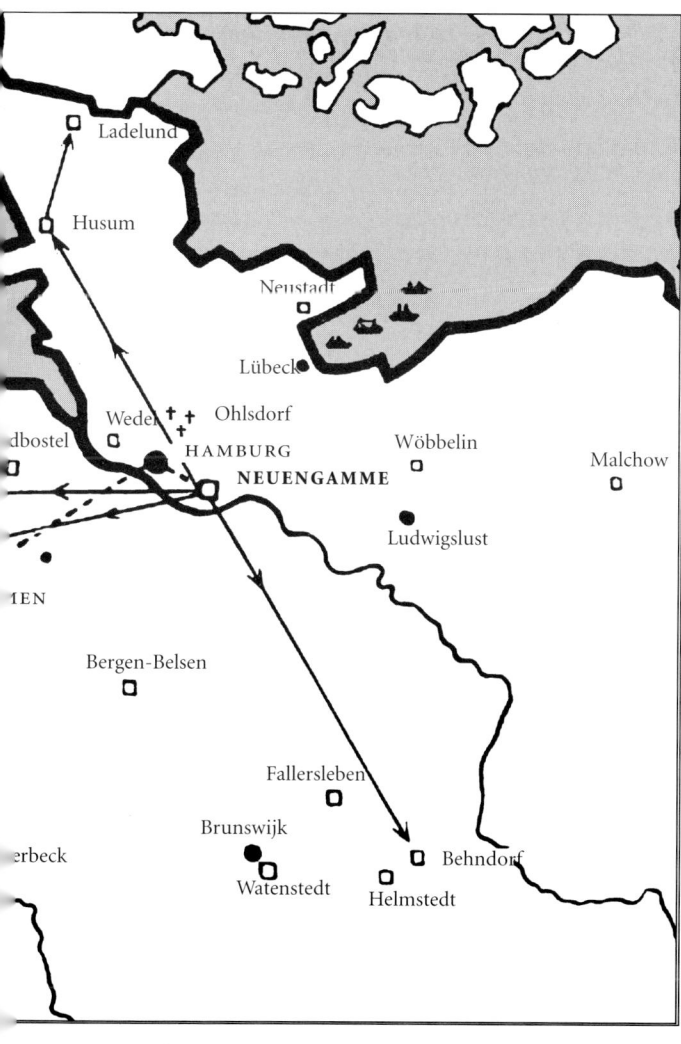

Durchgezogene Linie: von Neuengamme aus wurden die Männer über Husum nach Ladelund, bzw. nach Engerhafe bei Aurich, Versen bei Meppen, Wedel und Behndorf gebracht.

Redactie en Administratie:
N.Z. VOORBURGWAL 225
Amsterdam-C. Tel.: 36232

Abonnementsprijs:
31 cent per week
of f 4.– per kwartaal
Losse nummers 10 cent

UITGAVE VAN DE
STICHTING HET PAROOL

Wnd. Hoofdredacteur:
PIETER 't HOEN

Zakelijke leiding:
Jhr. W. VAN NORDEN

HET PAROOL

VRIJ ONVERVEERD

VIJFDE JAARGANG No. 105   ONAFHANKELIJK DAGBLAD   ZATERDAG, 12 MEI 1945

Putten in rouw gedompeld

Hoe een kwart der mannelijke bevolking werd afgeslacht

Voor het eenvoudige gemeentehuis van het Veluwsche dorp Putten hangt een lange lijst namen in zwarten rouwrand. Ervoor verdringen zich de dorpsbewoners om deze namen over te schrijven, de namen der honderden Puttenaren, die in Duitsche kampen zijn afgeslacht. Heel Nederland viert het feest der bevrijding, alleen Putten op de Veluwe rouwt, een kwart der mannelijke bevolking is vermoord, in ieder gezin betreurt men dooden . . . .

300 millioen van de Joden gered

Na de arrestatie van de drie intedadigers, die de directe vormden van de zoogenaamde firma Lippmann, Rosenthal & Co. in de Sarphatistraat, heeft men in de Kluisprustraat, heeft men in de Kluiserust bij de bank 300 millioen gld. aan joodsch vermogen gevonden, meldt A.N.E.P.

DUITSCHLAND ONDER VOOGDIJ.

De Amerikaansche minister van Oorlog Stimson, heeft de bijzonderheden bekendgemaakt over de bezetting en het bestuur in Duitschland, zooals die op de Krimconferentie werden vastgesteld.

Vorderingen op Tarakan.

„Bevolking gedraagt zich uitstekend"

Generaal Kruis

Canadeezen zullen niet lang blijven.

AMSTERDAM ONTSLAAT N.S.B.-AMBTENAREN.

146 gram vet per week.

Einer der ersten Berichte über die Puttener Männer in der ehemaligen Widerstandszeitung *Het Parool*, 11. Mai 1945.
»Putten in Trauer gehüllt. Wie ein Viertel der männlichen Bevölkerung abgeschlachtet wurde.«

Der Ort des ersten Attentatversuchs.

Foto 1

Foto 2

Der Ort des Attentats. Die Fotos datieren vom 8. März 1947 und wurden im Auftrag von Komissar A. Kuilman gemacht.

Foto 1 zeigt den Attentatsort von dort aus, wo das Auto der Widerstandsgruppe gestanden haben muss. Wir schauen Richtung Nijkerk.

Foto 2 gibt die Situation von dem Blickwinkel wieder, wo Kuilman zufolge Hesdingen gelegen haben muss. Der Telefonmast, gegen den das deutsche Fahrzeug gefahren ist, ist rechts neben dem letzten Baum zu sehen.

P. Oosterbroek

Königin Juliana legt an dem von ihr enthüllten Denkmal von Putten einen Kranz nieder. (1949)

Pfarrer G. de Jager

Pfarrer L. Kievit

Die Gräber in Ladelund. (1945)

Der erste Besuch in Ladelund im Jahr 1950.
Rechts: Bürgermeister W. F. Quarles van Ufford
Links: Pastor Joh. Meyer

Die Frau und die Tochter des in Ladelund verstorbenen H. van Elten besuchen im Oktober 1964 die Gräber in Ladelund.

Rechts: Pastor H. Richter

Der Ladelunder Posaunenchor begrüßt die Puttener Männer und Frauen, die 1965 die Gräber in Ladelund besuchen.

K. Friso spielt auf der Orgel während des Gottesdienstes in der Kirche von Ladelund. (1965)

Zwei Überlebende bei ihrem Besuch in Ladelund 1965.
Links A. Arendse. Rechts: J. Donker

Vier Vorstandsmitglieder der »Stiftung Oktober 44«. (1992)
V.l.n.r.: W. Torsius, J. van Hell, E. H. de Graaf und K. Friso

Die Gedenkstätte Putten

Der Gedenkstein am Ort des Attentats bei der Oldenaller Brücke.

RIOD und selbst ein Lagerüberlebender.[199]

Erst in den letzten beiden Jahrzehnten wurde tiefer gehend untersucht, welche Gesprächstechniken sich am besten eignen, um Menschen über ihre Vergangenheit zu befragen. Doch so kurz nach dem Krieg war man sich kaum bewusst, dass bestimmte Techniken auch die Erinnerung des Gesprächspartners stimulieren können. Heute wissen wir, dass mit dem so genannten »narrativen« oder erzählenden Interview die besten Erfolge erzielt werden, da nach einer allgemeinen Frage der Gesprächspartner alle Freiheit bekommt, seine Geschichte zu erzählen, ohne dass er unterbrochen wird. Erst danach fragt der Interviewer nach weiteren oder besonderen Erinnerungen. Bei dieser Gesprächstechnik geht es vor allem darum, wie Menschen ihre Welt erlebten und erleben und wie sie ihre Erfahrungen aus der Vergangenheit in Worte fassen und darstellen. Der Interviewer selbst tritt dabei in den Hintergrund. Zudem wissen wir heute, dass zwischen dem, was der Erzähler damals erlebt hat und dem, wie er es nun erzählt, eine Wechselbeziehung besteht, da Gegenwart und Vergangenheit unlösbar miteinander verbunden sind.[200]

Ganz anders dachten Wildschut und Treurniet ihre Gespräche führen zu müssen, wenn sie Antworten auf ihre Fragen haben wollten. In ihren Gesprächen waren damit auch ihre Rolle als Befrager und ihre eigene Geschichte von großer Bedeutung. So waren Treurniets Fragen über die Lagerzeit deutlich von seinen eigenen Lagererfahrungen geprägt. Bei Buchenwald, wo er ab Anfang März 1943 mit anderen politischen Gefangenen inhaftiert gewesen war, handelte es sich allerdings um ein vollkommen anderes Lager, als bei den Arbeitslagern Neuengamme oder dessen Außenlagern, in denen die Männer des Putten-Transportes gewesen waren. Diese Lager waren auf »Vernichtung durch Arbeit« ausgerichtet.[201] Treurniet arbeitete in Buchenwald in der relativ geschützten Umgebung der Bekleidungskammer, wo er mit prominenten Persönlichkeiten aus der deutschen oder niederländischen Gesellschaft lange Gespräche führen und Bücher aus der Lagerbibliothek lesen konnte. Seine politischen Mitgefangenen waren ihm eine deutliche Stütze. Und trotzdem hatte ihn seine Lagerzeit psychisch zerstört, sodass er 1949 aus dem Dienst des Institutes ausscheiden musste. »Im letzten Jahr bekam ich immer häufiger Albträume. Ich wurde immer wieder erhängt«, erzählte er 1985 in einem Interview über seine letzten Jahre beim RIOD.[202] Auf Fragen, die er 1947 den Überlebenden des Putten-Transportes stellte, wie »Haben Sie während ihrer Lagerzeit ganz bestimmte Dinge geträumt oder besonders häufig Albträume gehabt?« und »Worüber sprachen Sie miteinander?« konnten ihm Überlebende, die ganz andere Lagererfahrungen gemacht hatten, kaum antworten.

Als Wildschut und Treurniet Mitte Mai 1947 ihre Gespräche begannen, war ihnen van Dantzigs Artikel »Die Tragödie der Puttener«, der ein Jahr zuvor veröffentlicht worden war, bekannt.[203] Ihre Fragen, die sie den Überlebenden stellten, waren stark von dessen Thesen über den Untergang der Puttener Gruppe beeinflusst: »Wie erklären Sie es sich, dass so wenige Puttener Männer zurückgekehrt sind?« In erster Linie fragten sie die Männer, wie sie die Lebensumstände im Lager erfahren hatten (die Unterkunft, das Essen, die hygienischen Verhältnisse, das Lagerregime, ob sie Pakete des Roten Kreuzes empfangen hatten, Sterbe- oder Krankheitsfälle, medizinische Versorgung). »Wie reagierten die Puttener Männer auf ihre erste Lagerzeit?« »Wer ertrug das Lagerleben besser, die Franzosen oder die Holländer?« Daraufhin folgten Fragen über die Arbeit in den Lagern: »Wer arbeitete in den Lagern am schlechtesten?« Als dritten Punkt wollten die Interviewer wissen, welche Stellung die Puttener Gruppe innerhalb des Lagers hatte: »Wie verhielten sich die Russen im Lager?« Daneben gab es auch Fragen über das religiöse Leben im Lager und ob die Überlebenden Heimweh nach Hause gehabt hätten.

All diese Fragen fügten sich nahtlos an das, was für jeden Überlebenden ohnehin schon zur wahren Zwangsvorstellung geworden war: Warum gerade er die deutschen Konzentrationslager überlebt hatte, wo doch so viele andere ums Leben gekommen waren. Jeder dachte darüber anders und brachte es auf ganz unterschiedliche Weise zum Ausdruck: »Die meisten kamen nicht zurück, das hat mich selbst überrascht, manche lebten ja noch kurz vor der Befreiung«, erzählte Verhey. »Dann fragte ich mich: ›Warum bin ich eigentlich nicht tot?‹«[204]

Obgleich die Männer des Putten-Transportes zu Beginn in relativ gesunder körperlicher Verfassung waren, starben viele von ihnen bereits in den ersten beiden Monaten ihrer Gefangenschaft, vor allem in den Arbeitslagern Husum und Ladelund. Dieser scheinbare Widerspruch drückte sich sowohl in Wildschuts und Treurniets Fragen als auch in den Antworten der Überlebenden aus. Für das schnelle Sterben nannten sie vier Gründe: fehlende Lebenskraft, mangelnde Erfahrung mit dem Lagerleben, ein hohes Arbeitsethos und Heimweh.

»Denjenigen, die es früher am besten hatten, ging es am schlechtesten«, versicherte Verhey den RIOD-Untersuchern.

Einfache Arbeiter konnten sich während der Besatzung nichts organisieren, auch ich hatte es nicht einfach gehabt. Ich hatte mich schon ein bisschen an den Hunger gewöhnt. Das war mein Vorteil. Diese Bauern aber hatten alles und litten darum umso mehr. Sie waren kerngesund, als sie im Lager ankamen.

Pfarrer de Ruig bestätigte Verheys Worte. Insgesamt seien die Puttener Männer überhaupt nicht in der Lage gewesen, sich an das KZ-Leben anzupassen. »Sie hatten sich eigentlich an ein zu gutes Leben gewöhnt. Der Krieg dauerte schon vier Jahre lang, doch ihnen hatte es noch nie an irgendetwas gefehlt.«

Während Verhey die Ursache für die hohe Sterberate darin sah, dass die Bauern nicht an Hunger gewöhnt waren, schrieb de Ruig sie dem Mangel an psychischem Widerstand zu:

Geistig gesehen hatten sie eine recht eingeschränkte Sicht der Dinge. Sie hatten noch nie etwas anderes als Putten gesehen, die Welt drumherum war für sie unbekanntes Gebiet.

Und dann plötzlich: die Welt der Konzentrationslager. Ihnen wurde zu viel Arbeit auferlegt, was sie nicht verarbeiten konnten. Das galt auch für mich, man musste so manches erleiden, doch die Puttener waren dagegen weniger als andere gewappnet. Das beweist auch die große Zahl der Sterbefälle. Es war nicht nur die Unterernährung – ihnen ging es besser als so manchen anderen – sondern vor allem ein geistiger Zusammenbruch. Psychisch gesehen hatten sie eine sehr geringe Widerstandskraft, das kann ich Ihnen sagen.

Wer es hingegen, wie er, geschafft habe, beweise damit eine andere geistige Einstellung als die Puttener und schaue weiter als der durchschnittliche Dorfbewohner. Vielleicht, so meinte er, könne man sogar behaupten, dass dieser psychische Aspekt von großer Bedeutung ist. Eine gesunde geistige Einstellung macht einen ganz bestimmt stärker, um körperliche Entbehrungen zu ertragen. Die Puttener waren im allgemeinen von recht schwacher Lebenskraft. [...] Die Puttener hatten keine Spannkraft.

Gerade der Lebenswille war in der Situation, in die die Puttener Männer geraten waren, von größter Wichtigkeit. Durch ihren Status als Neulinge hatten sie innerhalb des Lagerlebens einen harten Stand. Der Vorarbeiter schlug auf sie ein, um sie gefügig zu machen, da das Kollektiv als ganzes für das Verhalten jedes einzelnen Gefangenen zur Verantwortung gezogen wurde – wie Bettelheim und andere nach ihm das häufig grausame Auftreten der Kapos und Vorarbeiter gegen die

»Schwachen« – und damit zumeist gegen die neuen Gefangenen – deuteten.[205] Die Stellen waren bereits unter den Russen, Polen und Deutschen aufgeteilt, als die Puttener im Lager ankamen – und so sollte es in jedem neuen Lager sein, in das sie deportiert wurden.

Bei den Gesprächen spielte die Frage nach dem Arbeitseifer der Puttener Männer eine zentrale Bedeutung. Manchen zufolge wurde – soweit die Aufseher das zuließen – die Arbeit sabotiert. »Wir waren auch Meister in der Bewegung, dem ›So-tun-als-ob‹«, erzählte Verhey. Doch van den Berg hatte andere Erfahrungen gemacht.

Ich hatte noch nie eine Schaufel in der Hand gehabt, ich konnte es noch nicht und hatte auch nicht vor, mich besonders anzustrengen. Man durfte sich nicht aufrichten, dann schlugen sie einen zusammen, man musste eigentlich nur aufpassen und sich über seine Schaufel beugen. Das war das Pech für viele Bauern; die arbeiteten viel zu hart, bestimmt fünfmal so viel wie ich. […] Ich sagte noch zu den Männern: »Nicht so viel arbeiten, das hilft doch nichts!« […] Doch die Männer hörten nicht auf mich: Sie fanden, dass es besser sei zu arbeiten, als nichts« zu tun und zu grübeln. Doch mit dem wenigen Essen, das wir bekamen, konnte das nicht gutgehen, das merkte man gleich. […]

[…] Die Leute waren es so gewöhnt, es war schließlich ihre Arbeit, das Graben und Schaufeln. Sie konnten es zu gut. Ich konnte es zum Glück überhaupt nicht.

Ganz anderes hingegen erzählte der junge Schuiteman:

Ich habe in der ganzen Zeit eigentlich nur einen einzigen Tag wirklich gearbeitet und das war am ersten Tag in Husum. Dann wusste ich, wie es läuft, man musste nur die Augen offenhalten, dann ging es gut. Wenn man nur ganz unten im Panzergraben stand, dann gebeugt stehen, kleine Mengen auf die Schaufel laden, immer die Kapos im Auge behalten. […]

Ich dachte vor allem an mich selbst und nicht an die anderen, ich arbeitete so langsam, wie ich konnte.

Alle interviewten Männer bestätigten, dass Heimweh tödlich war. »Wenn man Heimweh bekam, war man zwei Tage später weg vom Fenster«, erzählte Schuiteman, der meinte, dass er selbst kein Heimweh gehabt habe. De Ruig sah einen Zusammenhang zwischen Heimweh und der von ihm erwähnten geringen Geistes- und Lebenskraft der Männer:

Die Puttener hatten keine Spannkraft, sie dachten viel zu viel an zu Hause und zermarterten sich den Kopf. Und ich glaube gerade, dass man überhaupt nicht an zu Hause denken darf. Wenn man das schaffte, war das sehr günstig. [...] Heimweh hat hier, denke ich, eine sehr große Rolle gespielt.

Auch van Kernbeek war derselben Auffassung:

Ich persönlich konnte mich an die neue Situation gut anpassen. Es gelang mir sofort. Die anderen sprachen die ganze Zeit von zu Hause, ich konnte das nicht, das machte mich fertig. [...] Überall, wohin wir kamen, war es dasselbe, die Puttener haben einfach keinen Mumm! Es war schrecklich, sie sprachen immer von zu Hause, kaum, dass sie fünf Minuten beieinander waren, hatten sie es wieder davon. Daran sind sie kaputtgegangen.

Und wenn einer einmal von so einem Anfall von Heimweh getroffen worden sei, dann war es schnell um ihn geschehen, berichtete Ernsten, der selbst offensichtlich kein Heimweh hatte:

Das war so verrückt: Alles war in Ordnung und nichts geschah und dann plötzlich ging es schief und sie gingen daran kaputt. Manchmal sprachen sie von zu Hause, doch meistens sagten sie Abende lang nichts, sondern saßen nur still in einer

Ecke. Sie lebten einsam und zurückgezogen und starben einfach. Sie konnten nicht mehr.

Obgleich alle Überlebenden die Bedeutung von hoher Lebenskraft, niedriger Arbeitsmoral und der Überwindung von Heimweh für das Überleben im Konzentrationslager einräumten, erklärten sie, dass sie alle ihre ganz persönlichen Überlebensstrategien entwickelt hatten, die sie ihrer festen Überzeugung nach vor dem Tod bewahrt hatten. So hatte sich Verhey – obgleich er in schlechterer körperlicher Verfassung als andere Männer war – stets als Letzter aufgestellt oder gemeldet. Das hatte ihn häufig vor Unheil bewahrt. Auch glaubte er, dass ihn seine Trink- und Essgewohnheiten vor Krankheiten bewahrt hatten:

Ich habe nur wenig getrunken, was bestimmt geholfen hat. Vom Kaffee nahm ich nur zwei Schlucke, nicht mehr, denn davon bekam man Durchfall. Trockenes, geröstetes Brot, je dunkler, desto besser, das war meine Rettung. Wie viel Hunger ich auch hatte, anderes getraute ich mich nicht zu essen. Bei den Bauern habe ich nur wenig Willenskraft gesehen, die aßen alles, was ihnen in die Hände kam.

Auch Vonhof hatte so wenig wie möglich getrunken:

Von Anfang an habe ich gegen den Durst einen kleinen Stein in den Mund genommen und das habe ich lange durchgehalten. Wasser trank ich nie und Kaffee nur wenig. Ich habe deshalb nie Durchfall gehabt, überhaupt nie.

Einer der Interviewten, van Beek, sprach hingegen nur über die schlechten Lebensbedingungen und das brutale Lagerregime. »Bereits in Husum ging es schief«, erinnerte er sich. Manche hatte man dort zu Tode geprügelt. Auch er war viel geschlagen worden – »da gab es kein Entkommen«. Ladelund bedeutete »noch mehr Arbeit, mehr Schläge und mehr Prügel, und weniger Essen.« Van Beeks Niere war dort kaputtgeschlagen worden, in Neuengamme wurde er deshalb ins Krankenrevier eingeliefert. Auf die Frage, wie er trotz allem dennoch überlebt habe, antwortete er, dass er es nicht wisse. »Wahrscheinlich habe ich einfach Glück gehabt.«

Pfarrer de Ruig: Meinungswandel

1946 erschien »Die Mauern sprechen«, eine Sammlung persönlicher Erfahrungen von Personen, die während des Krieges in Konzentrationslagern oder Gefängnissen inhaftiert gewesen waren. Der Herausgeber der Sammlung, der reformierte Pfarrer August Dubois, wollte »möglichst objektiv« ein Bild vermitteln »von dem entsetzlichen, aber auch ›normalen‹ Alltag in den Gefängnissen und Konzentrationslagern, wobei auch das ›geistliche Leben‹ berücksichtigt werden sollte«.[206] Auf der Basis der Zeugnisse von de Ruig, Vonhof, Klaassen, Donker und Idema über Neuengamme, Husum, Ladelund, Wedel und Sandbostel widmete er auch der Tragödie von Putten ein eigenes Kapitel.

Diese Zeugnisse zeichnen sich durch ihr hohes Maß an Sachlichkeit aus. Es wurde versucht, so getreu wie möglich die Lebensbedingungen in den Lagern, die Arbeit und das Lagerregime zu beschreiben: die schlechten hygienischen Verhältnisse, die Kälte, das stundenlange Stehen im Wasser, die nur spärliche Kleidung, das schlechte Schuhwerk, die Fuß- und Beinwunden, die Dysenterie, die fehlende medizinische Versorgung und die Läuse, die wässrige Suppe und die Kartoffelschalen, die es zu essen gab, der Mangel an Schlafplätzen, die schweren Transporte ohne Essen und Trinken, die Misshandlungen, die langen Appelle und die Todestransporte zum Schluss; über die tiefe Entmenschlichung, den

Schmutz, den Egoismus, den Irrsinn und das Chaos. Dabei fiel kein Wort über zu hart arbeitende Puttener Männer, über ihre mangelnde Lebenskraft oder ihr Heimweh.

In seinem Nachwort zu dem Kapitel der Puttener Zeugnisse vertrat Dubois allerdings die – damals verbreitete – Auffassung, dass Menschen, die in ihrem Leben nie etwas entbehrt hatten, am schnellsten starben, waren sie auch noch so gesund und wohl genährt. Der Übergang sei dann zu groß, schrieb er. »Die Sterberate unter den Niederländern war dann auch die größte. Und unter ihnen waren es wiederum die Puttener Männer. Sie kamen direkt vom vollen Leben in diese Hölle.«[207]

Dubois' Kapitel über Putten war eine Reaktion auf den am 26. Juni 1945 in der Tageszeitung *Trouw* erschienenen Artikel von Pfarrer de Ruig über die Ursachen des schnellen und großen Sterbens unter den Männern des Putten-Transportes:[208]

Es gibt derer zahlreiche und alle zusammen bieten sie eine hinreichende Erklärung. Zwar war das Essen nicht schlecht, doch aufgrund der harten Arbeit ungenügend. Die Arbeit hatte auf die Dauer eine verheerende Wirkung. Mit für die Jahreszeit völlig unzureichender Kleidung mussten in sumpfiger Erde Panzerfallen gegraben werden.

Es ließe sich denken, so de Ruig, was die Folge von all dem – den nassen Füßen, der Arbeit bei Regen, der nassen Kleidung, den fehlenden Waschmöglichkeiten, Krankheiten, Verwahrlosung durch die Lagerleitung – gewesen sei. Doch, so schrieb er weiter, seien die Puttener Männer nicht verzweifelt gewesen, denn sie hatten ja einander, halfen einander und sprachen einander Mut zu:

Während der Arbeit haben wir viel miteinander gesprochen. Welcher Trost ging von diesen Gesprächen aus! Wie viele haben in diesem Elend zu Gott gefunden als dem Vater und zu welchem Segen wurde so für die Männer dieses Unglück. Nicht wenige sind es gewesen, die ruhig und jauchzend sterben konnten. Der Verlust traf nur jene, die sie nicht wiedersahen.

Im November 1944, kurz bevor er selbst wieder nach Neuengamme zurückgeschickt wurde, starben viele Männer aus Putten. »Der geistige Widerstand wurde schwächer.«[209]

Als Wildschut und Treurniet den Pfarrer 1947 interviewten, hatte sich seine Sicht der Dinge erheblich verändert, was wahrscheinlich mit de Ruigs schwieriger Stellung innerhalb der Puttener Gemeinde nach der Befreiung zusammenhing. Er fühlte sich missverstanden und isoliert. Ende Juni 1947 wechselte er aus diesem Grunde auch von Putten in die Gemeinde Haarlem.

De Ruig war und blieb ein Außenseiter. Er war erst kurz vor der Oktoberrazzia nach Putten berufen worden.[210] Bezeichnend für seine veränderte Haltung ist, dass er bei seinen Gesprächen mit Wildschut und Treurniet nicht mehr über sich selbst als Puttener sprach, wie er es 1945 in seinem Artikel noch getan hatte, sondern über »die Puttener«, als eine Gruppe, zu der er zwar faktisch gehörte, derer er sich aber nicht zugehörig fühlte. 1947 nun vertiefte er die Aspekte des »geistigen Zusammenbruchs«, des Mangels an »psychischem Widerstand« oder der fehlenden »Lebenskraft« als Deutungsansatz für das Schicksal des Putten-Transportes. Als neues Element wies er darüber hinaus auf die besondere Religiosität der Puttener hin, die er sehr kritisch bewertete. »Der Glaube, den viele haben, bedeutet nichts, denn sie schöpfen daraus keine Kraft«, vertraute er Wildschut und Treurniet an. Das sei ihm in den Lagern deutlich geworden:

Ihr Glaube war ihnen keine Stütze, keine Kraft. Die Tradition war gebrochen. Das saßen sie nun im Lager, und da sie auch früher jenseits der Standfestigkeit und der Freude des Glaubens gelebt hatten, blieb das auch so.[211]

De Ruig hielt ihren Glauben für zu streng, zu schwer:

Sie kennen keine innerliche Freude durch den Glauben, das konnte ich auch nach der Befreiung merken. Hier hört man nichts über den Reichtum und die Erlösung Christi, sondern nur von der Dunkelheit. Man spricht von Sünde, nicht aber von Erlösung.

Nicht nur vor der Razzia hätten viele Einwohner Puttens sich vom Glauben entfremdet, auch nach der Befreiung sei das, was die Puttener Religion zu nennen pflegten, nichts anderes gewesen als »Äußerlichkeit, Sitte und Tradition«. Das Band zwischen Glauben und Lebenspraxis gebe es nicht.

Das ist gerade das Seltsame hier. Sonntags sitzen sie stundenlang in der Kirche, doch während der Woche ist alles anders. Sie wissen es selbst nicht, doch unbewusst sagen sie sich: »So ist der Mensch eben und solange Gott das nicht ändert [...]« Diese Mentalität richtete sie auch in Deutschland zugrunde. Sie waren in den Fluch verliebt, unter dem sie lebten, und das spiegelte sich in allen ihren Handlungen wider.

In diesem Interview vermischten sich Vergangenheit, Gegenwart und Zukunft. Erinnerungen de Ruigs aus der Zeit vor der Razzia überschatteten die Erinnerungen aus der Zeit nach seiner Rückkehr ins Dorf im Mai 1945, wo er sein Amt im schwer getroffenen Putten wieder aufnehmen musste. Doch es gelang ihm nicht, seine Gemeinde zu erreichen, religiös nicht, weil er nicht zum strenggläubigen Flügel zählte, und auch sozial nicht, weil er als studierter Pfarrer weit über der Gemeinde stand. Nach eigener Ansicht konnte er die ihm gestellte Aufgabe, nämlich den Gemeindegliedern in ihrer

Situation Trost zu spenden, nicht wirklich erfüllen. Wenn er das Evangelium predigte, so berichtete er, wurde er sogleich mit Kritik überhäuft: »Sie machen es sich zu leicht, so einfach geht das nicht. Man muss vor Gott erst demütig auf die Erde fallen!« Das entgegneten sie ihm auch auf eine Predigt über das Buch Hiob, die er am 9. September 1945 hielt: »Gott ist nicht fern. Er ist dem gottesfürchtig Leidenden in Jesus Christus gnädig nahe. Und so durchsteht Hiob es, und so werdet Ihr es durchstehen!«[212]

De Ruigs Gefühl, dass er als Pfarrer scheiterte, schlug um in Abneigung gegen das Dorf, seine Bewohner und ihre Mentalität. Die Puttener hätten, so meinte er, in der Schwere und Strenge ihres Glaubens ein geistliches Leben, das keine Kraft habe.

Deshalb waren auch so wenige dieser Leute im Widerstand. Sie kamen gar nicht auf die Idee, in den Deutschen eine Geistesgefahr zu sehen, und verstanden nicht, dass sie als Glaubende berufen waren, gegen sie aufzutreten. Da konnte man sich besser der Schmuggelei widmen, an ihr war zumindest doch etwas zu verdienen.

De Ruig war also der Auffassung, dass die besondere Glaubensrichtung der Puttener nicht nur deren politische Position gegenüber dem Nationalsozialismus bestimmt, sondern sie auch im Widerstand gegen die Besatzungsmacht entmutigt habe, womit er die Puttener Bevölkerung en bloc zu »schlechten« Niederländern degradierte. Doch damit war seine Analyse der Puttener Dorfgemeinschaft noch nicht beendet. Wer aus einem Dorf wie Putten käme, so meinte er, habe schon allein deswegen in den Lagern nicht überleben können.

Dazu kommt noch: Die Inzucht hat hier das Geschlecht geschwächt und das war an ganz alltäglichen Dingen zu merken. Jeder ist mit jedem verwandt, alle heiraten untereinander, das ist schon seit Jahrhunderten so.

Hier gibt es auch sehr viel TBC und das bräuchte es in solch einem gesunden Klima gar nicht geben, zumal das Dorf auf Sand gebaut ist. Doch hier ist es am schlimmsten. Wegen der Inzucht, der schlechten Wohnverhältnisse und ihrer beschränkten Lebensauffassung haben sie die Lager nicht überlebt.

De Ruigs Isolation innerhalb der Puttener Gemeinschaft und seine Verzweiflung über sein Scheitern als Pfarrer waren nicht nur eine Frage einer anderen Glaubensauffassung oder einer anderen Persönlichkeit. Nach und nach wurde ihm vor allem vorgeworfen, dass er sein Amt inmitten der nach Deutschland Deportierten nicht wahrgenommen habe. So wie er den Familien der verstorbenen Männer nach dem Krieg nichts zu bieten gehabt habe, so soll er auch die Männer, mit denen er gearbeitet und gelebt habe, im Stich gelassen haben. Bereits im Lager Amersfoort, erzählte er 1947 selbst, habe er als Pfarrer nicht viel getan. In den Lagern Husum und Ladelund habe er zwar einigen wenigen Männern geistlichen Beistand geleistet, doch am meisten habe ihn ihre Verschlossenheit und Schwere des Glaubens abgestoßen und es ihm unmöglich gemacht, sie geistlich zu erreichen.

Ich kann mich noch gut daran erinnern, dass wir zur Arbeit gingen in Kolonnen von hundert Mann und dass ein einziger der Puttener Männer zu mir sagte: »Mit mir nimmt es kein gutes Ende. Doch das ist nicht so schlimm, Herr Pfarrer, denn ich gehe ja nach oben.« So etwas hörte man hier in Putten nie!

Keiner der Überlebenden konnte sich auch nur im Entferntesten daran erinnern, an dem Pfarrer eine wirkliche Stütze gehabt zu haben. Verhey, wie de Ruig reformiert, urteilte über ihn besonders hart:

De Ruig war der einzige Geistliche und da erwartete man doch mehr, als was er gegeben hat. In Husum und Neuengamme war er mit mir zusammen. Ich glaube, es kümmerte ihn nur wenig. Manchmal kam er nicht einmal, wenn Menschen im Sterben lagen![213]

»Eine dreimonatige Hölle und ein Massenmord ohne Sinn«

Während die Überlebenden des Putten-Transportes kurz nach dem Krieg vor allem über die unerträglichen Lebensbedingungen, die harte Arbeit und das brutale Lagerregime sprachen, gerieten diese Aspekte des Lagerlebens selbst in ihren eigenen Zeugnissen im Laufe der Zeit immer mehr in den Hintergrund. Dabei machen die historischen Untersuchungen, die mittlerweile über Neuengamme und die Außenlager dieses norddeutschen Arbeitslagers erschienen sind, deutlich, dass in dieser Phase des Krieges allein die Lagerbedingungen ausreichten, um die Männer innerhalb kürzester Zeit in den Tod zu jagen.

Das Lager Husum lag ungefähr vierzig Kilometer von der dänischen Grenze entfernt. Aus Furcht vor einer möglichen Invasion der Alliierten von Norden aus wollte man an der nördlichen Grenze des »Dritten Reiches« eine Verteidigungslinie von Panzerfallen errichten. Nachdem der Atlantikwall im Juni 1944 gefallen war, sollten entlang der ost- und nordfriesischen Küste neue Verteidigungslinien, der so genannte Friesenwall, angelegt werden, der eine Landung der Alliierten in der Deutschen Bucht verhindern sollte. Daneben wollte man gegen eine Invasion der Alliierten über Dänemark quer durch die sumpfige Landschaft Schleswigs zwei weitere Riegelstellungen errichten. Da man nicht über genügend Baumaterial verfügte, entschied man sich für die

Errichtung von so genannten Panzerfallen, tiefen Gräben, die den Einsatz von Panzern bei den alliierten Landungen vereiteln sollten. Die nötigen Arbeitskräfte wurden aus Neuengamme herbeigeschafft, das mit der Zeit vor allem zu einem wirtschaftlichen Ausbeutungslager wurde. Im Lager gab es zahlreiche Betriebe der Rüstungsindustrie; außerhalb von Neuengamme wurden im Laufe der Zeit etwa siebzig Außenkommandos errichtet, wo vor allem Russen, Polen und Franzosen inhaftiert waren. Ungefähr die Hälfte der rund einhunderttausend Gefangenen in Neuengamme selbst oder den Außenlagern und Außenkommandos haben nicht überlebt.[214]

Die Lebens- und Arbeitsbedingungen in den Außenkommandos waren dabei deutlich schlechter als in Neuengamme selbst. Vor allem waren die sieben Kommandos berüchtigt, die die Panzerfallen gruben, – darunter Husum. Die Gefangenen in Neuengamme nannten es schon bald das »Todeskommando«. Neben Husum gab es noch Aurich-Engerhafe (das zweite Friesenwalllager), Ladelund (ein Riegelstellungslager) und Meppen (wo Panzerfallen parallel zur niederländischen Grenze errichtet wurden). Untersturmführer Griem war in Husum Lagerkommandant, später auch in Ladelund und Dalum. Er wurde als ein perverser Mann beschrieben, der fast immer betrunken war.[215]

Ein wichtiger Zeuge, auf den sich teilweise die neueren historischen Untersuchungen zu den Lagern stützen, war der dänische Arzt Paul Thygesen, der bei den Puttener Gefangenen in hohem Ansehen gestanden hatte. Kurz nach der Befreiung verfasste er einen ausführlichen medizinischen Bericht über die Bedingungen in Husum. Er war unter den ersten Gefangenen gewesen, die am 26. September 1944 von Neuengamme nach Husum deportiert wurden. Thygesen blieb in Husum bis zur Auflösung des Lagers am 29. Dezember 1944, danach war er Häftlingsarzt in Meppen und Neuengamme. Sein Bericht ist aus der Perspektive des Arztes verfasst – soweit das zumindest unter diesen Bedingungen möglich war. Wie van Dantzig spezialisierte er sich nach dem Krieg auf dem Gebiet der Psychiatrie, wurde Professor für Neurologie und veröffentlichte schon bald Untersuchungen zu den psychischen Folgen der Internierung in Konzentrationslagern. Seine Arbeiten über das KZ-Syndrom genießen internationale Anerkennung.[216]

Thygesen nennt als Ursachen für die hohe Zahl der Sterbe- und Krankheitsfälle in Husum die systematische Aushungerung der Gefangenen, die mangelhafte Kleidung, das schlechte Schuhwerk, die unablässigen Misshandlungen, das Heimweh, die überfüllten Baracken, die erbärmlichen hygienischen Zustände, die viel zu schwere Zwangsarbeit und eine unfähige Lagerführung, die die elementarsten menschlichen Bedürfnisse ignorierte:

In den ersten Wochen gab es als Schuhe nur Holzsandalen, deren Riemen scheuerten. »Dieses Schuhzeug ist […] die direkte Ursache für den Tod hunderter Gefangener gewesen«, stellte Thygesen fest. Wunden heilten aufgrund der schweren Unterernährung kaum, sondern verschlimmerten sich, weil sie nicht richtig verbunden werden konnten. Neben den Wunden und Entzündungen an Beinen und Füßen, unter denen nahezu alle Gefangenen litten, erkrankten viele von ihnen an Dysenterie, was eine Folge von Vitamin-B-Mangel war, vor allem aber von Infektionen, gegen die es keine effektive Behandlungsmöglichkeit gab.

Am 25. September 1944 begannen in Husum die Arbeiten mit fünfhundert Gefangenen aus Neuengamme; am 19. Oktober kam ein zweiter großer Transport mit etwa tausend Männern im Lager an, unter ihnen viele Männer des Putten-Transportes. Als im Dezember das Lager aufgelöst wurde, war ein Drittel der Gefangenen gestorben; siebenhundert Schwerkranke wurden zurück nach Neuengamme transportiert. Am

1. November wurden die meisten Überlebenden des Transportes vom 19. Oktober von Husum nach Ladelund überbracht, wo sie mit etwa tausend Männern aus Neuengamme in dem viel zu kleinen Lager untergebracht wurden. Die Lebens- und Arbeitsbedingungen waren dort noch schlimmer als in Husum, ebenso wie auch das Lagerregime. In den sechs Wochen bis das Lager aufgelöst wurde, am 16. Dezember 1944, starben dort 299 Menschen, darunter 170 Niederländer, 111 davon Männer des Putten-Transportes.

Als sich gegen Ende 1944 die militärische Lage an den Fronten wandelte und es unwahrscheinlich schien, dass die Alliierten in der sumpfigen Landschaft Nordfrieslands landen würden, wurde die Arbeit an den Riegelstellungen und Panzergräben abgebrochen. Die Lager wurden aufgelöst und was von den Kommandos noch übrig war, nach Neuengamme zurücktransportiert. Insgesamt waren in diesen norddeutschen Lagern etwa fünftausend Männer inhaftiert gewesen, viertausend allein im Lager Husum, das Thygesen aufgrund der hohen Sterberate und sinnlosen Arbeit »eine dreimonatige Hölle und ein Massenmord ohne Sinn« nannte.[217]

RESÜMEE

»Ich wiederhole: Nicht wir, die Überlebenden, sind die wirklichen Zeugen«, schrieb Primo Levi und meinte damit die vielen Juden, die in den Vernichtungslagern ermordet worden waren.[218] Er, der Überlebende, konnte nicht über ihr Schicksal, über ihre Erfahrungen im Lager sprechen, und ebensowenig konnten es die wenigen Männer des Putten-Transportes, die aus den deutschen Arbeitslagern zurückkehrten, gepeinigt von ihren traumatischen Erinnerungen an Neuengamme, Husum, Ladelund, Wedel und all die anderen Lager. Ihre Geschichten konnten höchstens von jenen verstanden werden, die dieselben Erfahrungen gemacht hatten. Wer ihr Schicksal nicht teilte, konnte nur zuhören und versuchen zu verstehen, blieb bei all dem jedoch ein Außenstehender, der die Worte des Erzählers nicht erfassen konnte. Das Schlimmste ließ sich weder erzählen noch begreifen.

Abgesehen von diesen unüberbrückbaren Verständigungsproblemen kämpften die Überlebenden mit der Frage nach dem Warum des Todes so vieler ihrer Lagergenossen und dem Grund ihres eigenen Überlebens. Wo immer sich in dem recht kleinen Ort Putten diese Frage aufdrängte, war man auf der Suche nach einer Erklärung, die die Menschen weiterhin als rational handelnde und denkende Wesen begriff. Derart viele Menschen konnten doch nicht nur aus reinem Zufall, aufgrund der unglücklichen Umstände oder durch andere Faktoren in den Lagern gestorben sein! In dieser Hinsicht war van Dantzigs These beim Versuch der Überlebenden, ihre Lagererfahrungen in ihr Leben zu integrieren und in einen sinnvollen Zusammenhang zu stellen, äußerst funktional gewesen.

Van Dantzig bot eine Erklärung für den Untergang der Männer, die einerseits auf den psychologischen Theorien jener Zeit basierte, andererseits jedoch nicht nur dem begrenzten Kreis der Analytiker, sondern einer breiteren Öffentlichkeit zugänglich war, da sein Essay verständlich und frei von unnötigem Fachjargon geschrieben war. Viele waren geneigt, sich seine Thesen zu eigen zu machen. Dabei schien es unerheblich, dass sich van Dantzigs Ausführungen nur auf ein schwaches empirisches Fundament stützen konnten. Seine Deutungen übten unverkennbar eine große Anziehungskraft aus, da sie sowohl für die Überlebenden aus Putten selbst als auch für andere eine Antwort auf die existentielle Frage nach ihrem eigenen Überleben gaben.

Auch Mitte 1947 befanden sich die Interviewten noch in äußerst schlechter geistiger und körperlicher Verfassung. Wie so viele andere Überlebende müssen sie sich gefragt haben, inwieweit sie womöglich zu den wenigen gehörten, die es in den Lagern etwas besser als ihre Schicksalsgenossen gehabt hatten. Primo Levi, dessen gesamtes Werk von dieser Frage bestimmt ist, schrieb voller Zynismus, dass die privilegierten Gefangenen innerhalb der Lager zwar eine Minderheit bildeten, doch unter den Überlebenden stark in der Mehrheit waren.[219] Die meisten Überlebenden des Putten-Transportes rühmten sich auch ihrer eigenen Überlebensstrategie, die ihrer Meinung nach der Grund für ihre Rettung gewesen sei. Um zu verstehen, warum ihre Schicksalsgenossen die Lager nicht überlebt haben, klammerten sie sich dankbar an den Strohhalm, den van Dantzig ihnen reichte.

Nicht-Puttener zeigten sich häufig anfälliger für van Dantzigs soziologische und anthropologische Thesen als diejenigen, die in Putten geboren und aufgewachsen waren.[220] Puttener wie van Kernebeek, Jansen, van den Berg, van Beek, Schuiteman und Ernsten war van Dantzigs Sprache fremd. Im Gegensatz dazu sind in den Berichten und Erzählungen von Männern, die nicht aus Putten selbst stammten, wie Verhey aus Scheveningen, die Brüder Vonhof aus Harderwijk oder Pfarrer de Ruig, deutlich Elemente von van Dantzigs Thesen wiederzuerkennen.

Vor allem wer nicht aus Putten stammte, zeigte sich für eine Interpretation empfänglich, die Putten und seine Einwohner zum »Anderen«, Fremden und Unbegreiflichen stilisierte: mit seiner Bauernmentalität, der orthodoxen Religiosität und dem ländlichen, nicht-industrialisierten soziokulturellen Hintergrund. Wer Putten nicht kannte, war schnell zu Stereotypen bereit. Im Zuge des Wiederaufbaus nach dem Krieg, jener Modernisierungswelle, die mit einer von städtischen Werten durchzogenen Zivilisationsoffensive einherging, wurde »das Dorf« Putten zum Prototyp einer erstarrten, vorkriegszeitlichen Niederlande, die während der Besatzung von linken städtischen und intellektuellen Kreisen gerade so sehr kritisiert worden war. In den neuen Niederlanden der Zeit nach der Besatzung gab es für eine »Abweichung« wie Putten keinen Platz.

Doch es waren die extrem schlechten Lagerbedingungen gewesen, die unverkennbar und nachweislich die Ursache für die hohe Sterberate unter den bei der Puttener Razzia aufgegriffenen Männern waren. Aus diesem Grunde ist es wenig sinnvoll, den soziokulturellen Hintergrund des Dorfes und seiner Umgebung genauer zu durchleuchten. Inwieweit die rechts-protestantische, traditionelle Puttener Gemeinschaft mit ihrem, wie van Dantzig es nannte, »Sinn für Tradition« und »warmen Umgang untereinander« verhindert habe, dass die Puttener Männer sich an eine vollkommen neue Umgebung anpassen konnten, lässt sich aufgrund der vielen unbestimmten Faktoren, die damit einhergehen, nicht untersuchen. Sein Bild des ländlichen Putten basierte auf damaligen soziologischen Theorien und politischen Prämissen zum Gegensatz Stadt – Land, die heute zwar nicht völlig überholt, so doch grundlegend modifiziert sind.[221]

Van Dantzigs These war zusammen mit dem religiösen Aspekt, den Pfarrer de Ruig hinzufügte, nach dem Krieg äußerst populär. Gegenstimmen gab es lange Zeit nicht und die beabsichtigte Untersuchung der Razzia durch das RIOD ist niemals durchgeführt worden, da Wildschuts Voruntersuchungen hinsichtlich der Möglichkeiten einer solchen Studie diese als wenig erfolgversprechend erscheinen ließ. Die Vorstellungen über Putten in seinem Abschlussbericht sind eine getreue Zusammenschau von van Dantzigs und de Ruigs Ansichten. Putten lebte, so schrieb Wildschut, eher in Jahrhunderten als in Jahren. Die nahezu ausschließlich protestantische Bevölkerung war in jeglicher Hinsicht äußerst konservativ. Viele Einwohner waren noch nie jenseits der Gemeindegrenzen gewesen, Ehen wurden hauptsächlich untereinander geschlossen. Man trifft viel Inzucht an: Kurzum man lebte dort »ut prosca gens mortalium paterna rura bobus exercet suis«. […]

240

In Putten ging das tägliche Leben seinen normalen Gang, der Krieg zog an ihm fast unbemerkt vorüber. Sonntags ging man zur Kirche, pflichtgemäß, man hörte sich die Predigt eher mit traditioneller Gottesfurcht als mit wirklicher Einsicht an. Während der Woche arbeitete man auf dem Felde und trieb Schwarzhandel. Letzterer blühte in Putten wie nur an wenigen Orten.[222]

Während Wildschuts Bericht allerdings kaum in der Öffentlichkeit bekannt wurde, sollte Wouters' Gedenkbuch »Das Drama von Putten«, das 1948 erschien, das Bild und die Ansichten von der Razzia und ihren Folgen jahrelang prägen. Auch Wouters war von van Dantzigs Artikel tief beeindruckt, sein Gedenkbuch ist deutlich durch dessen Thesen beeinflusst.[223]

Erst der niederländische Historiker de Jong widersprach im zehnten Teil seines großen Geschichtswerkes über den Zweiten Weltkrieg, das 1982 erschien, den gängigen Auffassungen über die spezifische Situation der Puttener, ohne allerdings van Dantzigs Artikel zu erwähnen.[224] In Neuengamme starben 92 Prozent aller registrierten Gefangenen, 85 Prozent davon waren Niederländer, die ab September 1944 nach Neuengamme deportiert worden waren, konstatierte de Jong. Man konnte also nur schwer von einer besonders hohen Sterberate unter den Puttener Männern sprechen. In Ladelund starben innerhalb von sechs Wochen dreiviertel aller Gefangenen. Da die Puttener Männer also in ein Lager gerieten, in dem sie unvermeidlich schwerere Verluste erleiden mussten als andere Gefangene, gebe es – so de Jong – keinen Grund, einen Zusammenhang zwischen der Zahl der Toten und anderen Faktoren, die etwa in der Puttener Gemeinschaft selbst zu suchen waren, herzustellen. Trotz dieser nüchternen Zahlen sollte sich die Deutung des Todes der Puttener Männer, die vom Gedankengut des Psychiaters und des Pfarrers durchdrungen war, noch lange halten.

IV. Das Attentat

Kurz nachdem der ehemalige Wehrmachtsbefehlshaber Friedrich C. Christiansen, der den Befehl zur Repressalie gegen Putten gegeben hatte, im Februar 1946 im Arnheimer Gefängnis inhaftiert worden war, empfing das Sondergericht einen ausführlichen Bericht über den Hergang des Attentats bei der Oldenaller Brücke am 30. September 1944. Der Bericht war von einem gewissen Mulder aus Putten verfasst worden, der bei der Befreiung der Niederlande Ermittlungsbeamter der »Inneren Niederländischen Streitkräfte« (BS) gewesen war. Mulder hatte zwei der unmittelbar am Attentat beteiligten Personen befragt und ihre Aussagen durch eigene Untersuchungen ergänzt. Seine Schlussfolgerungen lauteten, dass es für das Attentat keinen ausdrücklichen Befehl gegeben habe, es laienhaft vorbereitet und ausgeführt worden und durch das feige Verhalten des Kommandanten der Widerstandsgruppe gescheitert sei. Mulder ging es dabei vor allem um die Frage, wer letztlich für die Razzia in Putten verantwortlich sei. Trotz seiner heftigen Kritik an der Ausführung des Attentats machte er nicht die Widerstandsgruppe für die Razzia verantwortlich, sondern diejenigen – und damit meinte er Frericks und Kiks –, die am Montagmorgen, dem 2. Oktober 1944 dem SD gemeldet hatten, dass in der Nacht des Attentates ein Auto mit Verwundeten bei der Puttener Luftabwehr gehalten habe. Aus der Aussage der beiden Männer habe Christiansen ableiten können – so argumentierte Mulder –, dass Putten an dem Attentat beteiligt gewesen sein musste, was ihm das Argument in die Hände gespielt habe, Repressalien gegen die Dorfbevölkerung zu ergreifen.

Dieser Bericht blieb lange Zeit unbeachtet. Erst im Januar 1947 wurde Kommissar Kuilman damit betraut, Mulders Behauptungen genauer zu untersuchen. Er befragte hierzu alle Personen, die auch nur im entferntesten etwas mit dem Attentat zu tun gehabt hatten – unter ihnen auch Frericks und Kiks. Zur gleichen Zeit sprach auch Wildschut vom RIOD mit den Puttener Einwohnern über das Attentat. Kuilman und Wildschut hatten alle Mühe, in einem Labyrinth Geschichten und Gerüchten die Wahrheit zu finden, und es dauerte lange, ehe das Sondergericht in Arnheim wusste, welche Schlussfolgerungen aus Mulders Bericht zu ziehen seien. Wahrheit und Lüge schienen ein unentwirrbares Knäuel zu bilden. 1947 stellte das RIOD seine Untersuchung der Ereignisse in Putten mit der Begründung ein, dass es dem Institut an Geld und Personal mangele, um das Projekt durchzuführen.[225] Wer allerdings Wildschuts vertraulichen Abschlussbericht liest, kann sich des Eindrucks nicht erwehren, dass sich das RIOD an der »Affäre Putten« nicht die Finger verbrennen wollte. Die Tragödie beinhalte, so fand man, recht »delikate Aspekte«. So wurde der Fall, der einst die höchste Priorität genoss, noch keine drei Jahre nach dem Krieg geräuschlos ad acta gelegt.[226]

Die Widerstandsgruppe Putten

Der bewaffnete Widerstand auf der Veluwe

Anfang September 1944 sollten auf Wunsch der Exilregierung in London die unterschiedlichen Widerstandsgruppen zu den »Inneren Niederländischen Streitkräften« (BS) gebündelt werden. Neben dem »Ordnungsdienst« (ordedienst - OD) gehörte den BS als zweite Widerstandsorganisation die »Nationale Hilfe für Untergetauchte« (Landelijke Hulp aan Onderduikers - LO) an, die seit 1943 Personen, die sich dem Arbeitseinsatz entziehen wollten, zu Papieren und Deckadressen verhalf. Als die Nachfrage nach Lebensmittelmarken und Personalausweisen stieg, wurden überregionale Rollkommandos gebildet (Landelijke Knokploegen - LKP), die Ausgabestellen und Gemeindehäuser überfielen. Im Sommer 1944 existierten nur noch einzelne dieser Rollkommandos, die für spezielle Überfallaktionen eingesetzt wurden. Zur selben Zeit traten auch vermehrt bewaffnete Gruppen des »Widerstandsrates« (Raad van Verzet - RVV) in Erscheinung. Der RVV war der eigentliche paramilitärische Zweig der niederländischen Untergrundbewegung, der 1943 errichtet worden war, um Spionage- und Sabotageaktionen für die Alliierten durchzuführen.

Die Koordination und Reorganisation der Widerstandsgruppen OD, RVV und LO/LKP zu den »Inneren Niederländischen Streitkräften« im September 1944 war nicht nur auf den höheren Ebenen, sondern auch regional und lokal ein schwieriges Unterfangen. Viele Betroffene sahen in ihr keinen

Vorteil, da ihrer Meinung nach durch die komplizierte Operation der Widerstand eher geschwächt als gestärkt wurde. Zudem sollten LO/ LKP und RVV nun denselben Aufgabenbereich erhalten, während beide Gruppen in der Vergangenheit gerade ganz unterschiedliche Aktionen durchgeführt hatten. Hinzu kam, dass für die Gruppen des OD und LO/ LKP der RVV als kommunistische Organisation galt. Sowohl regional als auch überregional spielten diese politischen Unterschiede eine überaus große Rolle. Man traute einander nicht. Die verbotene kommunistische Partei der Niederlande, CPN, wurde verdächtigt, sich mit Hilfe des RVV eine Machtposition erobern zu wollen, um diese nach dem Krieg auszubauen.

Auch der nationale Sabotagekommandant der Rollkommandos LKP, van Bijnen, und der Kommandant Thijssen vom Widerstandsrat RVV sahen wenig Sinn in der Zusammenarbeit, die von London aus angeordnet worden war. Bezirkskommandant der »Inneren Niederländischen Streitkräfte« wurde auf der Veluwe der RVV-Mann Berend Dijkman, alias Piet van de Veluwe, dessen Hauptquartier in Ermelo lag. Vor dem Krieg war Dijkman Polizist gewesen und hatte während des Krieges fast zwei Jahre im Gefängnis verbracht. Nach seiner Freilassung im Frühjahr 1944 stürzte er sich erneut in die Widerstandsarbeit.

Die Puttener Widerstandsgruppe fiel direkt unter Dijkmans Befehl. Er war es denn auch gewesen, der um den 25. September 1944 herum dem Brigadekommandanten aus Putten den Auftrag erteilte, ein Attentat auf ein deutsches Personenfahrzeug oder einen Kurier zu verüben. Dieser Befehl gehörte zu den Anweisungen zur Sabotage, die Thijssen beim Vorstoß der Alliierten ab dem September 1944 an seinen Bezirkskommandanten erteilte und die sich eng an die Strategie der Alliierten anschlossen.

Allgemein ging man in der ersten Septemberwoche davon aus, dass die Niederlande schnell befreit sein würden. Kommandant Thijssen schrieb seinem Bezirkskommandanten am

6. September, dass es jetzt Aufgabe sei, »die deutsche Befehls-
führung anzugreifen«, genauer »Kuriere, Stabsautos, Stabsquartiere«. Ziel der systematischen Überfälle sei, so schrieb er
in einer späteren Mitteilung, die »Zersetzung feindlicher Einheiten«. Thijssen war von London über einen anstehenden
Angriff der Alliierten informiert worden.[227] Dabei war zu
erwarten, dass die Deutschen ihre Truppen vom Westen des
Landes an die Front verlegen würden, was ihnen durch die
Aktionen erschwert werden sollte. Als am 17. September die
Schlacht um Arnheim begann, bekamen der KP-Komman-
dant van Bijnen und der RVV-Kommandant Thijssen den
Auftrag, ihre Widerstandsgruppen zu mobilisieren. Die Alliierten wollten, so schrieb Thijssen an seine Bezirkskommandanten, zum Ijsselmeer vorstoßen. Gruppen, die sich mehr als
zwanzig Kilometer von der Front entfernt befänden, sollten
die deutschen Truppenbewegungen so gut es ging stören.[228]

Kurz bevor am 17. September die Operation »Market-
Garden«[*] begann, hatte der von den Engländern abgeworfene belgische Kapitän Kirschen mit Thijssen Kontakt aufgenommen. Kirschen war einer der vier Männer eines Teams
des Special Air Service (SAS), die in der Nacht vom 14. auf
den 15. September auf der Heide südlich von Putten, abgeworfen worden waren.[229] Thijssen trug seinen Bezirkskommandanten auf, »Captain King«, wie Kirschen sich nannte,
volle Unterstützung zu gewähren und umgehend Auskünfte
über Truppenmacht und Truppenstärke der Deutschen in
ihren Gebieten zu übermitteln. Des Weiteren bat Captain
King, »Informationen über die Deutschen« zu beschaffen,
indem »Kuriere, Stabsautos, u.a. angegriffen« würden. Aus
Twente erreichte Thijssen in der letzten Septemberwoche die

---

[*]Durch die Operation »Market Garden« wollte sich der britische Oberbefehlshaber Montgomery durch eine Eroberung der Niederlande einen Weg
ins »Dritte Reich« bahnen. Verschiedene Fluss- und Kanalübergänge sollten
dabei von Luftlandestreitkräften eingenommen werden.

Nachricht, dass man tatsächlich einen Anschlag auf Kuriere oder Stabsautos vorbereitete.[230]

Diese Strategie war von den Alliierten entwickelt und schon früher in Frankreich und Belgien zum Einsatz gebracht worden. Die Zusammenführung der niederländischen paramilitärischen Widerstandsgruppen zu den »Inneren Niederländischen Streitkräften« unter Befehl von Prinz Bernhard erfolgte, nachdem das Hauptquartier der Alliierten seine Zustimmung gegeben hatte. Die BS sollten neben den traditionellen Streitkräften als eine der Special Forces gelten und letztendlich unter Eisenhowers Befehl stehen. Unter dessen Hauptquartier fielen auch die SAS-Spezialeinheiten, die auf Geheimdienstebene mit den BS zusammenarbeiten sollten.[231]

Die Koordination von OD, RVV und LO/LKP, die angeblich bevorstehende Befreiung der Niederlande, der *Dolle Dinsdag*, die Operation »Market-Garden« und die Sabotageaufträge der Führung der BS erforderten alle zusammen einen erhöhten Einsatz des paramilitärischen Widerstandes. Zugleich musste der Feind nun auch noch auf andere Art und Weise bekämpft werden. Während sich die Rollkommandos bis zu diesem Zeitpunkt hauptsächlich auf bewaffnete Überfälle von Ausgabestellen und dergleichen beschränkt hatten, galt ab Anfang September der Sabotage an Wehrmachtseinrichtungen, der Zerstörung von Telefonkabeln, der Sprengung von Bahnlinien und der Sammlung geheimer Informationen über Truppenbewegungen der Deutschen höchste Priorität.

Die Veluwe wurde als Hinterland der Front zu einem überaus wichtigen militärisch-strategischen Operationsgebiet. Obgleich sie für einen wirklichen Partisanenkampf ungeeignet war, war sie mit ihrem Sandboden ein ausgezeichnetes Gebiet für Waffendroppings. Über ihre weiten Felder konnte man leicht entkommen, es gab kaum Hindernisse wie Gräben oder Bäche, und in den kleinen Wäldern konnte man sich gut verstecken.[232] Im Juli 1944 wurde ein Abwurffeld zwischen

Putten und dem nahen Voorthuizen abgesteckt und von London genehmigt. Ab September waren zahlreiche Gruppen aus Puttens Umgebung an Waffendroppings, Sprengung von Bahnlinien und Überfällen auf deutsche Transportfahrzeuge beteiligt.[233]

Als die Schlacht um Arnheim entbrannte, nahm die Zahl der Abwürfe auf der Veluwe stark zu.[234] Kleinere Waffentransporte waren davor in Zügen von Kurieren getätigt worden. Ab Ende August mussten die großen Waffentransporte nun per Auto erfolgen. Dazu bediente man sich der Fahrzeuge, die von den Deutschen noch nicht beschlagnahmt worden waren, weil die Eigentümer über Bescheinigungen der Wehrmacht verfügten, oder man benutzte Lebensmittelfahrzeuge, Autos des Arbeitsdienstes, Fahrzeuge von Betrieben der Wehrmacht, der Post oder der Polizei. Wegen der Sabotageakte an der Bahnlinie, die Anfang September im Zusammenhang mit dem Vormarsch der Alliierten erfolgt waren, waren Autos nun unentbehrlich.[235]

Die abgeworfenen Waffen wurden in großem Umfang bei Sabotageakten eingesetzt. Kurz vor dem *Dolle Dinsdag* wurden zahlreiche Anschläge auf Bahnlinien verübt. In der Nacht vom 5. September wurden zwei wichtige Bahnlinien, die den Westen mit dem Osten verbanden, an zwei Stellen zerstört: die Linie Amersfoort-Zwolle, an der auch Putten lag, und die Linie Amersfoort-Apeldoorn. Brücken und Viadukte wurden gesprengt, Wege unpassierbar gemacht und deutsche Frachtwagen beschossen.[236] Im ganzen Land kam es zu vermehrten Aktionen der Widerstandsgruppen, vor allem jedoch auf der Veluwe, durch die aller Erwartung nach die Alliierten zum Ijsselmeer vorstießen, – und Putten lag inmitten dieses Gebietes.

Auffällig viele Kommunisten waren während der Besatzung in Putten untergetaucht. Unter ihnen war Oosterbroek, der Kontakte zu unterschiedlichen kommunistischen Widerstandsgruppen unterhielt, unverkennbar der führende Mann. Er und seine Leute hatten vor September 1944 im Auftrag des RVV Sabotageanschläge verübt. Bis September 1944 trat diese Gruppe allerdings nicht in Putten selbst in Aktion.

Ganz anders eine zweite Widerstandsgruppe, die sich 1944 in Putten um den Sohn des Puttener Bahnhofsvorstehers Dunnewind und den Sohn und die Tochter des 1941 abgesetzten Puttener Bürgermeisters van Geen formierte und Kontakte zum kommunistischen Widerstand in Amsterdam und dem RVV-Bezirkskommandanten Dijkman in Ermelo unterhielt. Ende August waren sie an den Waffendroppings in der Nähe von Putten und dem Weitertransport der Waffen beteiligt.

Beiden Gruppen – die eine um Oosterbroek, die andere um van Geen – gehörten vor September 1944 wahrscheinlich jeweils rund zehn Personen an, fast keiner von ihnen stammte aus Putten selbst.

Eine »Widerstandsgruppe-Putten« gab es also eigentlich nicht. Der schwierige Prozess der Zusammenführung der unterschiedlichen Widerstandszellen zu den »Inneren Niederländischen Streitkräften« sorgte auch in Putten im September für große Aufregung. Jede einzelne Gruppe musste nun einen Teil ihrer Autonomie und Identität aufgeben. Der Koordinationsprozess führte zu persönlichen Rivalitäten; dabei dienten Diskussionen über die Widerstandstaktik und Führerqualitäten als Deckmantel für den dahinter liegenden Machtstreit. Zudem bestanden auch große politische Gegensätze.

Es ist somit wenig überraschend, dass die Aussagen in dem von Kommissar Kuilman aufgestellten Protokoll und den von

Wildschut aufgezeichneten Gesprächen mit den Hauptpersonen des Puttener Widerstandes in den Jahren 1946/1947 nicht nur sehr widersprüchlich, sondern schlichtweg auch wenig aussagekräftig sind. Die meisten Befragten blieben in ihren Aussagen hinsichtlich der Ereignisse in jenem September 1944 auffallend vage. Daran waren zum Teil sicherlich die wirren Zustände im Monat September Schuld, gleichzeitig jedoch haben die Beteiligten durch ihre ungenaue Darstellung die Ereignisse absichtlich mystifiziert. Aus ganz unterschiedlichen Beweggründen datierten sie ganz nach Belieben ihre Teilnahme am Widerstand vor oder nach, spielten sie ihre Rolle herab oder übertrieben diese gar.[237] Gleichwohl muss zu ihrer Entlastung angeführt werden, dass die Geschichte des Widerstandes im Allgemeinen bis zum Herbst 1944 im Dunkeln liegt. Über Jahre hinweg waren die unterschiedlichen Widerstandsgruppen kaum strukturiert und organisiert, Geheimhaltung war oberstes Gebot und die Mitglieder wechselten ständig.

DER DOLLE DINSDAG IN PUTTEN

Der *Dolle Dinsdag* habe Putten, so schrieb Hauptwachtmeister Overdijk von der Puttener Polizei in seinem »polizeilichen Monatsrapport« eine Woche später, recht »kalt gelassen«. Die Polizei habe kaum eingreifen müssen. Während sich die Bevölkerung bis zum 5. September 1944 noch völlig ruhig verhalten habe, sei allerdings durch die an diesem Tag in Umlauf gesetzten Kriegsgerüchte und den Abzug hoher NSB'er aus Putten unter der Bevölkerung eine gewisse Unruhe entstanden. Mit Beamten der polizeilichen Fahrzeugverwaltung in Putten konnten Ruhe und Ordnung allerdings schnell wiederhergestellt werden. Außer einem Anschlag auf die Bahnlinie Nijkerk-Putten seien keine nennenswerten Unregelmäßigkeiten aufgetreten.[238]

Dabei handelte es sich keineswegs um einen wahrheitsgetreuen Bericht über die Vorfälle in Putten am 5. September 1944. Es wäre auch nicht klug gewesen, wenn Overdijk seinem fanatischen Vorgesetzten in Arnheim, Feenstra, berichtet hätte, was in Putten wirklich vorgegangen war, denn die Puttener Bevölkerung war alles andere als ruhig gewesen. Überall wurden nationale Lieder gesungen, die Einwohner trugen Kleidung in der orangen Farbe ihres Königshauses und viele dachten, dass die Befreiung begonnen habe.[239] Vom Turm der Alten Kirche wehte schon früh am Morgen die niederländische Nationalflagge, die von der Polizei allerdings wohlweislich schnell entfernt wurde.

Der Widerstandskämpfer Oosterbroek erzählte:

Ich ging zur Polizei und trat dort ziemlich autoritär auf. Zuerst fragten sie mich: »Was hast du denn damit zu schaffen?« »Gar nichts, du hast recht, aber vielleicht doch mehr, als du denkst!«, antwortete ich. Ich nahm die Zügel in die Hand. Außerdem hatte ich so eine große Parabellum, das machte Eindruck! Ich habe mich dann als Repräsentanten der Niederländischen Regierung in London präsentiert, recht unverschämt. Der Kontakt zwischen beiden Gruppen in Putten war noch nicht ganz hergestellt worden. Ich mischte mich also öffentlich in die Angelegenheiten ein; man kannte mich bisher noch kaum.

Polizist Overdijk fühlte sich als ranghöchster Beamter für die zu treffenden Entscheidungen verantwortlich. Ihm trat Polizist Doornbosch zur Seite, der Otten, den eigentlichen Leiter des PMD, ablöste, weil Otten NSB-Mitglied war. Overdijk nahm Kontakt zur Feuerwehr auf und ließ den Bahnhof besetzen. Schulen wurden geschlossen, NSB'er entwaffnet. NSB-Bürgermeister Klinkenberg bekam es mit der Angst zu tun und lieferte seine Waffen ab. Er wurde unter Bewachung gestellt. Der berüchtigte SD-Spion Achterberg wurde über-wältigt und gefangen genommen.[240]

Putten war den ganzen Tag über in heller Aufregung. Auf der Straße Amersfoort-Zwolle zogen scharenweise NSB-Mit-glieder nach Deutschland. Abends wurden die Fensterschei-ben von Puttener NSB'ern eingeschlagen und der Bauernhof des NSB-»Bauernführers« Jansen angezündet.[241] Englische Kampfflugzeuge flogen über das Dorf. Bäcker Elbertsen und seine Frau lagen schon im Bett, als

wir plötzlich Schüsse hörten. Ich dachte: »Das sind die Engländer!« Wir sprangen aus dem Bett und schauten durchs Fenster. Hinterher hörten wir, dass eine deutsche Patrouille mit vierzehn Mann auf ein Auto der Untergrund-bewegung gestoßen war. Die Moffen befahlen anzuhalten, doch das machten sie nicht. Wir hörten Schreie und Wim-mern. Dann sagte jemand: »… dann ist er von seinem Leiden erlöst.« Auch sah ich, wie das Auto dann langsam weiter-fuhr.[242]

In das Haus gegenüber wurden verwundete Soldaten hinein-getragen, die, wie sich herausstellen sollte, vom Regiment »Hermann Göring« waren. Deutsche Soldaten nahmen eini-ge zufällig vorübergehende Passanten fest. NSB-Bürgermei-ster Klinkenberg übergab die Leitung der Polizei. Die Ord-nungspolizei in Harderwijk schickte deutsche Soldaten, ließ die Häuser in dem Gebiet, wo der Schusswechsel stattgefun-den hatte, nach Waffen untersuchen und die Verwundeten nach Harderwijk bringen.

Die niederländische Polizei und die Puttener Jagdaufseher, die an diesem Tag die Ordnung bewahren sollten, konnten den Deutschen weismachen, dass die deutsche Patrouille auf Deutsche gestoßen sei, die dann das Feuer eröffnet hätten. Es gelang Overdijk auch, drei der vier aufgegriffenen Passanten freizubekommen.[243]

In dem Auto, aus dem geschossen worden war, hatten in der Tat Widerstandskämpfer gesessen. Sie waren auf dem Rückweg nach Scherpenzeel gewesen, wo sie Waffen, Munition und Trotyl – alles zwei Tage zuvor bei Garderen abgeworfen – abgeliefert hatten.

Nach dem Vorfall ergriffen die Deutschen keine Repressalien, doch von diesem Tag an war die Situation in Putten grundlegend verändert. Overdijk versuchte nach allem, was am 5. September geschehen war, zu retten, was zu retten war. Es musste verhindert werden, dass der SD die lokalen Widerstandsgruppen aufrollte. Von nun an arbeiteten die Leute der Polizei mit dem lokalen Widerstand zusammen und organisierten gemeinsame Aktionen.[244] Sowohl »richtige« als auch »falsche« Polizisten mussten versuchen, nach dem *Dolle Dinsdag* ihre Tätigkeiten wieder aufzunehmen. NSB-Bürgermeister Klinkenberg blieb zwar erst noch einige Tage in Putten, verließ das Dorf aber schon bald danach. Von diesem Zeitpunkt an gab es niemanden mehr, der in Putten die Verantwortung trug, wodurch der Polizei eine noch schwerere Rolle zufiel.

Das Attentat

Am *Dolle Dinsdag* hatte die Widerstandsgruppe um van Geen in Putten einen umgebauten Bauernhof bezogen, der schon einige Zeit leer gestanden hatte. Von dort aus unterhielt die Gruppe telefonisch Kontakt mit der Puttener Polizei. Als aber nach einer Woche deutlich wurde, dass es noch nicht zur Befreiung kommen würde, räumten sie aus Sicherheitsgründen den Bauernhof und errichtete ihr Quartier im abgelegenen Gehöft Enny's Hoeve. Neuer Kommandant der Gruppe wurde der untergetauchte Polizist Witvoet.

In der letzten Septemberwoche erschien ein weiblicher Kurier, Aartjen Simon, mit einem Bericht von Dijkman. Dieser hatte von seinem Kommandanten Thijssen den Auftrag erhalten, deutsche Meldefahrzeuge (einzelne Motorräder oder kleinere Autos), Kuriere und Stabsautos zu überfallen. Damit sollten die Deutschen hinter der Front bekämpft und wichtige Berichte für Captain King abgefangen werden. Diese Art Aufträge war für die Gruppe neu, die einzelnen Mitglieder waren somit über die zu verübenden Überfälle äußerst geteilter Ansicht.

Witvoet wählte sieben Männer aus: Oosterbroek, Helsdingen, Rengers Hora Siccama, van Geen, Dankaart, der Maschinengewehrschütze war, van Heesen und den jungen Slotboom. Witvoet mitgerechnet handelte es sich also um acht Mann, was ganz einer früheren Anweisung Thijssens entsprach, derzufolge Widerstandsgruppen bei derartigen Aktionen nachts in kleinen Gruppen auftreten sollten.[245]

Am Freitagabend, dem 29. September, ging die Gruppe auf Erkundung aus. Witvoet hatte einen Ort nahe der Bürgermeisterwohnung ausgesucht, wo die Nijkerkerstraat eine leichte Biegung macht. Diese Straße nahmen die Soldaten zwischen Amersfoort und Nijkerk nach Ermelo und Harderwijk. Links und rechts der Straße standen Bäume und es gab ausgetrocknete, mit Sträuchern bewachsene Gräben, in denen man sich gut verstecken konnte. Witvoet sollte als Kommandant auf dem Kommandoposten bleiben und selbst nicht an der Aktion teilnehmen. Fünfhundert Meter weiter befand sich die Wohnung von Mulder, der seit geraumer Zeit Kontakte zur Widerstandsgruppe unterhielt. Dort sollte er warten. Die anderen bezogen Posten. Nach einiger Zeit meldete sich Oosterbroek bei Witvoet. Man war noch nicht in Aktion getreten.

Der Schütze Dankaart erklärte später, dass er die Stelle für ungeeignet und die Vorbereitung der Aktion für ungenügend gehalten habe. Anfänglich soll er sogar einen Bauernhof in der Schusslinie gehabt haben. Sie hätten zuerst noch eine andere Position eingenommen, doch dann schon bald beschlossen, in dieser Nacht nicht in Aktion zu treten. Es seien zudem überhaupt keine einzelnen Motorräder oder Autos vorbeigekommen. Andere erklärten, dass es überhaupt nicht die Absicht gewesen sei, in dieser Nacht einen Anschlag zu verüben. Es sei lediglich um eine Übung gegangen. Später meinte man auch, dass die Männer Angst gehabt und ohne ihren Kommandanten nichts zu unternehmen gewagt hätten. Jedenfalls ging Witvoet zusammen mit Oosterbroek zu der Scheune, wo die anderen auf sie warteten und blies die Aktion ab.

Am nächsten Tag ging Witvoet, so berichtete er später, zu Dijkman, um ihm Bericht zu erstatten. Vielleicht sei es besser, so habe er durchschimmern lassen, auf die ganze Sache zu verzichten, da seine Leute mit derartigen Anschlägen zu wenig Erfahrung hätten. Doch Dijkman wollte, dass der Anschlag auf jeden Fall verübt werde. Er sollte als Testfall für die Veluwe gelten. Witvoet sollte allerdings nun als Kommandant bei der Gruppe bleiben und selbst an der Aktion teilnehmen.

Noch am selben Tag wurde ein neuer Ort für das Attentat ausgewählt. Bei der Oldenaller Brücke gab es auf der Nijkerkerstraat noch eine Straßenbiegung. Außerdem waren dort zahlreiche Seitenwege, über die man im Notfall flüchten konnte. Die Zusammenstellung der Gruppe wurde verändert. An die Stelle von van Geen, der an diesem Abend an einem Waffendropping teilnehmen musste, trat der Fallschirmjäger Banwell, ein englischer Schütze, der mit zwei anderen Soldaten bei der Schlacht um Arnheim abgeworfen worden war. Banwell war von den Deutschen gefangen genommen worden, hatte aber fliehen können. Als erfahrener Bren-Gun-Schütze war Banwell für die Gruppe äußerst wertvoll. Das Bren-MG war überaus handlich und aus diesem Grunde eine beliebte Widerstandswaffe. Zudem zeigte sich Banwell bereit, noch am selben Abend an der Aktion teilzunehmen.

Die Männer machten sich an jenem Samstagabend gegen zehn Uhr auf den Weg. Bis Huinerbroek fuhren sie gemeinsam mit dem Fahrrad, dann teilte sich die Gruppe. Helsdingen, van Heesen, Slotboom und Dankaart fuhren zum vereinbarten Ort; Witvoet, Oosterbroek, Banwell und Rengers Hora Siccama gingen zum Eierhändler van Diest in der Bahnhofsstraße, bei dem Witvoet mit Frau und Kind untergetaucht war. Van Diest hatte einen grünen Chevrolet-Lieferwagen im Heu verborgen, den sie bei der Aktion einsetzen wollten. Banwell sollte mit dem Bren MG auf der offenen Ladefläche des Lieferwagens stehen und von dort aus schießen. Gegen halb zwölf brachen sie auf. Van Driest harkte den Garten und verwischte die Autospuren.

Bei der Oldenaller Brücke wies Witvoet den Männern ihren Posten zu. Banwell war der einzige, der schießen durfte. Erst wenn die Deutschen versuchen sollten, aus dem Auto zu fliehen, durften auch die anderen feuern. Der Lieferwagen wurde bei der Biegung an den Straßenrand gestellt, die Scheinwerfer Richtung Nijkerk. Helsdingen bezog von Nijkerk aus gesehen links von der Straße Position, ihm gegenüber lag in der Böschung auf der anderen Straßenseite Rengers Hora Siccama und etwas weiter Dankaart. Sie waren mit Karabinern und Pistolen bewaffnet. Helsdingen sollte die Deckung übernehmen und ein Zeichen geben, wenn sich gleichzeitig aus Putten ein Auto näherte, damit dann nicht auf ein Auto aus Richtung Nijkerk geschossen würde. Slotboom und van Heesen lagen in Schützenlöchern links und rechts der Straße in Richtung Nijkerk. Van Heesen war am weitesten entfernt. Er musste kontrollieren, ob ein ankommendes Auto nicht an der Spitze einer Kolonne fuhr. Wenn es ein einzelnes Auto war, sollte er Lichtsignale an Slotboom geben, und dieser an Witvoet, der bei dem Lieferwagen stand. Oosterbroek saß hinter dem Steuer und sollte die Scheinwerfer anschalten, um den Fahrer des anderen Fahrzeuges zu blenden. Dann sollte Banwell, der das Auto im

Visier hatte, in Aktion treten. Sobald das Auto stillstand, sollten die Deutschen in dem Auto überwältigt, entwaffnet und auf Papiere untersucht werden. Jeder wusste, was er zu tun hatte.

Es waren bereits einige Militärfahrzeuge vorbeigekommen, als van Heesen sein Lichtsignal gab. Doch die Deutschen hatten das Lichtsignal gesehen und waren auf der Hut. Witvoet gab den Befehl »Licht« und Oosterbroek schaltete die Scheinwerfer des Lieferwagens an. Dankaart schaute sich um, und sah, dass sich im Scheinwerferlicht des Lieferwagens ein offener Wagen näherte. Banwell versuchte zu feuern, doch es löste sich kein Schuss, weshalb das deutsche Auto zunächst weiterfuhr, wenn auch etwas langsamer. Dann drückte Banwell erneut ab und diesmal feuerte er. Es ertönten Schreie und das Auto fuhr bei der Brücke gegen einen Telefonmast. Sie sahen, wie die Deutschen aus dem Auto sprangen und wegrannten. Jetzt schossen auch Helsdingen und Rengers Hora Siccama.

Nachdem Banwell gefeuert hatte, ließ sich Oosterbroek aus dem Wagen in den Graben rollen. Witvoet suchte hinter einem Baum Deckung. Banwell sprang von der Ladefläche und rannte weg. Auch Helsdingen floh. Witvoet sah, dass Oosterbroek die Scheinwerfer des Wagens angelassen hatte und rief ihm zu, dass er sie löschen sollte. Als Oosterbroek das tun wollte, ertönten zwei Schüsse. Eine Kugel schlug quer durch die Wagentür des Lieferwagens, die andere durch die Windschutzscheibe. Jemand rannte hinter den deutschen Wagen. Witvoet und Dankaart schossen auf ihn und der Mann fiel zu Boden. Dann zog sich Witvoet wieder zurück. Er sah keinen seiner Männer und wusste nicht, ob die Deutschen noch am Leben waren. Als er hinter sich ein Auto hörte, floh er und versteckte sich bei einem Bauernhof. Dankaart blieb liegen, bis das Auto vorüber war und lief dann auch weg. Da das deutsche Fahrzeug in der Straßenböschung lag, hatten die Insassen des vorüberfahrenden Wagens nichts bemerkt.

Helsdingen schlich zum Ort des Attentats zurück, wo auch Rengers Hora Siccama war. Gleich nach ihnen erschienen Dankaart und Oosterbroek. Im Graben fanden sie einen verwundeten Deutschen. Dankaart wollte ihn entsprechend Witvoets Anweisungen sofort erschießen, doch die anderen waren dagegen, da Thijssen angeordnet hatte, dass verwundete feindliche Personen versorgt werden sollten.[246] In aller Eile schleppten sie den Deutschen zu dem Lieferwagen. Sie suchten weiter und fanden Slotboom, der verwundet am Straßenrand lag. Sie legten ihn neben den Deutschen in den Lieferwagen. In dem deutschen Auto fanden sie weiter nichts als einen Revolver und eine Handgranate. Schließlich tauchten auch van Heesen und Banwell auf. Nur Witvoet war und blieb verschwunden.

In der Zwischenzeit waren noch weitere Autos vorbeigekommen. Die Männer mussten also machen, dass sie wegkamen. Da drei der Deutschen entkommen waren, hatte es keinen Sinn, ihr Auto zu verbergen. Slotbooms Fahrrad wurde auf die Ladefläche des Lieferwagens geworfen. Dankaart, Helsdingen und van Heesen fuhren per Fahrrad zurück zu ihrem Unterschlupf Enny's Hoeve. Oosterbroek, Rengers Hora Siccama und Banwell fuhren nach Putten, um Doktor Vonk zu holen, der die beiden Verletzten behandeln sollte. Sie hielten beim Gemeindehaus in Putten. Gerade als Rengers Hora Siccama ausstieg, um Doktor Vonk zu benachrichtigen, erschienen die Wachen der Luftabwehr, die das Auto gehört hatten. Nun stieg auch Oosterbroek aus, da er – mit Lederjacke, Motorradmütze und Brille – nicht befürchten musste, erkannt zu werden. Er bat um Wasser und befahl den Männern, wieder ins Gebäude zurückzugehen und niemandem etwas zu sagen. Dann kam Rengers Hora Siccama wieder zurück. Doktor Vonk konnte den Verletzten nicht helfen, sondern meinte, dass sie die Männer ins Krankenhaus nach Ermelo schaffen sollten. Doch Oosterbroek fuhr mit ihnen stattdessen mitten durchs Dorf zu Enny's Hoeve, wo sie zur gleichen Zeit ankamen wie die, die per Rad gefahren waren.

Auf dem Gehöft wurden die beiden Verwundeten auf die Erde gelegt. Dankaart war noch immer der Meinung, dass der Deutsche erschossen und begraben werden sollte. Doch Oosterbroek beauftragte ihn, den Arzt van der Velde aus Voorthuizen zu holen. Aber auch van der Velde konnte für den jungen Slotboom nichts tun. Slotboom war zwar noch bei Bewusstsein, da er aber in die Leber getroffen worden war, musste er sofort operiert werden. Der Arzt gab ihm eine Morphiumspritze und verband auch den Deutschen, der einige Streifschüsse erlitten hatte und am Knie verletzt war. Kurz darauf erlag Slotboom seinen Verwundungen. Die Niedergeschlagenheit war groß. »Heute er, morgen wir, ich bin bereit, Gott ist nahe«, meinte einer der Männer.

Die Stimmung auf Enny's Hoeve war äußerst angespannt. Witvoet war noch immer nicht da. Weil er womöglich verletzt sein konnte, ging Oosterbroek ihn suchen. Doch es gelang ihm nicht, durch das abgeriegelte Putten zu van Diests Haus zu gelangen, wo er Witvoet vermutete. Die Männer waren im Übrigen über Witvoets Auftreten äußerst verärgert, da er sich »aus dem Staub gemacht« hatte, anstatt die Aktion nach dem Schusswechsel zu leiten. Zudem war es durchaus möglich, dass Slotboom von einer Kugel aus Witvoets Waffe getroffen worden war. Einige waren sogar dafür, Witvoet zu liquidieren. In der Zwischenzeit hatte man gehört, dass eine Razzia abgehalten wurde. Enny's Hoeve musste Hals über Kopf geräumt werden. Den toten Slotboom legten sie in den angrenzenden Wald. Er wurde später am Tag begraben.

Im Laufe jenes Sonntags hörten die Männer, dass keine Repressalien gegen die Bevölkerung ergriffen würden, wenn die Attentäter sich meldeten oder die vermissten deutschen Soldaten zurückgebracht würden. Heftige Diskussionen folgten. Rengers Hora Siccama und noch jemand wollten sich den Deutschen stellen. Oosterbroek und andere waren vollkommen dagegen, weil man dadurch den Rest der Gruppe in Gefahr brächte. Zudem, so meinten sie, handelte es sich bei dem

Anschlag um eine rein militärische Aktion. Die Männer waren Soldaten der BS und hatten nun einmal einen Befehl ausgeführt.

Schließlich entschloss man sich, in der kommenden Nacht den verwundeten Deutschen irgendwo an den Straßenrand zu legen. Der Deutsche hatte sein Ehrenwort gegeben, nichts preiszugeben, was die Männer verraten konnte. Ihm wurde ein auf Deutsch und Niederländisch verfasster Brief mit der Nachricht mitgegeben, dass er sofort zum nächsten Posten der Deutschen gebracht werden müsse. Morgens gegen halb fünf entdeckte ihn ein niederländischer Bauer. Er benachrichtigte einen deutschen Posten. Gegen neun wurde der verwundete Soldat mit einem Wagen des Roten Kreuzes ins Kriegslazarett von Apeldoorn transportiert. Nicht lange darauf müssen die deutschen Instanzen gewusst haben, dass Eggert, der vermisste Offizier, gefunden worden war.[247]

EPILOG

Die Widerstandsgruppe Putten fiel nach den Ereignissen völlig auseinander. Dankaart tauchte unter, ebenso auch Banwell, doch wurde dieser im November 1944 gefangen genommen und in einem Konzentrationslager interniert. Helsdingen floh in die Wälder, als er von der Razzia hörte, und ließ seine Kameraden wissen, dass er nicht mehr im Widerstand aktiv sein wolle. Van Heesen, der am Sonntagmorgen noch zu Hause gewesen war, meldete sich auf Anweisung der Deutschen im Dorfzentrum, als es hieß, dass es sich lediglich um eine Kontrolle der Personalausweise handle. Wie viele andere war er damit den Deutschen in die Falle gegangen. Er wurde in die Schule und später in die Kirche gebracht. Auf den wiederholten Befehl, Meldung zu machen, wenn man etwas über das Attentat wisse, reagierte er nicht. Mit den anderen Männern wurde er nach Deutschland deportiert und ist nicht wieder zurückgekehrt.

Oosterbroek ist am Montag, dem 2. Oktober, zu Dijkman in Ermelo gegangen, um diesen über den genauen Hergang des Attentats zu informieren. Da in der Nacht ein Abwurf stattgefunden hatte, war Dijkman zur Zeit der Razzia zufällig in Putten. Doch mit Hilfe seines Polizeiausweises konnte er einer Gefangennahme entgehen.[248] Gegen Mittag wurde er auf einem Motorrad nach Ermelo gebracht.[249] Als Dijkman Oosterbroeks Bericht hörte, ernannte er ihn sofort zum neuen Kommandanten der Gruppe.

Witvoet hatte in der Nacht des Anschlages eine Zeitlang in einem Maisfeld gesessen, um die Situation zu überdenken. Danach wurde er von einem Bauern aufgenommen, der am nächsten Tag seine Frau und van Diest benachrichtigte.[250] Sie trafen einander beim Bauern Riksen. Als die Deutschen im Zuge der Razzia dort auftauchten, ließen sie Witvoet, nachdem dieser seinen Polizeiausweis gezeigt hatte, laufen. Den Bauern Riksen nahmen sie mit. Am Dienstag ging Witvoet zu Dijkman, um ihm von dem Anschlag zu berichten. Oosterbroek und die anderen hätten sich, so erklärte Witvoet, »aus dem Staub gemacht«. Als Dijkman ihn mit Oosterbroeks Bericht konfrontierte, hatte Witvoet nur wenig zu entgegnen. Dijkman riet ihm, Putten so schnell wie möglich zu verlassen. Witvoet blieb mit Frau und Kind bis Mitte Oktober in Putten, danach zog er nach Kortenhoef und kam nicht wieder zurück.[251]

In der ersten Novemberwoche wurde Kommandant Thijssen gefangen genommen, am 15. November fiel Dijkman in die Hände der Deutschen. Seine Festnahme war das Werk des berüchtigten Einsatz- und Außenkommandos der Sicherheitspolizei in Apeldoorn, das unter Leitung des Deutschen Fielitz stand.

Am 9. November wurden Henri van Geen und Rengers Hora Siccama aufgegriffen und nach Nijkerk gebracht. Zunächst konnte man ihnen nichts nachweisen und sie wurden ins Lager Amersfoort gebracht. Nach der Festnahme einiger Mitarbeiter von Dijkman wies allerdings die Spur in ihre Richtung.[252] Als sie nach Apeldoorn gebracht werden sollten, versuchten sie zu fliehen. Rengers Hora Siccama wurde bei dem Schusswechsel schwer verletzt und erlag im Lazarett in Apeldoorn seinen Verletzungen. Van Geen wurde während seiner Verhöre grausam misshandelt und am 2. März 1945 standrechtlich erschossen.

Am 13. Dezember 1944 wies Dijkman den SD auf die Stelle eines unterirdischen Bunkers in dem Dorf Drie hin, was zur Festnahme zweier seiner ehemaligen Mitarbeiter und einer wahren Verhaftungswelle führte. Einer von Dijkmans Mitarbeitern, der in dem Bunker festgenommen wurde, war der Sohn des Försters Born. In Borns Haus wurden die Kurierin Aartjen Simon und andere Puttener Widerstandskämpfer aufgegriffen. In Aartjen Simons Haus wurde Oosterbroek nach einem Schusswechsel schwer verletzt. Etwa zehn weitere Festnahmen folgten. Bei den Verhören wurden alle, auch die weiblichen Gefangenen, gefoltert.[253] Die meisten überlebten den Krieg nicht.[254]

Oosterbroek war nach dem Schusswechsel querschnittsgelähmt und kam ins Krankenhaus in Apeldoorn. Sein Bauernhof und seine Wohnung wurden geplündert und in Brand gesteckt. Aufgrund seiner Lähmung gehörte er nicht zu den über hundert »Todeskandidaten« aus der Umgebung, die nach dem Attentat auf den Höheren SS- und Polizeiführer Hans Rauter im März 1945 in der Nähe von Arnheim standrechtlich erschossen wurden. Aber Dijkman gehörte zu diesen »Todeskandidaten«: Er wurde am 29. März als Repressalie für einen Anschlag auf die Wehrmacht in Almelo von Männern des SD erschossen.

Die Geschichtsschreibung der Puttener Razzia
Schuld und Erinnerung

Die Aussagen in Kuilmans Protokoll und Wildschuts Gesprächsniederschriften weisen hinsichtlich der Vorgeschichte, des Hergangs und der Folgen des Attentates große Widersprüche auf. Es waren in der Zwischenzeit mehr als zweieinhalb Jahre vergangen und alle am Attentat Beteiligten hatten ihre ganz eigene Sicht der Dinge. Und diese Sicht war nicht in einem sozial-psychologischen und politischen Vakuum entstanden; Beteiligte, Betroffene und Interessierte hatten vielmehr seit dem Anschlag häufig und ausführlich miteinander über die Ereignisse gesprochen. In Anbetracht der dramatischen Folgen, die der Überfall auf das Auto der Wehrmacht nach sich gezogen hatte, war es durchaus verständlich, dass die Erinnerung in hohem Maße von Schuldgefühlen geprägt war. Zudem spielten auch bei dem, dessen man sich erinnerte und dem, was man aus seinem Gedächtnis verbannte, politische Solidarität und persönliche Freundschaften eine große Rolle. In all den unterschiedlichen Versionen über das Attentat ging es letztendlich um die bedrückende Frage, inwieweit der Anschlag durch eine mangelnde Vorbereitung und eine fehlerhafte Ausführung gescheitert war, wodurch Putten das Opfer der deutschen Repressalie werden konnte.

In dem verständlichen Bedürfnis, die persönliche Schuld an der Puttener Tragödie zu verringern oder gar zu leugnen, zogen die Ereignisse des Attentats immer wieder vor dem geistigen Auge der Attentäter vorüber. Zahlreiche Details, denen man sicherlich keine Beachtung mehr geschenkt hätte, wenn das Attentat nicht derartige Folgen gehabt hätte, bekamen in diesem Licht betrachtet plötzlich einen besonderen Akzent. Andere Ereignisse hingegen, die gerade zum Scheitern des Anschlags beigetragen hatten, verschwanden aufgrund von Schuldgefühlen ganz aus dem Blickwinkel oder wurden beschönigt.

Nahezu unmittelbar nachdem die zutiefst verstörte Widerstandsgruppe nach dem Anschlag auf dem Gehöft Enny's Hoeve ankam, stand für sie fest, dass Witvoet als Kommandant nicht länger tragbar sei. Hätte er nach dem Anschlag die richtigen Befehle gegeben, wäre keine Verwirrung entstanden, hätte Slotboom seinen Posten nicht verlassen und würde noch leben. Anstatt nach dem Schusswechsel am Tatort zu bleiben oder lediglich für kurze Zeit Deckung zu suchen, war er »geflohen« und nicht mehr auf Enny's Hoeve erschienen. Weil Witvoet in dieser Nacht nicht bei seiner Gruppe war, diese jedoch den Schlag verarbeiten und schwere Entscheidungen treffen musste, wandte sich die Stimmung der Gruppe mehr und mehr gegen ihn.

Andere Faktoren, die zum Scheitern des Anschlages beigetragen hatten, gerieten dadurch, dass man Witvoet die Alleinschuld zuschrieb, ganz aus dem Blick. Dass außer Rengers Hora Siccama niemand am Tatort geblieben war, nannten sie »Deckung suchen« und nicht – wie im Falle Witvoets – »Flucht«. Auch die Tatsache, dass die deutschen Soldaten in dem Wehrmachtsauto van Heesens Lichtsignal gesehen hatten, wurde nicht weiter erörtert, wohl auch deswegen, weil van Heesen bei der Razzia aufgegriffen und deportiert worden war. Doch es war gerade das Lichtsignal gewesen, das die Deutschen gewarnt hatte, wodurch sie langsamer gefahren waren und schließlich schnell aus dem Auto hatten springen können. Dass Banwells Bren-MG beim ersten Versuch nicht funktioniert hatte, gab dieser nie zu, ebensowenig wie die Tatsache, dass er, der Fallschirmjäger, geflohen war. Dadurch, dass Banwell – aus welchem Grund auch immer – zu spät geschossen hatte, konnte das Auto der Deutschen aber weiterfahren, wodurch sich der ursprüngliche Plan zerschlug. Witvoet wurde auch der Tod von Slotboom zur Last gelegt. Er wurde beschuldigt, auf Slotboom geschossen zu haben, obgleich auch Dankaart in die Richtung eines Mannes gefeuert hatte, der die Straße überquerte. Und dieser war kein Soldat gewesen, wie er selbst meinte. Es war Slotboom, der entgegen allen Abmachungen seinen Posten verlassen hatte und an den Tatort gerannt kam.

Die Entscheidung, das deutsche Auto nicht – wie es ursprünglich die Absicht gewesen war – zu verbergen, wurde von ihnen mit der Begründung verteidigt, dass sie die Verwundeten so schnell wie möglich wegschaffen wollten. Dadurch, dass sie das Auto aber sichtbar am Straßenrand stehen ließen, konnten die Deutschen das Attentat ohne Mühe in Putten lokalisieren, was weit reichende Folgen hatte.

Wie gut es auch gemeint sein mochte, es war alles andere als klug, nach dem Attentat zu Doktor Vonk zu fahren, der mitten im Dorf wohnte. Sie hätten damit rechnen müssen, angehalten oder zumindest bemerkt zu werden. Auf das Gewissen der Gruppe drückte zudem stark, dass sie Vonks Rat, mit Slotboom sofort ins Krankenhaus in Ermelo zu fahren, nicht befolgt hatten. Aus diesem Grunde erklärten sie gegenüber Wildschut wohl auch wiederholt, dass Vonk dem Verwundeten nicht habe helfen wollen.

Was die einzelnen Beteiligten im Zuge des Anschlages aber getan oder unterlassen haben, wurde in der Folge kaum genauer in Betracht gezogen. Alles wurde der vermeintlichen Unfähigkeit des Mannes zugeschrieben, der von Anfang an als Sündenbock galt und nach Mitte Oktober 1944 nicht mehr in Putten gesehen wurde: Witvoet. Alle Beteiligten erklärten später, dass Witvoet ein rechthaberischer, autoritärer und unfähiger Kommandant gewesen sei. »Er war ein ziemlicher Angeber«, sagte Cocky van Geen, ein Mitglied der Widerstandsgruppe.[255] »Er machte eigentlich keinen ängstlichen Eindruck, denn er schnitt immer gehörig auf.« »Ich mochte ihn von Anfang an nicht, als er zum Kommandanten bestimmt worden war«, erzählte ein anderer, der zusammen mit anderen Witvoet gerade aufgrund seiner Fähigkeiten gedrängt hatte, Kommandant der Gruppe zu werden.[256] Der weibliche Kurier Aartjen Simon hingegen hielt ihn »stets für korrekt. Er hatte schon etwas Eigenartiges, doch war er eigentlich recht sympathisch, vielleicht etwas arrogant.«[257] Dass gerade er nach dem Anschlag nicht mehr am Tatort aufgetaucht war, erschien dabei umso schlimmer. Der Mann, zu dem sie so aufgeschaut hatten, war ein Feigling.

Witvoet seinerseits stellte gegenüber Kuilman und Wildschut die schwachen Seiten seiner Leute heraus. Dass es »Angsthasen« waren, sei ihm schon beim ersten Attentatsversuch deutlich geworden. »Die Männer trauen sich nicht, wenn Sie nicht bei ihnen sind«, hatte Oosterbroek zu ihm gemeint.[258] Nicht er sei geflüchtet, sondern sie. Er habe zunächst Deckung gesucht, sei dann aber wieder an den Tatort zurückgekehrt, wo niemand mehr gewesen sei. Erst dann sei auch er weggegangen. Zudem habe er seine Leute nicht dazu gedrängt, das Attentat zu verüben, wie die »Gegenpartei« behaupte, sondern er habe versucht, Dijkman von dem Plan abzubringen. Er habe deutlich gemacht, dass er seine Gruppe für derartige Anschläge für zu unerfahren halte. Doch Dijkman habe auf das Attentat bestanden (eine Behauptung, die nicht mehr geprüft werden konnte, da Dijkman ermordet worden war). Witvoet stellte sich selbst als einen wirklichen Berufswiderstandskämpfer dar, die Schuld am Scheitern des Attentats, so fand er, trugen allein seine Männer.[259]

Witvoet war im Übrigen zutiefst davon überzeugt, dass die Razzia kein Racheakt für das Attentat gewesen war. Als er am Sonntagmorgen gehört habe, dass Putten voller Soldaten sei, habe er das höchst seltsam gefunden. Wie konnten die Deutschen so schnell in Aktion treten? Um diesem Argument besonderen Nachdruck zu verleihen, erklärte er, dass das Attentat nicht um zwölf Uhr Mitternacht, sondern eineinhalb Stunden später, um halb zwei, stattgefunden habe.[260] Als er am Sonntag in Putten einen deutschen Soldaten gesprochen habe, sei ihm klar geworden, dass die Deutschen das Dorf als »Terroristennest« betrachteten. »Alles ist Terror hier und alles muss kaputt«, habe der Mann gesagt, woraus Witvoet geschlossen habe, dass es um weit mehr gegangen sein musste, als nur um das Attentat.[261]

Als man im Laufe des Sommer 1945 erkannte, dass die meisten Männer des Putten-Transportes in deutschen Konzentrationslagern umgekommen waren, war die Verbitterung über Puttens Schicksal groß. Niemand schien ein Interesse daran zu haben, tiefer in der Geschichte der Ereignisse vom 1. und 2. Oktober zu graben. Oosterbroek war im Dorf mittlerweile zu einem gefeierten Widerstandskämpfer geworden und nur wenige wussten von seiner Beteiligung bei dem Anschlag. Wer wie im Falle der Polizeisäuberung mehr über das Attentat zu erfahren suchte, stieß auf eine Mauer des Schweigens. Als im Sommer 1945 aus den Berichten und Leserbriefen im *Puttensch Nieuwsblad* deutlich wurde, dass die Polizeifrage tief mit der Rolle des Widerstandes und dem Anschlag verwoben war, wurde das Thema für tabu erklärt. Die Zeitung veröffentlichte keine Leserbriefe mehr, die sich mit diesem Thema beschäftigten. Wer etwas über den Anschlag wusste, schwieg oder wurde zum Schweigen gebracht.

Die Untersuchung des RIOD

»Putten« stand ganz oben auf der Liste der dreizehn zu untersuchenden Fälle und Themen des im Mai 1945 gegründeten Reichsinstituts für Kriegsdokumentation RIOD. Das Institut sollte bis zum 1. Januar 1949 die Geschichte des Königreiches der Niederlanden im Zweiten Weltkrieg untersuchen und dokumentieren.[262] Der Mitarbeiter Wildschut erhielt den Auftrag, das Thema »Putten« vorzubereiten.

Bereits im Dezember 1945 hatte das RIOD von Bürgermeister van Geen, der sein Amt ab Anfang 1946 in Putten wieder ausüben sollte, die Zusage erhalten, an der Untersuchung mitzuarbeiten, die letztendlich in eine Veröffentlichung münden sollte.[263] Fast ein Jahr später, Mitte November 1946, begab sich Wildschut nach Putten, wo er mit Bürgermeister van Geen, Vervoorn, Punt, Wouters, Oosterbroek, Kuiper (einer der in Amersfoort freigelassenen Männer) und »vielen anderen« sprach. Nach seinem dreitägigen Besuch kam er zu dem Schluss, dass es allen Grund gab, die Ereignisse zu untersuchen, da es sich schließlich um »den bekanntesten Vorfall aus der Besatzungszeit« handelte und dem RIOD bis dahin kaum Informationen und Dokumente vorlagen.[264] Zugleich sprach er sich dagegen aus, vor Ort eine Untersuchungskommission einzurichten. »Es gäbe«, schrieb er, »nur wenige geeignete Personen und es sei schwierig, Personen zu finden, die vor einer solchen Kommission in aller Offenheit sprechen würden.«:

Nun, da sich die Attentäter nicht gemeldet haben und die Folgen derart verhängnisvoll sind [...] ist man auf die Untergrundbewegung nicht gut zu sprechen. [...] Überall werden Mutmaßungen über die Täter angestellt, wobei auch der Name des hingerichteten Sohnes des Bürgermeisters fällt (meiner Meinung nach zu Unrecht). Das hat dem Ruf des Bürgermeisters van Geen deutlich geschadet.

Van Geen konnte Wildschut nicht viel erzählen, Vervoorn gab ihm einige wichtige Hinweise über die NSB, Punt war zwar, wie Wildschut meinte, ein leidenschaftlicher Mann, doch seiner Aufgabe nicht gewachsen (er hatte mit anderen nach dem Krieg versucht, die deportierten Männer in Deutschland ausfindig zu machen und die Hinterbliebenen finanziell zu unterstützen) und Wouters reagierte äußerst emotional. Nur Oosterbroek, der »örtliche Leiter der Untergrundbewegung gleich nach der Razzia« habe sich, so Wildschut, als äußerst wertvoller Informant erwiesen. Er machte auf Wildschut einen sympathischen Eindruck und versprach einen ausführlichen Bericht über den Hergang des Attentats zu erstellen.

Posthumus, der Vorsitzende des Direktoriums des RIOD, schloss sich Wildschuts Schlussfolgerungen an, dass es keinen Sinn habe, eine Untersuchungskommission zu benennen. Wildschut hatte nämlich in seinem Abschlussbericht geschrieben, dass die Bevölkerung von Putten, die einen äußerst kleinen Horizont hat – viele von ihnen waren noch nie außerhalb des Gesichtskreises des Kirchturms –, nichts verstand und noch immer nichts versteht vom Weltgeschehen, das bis zur Razzia fast nahezu an ihr vorübergegangen war. Man konnte und kann sich dort nicht vorstellen, dass man für etwas bestraft wurde, was man nicht getan hat.

Aus diesem Grund folgert man in Putten:

»Die Schuld der Tragödie, die Putten getroffen hat, tragen die Widerstandskämpfer. Diese hätten sich melden müssen, dann wäre nichts passiert.« – Dass selbst eine Meldung wenig an den Maßnahmen der Deutschen geändert hätte, können sie aufgrund ihres beschränkten Horizontes nicht akzeptieren. Dass die Widerstandskämpfer dann selbst ernsthaft in Gefahr gekommen wären, tut für sie nichts zur Sache. – »Dann hätten sie es eben nicht tun sollen!«

Die noch lebenden Widerstandskämpfer und andere in irgendeiner Weise am Attentat Beteiligten schweigen zum Vorgefallenen, da für sie das Leben in Putten ansonsten unerträglich, so nicht unmöglich wäre.[265]

Wildschut wurde dennoch aufgetragen, Zeugenaussagen zu dem Attentat und der Razzia zu sammeln und dabei vor allem den Aussagen der Witwen besondere Aufmerksamkeit zu schenken.[266] Die Befragten sollten ihre Aussagen unterzeichnen und bei einer genügenden Anzahl Stellungnahmen wollte sich das Direktorium des RIOD erneut über die Frage beugen, ob doch noch eine Kommission ins Leben gerufen werden solle, um eventuelle offene Fragen zu klären.

Das Material, das Wildschut daraufhin sammelte und das hauptsächlich aus 79 Gesprächsprotokollen bestand, wurde im Archiv des RIOD deponiert. Die Kommission wurde nicht ins Leben gerufen und damit auch nicht die noch offenen Fragen geklärt. Auch war es nicht möglich, auf der Basis der Gespräche die angekündigte geschichtliche Studie zu erstellen, da Wildschut als Gegenleistung für die Unterschrift seinen Gesprächspartnern versprechen musste, dass die Protokolle streng vertraulich behandelt und von Dritten nicht eingesehen würden. Eine Veröffentlichung durfte ohne ausdrückliche Genehmigung der Interviewten nicht erfolgen. Wildschuts Abschlussnotiz war das einzige öffentliche Schriftstück, das von der RIOD-Untersuchung übrigblieb. Der Direktor des Instituts, der niederländische Historiker de Jong, fand in seinem Jahresbericht 1947, dass aufgrund der zahlreichen sensiblen Aspekte die Puttener Ereignisse vertraulich behandelt werden mussten.

Oosterbroek war Wildschuts wichtigster Informant. Durch einen Schuss ins Rückenmark war er an beiden Beinen gelähmt und musste den Rest seines Lebens – bei der Befreiung war er 45 Jahre alt – im Rollstuhl verbringen. Bei der »politischen Säuberung bezüglich der Polizei« und in Fragen, die den Puttener Widerstand betrafen, war er die rechte Hand des stellvertretenden Bürgermeisters Numan. Aufgrund seines »ruhigen Wesens« und seiner »natürlichen Autorität« genoss er in Putten allgemeine Sympathie und großen Respekt.[267] Als Königin Wilhelmina am 4. Juli 1945 ihre Anteilnahme im schwer heimgesuchten Putten bezeugte, gehörte Oosterbroek zu den Männern, die sie zu Hause besuchte. Im September 1946 erhielt er für die CPN, die Kommunistische Partei der Niederlande, einen Sitz im Puttener Gemeinderat.

Oosterbroek schien Wildschut der Einzige zu sein, der ohne Einschränkung bereit war, an der Untersuchung des RIOD mitzuarbeiten. Von allen Psychogrammen – kurzen Typisierungen, die Wildschut von seinen Gesprächspartnern erstellte – war das von Oosterbroek deutlich am positivsten.

Ausgezeichneter »Widerstandstypus«, ruhig, nachdenklich, menschlich, voller Interesse. Hervorragender Organisator mit unverkennbaren Führungsqualitäten. Seine Autorität liegt in seiner Persönlichkeit. Sein scharfer durchdringender Blick, sein ruhiges Zuhören und Erzählen. [...] Mann einer praktischen »Lebensphilosophie«. Kommunist mit nur geringem Parteifanatismus (keine Konflikte mit politisch Andersdenkenden). [...] Äußerst geeignet für die Arbeit im Untergrund.[268]

Oosterbroek erwies sich für Wildschut als unentbehrlich. Die meisten Mitglieder der Widerstandsgruppe Putten wollten anfänglich unter keinen Umständen über die Vorgeschichte des Attentates oder gar über das Attentat selbst sprechen, doch Oosterbroek konnte sie dazu bewegen, dass sie mit dem RIOD-Mitarbeiter sprachen. Dankaart, der im November 1946 von Wildschut besucht wurde, widersetzte sich am heftigsten. Er wollte nur unter zwei Bedingungen seine Aussagen unterzeichnen: Erstens sollten sie erst nach fünfzig Jahren für die Öffentlichkeit freigegeben werden dürfen, zweitens müsste von dem damaligen Befehlshaber der Inneren Niederländischen Streitkräfte [BS], Prinz Bernhard, [...] innerhalb kürzester Zeit eine Erklärung veröffentlicht werden, in der es hieß, dass der Überfall am 1.10.44 in Putten durch die BS gemäß folgenden Armeebefehls erfolgt war:

»Motorradkuriere oder Autos ohne Eskorte dürfen überfallen und etwaige Papiere u.ä. abgefangen werden.«[269]

Wildschut schaltete Oosterbroek ein, der Dankaart einen kurzen Brief schrieb. Er selbst habe, so schrieb Oosterbroek,

eine Darstellung der Puttener Ereignisse gegeben. Mache auch du Angaben zu ihnen. Es geht lediglich um die Tatsachen. Chris [Helsdingen] wird es auch tun. Selbstverständlich wird es nicht veröffentlicht werden. Ich schreibe dir das, um keine Missverständnisse aufkommen zu lassen.[270]

Offensichtlich beruhigte Dankaart das, denn er gab seine Zustimmung, nachdem ihm Wildschut versichert hatte, dass nichts aus ihren Gesprächen ohne Dankaarts ausdrückliche Genehmigung an Dritte weitergegeben würde. Auch van Diest, der den Lieferwagen für das Attentat besorgt hatte, wollte zunächst nicht über das Attentat sprechen. Erst als Dankaart seine Zustimmung gegeben hatte, war auch er bereit, Wildschut zu empfangen.[271]

Außer Oosterbroek war auch Oberstleutnant a.D. Boeree für Wildschut ein wichtiger Informant. Boeree war Ortskommandant der BS in seinem ehemaligen Wohnort Ede, nicht weit von Putten, gewesen. In den ersten Jahren nach dem Krieg hatte er alles Material, das er über die lokale Widerstandsgeschichte finden konnte, gesammelt. In seiner »Chronik von Ede«, die 1949 veröffentlicht wurde, hatte er absichtlich das Puttener Attentat nicht erwähnt.[272] Als sich allerdings zeigte, dass es zu keiner Publikation zur Puttener Razzia von Seiten des RIOD kommen würde, hielt er auch seine Ergebnisse zum Puttener Anschlag schriftlich fest. Das Manuskript, das er 1949 fertigstellte, deponierte er im RIOD.[273] Auch Boeree war bei seinen Nachforschungen auf die Schweigsamkeit vieler Beteiligter des Puttener Anschlages gestoßen, die Angst hatten, bei den Einwohnern in Ungnade zu fallen. Aus diesem Grunde gab er den noch lebenden Beteiligten in seinem Manuskript einen anderen Namen.

Wildschuts Abschlussnotiz war im Grunde eine Zusammenfassung seiner eigenen Nachforschungen und Boerees Ansichten, der weder von Witvoet noch vom RVV eine hohe Meinung hatte. Boeree hatte Wildschut geschrieben, dass Witvoet »ein ängstlicher Kerl« sei, »der an jenem Abend Reißaus genommen und dadurch vieles nicht mitbekommen habe«.[274] Wildschuts Schlussfolgerungen waren wenig überraschend: Nicht nur der Kommandant, sondern die gesamte Widerstandsgruppe habe bei dem Attentat ernstlich versagt.

Den Männern habe es an Erfahrung gemangelt und sie alle seien nach dem Schusswechsel verstört geflohen.

Wildschuts Abschlussnotiz war von Annahmen und Stereotypisierungen durchzogen, die bezeichnend waren für das städtische Denken über die Region, das Dorf und die Gemeinde in der Kriegszeit. Vieles, so schrieb er, was sich während der Besatzungszeit abgespielt habe, sei den Puttenern entgangen. Die Judenverfolgung habe sie nicht berührt, der Krieg das tägliche Leben in Putten kaum beeinflusst. Erst 1944 hätten sich einige kleine Widerstandsgruppen gebildet. Eine dieser Gruppen habe »recht dilettantisch kleinere Aufgaben« im Auftrag Dijkmans ausgeführt. Widerstandskämpfer könne man sie kaum nennen, vielmehr habe es sich um »ein Grüppchen Jugendlicher« gehandelt, »beseelt von Vaterlandsliebe und dem Hass gegen die Deutschen, und voller Tatendrang«. Groß sei dann auch ihre Begeisterung gewesen, als sie von Dijkman endlich den Auftrag erhalten hatten, deutsche Autos zu überfallen. Der erste Attentatsversuch am Freitagabend sei kaum vorbereitet gewesen; der ausgewählte Standort habe sich als äußerst ungeeignet erwiesen. Die Männer seien dadurch unsicher geworden, vor allem auch, weil ihr Kommandant nicht an der Aktion teilnehmen wollte. Witvoet habe in jener Nacht bei einem Bekannten gesessen. Offensichtlich sei er weit weniger tapfer gewesen, als er vorgegeben habe. Auf den Schusswechsel am Samstagabend sei nicht ein einziger Befehl von Witvoet gefolgt, wodurch große Verwirrung entstanden sei: »Die Männer verließen kopflos ihren Posten.« Das Ergebnis der Aktion sei also alles andere als »schön«, schlussfolgerte Wildschut:

Acht Angreifer konnten nur einen einzigen Deutschen überwältigen. Drei Deutsche waren entkommen. Das deutsche Auto wurde nicht abgeschleppt, denn der Kommandant war geflüchtet. Die Zeit drängte, es entstand Verwirrung und ein rasches, aber überlegtes Handeln war nicht mehr möglich. So war offensichtlich, wo der Überfall stattgefunden hatte.

Wildschuts Darstellung des bewaffneten Widerstandes in und um Putten ist wenig überzeugend. Die Widerstandskämpfer seien, so schrieb er, nur junge und unerfahrene Amateure, ihr Kommandant untauglich und zudem ein Feigling gewesen. Damit reduzierte Wildschut den gesamten Widerstand in Putten, das auf der strategisch so wichtigen Veluwe lag, auf ein außer Kontrolle geratenes Kinderspiel. Für das Attentat, für das er vor allem die Gruppe um van Geen und seinen Kommandanten Witvoet verantwortlich hielt, fand er nicht ein einziges gutes Wort. In seiner Darstellung fehlten (obgleich er davon wusste) sowohl die Anstrengungen der Rollkommandos, die auf der Veluwe zahlreichen Untergetauchten und Juden geholfen haben, als auch der unbestreitbare Anteil der Bevölkerung bei diesen Aktionen. Ebenso wenig erwähnte Wildschut in seinem Bericht die Aktivitäten des Widerstandsrates RVV und des kommunistischen Widerstandes CPN – obgleich er von drei Mitgliedern des CPN ausführlich über Vorgeschichte und Ausführung des Attentats informiert worden war.

Ganz aus dem Blickfeld geriet auch die Rolle des Kommunisten Oosterbroek und seiner Männer vom Widerstandsrat RVV, was den Kommunisten der Puttener Widerstandsgruppe nur recht sein konnte. Da das Attentat so schwer wiegende Folgen gehabt hatte, hatten Dankaart, Helsdingen und Oosterbroek persönlich ein großes Interesse daran, dass ihre Rolle bei dem Attentat, das deutlich eine RVV-Aktion gewesen war, möglichst schnell vergessen wurde. Oosterbroek war eine geschätzte Persönlichkeit und hatte einen guten Ruf zu verlieren. Landespolitisch war es schon gar nicht erwünscht, die Rolle von CPN und CPN/RVV in der Puttener Widerstandsgruppe an die große Glocke zu hängen, denn die Kommunistische Partei der Niederlande genoss kurz nach dem

Krieg auch in nicht-kommunistischen Kreisen aufgrund ihrer Rolle als Widerstandspartei zur Zeit der Besatzung große Sympathie. Viele Kommunisten kämpften während des Krieges im Widerstand und sind in deutschen Konzentrationslagern umgekommen. Auf diesen Status der *parti des fusillés*, der Partei, die beispiellos den Nationalsozialismus bekämpft hatte, berief sich die CPN wie ihre Schwesterparteien in Westeuropa nur allzu gerne. Es ist daher wenig verwunderlich, dass die CPN-Spitze in Amsterdam zielbewusst den beteiligten CPN-Mitgliedern auferlegt hat, über ihre Mitwirkung am Puttener Attentat zu schweigen. Sie opferten »Putten« für den Februarstreik 1941 in Amsterdam und Umgebung. Für ihn hatte die CPN schon während der Besatzung aber vor allem nach dem Krieg die Anerkennung als alleinige Initiatorin und Organisatorin eingefordert.[275] Putten hätte dem sorgsam aufgebauten Ruf der Partei nur geschadet.[276]

Für Oosterbroek und die anderen CPN-Mitglieder in der Widerstandsgruppe Putten bedeutete dies, dass sie ihren Anteil am Puttener Attentat so weit wie möglich verschleiern mussten. Oosterbroek hatte sich vor allem aufgrund seiner Persönlichkeit und seiner Kenntnis des Widerstandes in und um Putten im Jahr 1944 eine solch prominente Stellung zu erwerben gewusst. Es hätte ihm eher geschadet, wäre mehr über seine Rolle bei dem Attentat am 30. September 1944 bekannt geworden. Auch er hatte also ein großes Interesse daran, dass seine Aussagen, die er gegenüber Wildschut gemacht hatte, nicht an die Öffentlichkeit gelangten.

WOUTERS' GEDENKBUCH UND DAS DRAMA VON PUTTEN

Bei seinem ersten Besuch in Putten im November 1946 wurde Wildschut von der Mitteilung überrascht, dass ein gewisser Wouters plane, ein Gedenkbuch über die Razzia zusammenzustellen. Wouters war, so wusste Wildschut, nicht an dem Attentat beteiligt gewesen und hatte auch sonst keine Verbindungen zu den Widerstandsgruppen, obgleich er Mitglied der CPN gewesen war.[277] Im Mai 1943 hatte Wouters zu den elf Personen aus Putten gehört, die nach dem April-Mai-Streik als Geiseln genommen und inhaftiert worden waren.[278]

Gleich nach der Befreiung versuchte Wouters sich als »Verfechter der Wahrheit« über Putten zu etablieren. Er löste die Diskussion in der Presse über das Auftreten und die Rolle der niederländischen Polizisten aus und wollte in seinem Gedenkbuch auch den wahren Hergang des Attentats beschreiben. Als er Mitte November 1946 mit Wildschut in Kontakt trat, war er davon überzeugt, dass er von der Untersuchung des RIOD in Bezug auf Vor- und Nachgeschichte des Attentats und der Razzia zweifelsohne profitieren könne. Doch er wurde bitter enttäuscht. Informationen, um die er bat, wurden ihm in nur sehr geringem Umfang erteilt und auch dann nur nach mehrmaliger Bitte. Offensichtlich hatte das RIOD beschlossen, nachdem es selbst aufgrund der »delikaten Aspekte« den Fall ad acta gelegt hatte, Dritte in ihrem Versuch, mehr über das Attentat und seine Folgen zu erfahren, zu entmutigen.[279]

1948 erschien schließlich das Gedenkbuch für die Puttener Bevölkerung unter dem Titel »Damit die Nachwelt wisse« und 1949 erschien eine Handelsausgabe unter dem Titel »Das Drama von Putten«. Dieses Gedenkbuch sollte als einziges historisches Werk über die Razzia von Putten jahrzehntelang die regionale und nationale Einschätzung der Ereignisse bestimmen.

Wie zu erwarten war, waren Wouters Angaben zum Hergang des Attentates in seinem elf Seiten langen Abriss der Ereignisse vom 1. und 2. Oktober 1944 äußerst summarisch:[280]

In der Nacht vom 30. September auf den 1. Oktober 1944 wurde zwischen Nijkerk und Putten von einer Gruppe Männer – man spricht von fünf bis elf Männern – auf ein deutsches Auto geschossen, in dem Soldaten saßen.

Wouters erwähnt mit keinem Wort Oosterbroek, Helsdingen, Dankaart oder andere am Attentat beteiligte Personen und beschreibt weder Hergang noch Verlauf des Attentats. Auch den Tod des jungen Slotboom erwähnt er nicht. In Wouters' Darstellung trägt die Polizei alle Schuld an den Folgen der Razzia. Sie sei durch ihre kooperative Haltung dafür verantwortlich gewesen, dass viele Puttener nicht geflohen, sondern sich »wie Schafe zur Schlachtbank« bei der Dorfkirche eingefunden hätten.[281]

»BEFEHL VON PRINZ BERNHARD«

Die Frage, ob das Attentat in jenem September 1944 überhaupt eine sinnvolle Aktion im Rahmen des bewaffneten Widerstandes gewesen sei, blieb bei den Untersuchungen ebenso unbeantwortet, wie die Frage, wer dazu eigentlich den Befehl gegeben hatte.

Zwei der am Attentat Beteiligten, Witvoet und Dankaart, behaupteten nach dem Krieg mit aller Entschiedenheit, dass der Überfall auf das deutsche Auto im Auftrag des Befehlshabers der »Inneren Niederländischen Streitkräfte«, Prinz Bernhard, erfolgt sei.[282] Dankaart hatte dem RIOD-Mitarbeiter Wildschut seine Mitarbeit nur unter der Bedingung zugesagt, dass offiziell bestätigt würde, dass der Befehl zu Anschlägen auf Kuriere von Prinz Bernhard selbst stammte. Diese Behauptungen lassen sich leicht als ein Versuch interpretieren, eigene Schuldgefühle zu entlasten, denn wenn das Attentat von höchster Ebene befohlen worden war, dann war

– so wird man gedacht haben – die Aktion der Widerstands-gruppe in Putten vollkommen gerechtfertigt. Auch der Mann, der Dijkmans Stellvertreter wurde, nachdem dieser stand-rechtlich erschossen worden war, spielte auf Prinz Bernhard an, ohne diesen jedoch beim Namen zu nennen. Er wusste sich zu erinnern, dass die Befehle »aus England«, von den »Headquarters« gekommen und von Captain King, dem am 15. September abgeworfenen belgischen Agenten der SAS-Einheit, weitergeleitet worden waren.[283]

Die Aufgaben dieser SAS-Einheit waren von General van Oorschot, dem Leiter des Londoner Büros für Spezialaufträ-ge (BBO - Bureau Bijzondere Opdrachten), das gemeinsam mit den Engländern und Amerikanern diese Spezialeinheiten zusammenstellte und ausbildete, genauer umschrieben wor-den. Sie sollte mit Agenten zusammenarbeiten, die das BBO zu einem früheren Zeitpunkt ausgesandt hatte und die gemeinsam mit den Widerstandsgruppen für die Aufnahme der SAS-Einheiten sorgen sollten. Die SAS-Einheiten sollten allgemein als liaison-officers zwischen der Untergrundbewe-gung und dem Hauptquartier in London fungieren. Ihre Auf-gabe bestand darin, deutsche und niederländische »Nazi-Widerstände« aufzurollen, Verwüstungen von Seiten des Feindes zuvorzukommen, deutsche Verbindungen zu stören und Aktionen zu unterstützen.[284]

Der spezifische Auftrag der Einheit von Kirschen alias Captain King findet sich in der Anweisung »SAS Brigade Operation Instruction no. 52, Operation ›Regan‹«. Laut die-ser Anweisung hatte der Auftrag folgenden Hintergrund:

The intention of the enemy appears to hold the line Antwerp-Albert Canal-Maastricht, and, if dislodged from this, to hold a line on the river Rhine and Maas. He may be expected to withdraw troops from the area Amsterdam-the Hague-Rot-terdam towards the above mentioned lines. Information of such withdrawal is of great importance.[285]

Nach ihrem Abwurf sollte die Einheit Kontakte herstellen zu:

local Resistance Leaders, whose names are being supplied to you, and arrange a watch of enemy troop movements with priority on the roads leading east and southeast from Utrecht. Your primary task is to collect such information: you will not engage in offensive action nor will you undertake any commitments in furnishing arms for Dutch Resistance.

Diese Anweisung aus London entsprach ganz der Order, die der RVV-Kommandant Thijssen bereits am 6. September gegeben hatte, nämlich Kuriere zu überfallen, wodurch Papiere abgefangen werden konnten, von denen man sich eine Auskunft über deutsche Truppenbewegungen erhoffte.

In seinem 1982 erschienenen zehnten Band der »Geschichte des Königreiches der Niederlanden während des Zweiten Weltkrieges« widmete sich der niederländische Historiker de Jong im Zusammenhang mit der Razzia von Putten eben dieser Frage. Er war sich dabei sehr wohl bewusst, welche Implikationen die Frage nach der Herkunft des Befehles zum Puttener Attentat in sich barg.[286] De Jong zufolge handelte es sich bei Thijssens Order vom 6. September 1944 um einen Zusatz zu einem von Eisenhowers Hauptquartier an das BBO/SOE (den englischen Geheimdienst) ergangenen Befehl zur Sabotage von Bahnlinien und zur Sicherung wichtiger Objekte. Thijssen soll diesen Zusatz eigenmächtig erteilt haben, was für de Jong ein charakteristisches Beispiel dafür war, dass dieses RVV-Mitglied die Neigung gehabt habe »zu weit« zu gehen, denn der, nach Meinung von de Jong, besonnenere Leiter der Rollkommandos van Bijnen habe einen derartigen Auftrag zu keinem Zeitpunkt erwähnt.[287] De Jong hielt damit Thijssen für den Hauptverantwortlichen des Attentats. Dessen Befehl – über Dijkman an Witvoet weitergeleitet – habe schließlich zum Überfall an der Oldenaller Brücke geführt.

Tatsache ist allerdings, dass – wie auch de Jong erwähnt – schon zu Zeiten des D-Day vom Special Forces Headquarters eine Anweisung zu derartigen Überfällen ausgegangen war. Von London aus drängte man vor einem geplanten Übergriff der Alliierten den paramilitärischen Widerstand zu »the sniping of enemy personnel, e.g. Dispatch-riders and Staff Officers«. In Italien wurde beispielsweise in der Toskana, die für den Rückzug der deutschen Truppen strategisch von größter Wichtigkeit war, der Partisanenkampf aktiviert, nachdem Marschall Alexander zu erhöhten Anstrengungen auf diesem Gebiet aufgerufen hatte: »Let your activities be such as to make travelling by road in cars or motorcycles death for the enemy.«[288] Ein ähnlicher Aufruf erreichte im September 1944 auch die Niederlande, de Jong zufolge am 8. September über den abgworfenen BBO-Agenten Biallosterski, also erst zwei Tage, nachdem Thijssen am 6. September seinen Befehl zu Überfällen gegeben hatte. Nichts weise also darauf hin, so betonte de Jong mit aller Entschiedenheit, dass Thijssens Befehl auf einer entsprechenden Anweisung Prinz Bernhards oder des Special Forces Headquarters beruht habe.[289] Damit hoffte er ein für allemal die Spekulationen über eine Anweisung von Seiten Prinz Bernhards, der ab Anfang September 1944 als Befehlshaber der BS in Brüssel war, zu beenden.[290]

Trotzdem ist nicht auszuschließen, dass jene Order nicht eigenmächtig von Thijssen, sondern auf Veranlassung dreier BBO-Agenten ausging, die in der Nacht vom 28. auf den 29. August abgeworfen worden waren – eine Operation, die de Jong übersehen hat.[291] Nach ihrem Abwurf hatten sie zunächst mit Thijssen und später auch mit Dijkman gesprochen. Einer der Agenten hatte daraufhin mit Dijkmans Männern den ersten Waffenabwurf organisiert. Ein weiterer dieser BBO-Agenten hatte mit dem Bezirkskommandanten in Overijssel zusammengearbeitet und ihn instruiert, wie die Anweisungen des Hauptquartiers hinsichtlich der Überfälle auf Transportfahrzeuge ausgeführt, aber auch wie »Papiere abgefangen« werden konnten, »indem man deutsche Kuriere niederschoss«. Die Agenten selbst durften diese Aktionen nicht ausführen.[292]

Wildschut, der sehr von der Frage fasziniert war, ob der Auftrag zum Überfall auf deutsche Kurierfahrzeuge tatsächlich von Prinz Bernhards Hauptquartier stammte, begab sich im September 1947 nach Brüssel, um dort Kirschen alias Captain King zu befragen. Kirschen war Thijssen zufolge der Mann gewesen, der den Auftrag zu derartigen Überfällen erteilt habe. Kirschen selbst behauptete gegenüber Wildschut, er habe keine Ahnung, was die Männer in Putten dazu gebracht hat, dieses Attentat zu verüben, denn es widersprach der Order, die wir erhalten hatten, nämlich »ruhig abzuwarten und nichts zu tun«. Von dem Befehl, den die Puttener Untergrundbewegung erhalten haben muss, hatte ich keine Kenntnis [...] Nochmals versichere ich Ihnen, dass die Engländer in keiner Weise für den Auftrag an Piet Veluwe [Dijkman] verantwortlich sind.[293]

Die gleichen Behauptungen tauchen auch in Kirschens Buch über seine Zeit in den besetzten Niederlanden auf, das im April 1946 erschienen war. Er habe, so schrieb er, nichts von dem Attentat gewusst. Erst am 18. Oktober 1944 habe ihn Dijkman darüber informiert.[294] Wildschut glaubte ihm nicht. Kirschen »leugnet jegliche Verantwortung für den Befehl an Piet van de Veluwe«, schrieb Wildschut. Was er sagt, klinge völlig unglaubwürdig. Er spricht etwas zu überzeugt und eindringlich. Sein Buch ist an zahlreichen Stellen unrichtig, nachweislich auch sein Bericht. Damit haben auch seine übrigen Aussagen einen zweifelhaften Wert.[295]

Ganz anders dachte Prinz Bernhard darüber. Das Vorwort zur niederländischen Ausgabe von Kirschens Buch, die im Oktober 1946 erschien, stammte von seiner Hand. »Als eine wahrhaftige Darstellung« konnte Prinz Bernhard das Buch wärmstens anempfehlen. Selbstverständlich wird darin weder die Anweisung, die Captain King aus London erhalten hatte, noch dessen Aufforderung an Thijssen, seine Männer zu Sabotageakten und Attentaten anzuleiten, erwähnt.

Es lässt sich nicht mit Sicherheit sagen, von wem Thijssens Order vom 6. September stammte. Womöglich handelte es sich tatsächlich um einen eigenmächtigen Zusatz. Zugleich aber ähnelt sie sehr der Anweisung Captain Kings, die er sehr wohl direkt aus London oder von Prinz Bernhards Hauptquartier in Brüssel erhalten hat und die mit der Taktik der Alliierten übereinstimmte: Um an Informationen über deutsche Truppenbewegungen in der mittleren Niederlande zu gelangen, mussten Kuriere überfallen werden. Die Anweisung passte zudem zur »Förderung der Zersetzung feindlicher Einheiten« hinter der Front, die Thijssen am 22. September empfohlen hatte.[296] Die Taktik der Alliierten »of harrying the enemy before he had even reached the field of battle«, war eine typische Aufgabe der SAS-Einheiten.[297]

De Jongs Argumentation, dass Thijssen eigenmächtig gehandelt habe, geht zu sehr von der formellen Befehlsstruktur der BS aus. Das Attentat bei Putten war keineswegs nur eine eigensinnige Aktion Thijssens, sondern schloss sich nahtlos an die Strategie der Alliierten an. Es war aus diesem Grunde selbstverständlich, dass gerade Thijssen als Kontaktmann für die SAS-Einheiten ausgewählt wurde. Besser als der ordedienst OD und die Rollkommandos war der RVV für diese Art Aktionen ausgerüstet – und das war sowohl in London als auch in Prinz Bernhards Hauptquartier bekannt.[298]

Die schrecklichen Folgen des Attentats bei Putten führten weder zu einer Strategieänderung des RVV noch zu einer taktischen Neubesinnung innerhalb der Widerstandsgruppe Putten. Nach dem Attentat wurde Oosterbroek zum neuen Kommandanten der Gruppe ernannt. Als Mitte Oktober Dijkman zehn Tage lang aufgrund psychischer Probleme nicht in Aktion treten konnte, klagte Oosterbroek, dass er mit Bedauern habe zusehen müssen, wie Nacht für Nacht Züge ungehindert Putten passieren konnten. Sollte dies noch länger so weitergehen, würde er den RVV verlassen und zu den Rollkommandos überwechseln. Doch Thijssen ließ ihn wissen, dass keine Rede davon sein konnte, die Aktionen einzustellen. Oosterbroek solle mit seiner Gruppe einfach weitermachen:

a. Mit Überfällen auf deutsche Transportmittel, vor allem auf Züge und Autos, mit allen Mitteln und bis zum letzten Pfund Dynamit. [...] Straßensperren errichten, zur Not die Mithilfe der Bevölkerung einfordern. [...]
b. Überfallaktionen fortsetzen, wo es nach Einsicht des Kommandanten möglich ist. [...]
c. Wo möglich Überfälle auf Autos und Stabsquartiere durchführen und Informationen abfangen [...].[299]

Dijkman hatte er in der Zwischenzeit angewiesen, die Informationen, die man auf diese Art und Weise sammeln konnte, auf »Befehl von Prinz Bernhard« per Funk »über Brigadekanäle und fotografisch über das Objektbüro und über evading-officers nach Eindhoven« zu übermitteln.[300] Bis in die höchsten Kreise hatte die Razzia also zu keiner Neuerwägung über den Sinn von Anschlägen, wie den am 30. September 1944 verübten, geführt.

CAPTAIN KING UND DER GRUNDRISS VON HITLERS HAUPTQUARTIER

Die zahlreichen Mystifizierungen rund um das Attentat hatten alle denselben Grund: die Schuldgefühle über die Aktion, die den Tod so vieler Menschen nach sich gezogen hatte. Die

CPN sah sich deshalb genötigt, über die wichtige Rolle des RVV zu schweigen. Dankaart und Witvoet beriefen sich auf den Befehl von Prinz Bernhard. Zahlreiche Legenden über wertvolle Funde, die angeblich bei dem Attentat gemacht worden waren, gerieten in Umlauf. Von all diesen Legenden war die von Kirschen am fantastischsten.

Dijkmann traf Kirschen in Scherpenzeel, wo dieser untergebracht war, um ihm von dem Attentat zu berichten.[301] »Er zeigte mir schließlich«, so Kirschen später zu Wildschut, ein Stück Papier, das äußerst merkwürdig war. Hierauf war nämlich der Grundriss eines geheimen Flugfeldes mit dem Flugzeug des Führers aufgezeichnet. In der Umgebung fanden sich Bunker zur »Sicherheit der Generäle«. Daneben stand: »Das Hauptquartier liegt im Felde und ist gut getarnt.« [...][302]

Kirschen habe das Stück Papier sofort vernichtet. Dijkman habe erklärt, dass es in einer der Taschen der Offiziere des deutschen Autos gefunden worden sei, auf das bei Putten das Attentat verübt worden war. Daraufhin soll er ihm noch mehrere Panzerfäuste übergeben haben. Kirschen war davon überzeugt, so ließ er Wildschut wissen, dass die Razzia im Zusammenhang mit diesem Grundriss gestanden habe:

Es ist doch seltsam. Meiner Meinung nach war dieses Papier Teil eines Komplotts gegen Hitler. [...] Warum denn sonst wollten die Deutschen die Attentäter um jeden Preis fassen?

Die Aussage gegenüber Wildschut entsprach dem, was Kirschen bereits in seinem Buch dargelegt hatte. Das Stück Papier, so schrieb er in seinem Buch, sei die Kopie einer Skizze gewesen, die sich in den Taschen eines der deutschen Offiziere in dem Auto befunden habe. »Sie [die Widerstandskämpfer, MdK] waren so klug gewesen, das Original zurückzulassen, damit die Deutschen nicht dächten, dass das Dokument in die Hände des Feindes gefallen sei.« Es habe sich um einen »bis in Einzelheiten ausgearbeiteten Grundriss des Hauptquartiers des Führers in Ostpreußen gehandelt, in Lösschen bei Rastenburg.« Kirschen habe Dijkman erklärt, dass er sich sicher sei, dass es sich um ein Komplott gegen Hitler handle. Er habe die Sache an London weitergeleitet, von wo aus es den Russen übermittelt werden sollte, da Ostpreußen im russischen Kampfgebiet lag.[303]

Im Gegensatz zu der Frage, ob Prinz Bernhard den Befehl zu dem Attentat gegeben hatte oder nicht, konnte Wildschut das Problem der rätselhaften Zeichnung sehr wohl lösen. Frau Pouw, die Eigentümerin des Gehöfts Enny's Hoeve, schrieb ihm 1947, dass sie Captain Kings Ausführungen in seinem Buch gelesen habe, und dass es vollkommener »Unsinn« sei. Bei ihr sei ein vom Regiment »Hermann Göring« desertierter Soldat untergebracht gewesen. Dieser Deutsche, Scholz, habe ihr von dem Attentat auf Hitler am 20. Juli 1944 berichtet. Scholz habe dort zum Zeitpunkt, als die Bombe explodierte, als Artillerist bei der Luftabwehr gedient. Er erzählte so viele Einzelheiten, dass Frau Pouw ihn bat, einen Grundriss von dem Gebäude und dessen Lage zu zeichnen. Diese Zeichnung habe sie dann Witvoet gegeben, damit er sie weiterleite, was aber nicht geschehen sei, da der »geflohene Kommandant« zu niemandem mehr Kontakt hatte. Da Scholz mittlerweile aufgegriffen worden war, erstellte Frau Pouw selbst auf Bitte von Oosterbroek eine zweite Skizze.[304] Es muss also entweder Oosterbroek oder Dijkman gewesen sein, der die Zeichnung als eine Beute des Attentats ausgegeben hat.

Diese Legende sollte noch fünfzig Jahre lang in ganz unterschiedlichen Versionen in Umlauf sein. Selbst de Jong betrachtete Kirschens Geschichte noch einer Reaktion wert.:

»Wir gehen davon aus«, schrieb er, »dass Oberleutnant Eggert […] fragliche Skizze bei sich hatte, als er nach Enny's Hoeve gebracht wurde. Andere Berichte erwähnen, dass man auch eine

Tasche mit deutschen Papieren gefunden habe; sollte dies wirklich der Fall sein, nehmen wir an, dass sie von geringer Bedeutung waren, da Kirschen selbst nichts darüber verlauten ließ.«

Der Geschichte von der Skizze war nicht zuletzt deswegen ein so zähes Leben beschert, weil sie für die Betroffenen den unumstößlichen Beweis lieferte, dass das Attentat keine sinnlose Aktion gewesen war, sondern gerade wichtige Informationen erbracht hatte. Das erklärt, warum Kirschen nur allzu gern Dijkmans Geschichte glauben schenken wollte, denn Oosterbroek, Dijkman und nicht zuletzt auch er selbst entlasteten damit ihr Gewissen.

Die »Schweigepflicht«

In und außerhalb Puttens hatte man schon bald den Eindruck, dass die an dem Attentat Beteiligten nach der Razzia miteinander vereinbart hatten, für immer über die Ereignisse der Nacht vom 30. September 1944 auf dem Reichsweg zwischen Nijkerk und Putten zu schweigen. Manche sprachen gar von einer »Schweigepflicht«, die man einander auferlegt habe. Andere verwiesen als Grund für die *conspiracy of silence* auf das »Putten-Dossier«, das beim RIOD deponiert worden war. Der Engländer Banwell hatte oft zu hören bekommen, dass es besser sei, nicht mehr über das Attentat zu sprechen, so erzählte er zwanzig Jahre später:

Ich habe jahrelang geschwiegen und die anderen auch. Kurz nach dem Krieg haben wir vor dem Reichsinstitut für Kriegsdokumentation unsere Aussagen gemacht. Ich sollte damals eine Erklärung unterzeichnen, dass ich dreißig Jahre lang nichts mehr zu den Vorfällen sagen würde. Ich meinte, dass ich nicht wisse, was ich da unterschreibe. Der Mann des Instituts erklärte daraufhin, dass es sich um einen *Official Secret Act* handle. Ich war der Auffassung, dass es als Soldat meine Pflicht sei zu unterschreiben.[305]

Boeree und Wildschut führten die Schweigsamkeit der Betroffenen auf Furcht vor Racheakten der Dorfbewohner zurück. Manche Einwohner Puttens warfen der Untergrundbewegung vor, dass sie durch die unbesonnene Ausführung des Attentats an der Brandstiftung und der Deportation der Männer schuld sei. Außerdem hätte man es versäumt, das Wehrmachtsauto zu verbergen. Andere zeigten sich empört, dass die Widerstandskämpfer sich nicht gemeldet hatten, als bekannt wurde, dass Putten dann eine mildere Strafe treffen würde. Viele waren auch der Auffassung, dass ein solches Attentat überhaupt nicht hätte verübt werden dürfen, während manche bereit waren, zwar den Sinn eines solchen Anschlages anzuerkennen, doch der Meinung waren, dass er niemals in der Nähe eines Dorfes hätte erfolgen dürfen.

Witvoet, der sich weit entfernt von Putten in der nordniederländischen Ortschaft Sneek niederließ, hatte Racheaktionen der Puttener Bevölkerung zwar weniger zu befürchten, doch nach all den schweren Beschuldigungen an seine Adresse entschloss auch er sich zu schweigen. Vor der Öffentlichkeit rechtfertigte er sein Schweigen mit der Berufung auf Prinz Bernhard. Als im Sommer 1945 Witvoet nämlich im *Puttensch Nieuwsblad* im Zusammenhang mit dem Attentat mit Vor- und Nachnamen genannt wurde, habe er, so erzählte er Wildschut, den Prinzen »als höchsten Kommandanten der Untergrundbewegung«, um Rat gefragt, wie in der Sache zu verfahren sei. Mitarbeiter seines Stabes hätten ihm daraufhin »kurzerhand verboten« auf die Beschuldigungen zu reagieren.

Sie ließen damals verlauten: Wir werden von seiten der Regierung die Angelegenheit einstellen lassen. Das ist dann tatsächlich auch geschehen. Es wurde der Druckerei der Zeitung in Putten untersagt, derlei Artikel aufzunehmen.[306]

Doch die »Einstellung der Angelegenheit« war weniger der Einmischung von Prinz Bernhard als der Politik des stellvertretenden Bürgermeisters Numan zu verdanken, der die Ruhe im Dorf wieder herzustellen suchte. Aus denselben Motiven ging Numan auch gerne auf die Bitte der Untergrundbewegung ein, beim nochmaligen Begräbnis des im März 1945 standrechtlich erschossenen Henri van Geen eine Ansprache zu halten, bei der er ausdrücklich erklären sollte, dass dieser nicht am Attentat bei der Oldenaller Brücke beteiligt gewesen sei. Einige Einwohner Puttens, die Henri van Geens autoritären Vater nicht mehr als Bürgermeister akzeptieren wollten, hatten nämlich die Beteiligung von Henri van Geen als Argument gegen die Ernennung von van Geen zum Bürgermeister angeführt.[307]

Während sich die *conspiracy of silence* aus persönlichen und lokalpolitischen Motiven erklären lässt, hatte die Schweigsamkeit von Helsdingen, Dankaart und Oosterbroek ganz andere Gründe. Wie bereits erwähnt, war sie für sie eher eine Frage der Parteipolitik und Parteidisziplin.

DAS »WIDERSTANDSNEST« PUTTEN

Die Frage, ob die Razzia von Putten lediglich eine Folge des Attentats gewesen war oder ob die Deutschen dadurch den bewaffneten Widerstand auf der Veluwe schwächen und brechen wollten, ist aufgrund von Archivmaterial nicht zu beantworten. Weder aus der Feldpolizei in Ermelo noch der Ortskommandantur in Harderwijk oder anderen ehemaligen deutschen Instanzen sind uns Dokumente erhalten, die darüber Aufschluss geben könnten. Ebenso wenig liegen uns Angaben über Umfang und Zahl der paramilitärischen Übergriffe, Anschläge oder Sabotageakte von Seiten der Untergrundbewegung vor. Die Berichte, die die Kommandanten Thijssen und van Bijnen für General Koot, den Kommandanten der »Inneren Niederländischen Streitkräfte«, erstellt haben, sind unvollständig und ihr Wahrheitsgehalt äußerst zweifelhaft.[308] Nach allem, was wir über den Widerstand in Putten wissen, kann allerdings angenommen werden, dass in diesem Gebiet mit Sicherheit ab August 1944 zwei Widerstandsgruppen aktiv waren, die auch Anschläge verübten. In Puttens unmittelbarer Nähe lagen Droppingfelder, abgeworfenes Material wurde dort verborgen und von Kommandant Dijkmans Leuten weitergeleitet. In Voorthuizen existierte ein geheimer Sender.

Als der Befehl erteilt wurde, Anschläge auf die Bahnlinie zu verüben, war auch die Untergrundbewegung in und um Putten äußerst aktiv. Wir wissen von mindestens zwei Anschlägen: einer um den 5. September zwischen Nijkerk und Putten, der allerdings fehlschlug, ein zweiter Mitte September, bei dem zwei Bahnwärter umgekommen sind. Am 3. September erfolgte ein Überfall auf das Puttener Polizeibüro, bei dem der Widerstand versucht hat, einen jüdischen Untergetauchten zu befreien. Am Abend des 5. September, dem *Dolle Dinsdag*, kam es zu einem Schusswechsel auf der Harderwijkerstraat, bei dem zehn deutsche Soldaten des Regiments »Hermann Göring« schwer verwundet wurden. Mitte September erfolgte ein erneuter Abwurf, bei dem neben Waffen auch Geheimagenten abgeworfen wurden. All diese Aktionen fanden breite Unterstützung in der Bevölkerung. Viele Personen in und um Putten waren – wenn auch manche nur am Rande – in irgendeiner Weise an ihnen beteiligt oder haben zumindest von den Widerstandsaktivitäten in der Umgebung gewusst. Die Bevölkerung Puttens war also sowohl aktiv als auch passiv am paramilitärischen Widerstand beteiligt.

Als Fullriede am Sonntag, dem 1. Oktober 1944, in Putten ankam, war er sich der Situation sicherlich nicht hinreichend bewusst, da er erst kurz zuvor in den Niederlanden angekommen war. Am Montagmorgen, so erklärten viele, die mit ihm zu tun gehabt haben, hatte sich seine Stimmung, die noch am Sonntag gar nicht so schlecht gewesen war, völlig gewandelt.[309] An diesem Morgen hatte ein Treffen stattgefunden, bei dem von deutscher Seite aus alle wichtigen Personen zugegen gewesen waren. Im Laufe des Morgens war auch Vogel vom SD eingetroffen, der die Fahndung nach den Attentätern leiten sollte. Fullriede erfuhr sowohl von Vogel, als auch von der Ortskommandantur in Harderwijk und der Feldpolizei in Ermelo, dass Putten und Umgebung weit weniger unschuldig waren, als es zunächst schien.[310] Daraufhin meldete sich Frericks bei ihm. Aus seinem Bericht und den Angaben der beiden Männer des Luftabwehrdienstes sowie des Nachtwächters Pieper wurde für Fullriede offensichtlich, dass das Auto der Untergrundbewegung in der Nacht in Putten gewesen sein musste und dass man die Verwundeten sogar mit Wasser versorgt hatte, ohne dass irgendjemand die deutschen Autoritäten informiert hatte.[311]

Fullriede fand sich mit einer Situation konfrontiert, die in seinen Augen mit anderen Orten in Europa hinter der Front vergleichbar war: Nach einem Attentat von Seiten des italienischen Widerstandes wurde in der strategisch gelegenen Toskana die gesamte männliche Bevölkerung des bei Arezzo gelegenen Civitella della Chiana im Juni 1944 ermordet. In Frankreich hatte kurz nach dem D-Day eine gesamte SS-Division den Befehl erhalten, die Partisanen im Gebiet um Bordeaux zu bekämpfen, durch das die Truppen in die Normandie vorrückten. Dort wurde der Ort Oradour Opfer deutscher Repressalien.[312] Auf der Veluwe nun war im September 1944 eine ähnliche Situation wie in der Toskana und in Südfrankreich im Juni 1944 entstanden: Der paramilitärische Widerstand war in diesem Gebiet hinter der Front sehr stark, seit Anfang September war es zu zahllosen Sabotageakten gekommen, wobei Putten eine wichtige Rolle gespielt hatte.

In Putten waren zudem bei einem Schusswechsel mit der Untergrundbewegung zehn deutsche Soldaten des Regiments »Hermann Göring« schwer verwundet worden.

Die schwere Repressalie der Deutschen gegen Putten war eine Reaktion auf die Gesamtlage im Gebiet der Veluwe im September 1944. So betrachtet, war das Attentat der Tropfen, der das Fass zum Überlaufen brachte, und für die Deutschen ein willkommener Anlass, der Bevölkerung deutlich zu machen, dass sie nach der gescheiterten Operation Market-Garden noch immer Herr der Lage waren. Und das hieß, dass jegliche Unterstützung des bewaffneten Widerstandes gnadenlos bestraft werden musste. Mit der Razzia von Putten sollte ein Exempel statuiert werden

Resümee

Zur Ursache der Razzia, so klagte Wouters im *Puttensch Nieuwsblad* am 20. Juli 1945, sei von »offizieller« Seite noch immer nichts verlautet. Entgegen den Erwartungen der Bevölkerung sollte es auch nie zu einer offiziellen Stellungnahme der Regierung kommen. Die Untersuchung von Seiten des RIOD wurde 1947 eingestellt und andere Studien wurden im RIOD als vertrauliches Material deponiert oder wie im Falle von Wouters' Gedenkbuch der Selbstzensur unterworfen. Weder eine Stellungnahme der Regierung noch eine geschichtliche Studie zu »Putten« hätten in das Bild gepasst, das man sich in den Niederlanden von der Vergangenheit schuf und das schon bald nach dem Krieg nationale und patriotische Züge annahm. Die Niederlande war während der Besatzungszeit derart gedemütigt und ausgeplündert worden, dass man nun versuchte, ein Selbstbild zu entwerfen, auf das man stolz sein konnte. Vieles gab es allerdings nicht, dessen man sich rühmen konnte. Der Widerstand gegen die Deutschen war lediglich – das wusste man nur allzu gut – die Angelegenheit einer entschlossenen, aber politisch unbedeutenden Minderheit gewesen. Der überaus größte Teil der Bevölkerung hatte Mühe genug gehabt, den wirtschaftlichen Problemen der Besatzungszeit und den Verfolgungen durch die Deutschen standzuhalten. Im Zuge der Nationalisierung nach dem Krieg – bei der keine Gruppe von einer anderen unterschieden und keine Widerstandstat besonders gerühmt werden durfte – konnte ein idealisiertes Bild »des Widerstandes« zur Wiederherstellung von Selbstvertrauen und Selbstrespekt beitragen, die notwendig waren, um gemeinsam den Wiederaufbau zu beginnen.[313]

Der jahrelange Streit um den Februarstreik im Jahr 1941 zeigt deutlich, wie groß das Bedürfnis war, den Widerstand zu nationalisieren und die Rolle der Niederländer dabei zu verherrlichen. Weite Bevölkerungsteile weigerten sich anzuerkennen, dass die Kommunistische Partei der Niederlande CPN die Organisatorenrolle für den Streik inngehabt hatte. Für sie war der Februarstreik vielmehr eine spontane Aktion der Amsterdamer Bevölkerung gewesen. In diesem politischen Streit stand für beide Seiten viel auf dem Spiel. Während manche die Verdienste der CPN während der Besatzungszeit am liebsten so schnell wie möglich vergessen wollten, ließ sich die CPN die Heldenrolle nicht nehmen und erhob den Februarstreik zur Metapher für die Solidarität des Proletariats mit dem unterdrückten jüdischen Volk.[314] Vor allem als 1947 der Kalte Krieg das geistige und politische Klima in den Niederlanden beherrschte, verzichtete man innerhalb der CPN gerne auf die undurchsichtige Rolle der Partei, die sie im paramilitärischen Widerstand auf der Veluwe gespielt hatte. Die Symbolik des Februarstreiks schien zu diesem Zeitpunkt erheblich gewinnbringender. Erinnerungspolitik ist schließlich auch eine Frage des Vergessens.

Die Geschichtsschreibung der Puttener Razzia hat erheblich zur Nationalisierung »des Widerstandes« beigetragen.

Vorgeschichte und Hergang des Attentates bildeten schon bald nicht mehr als den Auftakt zur »eigentlichen« Geschichte der Razzia und der deportierten Männer. Bis in die siebziger Jahre hinein waren die genauen Zusammenhänge des Attentats unbekannt und es war unklar, wie viele Männer an ihm beteiligt gewesen waren und zu welcher Untergrundbewegung die Widerstandskämpfer gehört hatten. Desgleichen wusste man überhaupt nur wenig über die Rolle des paramilitärischen Widerstandes in den Niederlanden im Allgemeinen und auf der Veluwe im Besonderen. Nicht der bewaffnete Widerstand, sondern der geistige Widerstand des gesamten niederländischen Volkes, der sich vor allem in der illegalen Presse manifestiert hatte, wurde in das nationale Selbstbild integriert. Als ein Vierteljahrhundert später dieses Bild über den Widerstand während der Besatzungszeit einer erneuten Überprüfung unterzogen wurde und einige der Überlebenden des Attentats psychisch und politisch in der Lage waren, sich der Diskussion zu stellen, tauchte auch die Frage nach dem Hergang des Puttener Attentats wieder auf. Doch zu diesem Zeitpunkt hatte die Uneinigkeit über die Rolle des paramilitärischen Widerstandes in den Niederlanden die Razzia in Putten bereits zu einem äußerst undurchschaubaren Ereignis gemacht und wesentlich die Richtung des Puttener Trauer- und Gedenkprozesses geprägt. Wissenschaftliche Untersuchungen zum Hergang des Attentats waren nicht möglich, da das im RIOD deponierte Material nicht für Dritte zugänglich war. Als 1977 Putten erneut das Interesse der Öffentlichkeit erregte, waren deshalb das Attentat, die Razzia und die Deportation erneut und nun stärker denn je der Stereotypisierung und Mythenbildung unterworfen.

Ebenso wie Sonderrechtsprechung, politische Säuberung und die damals herrschenden psychoanalytischen Theorien hat auch die Geschichtsschreibung tief den Prozess beeinflusst, wie »Putten« in der Erinnerung bewahrt wurde.

V. Trauer, Trost, Versöhnung

Kurz nach dem Abtransport der Männer nach Deutschland erhielten die Puttener Einwohner einige wenige, in aller Eile geschriebene Briefe ihrer Angehörigen. Nur allzu gerne glaubten die Zurückgebliebenen die Gerüchte, dass ihre deportierten Männer, Brüder, Söhne, Schwiegersöhne oder Enkel lediglich »jenseits der Ijssel« oder »gleich hinter der Grenze« Zwangsarbeit verrichteten. Wo sie wirklich gewesen waren, sollten sie erst nach der Befreiung erfahren. Vom Tod der Männer, die im Lager Wedel gestorben waren, wurden die Puttener Hinterbliebenen unterrichtet, über das Schicksal der anderen Männer und Jungen erfuhren sie nichts. Diese Ungewissheit war für viele nur schwer zu ertragen. Eine Frau, die zusehen musste, wie ihr Mann und ihre beiden Söhne mit erhobenen Armen »ohne Jacke« von einem deutschen Soldaten »mit einem Gewehr im Rücken« abgeführt wurden und damit »auf einen Schlag weg« waren, starb noch im selben Winter.[315]

Wenige Tage nach der Befreiung Puttens am 18. April 1945 erhielt Kapitän van Walt van Praag, der als Verbindungsoffizier der britischen zweiten Armee von London nach Deutschland versetzt worden war, die Erlaubnis, seinen Bruder und dessen Familie zu besuchen, die auf einem Gehöft zwischen Putten und Ermelo wohnten. Der Gastwirt Punt, der zu den Männern gehörte, die man in Amersfoort freigelassen hatte und der sich später unermüdlich für die zurückgekehrten Männer und die Hinterbliebenen einsetzen sollte, bat van Walt van Praag eindringlich, bei dem Vormarsch der englischen Armee nach Deutschland in Erfahrung zu bringen, was mit den bei der Razzia deportierten Männern geschehen sei.[316]

Bereits an Christi Himmelfahrt, dem 10. Mai 1945, kehrte van Walt van Praag wieder aus Deutschland zurück. Was er zu berichten hatte, klang wenig hoffnungsvoll. Im Lager Sandbostel war er auf einige Männer aus Putten gestoßen, deren Zustand äußerst kritisch war. Des Weiteren war er im Besitz einer Liste, auf der die Namen jener Männer verzeichnet waren, die den Gefangenen in Sandbostel zufolge gestorben waren. Die Puttener Autoritäten wussten nicht recht, was sie mit der Liste machen sollten. Einerseits wollten sie die Dorfbewohner nicht im Ungewissen lassen, andererseits war nicht gesichert, ob die Liste vollständig war oder überhaupt stimmte. Da sich viele Dorfbewohner mittlerweile im Ortskern versammelt hatten, weil sie von der Existenz der Liste gehört hatten und hofften, genaueres über das Schicksal ihrer Verwandten zu erfahren,[317] kam man nach langer Beratung überein, dass man unmöglich noch länger schweigen konnte. Pfarrer Holland wurde gebeten, in der Alten Kirche die »Totenliste« vorzulesen:

Es war mittlerweile so dunkel, dass ich kaum noch etwas sehen konnte. Jemand holte dann eine kleine Lampe [...]. Ich sagte: »Ich habe hier eine Liste, auf der dreizehn Überlebende stehen. Doch ich habe auch schlimme Nachrichten. [...]« Ich hatte nämlich auch eine Liste, auf der zweihundert Verstorbene verzeichnet waren. Zuerst habe ich die Liste mit den Überlebenden vorgelesen und danach die lange Liste mit den Verstorbenen. [...] Die Menschen gerieten beim Vorlesen völlig aus der Fassung. Ich meinte, dass ich nur weiterlesen könne, wenn die Leute ruhig blieben. Dann habe ich weitergelesen. Als die Frauen die Namen ihrer Männer hörten, wurden sie totenblass und saßen regungslos da. Dieser Moment war entsetzlich.[318]

Holland hielt keinen Gottesdienst. »In so einem Augenblick ist es besser zu schweigen.«

Noch am selben Tag wurden im Dorf alle Fahnen eingeholt. »Putten ist in tiefer Trauer. In jedem Haus gibt es einen Toten zu beklagen, ja manchmal drei oder vier«, schrieb Anna Vos in ihr Tagebuch.[319] Am nächsten Tag erschien eine Sonderausgabe des *Puttensch Nieuwsblad*, in der die Namen der Toten, geordnet nach Straßen aufgelistet waren[320] – ein Vorgehen, das von dem »Büro für Repatriierung« in Eindhoven als »ungeschickt« und »unverantwortlich« kritisiert wurde.[321]

Doch damit war das lange Warten und die schreckliche Ungewissheit noch nicht zu Ende. Ein Tag nachdem Pfarrer Holland die »Totenliste« vorgelesen hatte, kehrte Cor Meiling als erster Rückkehrer ins Dorf zurück. Am 23. Mai folgte sein Bruder und zwei Tage später Pfarrer de Ruig. Als auch Donker, dessen Name auf der Totenliste verzeichnet war, zurückkehrte, schöpften viele Puttener wieder Hoffnung. Vielleicht gab es ja doch mehr Überlebende, als man geglaubt hatte. Doch weder die Zurückgekehrten, die körperlich und psychisch in äußerst schlechter Verfassung waren, noch das Rote Kreuz, das nur schlecht auf seine Nachkriegsaufgabe vorbereitet war, konnten Auskunft über das Schicksal der vermissten Männer und Jungen geben.

Ende Mai ermahnte Kapitän Kroon von der Militärverwaltung des Bezirks Harderwijk, zu dem Putten gehörte, die Bevölkerung, Ruhe zu bewahren und den Gerüchten kein Gehör zu schenken. Die Bevölkerung musste darauf vertrauen, dass alles Mögliche getan werde, um die Überlebenden zu finden.[322] Doch in Putten hatte man mittlerweile das Vertrauen in die Suchinstanzen verloren. Eine Kommission wurde eingesetzt, die mit dem Roten Kreuz zusammenarbeiten sollte. Doch erst nachdem Königin Wilhelmina zugesichert hatte, dass sie sich persönlich für die Sache einsetzen werde, wurde zwei Gruppen die Erlaubnis erteilt, nach Süddeutschland zu reisen, um dort nach den Männern zu suchen. Ihre Suche blieb ergebnislos. Erst die Anfang August 1945 unternommenen Nachforschungen entlang ehemaliger norddeutscher Konzentrationslager führte zu der schrecklichen Erkenntnis, dass mit großer Wahrscheinlichkeit keine Männer aus Putten mehr zurückkehren würden.[323]

Das unerträgliche, monatelange Warten auf die Rückkehr der Männer hatte sich tief in das Gedächtnis der Puttener eingegraben. »Noch lange Zeit habe ich geglaubt, dass mein Mann zurückkommen wird«, erzählte 1981 die Witwe Torsius in einem Interview.

Selbst nach dem offiziellen Todesbericht, dachte ich es noch. Die Magd setzte sich beim Melken immer so, dass sie die Gasse überblicken konnte, denn sie wollte ihn kommen sehen, wenn er freigelassen werde, sagte sie. Ich selbst glaubte nachts oft, sein Husten oder seine Schritte zu hören.[324]

Die Trauer (1945-1950)

Die Reaktion der Nation

Es dauerte einige Jahre, ehe die Puttener Witwen feste finanzielle Unterstützung von Seiten des Staates erhielten, denn eine besondere Rente für Repressalienopfer gab es zu diesem Zeitpunkt noch nicht. Betriebe, bei denen die Männer gearbeitet hatten, bezahlten in der Regel bis nach der Befreiung den Lohn an die Frauen weiter. Frauen, für die das nicht zutraf, konnten Sozialhilfe beantragen. Gemäß einer staatlichen Verordnung, die zum 1. Juli 1945 in Kraft trat, konnten Puttener Frauen als Kriegsopfer von der Gemeinde eine wöchentliche Unterhaltszahlung beziehen. Dabei handelte es sich um etwa zweihundert Fälle. Für Kinder wurde eine Art Waisenbeihilfe gezahlt. Diese finanziellen Unterstützungen reichten allerdings lediglich für die elementarsten Bedürfnisse aus.

1947 trat das Gesetz »Sonderrente 1940-1945« in Kraft. Ab 1949 erhielten auch die Puttener Witwen eine Rente.[325] Für Unternehmer und Bauern wurde eine Sonderregelung getroffen. Familien mit Söhnen, die später den Betrieb übernehmen konnten, erhielten zur Überbrückung einen staatlichen Zuschuss, um eine Hilfskraft anstellen zu können.[326] Gab es in den Familien keine Söhne, blieb häufig nichts anderes übrig, als den Betrieb zu liquidieren. Manche Frauen versuchten, den Betrieb ihres Mannes, Sohnes oder Bruders weiterzuführen, wie im Falle des Viehfutterbetriebs von Hendrik

Evers, der bereits 1902 gegründet worden war. Evers war bei der Razzia aufgegriffen worden und nicht mehr zurückgekehrt. Obgleich der Betrieb bei der Befreiung Puttens in Brand geraten war und geschlossen werden musste, baute ihn die Witwe neu auf und führte ihn weiter, bis ihn ihr Sohn Willem 1952 von ihr übernehmen konnte.[327]

Trotz aller Hilfsregelungen, Unterhaltszahlungen und Renten blieb die Razzia allerdings sozial und wirtschaftlich für die Gemeinde ein harter Schlag.

Neben den finanziellen Problemen hatten die Hinterbliebenen vor allem auch unter den psychischen Folgen der Razzia zu leiden. Auf den ersten Schock über die Nachricht so vieler Tote folgte meist schon bald völlige Leere und Verzweiflung. Manche versuchten gar die Wahrheit zu leugnen und rechneten weiterhin mit der Rückkehr ihrer Männer oder Söhne. Nicht selten kam es zu Eifersucht und Aggression gegenüber jenen Einwohnern Puttens, die bei der Razzia niemanden verloren hatten. Manche Frauen, deren Männer oder Söhne aus den Lagern zurückgekehrt waren, hatten sehr unter den Reaktionen zu leiden, die ihnen die Frauen entgegenbrachten, deren Männer umgekommen waren. Und für die, die zu Hause mit dem konfrontiert wurden, was die Zurückgekehrten in den Konzentrationslagern erlebt hatten und was sie körperlich und seelisch zeichnete, gab es keine andere Anlaufstelle für ihre eigenen psychischen Probleme, als die ansässigen Ärzte im Dorf.[328]

Überall in den Niederlanden war man voller Anteilnahme für das Schicksal, das Putten heimgesucht hatte. Anfang Mai bezeugte das Königshaus Putten seine Anteilnahme. Am 4. Juli 1945 besuchte Königin Wilhelmina das Dorf. Sie führte ausführliche Gespräche mit Bürgermeister Numan und mit Mitgliedern des Widerstandsrates der West-Veluwe. Sie besuchte den gelähmten Oosterbroek und die Familie Thijssen, die im Dezember 1944 vollzählig gefangen genommen worden war, und sprach mit einigen Überlebenden der Konzentrationslager. Viele Hinterbliebene erhielten von der Königin noch im selben Jahr ein Schreiben, in dem sie ihr Beileid ausdrückte. »Es ist dem Feind gelungen, Ihren Sohn Gerrit, der Ihnen so teuer war, in seine Gewalt zu bekommen«, lautete die erste Zeile des Briefes an van den Brink.[329]

»Putten verdient unsere ganz besondere Unterstützung.« Diese Worte, die Königin Wilhelmina bei ihrem Besuch gesprochen hatte und die in der Presse wiederholt zitiert wurden, waren für die Hilfsaktionen für Putten ein ungeheurer Impuls. Personen aus der Amsterdamer Bankwelt errichteten im November 1945 die Stiftung »Puttener Jugend«, mit der die Kinder der Opfer finanziell unterstützt werden sollten. Nachdem der niederländische Ministerpräsident Schermerhorn im März 1946 in einer Radiosendung, in der er von achthundert Puttener Witwen und tausenden vaterlosen Kindern sprach[330], die Bevölkerung aufgerufen hatte, die Stiftung »Puttener Jugend« zu unterstützen, gingen bei der Stiftung Spenden von Privatpersonen, örtlichen Vereinigungen und Sportklubs, Betrieben und Schulen ein. Die Niederländische Reisevereinigung gab eine Sammelmarke heraus, deren Erlös an die »Puttener Jugend« ging, Beamte des Finanzamtes in Den Haag traten den Lohn für ihre Überstunden ab, die Einnahmen eines Fußballspieles des Amsterdamer Klubs Ajax gingen an die Stiftung, aus dem südafrikanischen Pretoria kamen Pakete mit Wolle und Spielsachen und auch aus den Vereinigten Staaten ging eine größere Geldsumme ein.[331] Der Gesamtbetrag, den die Stiftung »Puttener Jugend« in zwanzig Jahren ausbezahlte, belief sich auf fast eine halbe Million Gulden. Die Vorsitzenden der Stiftung statteten Putten zwanzig Jahre lang zweimal pro Monat einen Besuch ab. Nach Rücksprache mit den Sozialhelfern im Dorf wurden Projekte im Bereich der medizinischen Versorgung und der Schulausbildung unterstützt.

Die überaus hohe Resonanz auf Schermerhorns Aufruf rührte zum Teil auch daher, dass die Hilfsaktionen für die Puttener Jugend eng mit der in der Gesellschaft verbreiteten Sorge verbunden war, dass die Sitten während der Besatzungszeit »verludert« seien. Für die soziale und wirtschaftliche Gesundung des Landes hielt man ein »intaktes« Familienleben für unentbehrlich, denn die Familie galt als Stützpfeiler der Gesellschaft: Wurde die Familie bedroht, war damit die ganze Gesellschaft in Gefahr. Darüber, dass die niederländische Gesellschaft in der Besatzungszeit einem moralischen Verfall unterworfen gewesen sei, war man sich in allen gesellschaftlichen Schichten einig. Im Kampf gegen die »Entgesellschaftlichung« galt es sich dabei nicht nur an den Einzelnen zu richten, sondern an alle unterschiedlichen Gesellschaftsformen. Im Kreis der so genannten »Erneuerer« der ehemaligen Untergrundbewegung, der Kirchen und der staatlichen Instanzen war man tief von dieser sozialen Aufgabe durchdrungen.[332]

Gerade das so schwer getroffene Putten stand im Mittelpunkt der unterschiedlichen Hilfsorganisationen, die nach dem Krieg in Aktion traten. Diese »Land«-Gemeinde mit ihren 250 Witwen und etwa 500 vaterlosen Kindern – eine Gemeinschaft mit »kaputten« Familien also – schien besondere Aufmerksamkeit und Hilfe nötig zu haben, sollte sie die Folgen der Razzia je überwinden können.

Ein besonderes Problem im Fall Putten war die Klärung und Regelung der Vormundschaft der vaterlosen Kinder. Schon bald nach der Befreiung galt die »Entsendung« der Kinder als wichtiger Teil des nationalen Hilfsprogramms. Ende Dezember 1945 reiste eine Gruppe mit 108 Puttener Kindern für einen viermonatigen Aufenthalt ins englische Wakefield, und 1947 wurden erneut 90 Puttener Kinder nach England geschickt.[333]

Während sich die Stiftung »Puttener Jugend« hauptsächlich um Kinder kümmerte, die bereits 12 Jahre und älter waren, kümmerte sich ein weiterer Puttener Fonds um alle

Altersstufen. Mithilfe der Gelder dieses Fonds wurde im Oktober 1948 ein Gemeindezentrum eröffnet, das nach einem der beteiligten englischen Spender-Dörfer »Stroud« benannt wurde.

Die lokale Wiederaufbaupolitik

Wie sich bereits bei der »politischen Säuberung bezuglich der Polizei« gezeigt hatte, zielte das forsche Vorgehen des stellvertretenden Bürgermeisters Numan darauf, so schnell wie möglich wieder zur Tagesordnung zurückzukehren. Obgleich er als echter Widerstandskämpfer eine ausgesprochene Meinung darüber hatte, wie man sich während des Krieges hätte verhalten sollen – sich nämlich jeglicher Zusammenarbeit und jeglichen Kompromisses mit der Besatzungsmacht zu verweigern –, gehörte er zu jenen Amtsinhabern, die nicht allzu lange in der Vergangenheit verharren wollten. Für ihn war ein langer und sozial schmerzlicher Prozess von politischer Säuberung und Sonderrechtsprechung eher ein Hindernis für seine Pläne zum wirtschaftlichen und sozialen Wiederaufbau seiner heimgesuchten Gemeinde. Seine Devise lautete: »Nach vorne schauen!«[334] Im Dorf galt es den Schutt aufzuräumen und neue Wohnungen zu bauen, soziale Unterstützung musste geleistet und Kulturarbeit verrichtet werden. Nur so waren die tiefen Wunden zu heilen, die der Krieg in die Gemeinschaft geschlagen hatte. Bei der Ausführung seiner Aufgaben wurde Numan von einigen angesehenen Personen im Dorf unterstützt.

Zuerst allerdings musste in der Gemeinde wieder das soziale Leben aufgenommen werden. Am 22. Mai 1945 erschien die erste Nachkriegsausgabe des *Puttensch Nieuwsblad*, das seit Oktober 1941 verboten gewesen war. Im Juni öffneten die Pforten der Dorfschule, kurz vor den großen Ferien nahm das lokale Fremdenverkehrsamt seine Arbeit wieder auf. Die Blaskapelle *Excelsior* traf sich wieder zur Probe, trat jedoch im trauernden Putten nicht öffentlich auf. Die örtliche Schachvereinigung und der Puttener Dameverein fanden sich erneut zusammen, der Fußballklub spielte und der Gesangverein 't *Herfstklokje* probte wieder. Mitte August hielt wieder der erste Zug im Bahnhof von Putten.[335]

Um sein Amt wirksam und tatkräftig ausführen zu können, griff Numan auf eine der Notstandsverordnungen zurück, die die Exilregierung in London noch zu Kriegszeiten für die Zeit nach der Befreiung verabschiedet hatte. Er legte dem Kommissar der Königin eine Kandidatenliste für ein Wahlgremium vor, das einen Übergangsgemeinderat wählen sollte. Da noch derart viele Männer vermisst waren, konnten vorläufig keine ordentlichen Wahlen abgehalten werden. Aus diesen Gründen sollte ein Übergangsgemeinderat eingesetzt werden, damit, wie Numan bei der Einsetzung des Wahlgremiums meinte, »zahlreiche Missverständnisse geklärt und den gefährlichen, verhohlenen Klagen endlich ein Ende bereitet werden« konnten.[336] Mitte Oktober 1945 wurde der Übergangsgemeinderat gewählt.

Am 19. Januar 1946 übertrug Numan sein Amt van Geen. Dieser war im Mai 1945 aus Deutschland zurückgekehrt, doch zu krank gewesen, um seine Arbeit gleich wieder aufnehmen zu können. In seiner Abschiedsrede verhehlte Numan seinen schwierigen Stand im Dorf während der vergangenen neun Monate nicht. Die Uneinigkeit und Zerrissenheit im Dorf sei äußerst groß gewesen. So nutzte er dann auch die Gelegenheit, die Puttener Bevölkerung aufzurufen, die Einheit wieder herzustellen:

Deshalb vergesst all eure persönlichen Konflikte und Streitigkeiten, spielt gegeneinander keine Sympathien oder Antipathien aus, sondern habt das Ganze im Blick, das Ziel, das Interesse aller, das Interesse unseres Vaterlandes und besonders das Interesse unserer Gemeinde. [...][337]

Zweifellos spielte Numan mit diesen Worten auf die Probleme rund um die »politische Säuberung bezüglich der Polizei« an. Diese Frage war nicht so schnell in Vergessenheit geraten, wie es Numan gerne gehabt hätte. Im Sommer 1945 hatte sich um Wouters ein Kreis formiert, der sich als Opposition verstand und Numans soziale und wirtschaftliche Wiederaufbaupolitik genau im Auge zu behalten gedachte. Dieser Kreis – »Recht für Putten«, wie er sich nannte – sah sich in seinem Vorgehen durch die Unruhe gestützt, die innerhalb der Puttener Gemeinde in der Frage um die politische Säuberung entstanden war. Ab Mitte 1945 diente dabei das *Puttensch Nieuwsblad* Wouters und seinem Kreis als Sprachrohr, mit dessen Hilfe sie sich ihrem Unmut über die Lokalpolitik Luft zu machen suchten. In den darauf folgenden Jahren sollten neben der Puttener Säuberung bezüglich der Polizei, auch die Gemeindepolitik hinsichtlich der materiellen und finanziellen Unterhaltsleistungen an die Kriegsopfer und vor allem auch der Wiederaufbau Puttens in der Schusslinie von Wouters Kritik liegen.

Der Wiederaufbau verlief in der Tat äußerst mühsam. Hatte Numan Ende 1945 angekündigt, dass 75 Notwohnungen aus Stein und 16 aus Holz errichtet werden sollten, zeigte sich bei der Gemeinderatssitzung im Februar 1946, dass davon nur wenig realisiert worden war.[338] Zudem betrachteten die Puttener die Notwohnungen als »minderwertig« und »diskriminierend«. Der Bau der Notwohnungen verlief nur sehr langsam und auch um den privaten Wohnungsbau war es schlecht bestellt, da zu wenig Baumaterial zur Verfügung stand. Die niederländische Regierung wollte 1946 zehntausend Wohnungen bauen, von denen tausend der Provinz Gelderland, in der Putten lag, zugewiesen wurden. Obgleich in Putten eine große Wohnungsnot herrschte, fielen an die Gemeinde selbst nur zehn Wohnungen. Doch allein bei der Razzia vom Oktober 1944 hatten 160 Familien 105 Wohnungen verloren.[339] Insgesamt gab es tausend Wohnungssuchende.

Im *Puttensch Nieuwsblad* beschrieb Wouters sehr eindringlich, unter welchen Bedingungen eine vierköpfige Familie in Putten nach dem Brand hausen musste:

[…] Auf einem Steinfußboden, darüber ein Ziegeldach – nicht abgeschlossen – sodass man durch die Ziegel ins Freie sieht. Die Ofenrohre werden durch die Fenster und das Dach geleitet (indem ein Ziegel entfernt wurde); die Öffnungen müssen mit alten Säcken u.a. gegen Feuchtigkeit abgedichtet werden. […] Das jüngste Kind wird tagsüber zu Nachbarn gebracht. Selbst am Tag wird es nicht warm. Hinter einer Absperrung aus Stein ist das »Schlafzimmer«. Licht (Fenster oder Ähnliches) gibt es nicht.[340]

Puttens Wiederaufbau und die Unterhaltszahlungen an die Kriegsopfer waren Fragen, mit denen sich gerade die Kommunistische Partei der Niederlande CPN profilieren konnte. Die schwierige und nicht immer makellose Verteilung der Gelder an die Hinterbliebenen bildete für die Partei einen willkommenen Anlass, um die Politik offen zu kritisieren und gegen sie zu agitieren. Das CPN-Mitglied Wouters mobilisierte die Unzufriedenen »auf der Straße« und erfuhr dabei von Oosterbroek ab September 1946 im Gemeinderat eine gewisse Unterstützung. Bürgermeister van Geen hatte oft die größten Schwierigkeiten, die »Opposition« in Schach zu halten und musste sich des Öfteren »auf seine besonderen Rechte als Bürgermeister« berufen.[341]

Vor allem die Verwendung und Verteilung diverser Gelder, Zuschüsse und Hilfsgüter wurde argwöhnisch beobachtet. Obgleich die Verteilung den jeweiligen Gremien und Stiftungen oblag, musste sich der Gemeinderat oftmals über die an ihn gerichteten Beschwerden beugen. Aus diesem Grunde rief Bürgermeister van Geen ein »Komitee für die Hilfe an Kriegsopfer« ins Leben, das zusammen mit der »Kommission des 1. Oktober«, die noch zur Besatzungszeit eingerichtet worden war, die Angelegenheiten regeln sollte. Erst 1948 waren die Probleme der Unterhaltszahlungen an die Kriegsopfer und die Wohnungsnot mehr oder weniger gelöst. Vielen sollte allerdings die drückende Situation der unmittelbaren Nachkriegsjahre für immer im Gedächtnis bleiben. 1984 noch klagte eine Frau über die mangelnde Unterstützung ihrer Schwägerin, die ihren Mann und ihr Haus bei der Razzia verloren hatte:

Ich weiß noch genau, wie's damals mit der Unterstützung war. Wer sich vordrängte, der hatte was, und wer das nicht tat, ganz gleich warum, der hatte nichts. Es war ein großes Durcheinander damals. Wie lange hat sie noch mit ihren drei Kindern da in diesem Schuppen gewohnt. Und seelische Zuwendung gab's schon gar nicht.[342]

Denkmäler und Gedenkfeiern

Sofort nach der Befreiung wurde der Plan gefasst, zur Erinnerung an die Oktoberrazzia in Putten ein Denkmal zu errichten. Wer einen Gedenkstein oder ein Denkmal errichten wollte, musste den Entwurf erst bei einer Regierungskommission einreichen. Handelte es sich gar um einen Gedenkstein oder ein Denkmal an einer Hauptverkehrsstraße, musste sogar eine ministerielle Genehmigung eingeholt werden. Im selben Sommer noch wurde in Putten deshalb ein »Denkmalkomitee« eingesetzt. Neben einem Mahnmal setzte sich dieses Komitee auch für die Errichtung einer Gedenktafel an der Alten Kirche ein.

In den Monaten November und Dezember fand in Amsterdam eine Ausstellung statt, wo alle Gruppen, Initiativen und Einzelpersonen, die sich für die Errichtung eines Denkmals einsetzten, die Arbeit jener Künstler begutachten konnten, die man von Regierungsseite für geeignet hielt, künstlerisch und gesellschaftlich zu verantwortende Monumente zu entwerfen. Auch Mitglieder des Puttener Denkmalkomitees reisten nach Amsterdam und zeigten sich äußerst beeindruckt von den Arbeiten des Haarlemer Künstlers Mari Andriessen. Nun musste ein offizieller Antrag an das Ministerium gestellt werden, dem eine Lageskizze und Fotos des Denkmalentwurfes beigelegt waren.[343]

Der Ort des Denkmals stand mehr oder weniger fest. Es sollte dort, nahe des Reichsweges Nijkerk-Harderwijk, errichtet werden, wo einige Häuser in Brand gesteckt worden waren. Mari Andriessen hatte seinen Entwurf schnell fertig. Überall in den Niederlanden war Putten als »das Dorf der Witwen« bekannt und so lag es nahe, dass er dem Komitee den Entwurf einer trauernden Frauenfigur in der regionalen Tracht vorlegte. Das Komitee zeigte sich mit dem Entwurf zufrieden, hätte aber neben der Frauenfigur doch gerne auch noch ein Waisenkind gesehen. Andriessen wurde durch diesen Vorschlag in Verlegenheit gebracht. Da für ihn »die Verlassenheit und der Schmerz« gerade »in dieser einsamen Figur« zum Ausdruck kamen, war er von den Wünschen des Komitees wenig angetan. Er hatte an den ursprünglichen Entwurf »große Erwartungen gestellt«, denn er hoffte, so meinte er selbst, in diesem Standbild »das ganze Frausein« darstellen und damit an die Betrachter appellieren zu können. Er setzte sich schließlich durch.

Während sich die Gedenktafel an der Alten Kirche mit dem Text »Von hier wurden sie fortgeführt« schnell realisieren ließ, sollte sich die Errichtung des Denkmals weitaus schwieriger gestalten. Andriessens Arbeit an der Skulptur machte schnelle Fortschritte. Doch erneut kam es zum Konflikt, diesmal mit dem Puttener Komitee über die Ausführung der Skulptur. Andriessen hatte die Absicht, der Frauenfigur ein Gebetbuch in die Hand zu geben, wogegen sich das Puttener Komitee, das kein Gebetbuch, sondern lieber ein Taschentuch wollte, entschieden wandte. Man schlug einen Kompromiss vor: in der rechten Hand ein Taschentuch, in der linken Hand ein Gebetbuch. Andriessen sah von seiner ursprünglichen Idee ab und ließ das Gebetbuch weg.

Lange Zeit hatten Überlegungen bestanden, dem Puttener Denkmal den Status eines Nationalmonuments zuzuerkennen. Ende Dezember 1948 nun wurde Putten davon in Kenntnis gesetzt, dass es sich nach Meinung des *Komitees Nationalmonumente* bei dem Puttener Denkmal um ein »zu spezifisches« Denkmal handle und es damit nicht als Nationalmonument in Betracht käme. Da das Denkmal am 5. Mai 1949 – dem Jahrestag der Befreiung der Niederlande – enthüllt werden sollte, galt es nun, schnelle Entschlüsse zu fassen. Im Februar fiel der Beschluss über den Text des Denkmals: »2. Oktober 1944. Gewidmet dem Gedächtnis an die sechshundert, die nicht zurückgekehrt sind. Und Gott wird abwischen alle Tränen von ihren Augen (Offb 21, 4a)«. Nun wartete man nur noch auf die ministerielle Genehmigung der Figur und des das Denkmal umgebenden Gartens mit seinen sechshundert, von Buchsbaumsträuchern umsäumten Parzellen, die die Gräber der deportierten Männer symbolisieren sollten. Da die Genehmigung erst am 13. September 1949 erteilt wurde, konnte die Enthüllung nicht mehr im Zuge der Maifeiern erfolgen. Mittlerweile waren seit der Razzia fünf Jahre vergangen. Man beschloss, das Denkmal bei der anstehenden Puttener Gedenkfeier zum Jahrestag der Razzia zu enthüllen.

Vor der Enthüllung am 2. Oktober 1949 wurde in der Alten Kirche ein Gottesdienst gehalten, dem auch Königin Juliana beiwohnte, die schließlich das Denkmal enthüllte. Andriessens künstlerische Leistung fand überaus große Beachtung. So schrieb das *NRC-Handelsblad*:

Unter den vielen Denkmälern zum Gedächtnis an die im Krieg Gefallenen ist Andriessens Schöpfung eines der schönsten. Durch seine Schlichtheit, seine reine Formgebung und

den in sich gekehrten Blick der Frauengestalt hin zu den Gräbern, bringt dieses Denkmal auf würdige Weise das Leid zum
Ausdruck, das in so vielen Familien gelitten wurde und noch
immer gelitten wird.[344]

Andriessens Stil war von den französischen Bildhauern beeinflusst, die in ihren Arbeiten auf die runden und geschlossenen
menschlichen Formen der griechischen Bildhauerkunst
zurückgriffen und damit Ruhe, Schlichtheit, statische Formen
und Stille auszudrücken suchten. Auch in den Niederlanden
machte dieser traditionelle Stil Schule und man entwickelte
einen symbolischen »empfindsamen Realismus«, der sich vor
allem der menschlichen Gestalt zuwandte.[345] Andriessens
schlichter Realismus traf den Geschmack des Puttener Denkmalkomitees. Von ihm selbst hatte ja die Idee der trauernden
Witwe gestammt. Er hatte dabei mit dem Gebetbuch den religiösen Aspekt stärker betonen wollen, was jedoch vom
Denkmalkomitee abgelehnt wurde. Nun kam der Bezug zum
Glauben indirekter, nuancierter zum Ausdruck: Der Blick der
trauernden Frau richtete sich über die symbolischen Gräber
vor ihr hin zur Alten Kirche, dem Ort, von wo aus die Männer und Jungen weggeführt worden waren und der das
eigentliche Zentrum der Erinnerung blieb.
     Andriessens Skulptur traf allerdings nicht nur den
Geschmack des Puttener Denkmalkomitees, sie passte auch in
das stereotype Bild, das die Niederländer von Putten hatten,
und das Andriessen aus der Presse bekannt war: eine einfache,
orthodox-religiöse Bauerngemeinschaft, ein »Dorf der Witwen«, abgeschlossen von der Außenwelt.[346] Seine Schöpfung
der einsamen, ergeben trauernden Frau, die in ihrer Schlichtheit die Landgemeinde zu symbolisieren schien, entsprang
dem nationalen Bild von Putten und verstärkte dieses noch. In
diesem Sinne war es nicht unverständlich, dass das Puttener
Denkmal nicht als Nationaldenkmal dienen konnte, in dem
sich alle Niederländer erkennen sollten. Dieses Bild der Witwe

– in der Bibel der Inbegriff der Unterdrückung – hätte lediglich die Opferrolle des niederländischen Volkes unterstrichen und konnte deshalb keine nationale Bedeutung gewinnen.

Die Enthüllung des Denkmals am 2. Oktober führte zu dem Beschluss, die Gedenkfeierlichkeiten in Putten weiterhin im Oktober abzuhalten. Zudem hatten die nationalen Maigedenkfeiern zum Jahrestag der Befreiung in Putten sehr ambivalente Gefühle ausgelöst. Viele der Puttener Hinterbliebenen hatten an ihnen nicht teilgenommen. Für sie war es der 2. Oktober, der eine besondere Bedeutung hatte. Seit 1945 galt deshalb neben dem 4. Mai – dem nationalen Gedenktag an die Opfer des Zweiten Weltkriegs – auch der 2. Oktober als Trauertag, an dem Geschäfte und Betriebe geschlossen blieben und der mit einem Erinnerungsgottesdienst beschlossen wurde.[347] Anders als die Gedächtnisfeier im Mai, die die gesamte niederländische Gemeinschaft zusammenbrachte, betonte der lokale Trauertag im Oktober die Besonderheit des Dramas von Putten.

DER TROST

Im September 1945 besprach der Ältestenrat der reformierten Gemeinde in Putten, wie den Hinterbliebenen in ihrer Trauer am besten beizustehen wäre. In den kommenden Jahren sollte vor allem den Gemeindehelfern die schwierige Aufgabe zufallen, die Hinterbliebenen zu besuchen und ihnen Trost zu spenden.[348]

Die Hausbesuche bei den Familien der Verstorbenen verliefen häufig äußerst emotional. Pfarrer Kievit, erst 27 Jahre alt, war überaus dankbar für die Unterstützung, die er von dem Ältesten Schuitemaker erfuhr, der bei der Razzia selbst zwei Söhne verloren hatte. Nicht selten wurde dem Pfarrer vorgeworfen, dass er viel zu jung sei, um wirklich Trost spenden zu können, denn was habe er »in seinen jungen Jahren schon mitgemacht«. In solchen Momenten ergriff dann meist Schuitemaker das Wort:

Habe ich denn auch nichts mitgemacht? – Ja Dirk, sagte sie, du hast auch einen Jungen verloren. – Ja, zwei, meinte er dann. – Und wie viele hattest du? – Zwei. – Oh Dirk, sagte sie, das ist fast noch schlimmer, zwei Jungen und beide verloren, kannst du das verstehen? Dann sagte er: Gott hatte einen Jungen und den wollte er verlieren, für dich und für mich. Kannst du das verstehen? [...] Und die Frau, die nie hat weinen können, brach in Tränen aus und sagte: Daran habe ich nicht gedacht.[349]

Nicht weniger schwierig war es in diesen Jahren, vor der Gemeinde zu predigen. Die Puttener Pfarrer fürchteten, dass sich viele in Putten vom Glauben abwenden könnten.[350] Doch wirklichen Trost, so meinten sie, könne es nun einmal nur im Glauben geben. Die Annahme des Puttener Schicksals sollte vielfach ein langwieriger Prozess werden, in dem sich jeder und jede Gläubige, die Pfarrer eingeschlossen, fragen musste, was sein oder ihr Glaube eigentlich wert war und wie im Rahmen dieses Glaubens mit den schrecklichen Ereignissen umgegangen werden konnte. Die Identität des Einzelnen und der Gemeinschaft stand auf dem Spiel.

Am 27. Mai 1945 hielt Pfarrer de Jager zur Erinnerung an die Razzia in der evangelisch-reformierten Kirche die Predigt »Sich stärken in Gott«. Wie in allen anderen Predigten, die die Oktoberrazzia zum Thema hatten, versuchte er auch in dieser Predigt das »Warum« des Schicksals, das Putten heimgesucht hatte, mit der Demut vor Gott zu verbinden. Nur so, meinte der Pfarrer, sei wahrer Trost zu finden. De Jager machte in seiner Predigt 1. Samuel 30, 6 (»David aber stärkte sich in dem Herrn, seinem Gott«) zum Ausgangspunkt, um die Gemeinde von dem Gedanken zu durchdringen, dass es keinen Zweifel – wie verständlich er auch sein möge – an Gottes Existenz geben könne. Es gäbe, so meinte er, allen Grund zur Mutlosigkeit, doch Gott abzuweisen, biete keinen Ausweg. De Jager führte dabei das Leid, das über Putten gekommen war, auf das sündige Dasein des Dorfes zurück:

Wenn Putten jemals einen lauten Ruf zur Bekehrung erfahren hat, dann ist es dieser. Ihn brauchten wir, denn trotz aller Gottesfurcht an diesem Ort herrschte viel Schein, wichen wir von den Geboten des Herrn ab, täuschten wir Ergebenheit vor, zeigten uns flüchtig und gleichgültig und wandelten auf dem selbst gewählten Weg nach eigenem Wünschen und Trachten.
Wenn dieser Schmerzensweg, den der Herr über Putten gebracht hat, nur dazu führen möge, dass wir abließen von der Sünde und zurückkehrten zum Herrn.
Dann wird der Herr uns die Gnade schenken, um uns in ihm zu stärken.
Nur beim Herrn finden wir in unserem traurigen Schicksal Stärke und Trost.[351]

Gott habe David gezeigt, was ihm nach der Verwüstung der Stadt Ziklag noch geblieben war: die Verheißung Gottes. Indem er diese ergriff, konnte er seine Tränen trocknen und »rufen, beten und sich berufen auf die Verheißung Gottes«. Das war »sich stärken in Gott«. Wollte Putten Gleiches tun, müsse es Gottes Willen annehmen:
Kein Murren, kein Klagen, sondern Stille und Geduld, wie das spielende Kind, ja annehmen die Rute, mit der der Herr uns gezüchtigt hat.[352]

Dazu musste Putten Demut zeigen: nicht nach dem Ausweg fragen, sondern nach Gottes Willen und Weg. Um das tun zu können, müsse man sich im Glauben stärken.

Auch de Jagers Kollege der reformierten Kirche, Pfarrer Kievit, der 1945 in Putten als Pfarrer ins Amt berufen worden war, wollte seiner Gemeinde den Weg weisen, wie wirklicher Trost zu finden sei. Für den Trauergottesdienstes am 2. Oktober 1945 wählte er das schwere Schicksal Hiobs – des biblischen Prototyps des Leidens – als Ausgangspunkt für seine Predigt. Wie Hiob in all seinem Leiden weiterhin Gott suchte, so musste auch Putten verstehen lernen, dass Gott am Unglück des Dorfes beteiligt gewesen sei. Gott hatte bei der Razzia wahrhaftig seine Hände im Spiel gehabt:

Er sagt ausdrücklich: Siehe, hier bin ich. Hier, in diesem Drama von Putten. Denn euch trifft kein Schicksal, sondern Gott selbst ist es, der euch schlägt. Das ist voll untragbarem Ernst, aber zugleich auch voll unsagbarem Trost.[353]

Wie ein Fürst sei Gott damals, im Oktober 1944, unerkannt durch Putten geschritten. Nun galt es, sich an ihn zu richten, zu ihm über das Leid zu sprechen, denn Gott hörte nicht nur, er antwortete auch. Nicht das Schicksal oder den Zufall galt es anzurufen für das, was Putten widerfahren war. Schicksal und Zufall waren nichts als Götzen. Vor dem Schicksal gab es nichts als stumme Ergebenheit, vor dem Zufall nur blinde Niedergeschlagenheit. Vor Gott aber durfte man klagen, ihm durfte man Fragen stellen. Die Antwort war vielleicht – Pfarrer Kievit ließ das offen –, dass Puttens Schicksal eine Züchtigung aus Liebe gewesen war. »Auf dass ihr eurer Kindschaft gewiss werdet gerade durch die Rute Gottes, an der der Honig seiner Liebe hanget.« Doch man musste erkennen, dass Gott in seiner Größe unergründliche Werke verrichtet – und die Katastrophe von Putten war solch eine gewaltige Tat. Wer könnte sie ergründen? Was hülfe es, wenn wir darum wüssten? Nur Hingabe und Demut konnten helfen. Wer Gott suchte und ihn fand, konnte leben und sterben – das galt auch für die Menschen aus Putten:

Unmöglich, so klingt es in euren Herzen. Unmöglich, so stöhnt ein Vater, eine Mutter, eine Ehefrau, eine Verlobte. So weiterleben, es scheint zu schwer. Ich habe meine Lebenskraft, ich habe meinen Lebenswillen eingebüßt. Nichts spornt mich an, für das sich die Arbeit lohnte, meine Zukunft, die in meinen Kindern vertäut lag, ist dahin![354]

Doch wer klug war, richtete seine Gebete an Gottes Sachwalter, an Jesus, den Mittler, und erkannte: »Ich vermag alle Dinge durch Christus, der mir Kraft schenkt!«

In der Mittagspredigt[355] vom 2. Oktober 1945 betonte Pfarrer Kievit erneut, dass die Strafe, die Putten auferlegt worden war, keine Vergeltung war, sondern eine Züchtigung und damit eine erzieherische Strafe. Gott hatte mit ihr einen Plan verfolgt. Die Züchtigung war nicht »zum Tod, sondern zum Leben«. »Nimmer unverdient und unnötig, sie ist nimmer ohne Ende und ohne Ziel.« Und darin lag der Trost beschlossen. »Er verwundet und seine Hände heilen.« Wen Gott strafte, der musste diese Strafe annehmen, denn mit dem zugefügten Schmerz band Gott den Menschen an sich. »Herrscht in Putten kein großes Gedränge in Gottes Sprechstunde?«[356]

Kieviets reformierter Kollege, Pfarrer Boer, der 1946 Pfarrer Holland abgelöst hatte, sprach im Oktober 1946 in seiner Gedächtnispredigt »Jesus im Sturm« mehr über Jesu Beistand, als über Gottes Zucht und seinen Plan, den er mit Putten verfolgte. Während »der Satan umging wie ein brüllender Löwe, mit dem Sieb in den Klauen, um die Kirche dieses Ortes zu sieben wie das Mehl, um seine Ernte einzufahren«, hatte Jesus gebetet:

Dass der Glaube der Seinen niemals enden würde, dass in dieser Enge Kinder des Geistes geboren werden mögen, bis der Durchbruch des Glaubens gekommen sei, betend für Gottes gesamte auserwählte Schar, die auch hier an diesem Ort eingeholt werden musste und muss.[357]

Und es sei Jesus gewesen, der, als seine Jünger im Sturm fast aufgegeben hätten und fürchteten, dass die Wellen sich über ihnen schließen mochten, zu ihnen getreten sei: »Seid getrost – Ich bin's – Fürchtet euch nicht!« Wie er damals zu seinen Jüngern gekommen war, so kam er auch zu Putten. Wer ihn erkannte, brauchte sich nicht zu fürchten. »Seid ihr so Christus im Sturm begegnet?«, fragte Pfarrer Boer, »ihr Frauen, die ihr eure Männer verloren habt, ihr Eltern, die ihr eurer Kinder beraubt wurdet, ihr Kinder, die ihr eurer Väter, eurer Brüder verlustig seid, ihr Verlobten, die ihr zusehen müsst, wie eure Zukunftsträume wie Seifenblasen zerplatzen?« Der Schlag, der Putten getroffen hatte, wurde zum Segen. »Welch ein Wunder, oh Herr, dass du noch nach mir hast umgesehen und dass du diesen Weg gewählt hast zu meinem und der anderen Heil!«

Nicht die Katastrophe, die bis in ferne Geschlechter beschrieben werden wird, sondern Christus in dieser Katastrophe. Seht die Rute und den, der sie bestellt hat. Eltern, Lehrer, denkt daran, das den Kindern einzuschärfen, ja es in sie einzukerben, auf dass dies Zeugnis nicht verloren gehe![358]

Doch es gab auch jene, die sich vom Glauben abwendeten. Pfarrer Boer richtete sich persönlich an jeden Einzelnen der Gemeinde mit der Frage, was die Prüfung für ihn bedeutet habe.

Wie geht es Putten?, fragen die Leute. Doch viel wichtiger ist, dass der Herr heute Mittag wieder in diese Kirche kommt und fragt: Wie geht es Putten? Wie geht es dir?
    Und er spricht: Wisset ihr denn nicht, dass ich es war, vor zwei Jahren?

Während es für Pfarrer de Jager, der aus einer echten »strengen« Pfarrerfamilie stammte,[359] feststand, dass Gott Putten heimgesucht hatte, um es für seine Sünden zu bestrafen, vermied Pfarrer Kievit das Wort »Sünde« in seinen beiden Predigten und sprach von Züchtigung und Prüfung. Gott strafe zwar die Menschen für ihre Sünden, so meinte er, doch es oblag nicht den Menschen, eine Katastrophe wie die Razzia von Putten als Strafe für ihre Sünden zu bezeichnen. Diese Akzentverschiebung von einem strengen und unerbittlichen Gott hin zu Gottes Sohn, Jesus Christus, der für die Sünder am Kreuz gestorben war und für sie als Mittler auftrat, muss auf dem Hintergrund der prekären Situation gesehen werden, in der junge Pfarrer in den ersten Jahren nach der Befreiung in Putten arbeiteten. Kievit hatte es, so erzählte er später, in diesen Jahren sehr schwer gehabt. Er stand vor der Aufgabe, sowohl eine Erklärung für die Ereignisse zu bieten als auch Trost in einer Gemeinde zu spenden, die vom Abfall vom Glauben bedroht war.[360] Kievits Vorgänger Holland hatte viel stärker als er die vollkommene Abhängigkeit des Menschen betont, der aufgrund der Sünde nicht fähig sei, das Gute zu tun.[361] Indem die »jungen« Pfarrer Christus ins Zentrum ihrer Botschaft rückten, hofften sie die duldsame und passive Haltung der Glaubenden in eine größere Sicherheit im Glauben und in Frohmut zu verwandeln. Sie hofften, dass die Puttener Männer und Frauen sich so empfänglicher für den Trost des Glaubens zeigen würden.

Der evangelisch-reformierte Pfarrer de Ruig ging darin – wie er bald merken sollte – den Puttenern deutlich zu weit. Er sprach überhaupt nicht von Sünde. Als er nach seiner Rückkehr aus den Konzentrationslagern wieder bei ausreichenden Kräften war, um die Gemeinde von Pfarrer de Jager zu übernehmen, versuchte er der Gemeinde Trost zu spenden, indem er ins Zentrum seiner Predigt das Leiden ohne persönliche Schuld rückte. Er sprach von einem »Leiden um Christi Willen«, einem Leiden, das »Gott seinen Kindern auferlegt, um seinen Namen zu verherrlichen und ihr Leben zu erbauen«. So, wie Christus schuldlos gelitten hatte, so konnte Gott auch den Menschen ein Leiden auferlegen, ohne dass man in irgendeiner Weise Schuld trage. Leiden musste man als einen Gnadenweg betrachten: Gott verfolgte damit eine Absicht. Um diese Botschaft zu verkündigen, predigte Pfarrer de Ruig im September 1945 mehrere Male über Hiob, den schwer Geprüften. Hiobs Freunde sahen in seinem Leiden den Beweis für seine große Sünde. De Ruig widersprach der Ansicht der Freunde mit aller Entschiedenheit. Solch eine Haltung, meinte er, führe zu Passivität und Untätigkeit und könne keinen Trost spenden. Gott sei nicht der Feind des Menschen. Wer an Gott appelliere, werde »ergriffen, aufgerichtet und vor Jesus Christus gestellt, den großen Leider [...]. Und so durchsteht es Hiob, so durchsteht ihr es!« Es ist wenig verwunderlich, dass es gerade diese Predigt war, die in Wouters' Gedenkbuch aufgenommen wurde. Von allen damals gehaltenen Predigten fanden die weniger strengorthodox Gläubigen gerade in ihr Hoffnung und Trost.[362] Die Predigt entsprang Pfarrer de Ruigs tiefer Überzeugung, dass alle frühere Verkündigung in Putten – und damit zielte er vor allem auf die Verkündigung von Pfarrer Holland – keine Sicherheit zu geben vermocht hatte, keine Freude im Glauben geboten hatte. Deshalb, so fand er, seien die Männer in den Lagern zugrunde gegangen. Ihr Glaube sei ihnen keine Stütze und keine innere Kraft gewesen.[363]

Im Oktober 1945 war Pfarrer de Ruig die traurige Pflicht zugekommen, den Trauer- und Gedächtnisgottesdienst zu halten. Zu dieser Zeit war das Schicksal zweier Puttener Männer noch ungewiss, von 35 Männern der Gemeinde wusste man, dass sie in den deutschen Konzentrationslagern umgekommen waren. De Ruig hatte für seine Predigt Jesaja 66, 13a gewählt: »Ich will euch trösten, wie einen seine Mutter tröstet.« In seiner Predigt unternahm er erneut den Versuch, seine Gemeinde davon zu überzeugen, dass der Trost, den Gott zu bieten hatte, das Leid, den Schmerz, die Gewalt, das Unrecht und die Trauer wegwischte:

Dann wird er euch wie eine Mutter in die prächtigsten Gewänder hüllen, dann wischt er weg alle Furchen des Schmerzes und alle Narben des Leidens. Und ihr werdet denen folgen, die ihr nun vermisst, in Mutters Haus, wo mehr ist, als ihr euch hier wünschen könnt. Dort, wo Heilung ist und Vollendung.[364]

Zahlreiche Puttener fanden diese Art der Verkündigung viel zu »mild«.[365]

Abfall vom Glauben, Zweifel am Glauben – es gibt keine Statistiken, die ausdrücken, wie sehr die Puttener Gemeinde in jenen Jahren mit dem Glauben der Väter gerungen hat. Für viele Hinterbliebene war der Gedanke an den in den deutschen Lagern in Einsamkeit sterbenden Sohn, Bruder, Schwiegersohn, Mann oder Vater eine wahre Folter. Waren sie im Glauben gestorben? Pfarrer Boer versuchte die Hinterbliebenen zu trösten, indem er erklärte, dass die Männer in den Lagern Christus gesehen hätten:

Überall war er, wo er in Wahrheit angerufen wurde. [...] Deshalb konnten sie diese Welt verlassen, weil sie für sie ein einziges großes Konzentrationslager war, in der wir alle einen Stern auf unserem Rücken tragen, das heißt dem Tode geweiht sind. Heute dieser und morgen jener![366]

Auch Pfarrer de Ruig, selbst ein Zeuge des Schicksals der Männer in den Konzentrationslagern, suchte die Gemeinde zu trösten, indem er vom Glauben der Puttener KZ-Gefangenen sprach:

Während der Arbeit haben wir viel miteinander gesprochen. Welcher Trost ging von diesen Gesprächen aus! Wie viele haben in diesem Elend zu Gott gefunden als dem Vater und zu welchem Segen wurde so für die Männer dieses Unglück.

Nicht wenige sind es gewesen, die ruhig und jauchzend sterben konnten.[367]

Das Wissen, dass ihre Männer im Glauben gestorben waren, war für die Hinterbliebenen lebensnotwendig, und vielleicht wollte de Ruig sie in ihrer Not beruhigen. Durfte man in dieser Unsicherheit – man war ja nicht im Augenblick des Sterbens zugegen gewesen – denn überhaupt noch am Abendmahl teilnehmen, so fragten sich manche sogar. Eine Witwe berichtete später, wie sehr sie damals unter dieser Gewissensfrage gelitten habe:

Der Teufel sprach zu mir: »Du willst zum Abendmahl? Du weißt ja nicht einmal wie es um deinen Jungen steht.« Daraufhin bin ich vor dem Bett niedergefallen und da kam der Herr mit Psalm 89, 6 über mich. Dann war ich davon befreit.[368]

Die Razzia wurde durch die jüngere Generation von Pfarrern in Putten als ein »Einschlag« Gottes verstanden, der die Guten mit den Schlechten fortriss. Die Verkündigung der Annahme vom Puttener Schicksal als einem Ereignis, bei dem sich Gott der Gemeinde gezeigt hatte, vermittelte einen Trost, den keine andere Instanz den Gläubigen zu bieten hatte. Trauer und der Wunsch nach Rache wurden nicht geleugnet, sondern in Gottes Hände gelegt. Wie schwer Gottes Tat auch zu verstehen war und eigentlich auch nicht verstanden werden musste, die Pfarrer standen nicht mit leeren Händen vor der Gemeinde, die – bibelfest wie sie war – zahlreiche Vorbilder dieser »Einschläge« Gottes kannte. Pfarrer und Gemeinde lebten mit denselben Bibeltexten und sprachen dieselbe Sprache, mit der das Schicksal Puttens gedeutet und verstanden werden konnte.[369] Die Religion verband die Gemeinschaft und gab ihrem Leiden Sinn.

Jahrelang bildeten bestimmte Bibeltexte, Psalmverse und Lieder das Fundament, mit dem sich die Gemeinde verständigte, das die Vergangenheit deutete und der Gegenwart Sinn verlieh: Die Rute, an der Honig klebte; die Rute, die geküsst wurde (biblischer Gesang zu Psalm 94, 7) Gott, der wie ein Fürst unerkannt Putten besucht hatte; die Brandlegung in Putten, die in den Worten beschlossen lag: »Sie sprechen in ihrem Herzen: Lasst uns sie ganz unterdrücken! Sie verbrennen alle Gotteshäuser im Lande« (Psalm 74, 8). Jeremia 42, 2 (»denn wir sind von vielen nur wenige übrig geblieben«) verwies auf die wenigen, die aus den Konzentrationslagern zurückgekehrt waren und Jeremia 31, 1 5 (»Rahel weint um ihre Kinder und will sich nicht trösten lassen über ihre Kinder; denn es ist aus mit ihnen«) auf die Frauen, die ihre Söhne verloren hatten. Der Text auf dem Denkmal »und Gott wird abwischen alle Tränen von ihren Augen« (Offenbarung 21, 4a) bildete die letztendliche Verheißung des Glaubens.

Die Erfahrung und die Bedeutung der Razzia lag aber für die Einwohner Puttens in Psalm 84, 3 und 4 beschlossen. Dieser Psalm erklang zum ersten Mal nach der Gedächtnispredigt im Oktober 1946 und seitdem sollte er jedes Jahr bei dem Gedenkgottesdienst in der Alten Kirche (und bei vielen anderen Gelegenheiten) gesungen werden. Es war der Psalm, den die Puttener Männer und Jungen an jenem Montagmorgen, dem 2. Oktober 1944 in der Alten Kirche gesungen hatten, kurz bevor sie nach draußen geführt wurden.

Wohl, wohl dem Menschen in der Welt,
Der dich für seine Stärke hält,
Von Herzen deinen Weg erwählet!
Geht hier sein Pfad durchs Tränental,
Er findet auch in Not und Qual,
Dass Trost und Kraft ihm nimmer fehlet;
Von dir herab fließt mild und hell
Auf ihn der reiche Segensquell.

Wir wandern in der Pilgerschaft
Und gehen fort von Kraft zu Kraft,
Vor Gott in Zion zu erscheinen.
Hör mein Gebet, Herr Zebaoth,
Vernimm's, vernimm's, o Jakobs Gott.
Erquicke mich auch mit den Deinen;
Bis wir vor deinem Throne stehn
Und dort anbetend dich erhöhn.[370]

In Texten wie diesem lag für die Gemeindeglieder die Erinnerung an die Razzia verankert. Sie waren der Wortschatz, mit dem sie aufgewachsen und vertraut waren und mit dessen Hilfe sie nun miteinander, mit den Pfarrern und den Gemeindehelfern über die Razzia und ihren unermesslichen Kummer sprechen konnten. Diese Texte und Verse, von allen gekannt und immer wieder zitiert und kommentiert, schmiedeten die Puttener Gemeinschaft in ihrem Leiden zusammen.

DIE GRÄBER IN LADELUND

Das KZ Ladelund, eines der Außenlager von Neuengamme, lag etwa fünfhundert Meter vom gleichnamigen Dorf entfernt. Im Unterschied zu anderen Konzentrationslagern, die sich in weiter Entfernung von Dörfern oder Städten befanden, mussten die Einwohner dieses kleinen Dorfes in den Monaten November und Dezember 1944 mit Entsetzen ansehen, wie die zweitausend Männer, die in dem angrenzenden Lager inhaftiert waren, sich jeden Tag früh am Morgen viele Kilometer zur Arbeit schleppten und am späten Abend wieder ins Lager zurückkehrten. Auf dem Rückweg trugen sie die Toten des Tages in den Trögen, in denen ihnen mittags das Essen gebracht worden war. Die Wachen waren im Dorf einquartiert, das Essen für die KZ-Häftlinge wurde aus dem

Dorf bezogen. Das Leben in der kleinen Dorfgemeinschaft, bestehend aus etwa fünfzehnhundert Dänen und Deutschen, wurde, ob die Dorfbewohner es wollten oder nicht, durch die Existenz des Lagers bestimmt – und sie waren tief entsetzt über den für sie unerwarteten Aspekt des Nationalsozialismus.[371]

Nahezu unmittelbar, nachdem am 1. und 2. November die Männer aus Husum und Neuengamme im KZ Ladelund angekommen waren, wurde Pastor Meyer von der evangelischen Kirche des Dorfes von der Lagerleitung gedrängt, die Toten auf dem kleinen Kirchfriedhof zu begraben. Er zeigte sich dazu unter der Bedingung bereit, dass man ihm Namen der Toten sowie ihre Personalien nannte. Im Laufe der sechs Wochen, in denen das KZ Ladelund bestand, begrub er in den neun Massengräbern hinter der Kirche dreihundert KZ-Häftlinge, unter ihnen 111 Männer und Jungen des »Putten-Transports«. Ihre Namen und persönlichen Angaben vermerkte er im Kirchenregister der Sankt Petri Kirche in Ladelund. Bei den Gräbern errichtete er ein Holzkreuz.

Im Frühjahr 1946 erhielt Vater van de Weitgraven in Putten einen Brief von Pastor Meyer. Nun, da es wieder möglich war, Briefe zu schreiben, sah Pastor Meyer es als seine Pflicht, den Familien der Verstorbenen mitzuteilen, dass die Toten ein christliches Begräbnis erhalten hatten. Trost konnte er nicht bieten: »Das Entsetzliche ist zu groß.« Nur Gott konnte Trost spenden. Das Grab von van de Weitgravens »unvergesslichem Sohn« werde gut gepflegt, versicherte der Geistliche. Blumen blühten auf dem Grab und er habe die Absicht, eine Gedenkstätte zu errichten. Wenn diese fertig sei, wollte er van de Weitgraven ein Foto von ihr schicken. Er sollte wissen, dass der Pastor die Toten in Ladelund nicht vergessen werde.[372] Einem anderen Vater eines KZ-Opfers, Wolffen von Netzer, schrieb Pastor Meyer, dass er verstehe, dass die Niederländer die Deutschen hassten, doch er wollte, dass von Netzer verstehe, wie sehr auch die Bewohner von Ladelund unter den Schrecken des Konzentrationslagers gelitten hätten. »Ich persönlich war in den Wochen des Hierseins kurz davor, wahnsinnig zu werden«, schrieb er Wolffen von Netzer[373] und einem anderen Hinterbliebenen: »Durch das Verschulden des Volkes, dem ich angehöre, ist das Leid über Sie gekommen.« Mit diesen Worten übernahm Pastor Meyer die Schulderklärung des Rates der Evangelischen Kirche in Deutschland, die im Oktober 1945 bekannt hatte, dass durch die Deutschen – durch »uns« – »unendliches Leid über viele Völker und Länder gebracht worden« ist.[374]

Im Sommer 1946 erschien in den niederländischen Zeitungen ein Auszug aus der Ladelunder Kirchenchronik, in der Pastor Meyer das Schicksal der KZ-Häftlinge ausführlich beschrieben hatte.[375] Jedes Jahr notierte er am 31. Dezember im Kirchenregister, was im vergangenen Jahr in der Gemeinde passiert war. Am Sylvesterabend 1944 hatte er das Schicksal der Ladelunder KZ-Häftlinge ausführlich und mit großer Anteilnahme beschrieben. Er hatte die Gelegenheit gehabt, mit einigen Häftlingen auf dem Kirchfriedhof zu sprechen, als diese die Leichen brachten. Oft hatte er zugesehen, wie die Männer aus dem Lager kamen und wieder zurückgingen:

Es waren keine Menschen mehr, ja was denn? Ich weiß es nicht. Sie waren in Lumpen gehüllt, die mit Farbe beschmiert waren. Aus den Augen sprach Verzweiflung und noch einmal Verzweiflung. [...] Nun ließ ich die 2000 an mir vorübergehen. Sie gingen nicht, sie wankten. Sehr viele waren derart erschöpft, dass sie nicht mehr imstande waren, allein zu gehen. Sie hatten sich untergehakt und so stützte einer den andern. So schlich dieser Zug der Elenden dem Lager zu.[376]

Im Januar 1946 fertigte Meyer Abschriften dieses Berichts an und schickte sie an verschiedene ausländische Vertretungen in Deutschland, unter anderem an das britische Search Office, das polnische Fahndungsbüro in Lemförde, eine belgische Einrichtung und die niederländische Militärmission in Lübeck, die eine Abschrift an Königin Wilhelmina übermittelte.[377] Im Juli erhielt auch Puttens Bürgermeister van Geen den Bericht.[378]

1950 war die Gedenkstätte für die mehr als dreihundert Opfer an der Südseite der Ladelunder Kirche fertig gestellt. Pastor Meyer schickte an alle Familien der Verstorbenen – Franzosen, Polen, Russen, Belgier und Niederländer – einen Brief mit zwei Fotos der Gräber und des Gedenksteines. Mehr als zweihundert Dankschreiben kamen zurück. Allein von dem »Putten-Transport« lagen in Ladelund 111 Männer begraben. Im Oktober desselben Jahres, fünf Jahre nach dem Krieg, wollte eine Gruppe Hinterbliebener die Gräber besuchen. Die Absicht der »Opfer«, das Land der »Täter« zu besuchen, fand in der Presse große Beachtung. Im Auftrag der renommierten niederländischen Zeitung *De Spiegel* begleitete der Fotograf Sem Presser die Puttener auf ihrer Fahrt nach Deutschland und fotografierte die Mütter und Witwen bei den Gräbern in Ladelund.[379]

Am 23. Oktober 1950 verließen drei Busse mit etwa 130 Puttener Einwohnern das Dorf. Unter ihnen waren auch Pfarrer Kievit und Pfarrer Kwakkelstein, der 1947 die Nachfolge von Pfarrer de Ruig angetreten hatte, sowie der 1949 neu ernannte Bürgermeister Puttens, Quarles van Ufford. Zu dritt hatten sie die Reise sorgfältig vorbereitet. Pastor Meyer wurde gebeten, so wenig Presse wie möglich zuzulassen und auch sonst sollte der Besuch möglichst schlicht gehalten werden. Keinen Blumenschmuck in der Kirche und keine Trauermusik, »nur das schwarze Trauerkleid wird getragen und zeigt die stillen Schmerzen.«[380]

Die Busse fuhren durch das ruinierte und verwüstete Deutschland. Je weiter sie fuhren, desto wichtiger war für die Puttener die Anwesenheit ihrer Dorfgenossen:

Das zeigte sich an den Gesprächen, die geführt wurden. Wir sprachen miteinander über die Trümmerhaufen, über die Menschen, die gestorben sind, über unsere Männer und Jungen, die in diesem Land gestorben sind, über Vergeltung und Vergebung, über die Einsamkeit, die unsere Geliebten gefühlt haben müssen, doch auch, wie wichtig sie füreinander waren. Es schien, als könnten wir ein Stück davon spüren, nun, da wir so weit von zu Hause darüber miteinander sprachen.[381]

Am ersten Tag fuhren die Puttener weiter bis kurz hinter die dänische Grenze, wo sie in einem Hotel übernachten wollten. In Deutschland zu übernachten war undenkbar. Am nächsten Tag ging es wieder zurück über die Grenze nach Deutschland:

Plötzlich bogen wir links ab. »Ladelund 4 Km« steht auf einem Schild. Wir alle wurden ganz still, als wir über den holprigen Kies fuhren. Wir fuhren an ein paar Baracken vorbei, Gebäude auf der Heide. Dann das Dorf. Was sagen, wenn man aus dem Bus steigt?

Sie wurden von Pastor Meyer begrüßt und danach in die Kirche geführt. Die Puttener setzten sich vorne in die Kirche, hinten nahm die evangelisch-lutherische Gemeinde von Ladelund Platz. Pfarrer Kievit las Psalm 84 vor, den Psalm, den die Männer vor ihrer Deportation in der Kirche gesungen hatten, und sagte:

»Und gehen fort von Kraft zu Kraft« hat sich als Wahrheit erwiesen unter den schwierigsten Umständen, ja bis in den Tod. Wohl uns, wenn wir heute unsere Stärke in dem Herrn haben, dann werden wir, wenn auch nur für Augenblicke, das Schicksal tragen können. Dass es doch eine Wohltat ist, dass wir noch sehen dürfen, wo unsere Männer und Söhne, Brüder und Verwandten begraben wurden.

Gemeinsam sangen die Einwohner aus Putten und aus Ladelund den Psalm. Darauf sprach Pfarrer Kwakkelstein. Er ermahnte die Puttener, dass wenn man hier stehen bleibe und dann wieder gehe mit nichts als Gram und Rache im Herzen, man arm und ungetröstet sei:

Wir müssen heute aufblicken zum wirklich unschuldig vergossenen Blut Christi, das zu uns besser spricht als das Blut von Abel, das unschuldig vergossen wurde für uns schuldige Sünder.

Ihr wisst, was es heißt, einen Mann, einen Vater, einen Bruder, einen Sohn zu verlieren, und Gott gab seinen geliebten Sohn, seinen einzigen, um uns Sünder zu erlösen von Sünde und Strafe.

Dieses Blut spricht zu uns nicht von Rache, sondern von Liebe und Treue für uns und unsere Feinde.

Danach sang die Gemeinde das Psalmlied zu Psalm 73: »Vergeht denn je in bitt'rem Schmerz/ und banger Not mein Fleisch und Herz,/ so sollst du sein für mein Gemut/ Mein Fels, mein Teil, mein ewig Gut.«

»Womit sollen wir euch trösten, was sollen wir euch mitgeben, wenn ihr von hier geht?«, fragte Pastor Meyer danach voller Verzweiflung.

Die Via Dolorosa, der Leidensweg des Heilands, ist auch unser Weg. Sein Leidensweg führte ihn und uns zu ewiger Herrlichkeit. Kann uns dieser Gedanke trösten? Nur noch Augenblicke und wir stehen an den Gräbern. Kommt dann bei uns der Gedanke auf: Der Himmel ist hoch und Gott ist fern? [...] Heute werdet ihr zurückdenken an die Abschiedsstunden, als sie singend in die Gefangenschaft zogen. Alte Wunden bluten. Doch ich weiß, dass euer Schmerz auch Jesu Schmerz ist und unser Leidensweg sein Leidensweg, auf dem er neben uns steht. [...] Der mitleidende Hohepriester war auch in Amersfoort, in Neuengamme und hier in Ladelund. [...] Deshalb auf nach Golgatha.

Dann sprach er die Worte, die das Fundament für den Weg bilden sollten, den Putten und Ladelund von nun an gemeinsam gingen:

Ich weiß, dass deutsche Brüder euch dieses große Leid zugefügt haben. Doch Gott wird auch ihnen vergeben können, wenn sie zu dem Thron der Gnade fliehen, der da ist in alle Ewigkeit. Jesus Christus ist die wahrhaftige Brücke zwischen Holland und Deutschland.

Nach dem Gottesdienst gingen die Anwesenden zu den Gräbern hinter der kleinen Kirche. Sie waren sehr gepflegt, mit Rosensträuchern und Moospflanzen bewachsen. Pastor Meyer las aus seinem Begräbnisbuch die Namen der Puttener Männer und Jungen vor, die dort begraben lagen. Der Bürgermeister von Putten legte einen Kranz auf die Gräber. Danach wurden die Puttener zu einer Mahlzeit eingeladen – »gutes Fleisch mit Kartoffeln und Rotkohl«. Ein Bus fuhr nach Husum, wo andere Verwandte der Einwohner Puttens begraben lagen. Am Abend kündigte Bürgermeister Quarles van Ufford an, dass die Gemeinde Putten der Kirche von Ladelund einen gläsernen Kelch schenken werde, auf dem auf der einen Seite der Kirchturm von Putten, auf der anderen Seite der Kirchturm von Ladelund eingraviert werde.[382]

Auf dem Weg nach Ladelund hatten die Puttener Männer und Frauen an der deutschen Grenze große Probleme gehabt. Der deutsche Zoll hatte sie lange warten lassen, obwohl etwa hundert von ihnen mit einem Kollektivpass reisten. Es war ein Wortwechsel entstanden, bei dem die Deutschen so getan hatten – wie Bürgermeister Quarles van Ufford nach der Rückkehr voller Empörung an den niederländischen Außen-

minister schrieb – »als handle es sich um eine Vergnügungs-
reise. [...] Auch ist von deutscher Seite das Wort ›Partisanen‹
gefallen.« Bei der dänisch-deutschen Grenze war es erneut zu
Schikanen gekommen. Alle hatten den Bus verlassen müssen,
wodurch eine Verzögerung von eineinhalb Stunden entstanden war. Als sie am nächsten Tag erneut die Grenze passierten, hatten die Grenzkontrollen zwei Stunden lang gedauert,
und abends auf der Fahrt zurück nach Dänemark sogar drei
Stunden. In der Zwischenzeit war in den niederländischen
Zeitungen von den Vorfällen berichtet worden. Auf der
Rückreise in die Niederlande hatte dann der deutsche Zoll zu
erkennen gegeben, dass man die ganze Sache nicht besonders
schätze. Quarles schrieb nach seiner Rückkehr:

Die Deutschen hier haben mir zu verstehen gegeben, dass aufgrund der Ermordung eines deutschen Offiziers durch Terroristen in meiner Gemeinde die Deutschen das Recht gehabt
hatten, Vergeltungsmaßnahmen gegenüber der Bevölkerung
zu ergreifen.[383]

Diese Haltung der Deutschen bestätigte nach Ansicht der
Puttener wie sehr ihr Empfang in Ladelund eher Ausnahme
als Regel für den Umgang der Deutschen mit der Kriegsvergangenheit sei. Doch die deutsche Regierung reagierte auf die
Klage aus dem Nachbarland voller Entschlossenheit. Der Leiter der Zollbehörde drückte sein Bedauern aus und entschul-
digte sich und die beiden beteiligten Zollbeamten wurden
vom Dienst suspendiert.[384]

Noch in Ladelund hatte Bürgermeister Quarles van Ufford
Pastor Meyer zu einem Gegenbesuch in Putten im April des
folgenden Jahres eingeladen. Auch dieser Besuch wurde wieder sorgfältig von einigen Einwohnern Puttens geplant.
Pastor Meyer, seine Frau und seine Tochter waren drei Tage
lang bei Pfarrer Kievit zu Gast.[385] Bei seiner Ankunft legte

Pastor Meyer bei der Gedenktafel an der Alten Kirche einen Kranz nieder. Diesen Kranz hatte er aus Ladelund mitgebracht, um symbolisch das Band zwischen Putten und Ladelund zum Ausdruck zu bringen. Am selben Abend noch fand eine Zusammenkunft in der Alten Kirche statt, der etwa sechshundert Personen beiwohnten. Quarles van Ufford hielt eine Begrüßungsrede, in der er an den Besuch der Puttener in Ladelund erinnerte. Damals, so meinte er, habe er gefühlt, dass es keinen Unterschied gebe zwischen den Menschen, sondern dass Gott für alle da sei, ein Gott, der Vergebung und Trost schenke. Das Schuldbekenntnis, das Pastor Meyer im Namen des deutschen Volkes abgelegt habe, würde ihr und den ihren erleichtern, so schrieb eine Witwe dem Pastor, mit der Zeit zu vergeben, wie es Gottes Wille sei.[386]

Als Dank für Meyers Pflege der Gräber und den Empfang der Hinterbliebenen überreichte der Bürgermeister nun auch den Kelch, den er 1950 zugesichert hatte. Dieser wertvolle, kristallene Pokal sollte einen Ehrenplatz auf dem Altar in Ladelund erhalten. Die Gravierungen – die Kirchen und Denkmäler beider Dörfer – brachten die religiöse Verbundenheit zwischen Ladelund und Putten zum Ausdruck. »Und Gott wird abwischen alle Tränen von ihren Augen« war darauf auf Latein zu lesen – derselbe Text wie auf dem Mahnmal in Putten.

Danach hielt Pastor Meyer auf Deutsch eine Predigt, die von Kievit übersetzt wurde. Meyer sprach über Johannes 16, 16-24, wo erzählt wird, wie Jesus von seinen Jüngern Abschied nimmt. Meyer wies auf Jesu Verheißung hin, dass auf die Traurigkeit der Jünger über den Tod ihres Meisters große Freude folgen wird. »An dem Tag werdet ihr mich nichts fragen.«[387] Über Meyers Predigt wurde in allen niederländischen Zeitungen berichtet. Die Tageszeitung *Trouw* schrieb: »Gott hat das Unmögliche ermöglicht.«[388] Allgemein wurde sein Besuch, so meinte Pastor Meyer zu spüren, als Schlussstrich betrachtet, eine Auffassung, gegen die er sich mit aller Entschiedenheit wandte, weil das bedeute, dass dann nicht mehr über die Vergangenheit gesprochen würde.[389]

In den darauf folgenden Tagen sprach Meyer mit vielen Hinterbliebenen. Überall war er willkommen. Nach seinem Besuch reiste er durch die Niederlande, um auch in anderen Orten Hinterbliebene zu besuchen. In Amerongen predigte er, legte Blumen bei den Gräbern gefallener deutscher und auch kanadischer Soldaten nieder, was auf die Bevölkerung großen Eindruck machte.[390] Auf die ausdrückliche Bitte der Evangelischen Kirche in Deutschland besuchte er schließlich noch deutsche Gefangene in Vught und führte mit ihnen »seelsorgerliche Gespräche«, was vom Justizministerium in Den Haag sofort genehmigt worden war. Von Christiansen, der sich unter ihnen befand, hörte er, dass dieser bald freigelassen werde. Das Geld, das Meyer von den Witwen in Putten erhalten hatte, verwandte er für die Besuche bei den Hinterbliebenen in anderen Teilen der Niederlande und – auf ausdrückliche Bitte der Spenderinnen – für Geschenke für die Pfarrer der deutschen Gemeinden in Den Haag und Rotterdam.[391]

Zwei Jahre später schickte Pastor Meyer den Familien der Opfer nochmals einen Brief mit Fotos, um zu zeigen, mit welcher Sorgfalt die Gräber gepflegt wurden. In Putten war in der Zwischenzeit eine Diskussion darüber entbrannt, ob die Toten in Ladelund verbleiben oder aber in die Niederlande überführt werden sollten. Meyer konnte Briefe der Landesregierung vorweisen, in denen den Hinterbliebenen ausdrücklich versichert wurde, dass die Pflege der Gräber in Ladelund auch in Zukunft finanziell unterstützt werde. Die Gemeinde Putten sprach sich schließlich für die Erhaltung der Gräber in Ladelund aus, ein Wunsch der im Gegensatz zu der niederländischen Kriegsgräberfürsorgestiftung von der niederländische Regierung respektiert wurde.

Die Religion schenkt den Glaubenden nicht nur im Kummer Trost, versucht nicht nur das Leid zu erklären, sie lehrt auch, wie man in der Welt zu leben hat.[392] Der Besuch der Puttener Männer und Frauen in Ladelund im Jahr 1950 und der Gegenbesuch, den Pastor Meyer ein Jahr später Putten abstattete, waren Momente, in denen die Hinterbliebenen aktiv ihre Trauer bewältigen konnten und die zugleich die Verheißung der Versöhnung in sich trugen. Getreu den Bibelworten »Liebet eure Feinde« (Matthäus 5, 44) und »Die Rache ist mein, spricht der Herr« (Röm 12, 19; vgl. 5. Mose 32, 35) hatte die Gemeinde ihre Christenpflicht erfüllt, indem sie dem Feind die Hand reichte und ihm vergab. Doch wenn es bei der symbolischen Geste der Überreichung des Kelches bleiben und es nicht zu einer wirklichen Konfrontation mit den »Tätern« kommen sollte, konnte von echter Versöhnung noch keine Rede sein. Pastor Meyers Nachfolger Richter hatte das Bestreben, die Beziehungen zwischen Putten und Ladelund weiter auszubauen und damit einen tieferen Versöhnungsprozess zu ermöglichen. Das kollektive Schuldbekenntnis der Evangelischen Kirche hatte in Deutschland im Jahr 1945 der Versöhnung zwischen Opfern und Tätern prinzipiell den Weg bereitet. Richters öffentlicher Kampf gegen die Heldenverehrung, die Christiansen nach seiner Begnadigung 1951 auf der Nordfriesischen Insel Föhr zuteil wurde, war Anfang der sechziger Jahre der Auftakt zu einer aktiven Versöhnungspolitik.

Ab 1965 war »Ladelund« auch für die Einwohner Puttens mehr als nur der Ort, wo die Gräber ihrer Toten lagen. Das norddeutsche Dorf bekam in der Erinnerung der Puttener Gemeinde eine starke Symbolfunktion. In »Ladelund« kristallisierten sich kollektive Erinnerungen der Puttener heraus und die Zusammengehörigkeit innerhalb der Dorfgemeinschaft konnte so noch vertieft werden. Außenstehende,

Nicht-Puttener, werteten die besondere Ausprägung des Puttener Verarbeitungsprozesses als Verdrängung, mit der die Puttener sich ergeben in ihr Schicksal fügten. Konnte sich Putten als »Sonderfall« zu Beginn noch der breiten Sympathie der Niederländer sicher sein, geriet es in den siebziger Jahren zunehmend ins Abseits. Viele Niederländer sollten ab den siebziger Jahren mit Putten eine merkwürdige, in sich gekehrte Gemeinschaft verbinden, die mit ihrem abweichenden politischen und religiösen Lebensstil nicht die Errungenschaften der modernen Seelsorge und Psychotherapie teilte.

Die Affäre Christiansen (1951-1980)

Die Verwirrung und das Entsetzen vieler Niederländer und Puttener über die Form und den Verlauf der Prozesse gegen Fullriede und Christiansen im Jahr 1948 schlugen in Zynismus und Ressentiments um, als die niederländische Regierung 1951 bekannt gab, dass der ehemalige Wehrmachtsbefehlshaber Christiansen begnadigt werden sollte. Nach dem Urteil des Sondergerichtshofs war Christiansen in die Berufung gegangen, hatte diese aber schon bald wieder zurückgezogen. Drei Jahre lang war er in einer Arbeitsanstalt inhaftiert gewesen, wo er Kleiderbügel angefertigt hatte.[393] Als Begründung für Christiansens Begnadigung wurde im Dezember 1951 auf seinen schlechten Gesundheitszustand und sein hohes Alter (im Dezember 1951 wurde er 72 Jahre alt) verwiesen.

Christiansens Begnadigung sorgte für erheblichen Aufruhr, nicht zuletzt wohl auch durch die recht unglückliche Art, wie Minister Mulderije in der »Zweiten Kammer«, dem niederländischen Parlament, die Begnadigung geradezu beiläufig mitteilte: Christiansen solle noch »vor Weihnachten« freigelassen werden. Die katholische Tageszeitung De

Volkskrant war nicht die einzige Zeitung, die den Vorgang als den soundsovielten Ausdruck deplatzierter »Barmherzigkeitspolitik« der Regierung wertete.[394] Die kommunistische Tageszeitung *De Waarheid*, die stets voller Sorge vor einer Wiederbelebung des westdeutschen Militarismus war, sah in der Regierungspolitik sogar rechtsorientierte Kräfte am Werk. Sie schrieb, dass Christiansens Begnadigung »ein lebender Beweis« sei, »wie gut es die niederländische Regierung mit den westdeutschen Generälen meint, die sich auf einen neuen Angriff und auf neue Puttens vorbereiten«.[395]

Am 9. Dezember 1951 wurde Christiansen nach Deutschland abgeschoben. Voller Bitterkeit schrieb die Tageszeitung *Trouw* einige Tage später, dass die Nordfriesische Insel Föhr, wo Christiansen geboren und aufgewachsen ist, die Absicht habe, ihm einen festlichen Empfang zu bereiten. »Wir betrachten dieses Ereignis völlig unpolitisch«, zitierte die Zeitung einen Inselbewohner. »Wir kennen den ›Krischan‹ schon von Kindesbeinen an. Wir sind davon überzeugt, dass er sich persönlich keiner Verbrechen schuldig gemacht hat.«[396]

Die Begnadigung erregte auch in Putten Empörung, entrüstete Schreiben wurden an die Regierung gerichtet, die örtliche Abteilung der Niederländischen Frauenbewegung protestierte gegen die Freilassung »dieses Mörders unserer Männer und Söhne«.[397] Erneut war es *De Waarheid*, die über das Entsetzen der Einwohner Puttens berichtete:

»Unserem Volk wurde überaus großes Unrecht angetan.« So denken und sprechen die Bewohner des Dorfes Putten. Das Dorf, das unmittelbar mit dem Terror des Nazi-Generals Christiansen konfrontiert wurde. Das Dorf, wo man auf Schritt und Tritt an den grauenvollen Nazi-Krieg erinnert wird. Die Bevölkerung ist entsetzt, weiß aber nicht, wie sie ihrem Entsetzen Ausdruck verleihen soll. Sie meint einer

Übermacht gegenüberzustehen, die auf ihre Anliegen, auf ihre teuren Erinnerungen pfeift.

Ein Puttener, so die Zeitung, habe erklärt, sich mit den Vorfällen abfinden zu können. »Wenn wir in der Schrift lesen, dann lernen wir, dass wir uns in viele Dinge fügen müssen, weil sie in Gottes Hand liegen.« Diese Haltung, so *De Waarheid*, verhindere, dass man sich in Putten der Regierungsentscheidung widersetze:

Die Bevölkerung will sich widersetzen, sie ist empört, doch fühlt sich machtlos. Die Honoratioren des Dorfes predigen Ergebenheit. Ergebenheit, wie sie auch vor dem 1. und 2. Oktober 1944 gepredigt wurde. [...] Das Volk von Putten steht nicht allein, denn hunderttausende Niederländer fühlen mit ihm. Auch sie sind von Abscheu erfüllt von der Solidarität unserer Regierung mit den Nazi-Generälen.

Nach seiner Begnadigung kehrte Christiansen nach Innien zurück, seinem Wohnort in Schleswig-Holstein, der nur unweit von Ladelund lag. Der Stadt Wyk/ Föhr, aus der seine Familie stammte, war er eng verbunden. Seit 1918 war Christiansen Ehrenbürger der Stadt, 1932 war die Wyker Hauptstraße nach ihm benannt worden. Seit 1945 hieß sie auf Anordnung der Engländer zwar »Große Straße«, doch gleich nach Christiansens Freilassung wurde sie zu seinen Ehren wieder nach ihm benannt und hieß von nun an wieder »Friedrich-Christiansen-Straße«.

Puttens Protest gegen Christiansens Ehrenbürgerschaft und den Straßennamen verlief in drei Phasen. In den Jahren 1951 und 1952 bestand der Protest vor allem aus einigen bitteren Zeitungsartikeln und aus der Klage der Puttener Abteilung der kommunistischen Niederländischen Frauenbewegung. 1964 kam es zu einer zweiten Protestwelle. In diesem Jahr nämlich wurde der damals fast 85-jährige Christiansen anlässlich der Wyker Flugtage öffentlich geehrt. Der Wyker Bürgermeister Böttcher überreichte ihm die »Udet-Medaille«, der Deutsche Aeroklub die goldene »Dädalus-Medaille«. Mit der Ehrung verfolgte Bürgermeister Böttcher deutlich ein politisches Ziel, denn kurz zuvor hatte eine Jugendgruppe aus dem niederländischen Bilthoven nach einem Besuch auf der Insel wegen Christiansens Ehrenbürgerschaft und der nach ihm benannten Straße ein Protestschreiben an die Wyker Stadtvertretung gerichtet. Der Ehrung Christiansens folgten heftige Proteste des Puttener Bürgermeisters und des Kommissars der Königin in Gelderland. Das niederländische Außenministerium trug den Fall direkt bei der deutschen Regierung in Bonn vor, die ihrerseits über das Ministerium der Kieler Landesregierung die Wyker Stadtvertretung drängte, den Straßennamen umzubenennen und Christiansen die Ehrenbürgerschaft abzusprechen. Doch aus Wyk ließ man verlauten, dass über Christiansen kein belastendes Material vorliege. Daraufhin übermittelte das RIOD und die Landesregierung Schleswig-Holsteins der Wyker Stadtvertretung Material, aus dem deutlich hervorging, dass Christiansen ein Kriegsverbrecher war. Die Stadtvertretung stellte die Authentizität des Materials in Frage. Nach der Zusendung weiteren belastenden Materials zeigte sich die Stadt Wyk 1965 schließlich bereit, das Material der Öffentlichkeit zugänglich zu machen und den Fall erneut zu prüfen. Doch dazu kam es nicht. Die Affäre Christiansen wurde erneut unter den Tisch gekehrt.

Erst in den Jahren 1979-1980 sollte sich eine »Lösung« der Affäre anbahnen. Ausgerechnet ein Neffe Christiansens entfesselte anlässlich des hundertsten Geburtstages seines Onkels mit einer Reihe von Artikeln im *Insel-Boten* erneut die Diskussion um die Ehrenbürgerschaft und den Straßennamen. Zwei Monate lang erschienen in der Zeitung als Reaktion auf die Artikel des Neffen fast täglich Leserbriefe. Im März 1980 rang sich der Magistrat der Wyker Stadtvertretung endlich dazu durch, Christiansen die Ehrenbürgerschaft abzuerkennen und die »Friedrich-Christiansen-Straße« wieder in »Große Straße« umzubenennen. Obgleich die Stadtvertretung sehr unter Druck geriet, den Beschluss des Magistrats anzunehmen, wehrte sich der CDU-Vorsitzende mit allen Mitteln. Der Gemeindeversammlung legte er einen Brief vor, in dem das Kieler Innenministerium erklärte, dass es sinnlos sei, jetzt noch über die Ehrenbürgerschaft zu diskutieren, da der Ehrenbürger bereits gestorben war. Trotz des heftigen Widerstands von Seiten des Bürgermeisters und der SPD-Fraktion wurde der Punkt von der Tagesordnung gestrichen. Auch der Antrag zur Namensänderung der Straße fand keine Mehrheit.

Wieder war man in Putten entsetzt. Der Gemeinderat erhob erneut Protest und forderte den Bürgermeister auf, die Wyker Stadtvertretung zu bitten, aufgrund der Dokumente, die Putten zusenden wollte, den Fall nochmals zu prüfen. Doch das war nicht mehr notwendig, denn in der Zwischenzeit hatte die Familie Christiansen, nicht ganz ohne äußeren Druck, die Stadt Wyk ersucht, die Rückbenennung der »Friedrich-Christiansen-Straße« in »Große Straße« vorzunehmen. Die Stadtvertretung ging sofort auf diese Bitte ein.

Obgleich der Ausgang der Affäre Christiansen der deutschen Vergangenheitsbewältigung dienlich gewesen sein mag, bei den Puttener Einwohnern hinterließ es einen bitteren Nachgeschmack. Der dreißigjährige Krieg gegen Christiansens Ehrenbürgerschaft und den Straßennamen war hauptsächlich eine lokale Angelegenheit gewesen. Die Aktionen gegen den Heldenkult sollten dabei die bittere Enttäuschung der Puttener Gemeinde kompensieren, die diese bei Christiansens Verurteilung erlebt hatte. In den fünfziger und sechziger Jahren standen sie der Affäre geradezu machtlos gegenüber. Gleichzeitig wussten sie, dass ihnen erst dann Genugtuung für den enttäuschenden Prozess gegen Christiansen im Jahr 1948 verschafft sei, wenn sie in dieser Frage einen Sieg errangen.

Doch zu einem Sieg in der Affäre Christiansen kam es erst, als die Puttener aus Deutschland Unterstützung erhielten. Die Affäre war mittlerweile nicht nur eine Puttener Angelegenheit, auch Deutsche erkannten immer mehr, wie problematisch diese Art des Umgangs mit der Vergangenheit war. Die Unterstützung der Anti-Christiansen-Lobby auf Föhr muss dabei im Rahmen der deutschen Vergangenheitsbewältigung dieser Zeit gesehen werden. Die unterschiedlichen Initiativen in der ersten Hälfte der sechziger Jahre in Schleswig-Holstein zeugten dabei von einem Schuldbewusstsein der jüngeren Generation. Mit Unterstützung der Evangelischen Kirche wandten sie sich vehement der Affäre Christiansen zu. Denn wenn diese nicht gelöst werden konnte, hatte auch der zögerlich in Gang gekommene Versöhnungsprozess zwischen Ladelund und Putten keine Zukunft.

»Versöhnung über den Gräbern«

Die Beziehungen zwischen Ladelund und Putten hatten sich in den fünfziger Jahren auf Besuche der Angehörigen der Toten beschränkt. Weder Putten noch Ladelund strebten zu dieser Zeit eine Intensivierung ihrer Beziehungen an. Der junge Pastor Richter, der 1958 die Nachfolge von Pastor Meyer[398] antrat, sollte in diese Situation Veränderung bringen. Während in den fünfziger Jahren in Ladelund das Geschehene benannt worden sei, so schrieb er in seinem Rückblick auf seine Amtszeit, sei es ihm darum gegangen, dass die Menschen auch lernten und erfuhren, was geschehen sei.[399] 1959 wurde endgültig entschieden, dass die in Ladelund beerdigten Niederländer nicht in die Niederlande »überführt« werden sollten, wie es das Bestreben der niederländischen Kriegsgräberfürsorgestiftung gewesen war. Damit hatte Ladelund weiterhin eine wichtige Funktion als der Ort, wo die Gräber der Puttener Männer und Jungen lagen.

Die »Wallfahrten« der Gruppen und Einzelpersonen hatten in den ersten fünfzehn Jahren nach dem Krieg für die Puttener Hinterbliebenen vor allem zum Ziel, die Gräber ihrer Angehörigen zu besuchen und miteinander über die Verstorbenen zu sprechen. Im Laufe der Zeit standen diese Fahrten allerdings zunehmend unter dem Zeichen der christlichen Versöhnung, die Richter mit aller Kraft seiner religiösen Überzeugung predigte. Seine aktive Versöhnungspolitik entsprang dem Glauben, dass durch die Kreuzigung Jesu die Versöhnung zwischen Gott und Mensch verwirklicht worden ist.[400] Mit Ausdauer und Diplomatie gelang es ihm und seinen Puttener Kollegen, eine Form der Annäherung zwischen den Einwohnern Ladelunds und Puttens zustande zu bringen, die in ihrer Art unvergleichlich war. In den folgenden Jahren wurde diese ausgebaut und vertieft und nahm nahezu rituelle Züge an. Die Annäherung von deutscher Seite aus blieb dabei stets eine Sache der evangelisch-lutherischen Gemeinde in Ladelund, die durch die evangelisch-lutherische Kirche Schleswig-Holsteins unterstützt wurde. Daneben spielte auch der Bürgermeister von Ladelund bei der Versöhnungsarbeit eine herausragende Rolle.

Wie sehr auch der persönliche Faktor zur Annäherung beigetragen haben mag, der Versöhnungsprozess wurde in hohem Maße von den religiösen Gemeinsamkeiten zwischen der evangelisch-lutherischen Gemeinde Ladelund und dem überwiegend reformierten Putten getragen. Die Versöhnung im Zeichen Christi war ein Bekenntnis, das in beiden Gemeinden gelebt und gepredigt wurde. Diese Versöhnung, die die eigene Identität, Persönlichkeit und den eigenen Glauben zutiefst berührte, war etwas vollkommen anderes als die säkulare und finanzielle Wiedergutmachung, die ab Ende der fünfziger Jahre in Deutschland einsetzte. »Es kann niemals darum gehen«, schrieb Richter 1962 an Bürgermeister Quarles van Ufford, »auch nur andeutend den Versuch einer Wiedergutmachung zu versuchen. Wahrlich, hier lässt sich niemals etwas wiedergutmachen.«[401] Erst die Annahme der eigenen persönlichen Vergangenheit, die in die Geschichte des eigenen Landes eingebettet war, erst die Anerkennung von Schuld und die Bereitschaft, darüber zu sprechen, eröffneten die Möglichkeit zu einer Normalisierung der Beziehungen.[402]

Die Versöhnung, die »Brücke Ladelund-Putten«, stützte sich zu Anfang nur auf einen einzigen Pfeiler: Pastor Meyer. Seine Pflege der Gräber war ein Akt des Glaubens und der Barmherzigkeit, der den Puttener Angehörigen den Trauerprozess in hohem Maße erleichterte. Einzelne Puttener und später auch ganze Gruppen reisten nach Ladelund, um die Gräber zu besuchen, begleitet von ihren Pfarrern und unterstützt von der niederländischen Kriegsgräberfürsorgestiftung. Pastor Meyers und später Pastor Richters Persönlichkeit und die große Gastfreundlichkeit, mit der sie in der Ladelunder Gemeinde empfangen wurden, machte einen bleibenden Eindruck auf sie. Um 1960 erhielt die Beziehung Putten-Ladelund einen neuen Impuls, indem die Autoritäten beider Gemeinden auf das wachsende Bedürfnis der Nachkriegsjugend reagierten, die einen eigenen Beitrag zur Versöhnungsarbeit leisten wollte. Waren die deutschen Jugendlichen auch nicht unmittelbar an den Verbrechen der Nazis beteiligt, sie litten sehr unter der Schuld ihrer Väter.[403] Wenn es möglich war, sie in den Versöhnungsprozess einzubeziehen, dann würden auch die Älteren mit der Zeit folgen.[404] Doch in Putten fürchtete man die Gefahr einer übereilten Annäherung. Wollte man eine Spaltung der Gemeinde verhindern, musste sie mit größter Vorsicht an die Versöhnungsarbeit der Jugendlichen herangeführt werden.

1962 fand ein Treffen der evangelischen Jugend in Ladelund statt. Jugendliche aus Ladelund wollten gern Kontakt zur Puttener Gemeinde aufnehmen und als »Sühnezeichen« in der

Gemeinde arbeiten. Zuvor hatte Pastor Richter beim Puttener Bürgermeister Quarles van Ufford vorgefühlt, ob die Jugendlichen vielleicht auf dem Land arbeiten oder sich auf andere Art und Weise für die Gemeinde nützlich machen konnten. Quarles van Ufford lehnte den Vorschlag ab. Aus diesem Grund trat der Pastor an die Gemeinde Bilthoven heran, denn auch dort lebten Gemeindeglieder, deren Angehörige in Ladelund begraben waren. In Bilthoven ging man auf das Angebot ein. Erneut wandte sich Richter an Putten, das wiederum abweisend reagierte. Man fühlte sich dort zu sehr unter Druck gesetzt.[405] Erst 1963 sollte Richter dann mit einer Gruppe Jugendlicher aus Ladelund am Puttener Denkmal einen Kranz niederlegen, als Folge einer privaten Puttener Initiative. Siebzehn Ladelunder Jugendliche verbrachten im August 1963 zwei Wochen in Putten. Sie waren in Gastfamilien untergebracht und arbeiteten auf Bauernhöfen.

Der Durchbruch wurde erst ein Jahr später erzielt. Im August 1964 war trotz aller Proteste Christiansen vom Wyker Bürgermeister Böttcher mit der »Udet-Medaille« öffentlich geehrt worden. In der Bundesrepublik wie auch im Ausland erschienen in den Zeitungen heftige Proteste. Pastor Richter hielt in Ladelund eine Pressekonferenz ab. Bereits 1963 hatte er, unterstützt vom Bischof der evangelischen Kirche, gegen die Benennung der Straße nach Christiansen Einspruch erhoben, was aber ergebnislos geblieben war. Am Volkstrauertag legte das Innenministerium von Schleswig-Holstein demonstrativ Blumen auf den Gräbern in Ladelund nieder. Im Oktober desselben Jahres nahm Pastor Richter an der Oktobergedenkfeier in Putten teil. Auf Einladung von Bürgermeister Quarles van Ufford legte er gemeinsam mit ihm einen Kranz beim Denkmal nieder. Der Bürgermeister hatte ihn mit den Worten »Pastor Richter aus Ladelund« angekündigt. Die Anwesenden hielten den Atem an. In einem Interview mit dem *Haagsche Courant* legte Richter Rechenschaft über seine eigene Kriegsvergangenheit ab und bezeugte, dass er als Pastor eine Versöhnung mit dem niederländischen Volk anstrebe.[406]

Damit war eine Vertrauensbasis geschaffen. Im Mai 1965 – zwanzig Jahre nach der Befreiung – besuchte eine große Gruppe Puttener erneut Ladelund. Diesmal wurden die etwa 120 Männer und Frauen auf deutschem Boden bei Ladelunder Gastfamilien untergebracht. Unter ihnen waren Bürgermeister Quarles van Ufford, zwei Pfarrer und zwei Überlebende des KZ Ladelund. Bisher hatten sich die Ladelunder Gemeindevertreter voller Schuld und Scham im Hintergrund gehalten, doch nun wurden auch sie einbezogen. Im selben Monat noch war Pastor Richter zu Gast beim 25-jährigen Jubiläum der niederländischen Kriegsgräberfürsorgestiftung. Im Zuge der nationalen Totenehrung am 4. Mai wurde er zur Kranzniederlegung am niederländischen Nationalmonument in Amsterdam geladen und von Königin Juliana im Haus den Bosch empfangen. In der Bundesrepublik geriet »Ladelund« im selben Jahr ins Scheinwerferlicht der Öffentlichkeit, weil der deutsche Bundestag für die Gedächtnisfeiern das Thema »Die ausländischen Kriegstoten bei uns« gewählt hatte.[407]

Die Medien zeigten in den sechziger Jahren großes Interesse für die Versöhnung, die Ladelund und Putten auf so eindrückliche Weise zu verwirklichen suchten. Im Oktober 1969 strahlte das niederländische Fernsehen unter dem Titel »Die Väter und die Brüder aus Putten« einen Dokumentarfilm aus, der die Nachkriegsgeneration in den Niederlanden über die deutschen Konzentrationslager informieren und zugleich die Aktionen deutscher Jugendlicher gegen den auflebenden Neofaschismus darstellen wollte. Drei Jahre zuvor war in Putten nach Vorbild des Ladelunder Posaunenchors eine Blaskapelle gegründet worden, die »Koperblazers«, die wie der Ladelunder Posaunenchor vor allem aus Jugendlichen bestand. Pastor Richter hatte die Instrumente den Bläsern in Putten überreicht, womit er deutlich machen wollte, dass es sich auch hierbei um einen Akt der Versöhnung handelte. Sowohl in

Ladelund als auch in Putten sollten in den kommenden Jahren beide Kapellen bei den jeweiligen Gedenkfeiern spielen. Der Dokumentarfilm zeigt diese symbolische Versöhnungsarbeit und die ganz unterschiedlichen Reaktionen der Puttener Einwohner sehr eindringlich. Am Volkstrauertag 1969 wurde der Film in Anwesenheit vieler offizieller Gäste aus dem In- und Ausland auch in Ladelund gezeigt.

Am 2. Oktober 1966 spielte der Ladelunder Posaunenchor Psalm 84 am Puttener Denkmal. Einen Höhepunkt bildete in diesem Jahr der Gedenkgottesdienst in der Alten Kirche am 5. Oktober, bei dem der Ladelunder Posaunenchor ein Konzert gab, die Predigt auf Deutsch gehalten wurde und alle niederländisch reformierten und evangelisch-lutherischen gemeinsam Psalm 150 anstimmten.

In Deutschland folgten die symbolischen Versöhnungsfeiern dem Rhythmus der Gedächtnisfeiern: Totensonntag, 23. November 1969 (25 Jahre nach der Razzia also), 1970 (25 Jahre nach Kriegsende), 1974 (dreißig Jahre nach der Razzia). In diesem Jahr wurde Ladelund von Putten nun offiziell von einem eigens aus diesem Grund ins Leben gerufenen Komitee eingeladen. Der Vorsitzende dieses Brückenkomitees Putten-Ladelund war Willem Torsius, der Sohn eines in Neuengamme ums Leben gekommenen Puttener Mannes. Im November 1977 legten am Volkstrauertag Niederländer und Dänen am Ladelunder Denkmal Blumen nieder. Beim 35-jährigen Gedenken an die Ereignisse in Putten und Ladelund sang einer der wenigen KZ-Überlebenden zusammen mit dem Männerchor »Fontanus« den Choral »Nun danket alle Gott«.

Dringender denn je musste nun die Affäre Christiansen, die den Versöhnungsprozess zwischen Ladelund und Putten zu stören drohte, zu einem Ende gebracht werden. Christiansen war mittlerweile gestorben und damit spielte die Ehrenbürgerschaft keine Rolle mehr, doch der Widerstand gegen den Straßennamen wuchs weiter. Als es so aussah, dass die Frage

Christiansen erneut von der Tagesordnung der Wyker Stadtvertretung gestrichen werden sollte, trat Pastor Richter
erneut in Aktion. »Nun erst recht«, zitierte ihn der *Amersfoortse Courant* im März 1980.[408] Sollte Wyk sich nicht überzeugen lassen, wollte er eigenhändig das Straßenschild entfer-
nen. Der Pastor von Wyk, die SPD und die FDP Schleswig-
Holsteins und viele andere schlossen sich den Protesten an.
Nachdem schließlich auf Bitte der Familie Christiansen die
Straße wieder in »Große Straße« umbenannt worden war,
nahm auch Wyk an den Feierlichkeiten in Ladelund und Putten teil. Am 18. Mai 1980 legten Wyker Bürger Blumen auf
den Gräbern in Ladelund nieder.

Wie überall in Deutschland ließen sich nach 1945 auch in
Ladelund die Spuren des Nationalsozialismus schnell beseitigen. Die Riegelstellungen in der »schuldigen Landschaft«
Schleswig-Holsteins wurden mit Pflanzen überwuchert, die
Holzbaracken verrotteten und wurden abgerissen. Die von
Pastor Meyer und Pastor Richter so sorgsam gepflegten Massengräber hinter der kleinen Kirche von Ladelund jedoch
waren eine bleibende Erinnerung an die Verbrechen des Hit-
ler-Regimes. Pastor Richters Versöhnungsarbeit versuchte die
Schuld- und Schamgefühle der Ladelunder Gemeinde, die
machtlos hatte zusehen müssen, wie die Männer misshandelt
wurden, zu erleichtern und brachte sie in einer religiösen Ver-
söhnungsgemeinschaft zusammen, die sowohl Außenstehende als auch Betroffene umschloss. Zunächst war es um Einwohner Ladelunds und Puttens gegangen, später nahmen
auch Bewohner von Wyk/ Föhr teil und in den achtziger Jahren sogar Gemeindeglieder der evangelischen Kirchengemeinschaft von Neuengamme.

Die Beziehung zwischen Ladelund und Putten konnte
deshalb zu einem derart einzigartigen, religiös inspirierten
Versöhnungsprojekt werden, weil so viele Opfer eines einzigen Ortes aus den Niederlanden in Landelund begraben
waren. Die Beziehungen zu Ladelund bekamen im Laufe der

Zeit einen kollektiven, sei es auch sehr lokal und religiös bestimmten Charakter. Doch in Putten gab es auch Einwohner, die die Beziehung zu Ladelund keineswegs zu schätzen wussten und sich dem Prozess entzogen, was Pastor Richter nur noch mehr anspornte, auf dem eingeschlagenen Weg fortzufahren.[409] Damit verlor die Arbeit ihre Selbstverständlichkeit, die sie noch unter Pastor Meyer gehabt hatte. Neben dem Gedanken einer Kollektivschuld am Tod der Puttener Männer und Jungen war Pastor Richter von seinem persönlichen Bedürfnis nach einer Vergangenheitsbewälti gung getrieben. Er selbst war während des Krieges Soldat an der Oder gewesen, wodurch die Versöhnungsarbeit den Charakter eines Kreuzzuges bekam, durch den sowohl die Ladelunder Gemeinde als auch er selbst Absolution erhalten sollten.

Die lokale Erinnerung in Putten

Während die Versöhnungsarbeit zwischen Putten und Ladelund einzelnen Personen oder bestimmten Gruppierungen vorbehalten blieb, organisierten in den Niederlanden die lokalen Puttener Autoritäten und Volksvertreter die Gedenkaktivitäten der Gemeinde. Van Geens Nachfolger Bürgermeister Quarles van Ufford bezeugte zwar seine Sympathie und sein Interesse für den Versöhnungsprozess zwischen Putten und Ladelund, doch seine Aufgabe lag mehr im Schutz der Puttener Identität und der gesellschaftlichen Werte im weiteren Sinn. Er war schließlich der Bürgermeister aller Puttener.

Es galt vor allem, die Besonderheit des Puttener Gedenkens gegen unterschiedliche Versuche zu bewahren, das spezifische Leid der Gemeinde einem allgemeinen oder bestimmten politischen Gedächtnis anderer einzuverleiben. Dieses hätte zu einer Spaltung der Puttener Bevölkerung geführt. Immer wieder musste geprüft werden, woran man sich beteiligen sollte, welchen Gruppen, die an die Gemeinde unter Berufung auf eine gemeinsame Kriegsvergangenheit appellierten, man sich anschließen sollte oder nicht.

Jeder Versuch, »Putten« auch für den »antifaschistischen Kampf« des Ostblocks einzuspannen, war von vornherein zum Scheitern verurteilt. Man sehe wenig Sinn, so ließ die Gemeinde das Organisationskomitee 1954 wissen, in einer Teilnahme an den Gedenkfeiern im Ostdeutschland gelegenen Buchenwald teilzunehmen. Solch eine Manifestation läge »nicht in ihrer Art und entspreche nicht ihrem Geist«. Und auch bei der festlichen Eröffnung des »Gartens des Friedens und der Freundschaft« im tschechischen Lidice, das wie Putten Opfer einer Repressalie geworden war, war Bürgermeister Quarles van Ufford nicht anwesend.[410] Die Initiative für ein Monument in Neuengamme fand in Putten keine Unterstützung, da solche Initiativen, so lautete die Begründung, meistens der Ausdruck »so genannter Freundeskreise sind, die kommunistisch unterwandert seien«.[411] Ein letzter Versuch, das Puttener Schicksal mit dem »antifaschistischen Kampf« des Ostblocks zu verbinden, erfolgte im Zuge der 20-jährigen Gedenkfeiern zum Zweiten Weltkrieg. Die ostdeutsche Regierung hatte nämlich eine Briefmarke herausgegeben, die an das Schicksal in Putten erinnerte. Der Vorfall wurde in der niederländischen Presse äußerst ernst genommen. In der Tageszeitung *De Telegraaf* wurde gefordert, ein Protestkomitee zu bilden. Das *NRC-Handelsblad* schrieb, dass diese Briefmarke der soundsovielte Beweis für die kommunistische Propaganda gegen Westdeutschland sei. Ostdeutschland sei nämlich für den Terror im Zweiten Weltkrieg ebenso verantwortlich wie Westdeutschland.

Manchen Initiativen stand die Puttener Gemeinde machtlos gegenüber. 1966 erhielten die Puttener Frauen einen Brief der Vorsitzenden der »Tschechoslowakischen Föderation antifaschistischer Kämpfer«, in dem es hieß, dass in dem Rosengarten des Kriegsmonuments in Lidice auch Rosen für Putten gepflanzt worden seien:

In der gegenwärtigen gespannten Situation, in der erneut die Kriegsgefahr droht unter Führung vor allem westdeutscher Revanchisten, die vom Weltimperialismus gestützt werden, richten wir uns an Sie mit der Erinnerung an das Leiden, das wir durchgemacht haben.[412]

Solcherart politische Versuche zur solidarischen »Versöhnung« fielen in Putten auf unfruchtbaren Boden. Nur die durch Christus inspirierte und auf Ladelund und die evangelische Kirchengemeinschaft zielende Versöhnungsarbeit wurde in Putten als wahre Versöhnung akzeptiert.

Seit 1949 lag bei den jährlichen Gedenkfeiern der Akzent auf der Erinnerung an die Opfer der Razzia. Im Laufe der Jahre wurde das Gedenken zu einem immer fester ausgeprägten Ritual. Die Gedenkfeierlichkeiten fanden jedes Jahr am 2. Oktober statt, außer wenn dieser auf einen Sonntag fiel. Am frühen Abend läuteten dann an diesem Tag eine halbe Stunde lang im Dorf die Kirchenglocken. Danach wurden am Denkmal Kränze niedergelegt, die Blaskapelle spielte und der Chor sang einen Psalm. Insgesamt trug diese Zeremonie einen sehr schlichten Charakter. Nach der Kranzniederlegung am Denkmal wurde in der Alten Kirche ein Gedenkgottesdienst gehalten, bei dem stets Psalm 84 gesungen wurde. An den Gedenkfeierlichkeiten nahmen jedes Jahr viele hundert Menschen teil und im Laufe der Jahre sollte dieses Interesse noch weiter zunehmen.

Die Furcht, dass Jugendliche nicht mehr die Bedeutung von Krieg, Besatzung und der Razzia in Putten begreifen könnten, war in den sechziger und siebziger Jahren eine anhaltende Sorge für Gemeinde und Kirche. Um die Erinnerung an die Razzia vom Oktober 1944 auch bei der neuen Generation lebendig zu halten, gab die Gemeinde 1965 zum 25-jährigen Gedenktag an Krieg und Besatzung ein kleines Buch über die Razzia heraus. Dieses Buch wollte keine Geschichte des Dramas von Putten sein, sondern sollte vielmehr der Jugend begreiflich machen, was am Puttener Schicksal besonders war.

1974, nach dem dreißigsten Jahrestag der Razzia, schlug der damalige Bürgermeister Quarles van Ufford dem Rat vor, zukünftig nur noch alle fünf Jahre der Razzia zu gedenken. Die heftigen Reaktionen im Gemeinderat ließen den Bürgermeister seinen Vorschlag schnell wieder zurückziehen. Ein Jahr später, am 30-jährigen Gedenktag der Befreiung der Niederlande ergriff Willem Torsius, der Vorsitzende des Brückenkomitees Putten-Ladelund, das Wort. Er wies darauf hin, dass Jugendliche nur noch ungenügend über die Vergangenheit Bescheid wüssten. Ein Volk, so meinte er, das seine Geschichte vergesse, sei kein Volk mehr:

Gott selbst ist es doch, der die Geschichte mit seinem Finger schreibt, Zeile für Zeile, Seite für Seite, bis sein Buch voll ist. Er sagt, bis hierher und nicht weiter. Gott schreibt die Geschichte nicht umsonst, nein, im Gegenteil. Er schreibt sie für uns, auf dass wir aufmerken, aus ihr lernen und unsere Lehren für die Zukunft ziehen. Die, welche die Geschichte verschleiern wollen, wenden sich von den Bemühungen Gottes mit seinen Geschöpfen hier auf Erden ab. Sie wollen Gott wegdenken, außer Acht lassen. Sie wollen nur vergessen, so sprechen sie, doch sie vergessen leider, dass Gott nicht aus der Geschichte wegzudenken ist, und dass, wenn sie meinen, es doch tun zu können, sie größten Schmerz zu fürchten haben. Denn schreibt er nicht deswegen die Geschichte?[413]

Diesem Plädoyer für die Erinnerung lag die Furcht der Kriegsgeneration zugrunde, dass die eigene so sorgsam aufgebaute und geschützte Identität Puttens zerstört werden könnte. Obgleich die Beziehung zwischen Ladelund und Putten weiter intensiviert wurde, gab es im bevölkerungsmäßig anwachsenden Dorf Putten viele, die sich dem Griff der lokalen Organisatoren in Richtung Erinnerung und Versöhnung entzogen. Desintegration der Gemeinschaft und der Verlust ihrer Normen und Werte bedeuteten für die Puttener, die sich zum Kern der Gemeinde zählten, den Untergang all desjenigen, woran sie glaubten und wofür Putten stand. Verlor die Gemeinschaft ihren Charakter, dann war auch der Versöhnungspolitik mit den Deutschen in Ladelund die Basis entzogen, die für die Angehörigen so großen Trost geboten hatte.

Die Verkündigung

Neben der Versöhnungsarbeit zwischen Ladelund und Putten standen die Kirchen und Pfarrer Puttens weiterhin vor der Aufgabe, der Gemeinde geistlichen Beistand zu geben, um die Katastrophe aus dem Glauben heraus zu deuten und zu verstehen. 1954, am zehnten Gedenktag der Razzia, predigte Pfarrer van Sliedregt in der Alten Kirche. Er wolle an diesem Tag, so erklärte er, nicht von der Razzia und ihren Folgen sprechen, sondern von Gottes Wort, von Gottes Stimme im Hier und Jetzt. Die Razzia sei an niemandem spurlos vorübergegangen, manche hätten sich von Gott abgewandt, sie hätten zwar den Schlag des Stockes gespürt, nicht aber die Hand, die den Stock gehalten habe, nicht die Hand Gottes. Doch es gab auch einen anderen Weg:

Dort, wo die hohe Hand des Herrn, die in Christus durchbohrte und dem verlorenen Sünder ausgestreckte Hand, gesehen wurde, dort wurde in der Leidensnacht der Lager, nun vor zehn Jahren, eilig von Gott, gnädig und allmächtig, das Wort unseres Textes erfüllt [2. Kor 4, 17, 18]: »Denn unsere

353

Trübsal, die zeitlich und leicht ist, schafft eine ewige und über alle Maßen gewichtige Herrlichkeit.« Dort aber wird auch – womöglich in einem verstummten Leben – aus diesem Zeugnis süßer Trost genossen.[414]

Richte man sein Augenmerk auf das Leben, dann hinge alles vom irdischen Dasein ab und seien die Schläge noch so hart. Wer aber seinen Blick auf das Königreich Gottes lenke, sehe nicht die spitzen Steine auf dem Weg und erfahre nur eine »Trübsal, die zeitlich und leicht« sei. Darin läge der wirkliche Trost. Die Trübsal diene gerade dazu, immer wieder aufs Neue die Sünde zu erkennen und damit Gottes Gnade zu empfangen:

Wenn aus diesem Grunde in der Offenbarung des Johannes gefragt wird [Offb 7, 13ff]: »Wer sind diese, die mit den weißen Kleidern angetan sind?«, wird geantwortet: »Diese sind's, die gekommen sind aus der großen Trübsal und haben ihre Kleider gewaschen und haben ihre Kleider hell gemacht im Blut des Lammes. Darum sind sie vor dem Thron Gottes und [...] Gott wird abwischen alle Tränen von ihren Augen.« Denn, wo Gott keine Tränen in seinem Flakon gesammelt hat, dort kann er sie auch nicht abwischen.[415]

1969 – fünfundzwanzig Jahre nach der Razzia – hielt Pfarrer Smit den Gedenkgottesdienst. Er predigte über 1. Samuel 30, 6, also über den Text, den auch Pfarrer de Jager am 27. Mai 1945 für seine Predigt gewählt hatte: »David aber stärkte sich in dem Herrn, seinem Gott.« Während de Jager allerdings Puttens Leiden konkret auf Puttens Sünde bezogen hatte, diente für Pfarrer Smit David als Beispiel für einen Menschen, der den Weg zu Gott beschritten habe. Das sei, so der Pfarrer, der einzige Weg, um vom täglichen Schmerz befreit zu werden. Smits Predigt war deutlich vom Geist der sechziger Jahre durchdrungen. Gerade zu dieser Zeit schenkten die Medien der Verarbeitung der Kriegstraumata besonderes Interesse:

Und ich habe gelesen, die Einsamkeit wird größer – die Kinder sind aus dem Haus, man ist allein zurückgeblieben. Wie mächtig kann dann das Leid vor einem stehen. Es kann eine Frau ohne Ehemann, einen Jungen ohne Vater, eine Mutter, der ihr Kind genommen wurde, plötzlich wieder in die Tiefe ziehen. Alles weg. Welchen Sinn hat das Leben dann noch?[416]

In dieser Zeit stand auch der Umgang mit der Erinnerung an den Zweiten Weltkrieg zur Diskussion. Vielleicht sei die trauernde Frau des Denkmals schon bald wieder vergessen, meinte Smit, vielleicht verstehe man bald nicht mehr die Bedeutung der Gedenktafel. Doch was bleibe, sei der geistliche Gewinn. »Der Weg hinauf ist noch offen.«

Puttens exklusives Schicksal machte eine besondere Art der Verkündigung notwendig. Gerade in den Predigten der Gedenkgottesdienste wurden immer wieder die schrecklichen Ereignisse vom Oktober 1944 aktualisiert, um die Glaubenden zu ermahnen und zu trösten.

DIE DEBATTE ÜBER DIE ROLLE DES NIEDERLÄNDISCHEN WIDERSTANDS

Obgleich das Drama von Putten nie ganz aus der Erinnerung der Niederländer gelöscht wurde, nahm das nationale Interesse für das weitere Schicksal der schwer getroffenen Puttener Gemeinschaft nach 1950 allmählich ab. Zwar wurde in der überregionalen Presse weiterhin über jedes Jubiläum und über die ganz eigene Art, wie Putten seiner Toten gedachte, berichtet, doch gleichzeitig »erstarrte« das Bild, das man sich in den übrigen Niederlanden von Putten und seinen Einwohnern gemacht hatte. Die »ewige« Trauer der Witwen sollte für viele Niederländer zum Inbegriff des ganz eigenen Charakterzugs des Dorfes werden. Obwohl sich gelegentlich die Frage erhob, wer denn eigentlich für das Attentat in Putten verantwortlich gewesen sei, und man bedauerte, dass die genauen Vorgänge niemals richtig »rekonstruiert« worden waren, blieben Fragen mit einem derart offenkundig politischen Charakter unbeantwortet.[417] Angesichts des unsäglichen Leides, das über Putten hereingebrochen war und das die Bevölkerung so demütig trug, schienen diese Fragen irrelevant und nahezu nicht opportun. Die schlichte Form des Erinnerungsrituals nötigte Respekt ab. Zugleich wurden jedoch in der Presse Stimmen laut, die bedauerten, dass die Ergebnisse der »offiziellen Untersuchung« niemals bekannt gemacht worden waren. »Man spricht in diesem Zusammenhang von ›sensiblen Aspekten‹. Wahrscheinlich sind damit jene Personen gemeint, die den Befehl zu dem Attentat gegeben hatten«, schrieb die Tageszeitung *Trouw* zehn Jahre nach dem Attentat.[418]

Wiederum zehn Jahre später schien das politische Klima in den Niederlanden erst reif für eine Diskussion über den Sinn des Attentats. Die Werte und Normen der Kriegsgeneration, bei denen der Widerstand gegen die deutsche Besatzungsmacht eine wichtige Rolle gespielt hatte, wurden in den sechziger Jahren verstärkt von Seiten einer Nachkriegsgeneration attackiert, die in einer sich wandelnden Welt auf der Suche nach eigenen Werten und Normen war. Dabei erfüllte »Putten« in der Diskussion zwischen den verschiedenen Parteien die Funktion eines Katalysators. Die Tageszeitung *De Telegraaf*, die selbst eine Kriegsvergangenheit hatte, die heftig diskutiert worden war, fand kein gutes Wort für das Attentat und nannte es eine »wahnsinnige, misslungene Widerstandsaktion«.[419] Die reich illustrierte und eher der Sensationspresse zugehörige Zeitschrift *Panorama* sprach sich hingegen für eine Revision der Bewertung des Attentats aus: »Darf man nach zwanzig Jahren denn keine andere Meinung über die Aktion der Untergrundbewegung haben? [...] Die Verbitterung über die Niederlage ist verebbt und der Hass auf die Besatzungsmacht hat sich gelegt.« In der Redaktion des Blattes war man der Ansicht, dass die Täter sich hätten melden müssen, als die Deutschen die Einwohner Puttens dazu aufriefen. Das erst wäre eine »vollendete Heldentat« gewesen. Doch noch interessierter war *Panorama* am Hergang der Aktion:

Warum noch länger darüber schweigen, was am Vorabend der Katastrophe in Putten passiert ist? Eine neue Generation hat das Recht zu wissen, dass auf Seiten des Widerstandes, dem wir zu einem großen Anteil unsere Freiheit zu verdanken haben, nicht alles problemlos verlaufen ist. [...] Es war Menschenwerk, oft ausgeführt mit unzureichenden Mitteln und unter schwierigen Bedingungen. [...] Dass die Ursache für die Katastrophe von Putten nach der Befreiung auf Veranlassung höchster Kreise unter den Teppich gekehrt wurde, ist keineswegs unverständlich. Die Armeen der Alliierten errangen unter blutigen Verlusten (Arnheim) den Sieg und der Widerstand, der verhältnismäßig noch größere Opfer erbracht hatte, war daran voller Stolz beteiligt. In emotionalen Zeiten wie der Befreiung, ist es leicht möglich, Gefühle zu verletzten. Doch nach zwanzig Jahren müssen wir die Dinge sehen können, wie sie sind. Und warum bleiben dann, wenn man mehr über die Vorgeschichte von Putten wissen möchte, die Archive geschlossen? Warum möchte niemand darüber sprechen? Warum wurde in all den Jahren nie mehr als ein paar Zeilen über diese Vorgeschichte geschrieben?[420]

Die während der Besatzungszeit errichtete Widerstandspresse und im Untergrund operierende Zeitung *Het Parool* zeigte sich noch lange nicht zu einer Revision fähig. Sie versuchte der wachsenden Kritik an der Widerstandsaktion – und damit an dem Wert des Widerstands überhaupt, inklusive der im Untergrund operierenden Presse – mit einer zwar kategorischen, aber doch auch nuancierten Stellungnahme zugunsten des Widerstands zu begegnen:

Lasst uns die Tatsachen nicht durcheinander bringen: der Tod der 522 »Puttener« geht zu Lasten der Besatzungsmacht und nicht zu Lasten der Widerstandsgruppe, auch wenn sie womöglich besonnener hätte handeln können, als es der Fall gewesen war. Und das trifft auch dann zu, wenn ihr im Nachhinein vorgeworfen werden könnte, dass es an Führung und Verantwortungsgefühl gemangelt habe.[421]

Durch diese Stellungnahmen wurde es den noch lebenden Attentätern von damals nahezu unmöglich gemacht, noch länger zu den Vorgängen zu schweigen. 1969 – fünfundzwanzig Jahre nach dem Attentat also – versuchte Oosterbroek mittels eines Zeitungsinterviews mit der Tageszeitung *Trouw* dem wachsenden öffentlichen Druck zu begegnen. Obgleich er die Abmachungen, über den Hergang des Attentats zu schweigen, nicht brechen wolle, so erklärte er, sehe er sich doch gezwungen, einige Dinge richtig zu stellen. In all den Jahren habe man nicht aus Feigheit geschwiegen. Die Abmachung, »vierzig Jahre« [sic] nicht über das Attentat zu sprechen, sei gemacht worden, ehe das Schicksal der deportierten Männer bekannt geworden sei. Auf dem RIOD sei ein »Putten-Protokoll« deponiert. »Für diese spezielle Aufgabe«, so berichtete er, seien der Puttener Widerstandsgruppe deutliche Instruktionen erteilt worden. Sicherlich sei der Kommandant ein Feigling gewesen, ein Kommandant, der seine Truppe im Stich gelassen habe. Im Auto seien zwei Granaten gefunden worden. »Wir haben unser Bestes gegeben«, meinte Oosterbroek, »niemand kann uns, die wir einen schriftlichen Auftrag gehabt haben, vorwerfen, dass so etwas geschehen ist.«[422]
Großen Effekt hatten Oosterbroeks beschwörende Worte nicht. Die Zeitschrift *Nieuwe Revu* forderte »Klarheit« über das Puttener »Mysterium«. Warum werde die Untersuchung des RIOD zum Hergang des Attentats nicht freigegeben?[423] Zum dreißigsten Jahrestag des Attentats in Putten erschienen 1974 in der Tageszeitung *Trouw*, die auf ihre Vergangenheit

als ehemaliges Widerstandsblatt aus Kreisen der Rollkommandos LO/LKP durchaus stolz war, erneut einige kritische Anfragen zum Attentat. Direkt nach dem Krieg sei es nicht die Zeit gewesen, so schrieb die Zeitung, das »amateurhafte Auftreten« der Widerstandsgruppe und die »Desertion ihres Kommandanten« öffentlich zu diskutieren. Jetzt aber werde es doch wohl Zeit dafür.[424]

Die Diskussion der sechziger und siebziger Jahre stand im Grunde im Zeichen einer Identitätsbestimmung. Im Rahmen des Beurteilungsprozesses zur Rolle und zum Nutzen des Widerstands während der Besatzungszeit – worüber für die Kriegsgeneration meist nicht der geringste Zweifel bestanden hatte – wurden die Fragen über das »Wie« und »Warum« des Puttener Attentats erneut aktuell, weil die Antwort auf die Fragen die Argumente für eine kritische Bewertung liefern oder aber das Gewissen entlasten konnten. Die Debatte wurde dabei national geführt, als Radio und Fernsehen anfingen, sich in sie zu mengen. Auch Putten konnte sich dieser Entwicklung nicht entziehen.

Großen Aufruhr verursachte 1974 eine Rundfunkreportage über das Attentat, die Razzia und die Deportation der Männer unter dem Titel »Totenbuch für Putten«. Der Autor der Sendung, Gerrit Pleiter, der für den Rundfunk bereits mehrere Hörspiele geschrieben hatte, wohnte seit 1970 in Putten. In seinen Gesprächen mit den Einwohnern sei ihm aufgefallen, so erklärte er in einem Interview, dass man die Untergrundbewegung für die Razzia und ihre Folgen verantwortlich machte, was seiner Meinung nach daher rührte, dass die Attentäter selbst geschwiegen hatten. »Ich halte die Menschen, die dreißig Jahre lang ihren Mund gehalten haben«, sagte Pleiter in dem Interview, »für tragische Figuren, von denen Putten ein ganz falsches Bild hat, und die ihrerseits ein falsches Bild von Putten haben.« Seiner Ansicht nach musste das Attentat mehr im Zusammenhang der militärischen Gesamtsituation auf der Veluwe im September 1944 beurteilt werden.

Nicht so sehr Pleiters Ansichten bildeten den Grund für die Empörung, sondern der Umstand, dass am Ende der Rundfunkreportage nicht nur die Namen der »552« umgekommenen Männer (ihre Tode seien nicht einfach nur »statistische Daten«, meine Pleiter), sondern auch die Namen der acht Attentäter vorgelesen wurden. Die Ausstrahlung endete mit: »Die Namen sind vorgelesen – die Geschichten erzählt – es ist vorbei.« Fast 30 Jahre nach dem Krieg galt es, so meinte Pleiter, den Blick wieder auf die Zukunft zu richten – eine Auffassung, die in den Niederlanden durchaus dem neuen Zeitgeist entsprach.[425]

Die Rundfunksendung brachte die ehemaligen Attentäter, die noch am Leben waren, zum Sprechen. Bereits vor der Sendung hatte Pleiter mit Dankaart gesprochen, der sich mehr als andere bereit gezeigt hatte, über die Vorfälle zu sprechen. Nach der Ausstrahlung konnte allerdings auch Witvoet, der ehemalige Kommandant, nicht länger schweigen. Entgegen Pleiters triumphaler Behauptung, sei der Hergang des Attentats keineswegs endlich aufgeklärt, entgegnete Witvoet, zu viele Frage blieben noch offen. Obgleich Oosterbroek bereits 1969 und Dankaart und Witvoet im Rahmen von Pleiters Rundfunkreportage die »Schweigepflicht«, so es sie überhaupt gegeben hat, gebrochen haben, sollte es nicht zu einer wirklichen Aufklärung der Ereignisse kommen. Zu sehr war die Diskussion durch Mythen, Legenden und Fragen nach Verantwortlichkeit und Schuld bestimmt. Das so genannte »Putten-Dossier« sollte vom RIOD sogar erst 1994, also fünfzig Jahre nach dem Attentat, freigegeben werden.

Der Fernsehdokumentarfilm »Putten auf der Veluwe. Die Spur zurück zur Tragödie von 1944«, die das niederländische Fernsehen Ende Dezember 1977 ausstrahlte, markierte eine neue Phase in der Geschichte der Erinnerung an die Razzia von Putten. Er hatte einen tief greifenden Einfluss auf das Denken über Putten, seine Bevölkerung, seine Kultur und seinen Glauben und löste eine breite öffentliche Diskussion aus.

Absicht der Filmemacher – der Publizist Koos Groen und der Journalist Willem G. van Maanden – war es gewesen, darzustellen, wie die recht kleine und geschlossene Dorfgemeinschaft den Krieg überlebt hatte.[426] Dabei sollte es primär nicht darum gehen, wie es früher gewesen war, sondern darum, wie das Dorf jetzt lebte.

Die Produktion des Dokumentarfilms, mit der bereits 1972 begonnen wurde, kam nur schwer in Gang. Die Aufnahmen beim dreißigsten Gedenktag der Oktoberrazzia missglückten. Man versuchte eine Woche später erneut eine Gedenkfeier zu organisieren, bei der der Musikverein *Excelsior* und der Männerchor *De Lofstem* erneut auftreten sollten. Obgleich der Puttener Gemeinderat eine derartig inszenierte Erinnerungsfeier für alles andere als schicklich hielt, konnte er auf keine Gemeindeverordnung zurückgreifen, die so etwas verbot. Danach lag die Produktion still und wurde erst Mitte 1977 wieder aufgenommen.

Zwei Wochen vor dem Sendetermin im Dezember 1977 erschien im *Amersfoortse Courant / Veluws Dagblad*, einer regionalen Tageszeitung der Veluwe, ein Interview mit van Maanen. Er zeigte sich weniger an dem Puttener Attentat interessiert – seiner Meinung nach hatte Pleiter in seiner Rundfunkreportage bereits alles Wesentliche dazu gesagt –, als mehr an der Frage, die bereits der Psychiater van Dantzig 1946 gestellt hatte: Warum waren so viele Puttener Männer und Jungen in den Lagern gestorben? Anders als van Dantzig sah van Maanen allerdings einen Zusammenhang zwischen dem »schnellen Sterben«, der hohen Sterblichkeitsziffer der Puttener und dem Inhalt ihres Glaubens. Dieser Glaube habe die Annahme jeglicher Machtform gepredigt und der Pfarrer (er meinte Pfarrer Holland) habe seine Gemeinde »gut unter der Fuchtel« gehabt. Die Männer und Jungen hätten sich daher auch nicht ihrer Festnahme widersetzt, sondern sie hätten sich »folgsam« deportieren lassen, da das alles der Wille Gottes gewesen sei. Aus demselben Grund habe es in Putten und auf der Veluwe auch so wenig Widerstandsaktionen gegeben, meinte er. »Die Kirche hat die Menschen wehrlos gemacht«, lautete denn auch die Schlagzeile des Interviews mit van Maanen.

Putten war außer sich vor Wut, der Gemeinderat tief bestürzt. Einem Ratsmitglied zufolge war van Maanen »vom Fürsten der Finsternis heimgesucht worden«,[427] und Bürgermeister Quarles van Ufford wandte sich entschieden gegen die Ausstrahlung eines Dokumentarfilmes, der derartige Wahnideen über seine Gemeinde verkünde. Die Affäre kam auf die Tagesordnung der Provinzialstände von Gelderland. Die überregionale Presse verfolgte aufmerksam die Ereignisse und diverse Rundfunk- und Fernsehprogramme widmeten dem Fall tagelang ihre Sendezeit.

Der Fernsehintendant lud eine Puttener Delegation ein, um den Dokumentarfilm, der immer noch nicht im Fernsehen zu sehen gewesen war, vorab anzuschauen, so dass man ein fundiertes Urteil abgeben konnte. Diese Geste schlugen die Puttener Autoritäten aus. Ursprünglich sollte der Dokumentarfilm am zweiten Weihnachtsfeiertag ausgestrahlt werden, doch der Programmdirektor entschied sich nun für einen weniger belasteten Sendetermin, nämlich den 30. Dezember 1977. In Putten war in der Zwischenzeit ein Komitee »Notschrei Putten« in Aktion getreten. »1944 mussten wir machtlos zusehen«, schrieb das Komitee ans Fernsehen, »aber die

Häuser wurden wieder aufgebaut und die Toten leben fort in der Erinnerung. Ersparen Sie Ihren Mitmenschen neues sinnloses Leid, zeigen Sie den Film nicht im Fernsehen.«[428] Van Maanens Wohnung – er wohnte seit fast zehn Jahren in Putten – wurde mit einer Windbüchse beschossen; niemand wurde dabei verwundet. Trotz der mehr als zweitausend Unterschriften gegen die Sendung strahlte der Sender am 30. Dezember 1977 den Dokumentarfilm aus.

In der Presse wurde der Film im Allgemeinen positiv aufgenommen. Anders als erwartet, schrieben die Rezensenten, sei gerade jede Form der Sensationslust und der blanken Neugierde vermieden worden. *Het Vrije Volk* nannte den Dokumentarfilm »sehr pietätvoll«, *de Volkskrant* »äußerst zurückhaltend«.

Zum Dokumentarfilm erschien von der Hand von Koos Groen und Willem G. van Maanen auch ein zweibändiges Begleitbuch, das denselben Titel trug. Dokumentarfilm und Buch fielen in eine Zeit, in der in den Niederlanden die Rolle des niederländischen Widerstands während der Besatzungszeit allgemein kritisch beurteilt wurde. Sowohl in dem Dokumentarfilm als auch in dem Buch fanden sich alle mittlerweile populär gewordenen Vorstellungen über Putten: die reformierte Bevölkerung, die sich dem Widerstand fern gehalten und das stolz zur Schau getragen habe, da sie sich dem Willen Gottes unterwerfe; ein Dorf, in dem Widerstand »von außen kam«, oder von Menschen, die im Dorf untergetaucht lebten. Sie hatten keine Skrupel, allerlei Thesen, Geschichten und Gerüchte, die die Runde machten, als Wahrheit zu präsentieren. Sowohl Dokumentarfilm als auch Begleitbuch steckten voller falscher Tatsachen. Putten wurde nahezu der Kollaboration beschuldigt: »Das Puttener Drama: ein Dorf, Opfer einer Widerstandsaktion, die das Dorf nicht wünschte und mit der es auch nichts zu tun haben wollte.«[429]

Es war allerdings vor allem die religiöse Komponente des Dokumentarfilms, an der man sich in Putten so stieß. Im zweiten Band des Begleitbuchs legte van Maanen seine These über die relativ hohe Sterbeziffer unter den Puttener Männern und Jungen dar. Die hohe Anzahl der Sterbefälle sei, wie schon van Dantzig unterstellt hatte, eine Folge ihrer »Mentalität« als Landbauern gewesen. Van Maanen nun ergänzte van Dantzigs Thesen durch die Behauptung, dass der christliche Glaube einen großen Einfluss auf das Verhalten der Puttener Männer und Jungen gehabt und daher einen nicht unwesentlichen Faktor für die hohe Sterberate gespielt habe. Weil »der Glaube an sich« allerdings, so van Maanen, einerseits Ergebenheit und Annahme predige, andererseits jedoch Widerstand, konnte es nicht der Glaube im Allgemeinen sein, der am Untergang der Puttener Männer und Jungen Schuld gewesen sei. Es müsse also der besondere Glaube der Puttener gewesen sein, wie er von dem strengen Pfarrer Holland gepredigt worden war, der zu ihrem Tod geführt habe. Dieser Glaube habe »zweifellos verhindert, dass die Puttener die wahren Absichten der Deutschen erkannten, und ihren Widerstand geschwächt«.[430] Zur Unterstützung seiner Behauptung führte van Maanen einen der »Puttener« KZ-Überlebenden an, der selbst nicht aus Putten stammte. Er, so van Maanen, habe selbst miterlebt, wie wenig die Puttener Männer gegen das Leben im KZ gewappnet gewesen seien. Für ihn war das zweifellos eine Folge ihres Glaubens gewesen. »Ein Glaube in die Tatsache, dass das die Hölle war. Das brach jeden Widerstand.«[431]

Van Maanen hatte sich für seine Thesen durch van Dantzig, der in den Niederlanden mittlerweile ein renommierter Psychiater war, und Pfarrer de Ruig inspirieren lassen. Beide hatten in den Jahren 1945 und 1946 wesentlich zum stereotypen Bild von Putten als rückständigem, strenggläubigem Dorf beigetragen und kamen in dem Dokumentarfilm erneut zu Wort. Die Aussagen und Auffassungen von Pfarrer de Ruig über den Fatalismus des Glaubens der Puttener wurden in dem Dokumentarfilm mit van Dantzigs Thesen verbunden. In dem Zeitungsinterview, das van Maanen zwei Wochen vor der Sendung dem *Amersfoortse Courant / Veluws Dagblad* gegeben hatte, verstärkte er noch einmal das stereotype Bild, soweit dies denn überhaupt möglich war.

Wenn ihnen eine Schaufel in die Hand gegeben wurde, fingen sie zu graben an. Sich drücken war undenkbar. Sie gingen nie zum Arzt, deshalb bekamen sie alle Krankheiten, die es im Lager nur gab. Sie tranken stark verschmutztes Wasser, weil sie sich nicht vorstellen konnten, dass ein von Gott gegebenes Naturelement unrein sein konnte. Sie gluckten zusammen, hielten sich aneinander fest, nährten einander mit Heimweh, und wenn dann Männer aus der Gruppe starben, blieben die anderen verzweifelt zurück.[432]

Van Maanens fatalistisches Bild der Puttener Mentalität entsprang seiner Interpretation der Verkündigung von Pfarrer Holland.

Pfarrer Holland war in Putten äußerst beliebt gewesen. Er genoss überaus große Autorität, schonte niemanden und sagte, was er dachte. Auf der Kanzel konnte er erbarmungslos hart sein, doch bei seiner seelsorgerischen Arbeit war er verständnisvoll und voller Anteilnahme. Persönlich hatte er viel durchgemacht. Er hatte seine Tochter und seinen Sohn verloren, 1936 war auch seine Frau gestorben. Das alles beherrschende Thema in Hollands Predigt war seine Angst vor dem Vormarsch des aufklärerischen Denkens und des Sozialismus in Westeuropa. In aller Deutlichkeit erkannte er die Gefahr des Naziregimes in Deutschland, das er als Vorbote von Gottes Gericht über das säkularisierte Europa betrachtete. Immer wieder warnte und ermahnte er seine Gemeinde. Bezeichnend für seine Verkündigung in jenen Jahren waren die Worte aus Jeremia 22, 29: »O Land, Land, Land, höre des Herrn Wort!«[433]

Aus der Predigt, die Pfarrer Holland am Mittwoch, dem 1. November 1944 hielt – einen Monat nach der Razzia – wird ersichtlich, wie sehr er die Ereignisse jener Tage als ein Strafgericht Gottes deutete:

Die ganze Erde kann dieser Tage sehen, dass der lebendige Gott ein Gott ist, der die Sünde bestraft, dass der Zorn Gottes aus dem Himmel offenbart wird über alle Gottlosigkeit und Ungerechtigkeit der Menschen, und dass wir in diesen Gerichten umkommen werden, so wir keinen Bürgen und keinen Mittler für unsere Seele gefunden haben.[434]

Gott ließe eben nicht mit sich spaßen. Jeder, so Pfarrer Holland, habe seiner eigenen Religion, habe der Wucherei und der Anhäufung von Geld nachgejagt, niemand spreche mehr die Wahrheit und wer keusch sei, werde ausgelacht. Gott aber habe das alles gesehen und darüber sein Urteil gesprochen. Trost könne nicht in der Abwendung der Gerichte Gottes gefunden werden – denn diese waren gerecht – sondern nur in Gottes Barmherzigkeit. Gottes Gerichte und das Kreuz, das er auferlegt habe, seien gut für den Menschen. Pfarrer Holland war ein »strenger« Prediger, seine Absicht war es, dem Menschen seinen verlorenen Zustand vor Augen zu halten, während »milde« Prediger eher die Erlösungstat Christi betonten. Ganz zu Unrecht wurde Hollands Verkündigung als eine Predigt zur »Ergebenheit« und »Untätigkeit« verstanden, bei der die Besatzung durch die Deutschen als unabwendbares Schicksal galt, dem man sich blindlings zu unterwerfen habe. Die Puttener hätten sich, so wurde im Rest der Niederlande oft behauptet, der Besatzungsmacht nicht widersetzt, weil sie »sich« ergeben der politischen Lage gefügt und die Befehlsgewalt der Deutschen akzeptiert hätten.

Bereits während der Besatzungszeit wurde Pfarrer Holland von denjenigen, die seine Verkündigung missverstanden, »Pfarrer Deutschland« genannt, obgleich bei ihm nicht die geringste deutsche Gesinnung zu spüren war.[435] Ebenso wenig betrachtete Pfarrer Holland die jüngsten Ereignisse als ein Schicksal, dem man sich zu unterwerfen hatte, oder setzte er Gottes geheimen Ratschluss mit dessen offenbartem Befehl gleich. Doch man habe, so der Geistliche, zu bedenken, dass Widerstand gegen Gottes Urteil, Blut hervorbringe, denn, wie es in Sprüche 30, 33 steht: »wenn man Milch stößt, so wird Butter daraus, und wer die Nase hart schnäuzt, zwingt Blut heraus, und wer den Zorn reizt, ruft Streit hervor.« Damit verurteilte Holland nicht den Widerstand gegen die Besatzungsmacht, sondern wertete ihn im Rahmen eines Planes von höherer Hand: »Achtet auf die Rute und wer sie bestellt hat.« Im Naziregime und in der Razzia von Putten entdeckte Pfarrer Holland die züchtigende Hand Gottes.

Das alles war van Maanen und vielen anderen in den Niederlanden unverständlich und fremd. Man verstand weder die subtile Unterscheidung zwischen »Passivität« und »Annahme von Gottes Urteil« noch die religiöse Landschaft der Veluwe. Doch um ein wirkliches Verständnis ging es van Maanen auch nicht. Er wollte vor allem zeigen, dass sich in Putten nichts Wesentliches geändert habe, dass – wie in anderen Dörfern auf der Veluwe – noch alles beim Alten war und die Hinterbliebenen »wirkliche« Hilfe nicht erfahren hätten, da die Errungenschaften moderner Seelsorge und Psychotherapie nicht zu ihnen durchgedrungen seien:

Wenn man liest, was nach dem Krieg in Putten gepredigt wurde, ist man als Nichtgläubiger mit Entsetzten geschlagen. Predigen mit dem Tenor: wir waren schlecht, wir wurden bestraft, wir müssen uns zu Gott bekehren. Anstatt den Hinterbliebenen die Chance zu bieten, ihr Leiden auf anständige Weise zu verarbeiten, werden sie von der Kanzel herab erneut gegeißelt. […] Psychische Hilfe hat es in Putten nicht, wirklich überhaupt nicht gegeben. Das halte ich für unmoralisch. Man darf die Menschen nicht nur beten lassen, man muss ihnen auch die Gelegenheit geben, sich zu äußern. Das Leid darf nicht begraben, es muss verarbeitet werden.[436]

Neben dem psychologischen Aspekt hatten van Maanens Auffassungen eine deutlich politische Komponente. Putten repräsentierte für van Maanen, der nach eigenen Angaben aus einem »liberal-demokratischen, linken Milieu«[437] stammte, eine Gemeinde, die mit ihrem extrem-rechten, orthodox-protestantischen Charakter innerhalb der neuen progressiven Niederlande eine Außenseiterposition einnahm – und mit dieser Meinung stand er nicht allein. Die Bauern der Veluwe (und damit auch die Bauern Puttens) galten als Musterbeispiel des Konservatismus und des Argwohns, was man nicht nur dem orthodoxen Charakter des Protestantismus dieser Region zuschrieb, sondern auch im »Volkscharakter« dieser Sandbauern begründet sah. Während die Politiker und Beamten aus Den Haag im Zuge des Wiederaufbaus den Landbau modernisieren wollten, zeigten sich die Bauern auf der Veluwe wenig bereit, ihre Betriebe zu vergrößern und die Landwirtschaft professioneller zu gestalten. Die in den fünfziger und sechziger Jahren aus Den Haag entsandten Beamten, die die Lage vor Ort untersuchen sollten, waren nicht selten vom strengen Traditionalismus, den sie vorfanden, entsetzt. Die Bauern dieser Region verspürten einen starken Drang zur Unabhängigkeit und darin sahen die Abgesandten aus Den Haag das wichtigste Hindernis zur wirtschaftlichen Entwicklung – und so trug der Widerstand gegen die Einmischungen der Regierung zum negativen Ansehen der Bauern auf der Veluwe bei, wie es die öffentliche Meinung in den ersten drei Jahrzehnten nach dem Krieg beherrschen sollte.[438]

Für die Puttener war der politische und psychotherapeutische Unterton in van Maanens Ausführungen unerträglich.

Dabei spielte weniger eine Rolle, dass ihr Glaube und ihr damaliger Pfarrer nun so offensichtlich zur Zielscheibe der Kritik geworden waren, und auch nicht, dass – wie es das Komitee »Notschrei« ausgedrückt hatte – man verhindern wollte, dass alte Wunden wieder aufgerissen würden. Was die Puttener Gemeinde so tief verletzte, war vielmehr die »weltliche« Verachtung und das anmaßende Unverständnis van Maanens für die Form, wie die Puttener Pfarrer der Gemeinde seit 1945 Trost geschenkt hatten und für den Wert der so sorgsam aufgebauten Puttener Identität, die für sich einen Weg zur christlichen Versöhnung mit Ladelund gefunden hatte. Putten hatte seine Kriegsvergangenheit nicht verdrängt. Es hatte gerade eine eigene Form für die Verarbeitung des Leidens gefunden und sprach über das Drama in einer eigenen Sprache. Das alles machte die Außenwelt nun zunichte.

Der Zeitgeist war gegen Putten.[439] 1969 wurde van Dantzigs Artikel aus dem Jahr 1946 erneut veröffentlicht, drei Jahre später bildete er den Einleitungsartikel zu seiner Promotion.[440] Mehr denn je standen van Dantzigs Thesen nun im Zeichen der aufrückenden Heilungsoffensive der Psychiatrie, für die van Dantzig und viele andere sich jahrzehntelang eingesetzt hatten.[441] Putten kam gegen die Darstellung des atheistischen, linken Journalisten und des renommierten Psychiaters, die ihre Meinungen über die einflussreichen Medien zu verbreiten verstanden, nicht an. In einer Fernsehzeitschrift bezeichnete der damals bekannte Religionssoziologe Hofstede van Dantzigs Studie über das »Gottvertrauen als eine Ursache« für das schnelle Sterben und der hohen Sterberate in den Konzentrationslagern als einen »Klassiker der psychiatrischen Fachliteratur«.[442]

Im Zuge der zweiten feministischen Welle der sechziger und siebziger Jahre durften sich die Puttener Witwen auch am Interesse der Frauenbewegung erfreuen. In der Presse wurden die Puttener Witwen im Allgemeinen als Sinnbilder der wahren Trauernden dargestellt, stehend an den Gräbern ihrer fürs Vaterland gestorbenen Männer. Der Feminismus entdeckte sie für den Kampf um die Gleichberechtigung der Frau. Sie waren für die Frauenrechtlerinnen ein typisches Beispiel für starke Frauen, die ihren Kummer geschluckt und sich ohne Mann und Vater durchs Leben geschlagen hatten. Alleine hatten sie ihre Kinder aufgezogen und dabei sogar noch einen Bauernhof bewirtschaftet – und das alles ohne nennenswerte Unterstützung von Kirche oder Staat.

Das feministische Monatsblatt *Opzij* widmete 1981 seine Maiausgabe den Frauen von Putten.[443] Als Einleitung fungierte eine geschichtliche Zusammenfassung der Ereignisse vom Oktober 1944. Autor dieses Artikels unter dem Titel »Schuld und Buße« war erneut der Publizist Koos Groen, der auch das Drehbuch des 1977 ausgestrahlten Fernsehdokumentarfilms und den ersten Band des Begleitbuches geschrieben hatte. Die bekannten Stereotypisierungen, die bereits aus seinen Veröffentlichungen mit dem Journalisten Willem G. van Maanen bekannt waren, finden sich in stark vereinfachter Form auch in diesem einleitenden Artikel. Des Weiteren machte sich die Redaktion des feministischen Monatsblatts die Auffassung zu eigen, die seinerzeit die Opposition »Recht für Putten« gegen die Wiederaufbaupolitik des stellvertretenden Bürgermeisters Numan vertreten hatte: die unzulängliche Hilfe für die Kriegsopfer von Seiten der Gemeinde und der Kirche, die fehlende psychische Hilfe und die nur mäßige finanzielle Unterstützung der Hinterbliebenen.

Die beiden Witwen, die von Redakteurinnen der Zeitschrift interviewt worden waren, hatten ein dementsprechend düsteres Bild ihres Nachkriegsdaseins gezeichnet. Es sei hart gewesen, man habe immer weitermachen müssen. Doch sie hatten sich wegen der Kinder durchgeschlagen. Finanziell sei es ihnen schlecht gegangen. Die Gemeinde und die Kirche hätten nach dem Krieg nicht viel von sich hören lassen. Es sei erst etwas besser geworden, als 1947 die »Stiftung 1940-1945« anfing, die Renten auszuzahlen. Die Tochter einer der Witwen wusste wenig Gutes über die Stiftung »Puttener Jugend« zu berichten. Sie habe jedenfalls nicht viel davon gehabt. Am Anfang habe man viel über die deportierten Männer gesprochen, doch später habe man das nicht mehr getan. Der Kummer sei weggesteckt worden, erzählte eine Witwe. Doch die Probleme nisteten sich im Rücken und im Genick ein, Schlaflosigkeit sei eher die Regel als die Ausnahme gewesen.

Die Sozialarbeiterin der »Stiftung 1940-1945« hatte ab 1977 etwa 150 Witwen zu betreuen, alle im Alter zwischen 60 und 85 Jahren. Manche hatten wieder geheiratet; einige waren später erneut zu Witwen geworden. Es sei ihr ein Rätsel, so berichtete die Sozialarbeiterin, wie es den Frauen gelungen sei, den Verlust ihrer Männer, Söhne oder Brüder zu verarbeiten. Irgendwie hätten sie das Leid in ihr Leben integriert:

Ich merke nur wenig von Kummer oder Aufsässigkeit. Manchmal sieht man was, wenn man unerwartet bei jemandem vorbeischaut. So habe ich einmal eine Frau besucht, die ganz still in sich hinein weinte. Sie hat kein Radio oder Fernsehen, das mag sie nicht. Sie sitzt einfach nur da in ihrem stillen Wohnzimmer und weint. In so einem Augenblick sprechen sie dann schon mit mir über ihren Schmerz.

Es erschien ihr, als gingen die Puttener Frauen ganz anders mit ihrem Schmerz um als die Witwen von Widerstandskämpfern:

Für mein Gefühl haben die Puttener Witwen ihr Leiden mehr in ihr tägliches Leben integriert. Im Sinne von: So ist's nun einmal, ich verstehe nicht, was passiert ist, doch so hat's müssen sein und ich muss weiter.

Sie habe, so meinte die Sozialarbeiterin, wenig Aggression bei den Frauen gespürt, auch nicht gegen die Deutschen. Die Puttener Frauen seien oft »weniger hart« als Witwen von Widerstandskämpfern gewesen. Über ihre eigenen Ängste während des Krieges sprachen sie nie. »Sie haben wahrscheinlich nicht darüber gesprochen, weil ihre Männer es so viel schlimmer als sie gehabt haben.«

Obwohl es nahe liegend gewesen wäre, die besondere Mentalität der Frauen, die eher von wirklicher Trauer als von Verdrängung zeugte, auf die geistliche Hilfe von Seiten der Kirchen zu beziehen, tat das feministische Monatsblatt *Opzij* das nicht. Stattdessen unterschied es künstlich zwischen dem Glauben der Frauen, der für sie die größte Stütze gewesen sei, um das Leid zu tragen (was etwas ganz anderes sei, als Leiden zu verarbeiten) und der Unterstützung von Seiten der Kirche, die, so die Redakteurinnen, nur minimal gewesen sei. Die Sozialarbeiterin führte ein Beispiel an, das ihrer Meinung nach zeigte, wie achtlos die Kirche Trost geboten habe:

Eine Witwe hat mir einmal erzählt, dass sie damals den Pfarrer gefragt habe: »Warum, Herr Pfarrer, warum?«, und dass er darauf nur geantwortet habe: »Du musst nicht fragen warum, sondern wozu.«

Nie habe sie gemerkt, dass die Frauen die Deportation und den Tod ihrer Männer als Strafe für ihre eigenen Sünden ansahen, meinte die Sozialarbeiterin. »Nur merke ich, dass sie glauben, dass es Gottes Wille war.«

Obgleich die Frauen als Inbegriff der Emanzipation galten, wurden sie aufgrund der zentralen Rolle, die der Glaube und die Kirche in ihrem Trauerprozess spielte, eher als Opfer eines unterdrückenden Glaubens und als Spielball einer achtlosen Kirchen- und Gemeindepolitik dargestellt. Ohne einen wirklichen Blick auf die Rolle der Religion in der Trauerarbeit in Putten war dieses Paradoxon allerdings nicht zu lösen. Das Interesse der Feministinnen für die Puttener Frauen nahm dann auch schnell wieder ab. In der öffentlichen Meinung wurden die Witwen und die Gemeinde zu einer Gemeinschaft, die lieber schwieg, als mit »Leuten von außen« über ihre Geschichte zu sprechen, wodurch in der Öffentlichkeit wieder die Meinung bestätigt wurde, die Puttener Frauen hätten ihren Schmerz lediglich verdrängt.

GLEICHHEIT IN VERSCHIEDENHEIT (1980-1995)

Die Erinnerungsarbeit in Putten wandte sich ab 1980 vor allem gegen das »Vergessen«. Das Bemühen, die Ereignisse vom Oktober 1944 für die Erinnerung der Nachkriegsgeneration zu bewahren, war ein tiefes Bedürfnis für die Kriegsgeneration. In der Gesellschaft der achtziger und neunziger Jahre wurde denen, die »es« damals miterlebt hatten, jener Respekt und jene Aufmerksamkeit zuteil, die notwendig waren, die Nachwelt zu überzeugen, dass das Vergessen der Vergangenheit den Untergang jener Werte und Normen bedeuten würde, aus denen heraus sie ihren Kampf gegen die Besatzungsmacht geführt hatten. Wenn das in der Erinnerung nicht fortlebte, dann sei ihr Kampf vergeblich gewesen – ein Gedanke, den viele Menschen der Kriegsgeneration nur schwer ertragen konnten.

Der Staat und die lokalen Amtsträger hatten in dieser Periode ihre ganz eigenen Motive, um die Erinnerung der Kriegsgeneration zu bewahren und zu fördern. In der sich schnell wandelnden Gesellschaft (demographische Veränderungen, Zunahme der Säkularisierung) bot die ältere Generation aufgrund ihrer Autorität und ihrer Ideale einen gewissen Halt. Die damaligen Regierungsverantwortlichen erkannten deutlich, welchen Wert die stabile Ideologie der älteren Generation mit ihren zentralen Werten wie Demokratie und staatsbürgerlichem Bewusstsein für die jüngere, orientierungslos gewordene Generation haben konnte. Das Gedenken und Erinnern an Krieg und Besatzungszeit schien als eine Möglichkeit, die ältere mit der jüngeren Generation in eine Gesellschaft zu integrieren, deren Werte und Normen sich auf Erfahrungen aus dem Krieg stützten.

Das große öffentliche Interesse für die Geschichte des Zweiten Weltkriegs stand im Dienst dieser Integrationsbestrebungen. Auch die Erinnerung an die Puttener Razzia bekam in den achtziger Jahren – auch durch die Bemühungen der in dieser Zeit errichteten »Stiftung Oktober 44« – eine sehr geschichtliche Komponente, da man erkannte, dass die Betonung der Sonderrolle Puttens nicht mehr zeitgemäß war. Galt die Razzia in der lokalen und nationalen Besatzungsgeschichte bisher als ein Einzelgeschehen und Sonderfall, wurde nun mittels einer Neubewertung versucht, das Geschehen in die nationale Geschichte von Krieg und Besatzung einzubetten. Die einstige Betonung der Einzigartigkeit wurde relativiert, indem man ähnliche Vorfälle in anderen ehemals besetzten Ländern zum Vergleich heranzog. Der besondere Umgang mit den Folgen der Razzia in Putten, wie er in der Versöhnungsarbeit mit Ladelund zum Ausdruck kam, wurde aber weiterhin gepflegt. Ab Mitte der neunziger Jahre sollte dieser Umgang mit der Vergangenheit sowohl für Niederländer als auch für Deutsche als Vorbild dienen.

Die nun von »professionellen Erinnerern« – das sind diejenigen, die sich von Berufswegen mit den inhaltlichen und organisatorischen Seiten des Gedenkens beschäftigten – gelenkte Erinnerungsarbeit passte zu den internationalen und nationalen politischen Konstellationen der achtziger und neunziger Jahre. Dabei galt vor allem der Verbindung von individueller und kollektiver Identität ein besonderes Interesse. In Putten sollte dies zu einer Identität von »Gleichheit in Verschiedenheit« führen, bei der unter Wahrung des lokalen, individuellen Gepräges das Dorf und seine Geschichte auch in das nationale, kollektive Geschichtsbewusstsein aufgenommen war.

»Nichts ist sinnlos, wenn es eine Erinnerung hinterlässt.«

Ab 1975 hatte das Brückenkomitee Putten-Ladelund die Beziehungen zwischen beiden Gemeinden unterhalten. 1982 nun wurde dieses Komitee in die »Stiftung Oktober 44« umgewandelt. Zu ihren Zielsetzungen gehörte vor allem die Bewahrung der Erinnerung an die Ereignisse in Putten zur Zeit der Besatzungsjahre, besonders die der Razzia vom 1. und 2. Oktober 1944. Um das verwirklichen zu können, sollten über die Besatzungsjahre im Allgemeinen und über das Drama von Putten im Besonderen Dokumente und Quellen gesammelt und archiviert werden. Auch aus diesem Grund wollte man die Kontakte mit den Hinterbliebenen und einigen KZ-Überlebenden weiterhin pflegen. Die Stiftung hatte zudem eine »Botschaft« für die Einwohner der deutschen Gemeinden, in deren Konzentrationslagern Puttener Männer und Jungen inhaftiert gewesen waren. Man sprach die Hoffnung aus, dass auf diese Weise verhindert werden könne, dass die kommenden Generationen vergaßen, wozu ein totalitäres Regime – »faschistisch« oder »kommunistisch« – führen konnte. Durch Kontakte mit der deutschen Bevölkerung wollte man das Entstehen eines »neuen Faschismus« verhindern. Basis der Arbeit der »Stiftung Oktober 44« war die »Botschaft des Evangeliums«.[444]

Die Umwandlung des Brückenkomitees in eine Stiftung war auch eine Antwort auf die Ausweitung der Beziehungen zwischen Putten und einzelnen deutschen Gemeinden seit Ende der siebziger Jahre. Um all die verschiedenen Aktivitäten und Initiativen umsetzen zu können, war eine breitere und zugleich finanziell kräftigere Organisation als das Brückenkomitee nötig, das sich ausschließlich auf Ladelund konzentriert hatte.

Allein schon im ersten Jahr ihres Bestehens besuchten Vorstandsmitglieder der Stiftung zahlreiche Orte, wo Puttener Männer und Jungen in Konzentrationslagern inhaftiert gewesen waren. Bestürzt stellten die Vorstandsmitglieder fest, dass an manchen Orten nahezu nichts mehr an die ehemaligen Konzentrationslager erinnerte. Die Arbeit in der ersten Hälfte der achtziger Jahre stand damit vor allem im Zeichen des Kampfes gegen das Vergessen und gegen die allmähliche Auflösung der »Orte der Erinnerung« in Deutschland. So protestierte die Stiftung über den Puttener Gemeinderat gegen die Absicht, die Überreste des KZ Neuengamme, wo 240 Männer des »Putten-Transports« gestorben waren, abzureißen.[445] 1983 besuchten einige Vorstandsmitglieder Neuengamme. Erneut spielte dabei die evangelisch-lutherische Kirchengemeinde eine aktive Rolle. Im Dezember 1983 überwanden Vertreter der Johanniskirchengemeinde in Neuengamme ihre früheren Hemmungen gegenüber Putten und statteten dem Dorf einen Besuch ab. Nach ihrer Rückkehr drängten sie in einem Schreiben an die Fraktionen aller politischen Parteien in Hamburg darauf, dass die Überreste des KZ Neuengamme als Monument bewahrt blieben. Auch das Lager Wedel wurde »wiederentdeckt«. Hier erinnerte nahezu nichts mehr an das ehemalige Konzentrationslager. Ein Denkmal, auf dem auch die Namen der gestorbenen Männer des »Putten-Transports« verzeichnet gewesen waren, war im Laufe der Zeit einfach verschwunden. Eine Jugendgruppe der evangelisch-lutherischen Gemeinde von Wedel, die schon zu einem früheren

Zeitpunkt Ladelund besucht hatte, bildete einen Arbeitskreis, um die Geschichte des Lagers zu dokumentieren und sich für die Errichtung eines neuen Denkmals einzusetzen. Um diese Initiative zu unterstützen, besuchten Vorstandsmitglieder der »Stiftung Oktober 44« den Bürgermeister von Wedel, der sich in der Zwischenzeit ausführlich in die Geschichte des ehemaligen Konzentrationslagers vertieft hatte. In Anwesenheit eines niederländischen Überlebenden des Lagers wurde der Ort des ehemaligen Konzentrationslagers – mittlerweile ein Industriegebiet – besucht. Im November desselben Jahres erschien ein kleines Buch über das Lager, herausgegeben von der Christus-Kirchengemeinde in Wedel.

Jugendliche, die sich in die Geschichte der Lager Husum und Ladelund eingearbeitet hatten, trafen sich im Januar 1983 in Husum. Bei dieser Gelegenheit erschien ein Buch über das KZ Husum, das wie Wedel fast ganz aus der Erinnerung verschwunden gewesen war. Während des Treffens im Rahmen des 50. Jahrestages der Machtübernahme Hitlers hielt Klaas Friso von der »Stiftung Oktober 44«, der vor allem für die historische Arbeit der Stiftung zuständig war, eine Rede.[446] Das »Vergessen«, so meinte er, stehe im bitteren Kontrast zu dem, was die Puttener aus ihren Kontakten mit Ladelund gelernt hätten.

Die Einwohner Ladelunds und Puttens haben versucht, nicht der Geschichte aus dem Weg zu gehen, sie nicht zu verdrängen. Sie haben nach einer Antwort gesucht auf das, was geschehen ist. Wäre die Antwort Hass gewesen, hätte Hitler faktisch den Krieg gewonnen. Ladelunder und Puttener haben einen anderen Weg gesucht und einen anderen Ausgangspunkt als Hass und Diskriminierung. Sie fanden einander unter der Verkündigung der Botschaft Jesu Christi, der lehrte, dass am Ende nicht der Hass, sondern die Versöhnung siegt. Sie fanden die Antwort, weil sie zusammen beten durften: »Einen neuen Geist, Herr, schaff in uns«.[447]

Die Initiativen der »Stiftung Oktober 44« knüpften bei den vorsichtigen Versuchen örtlicher Gemeinden in der Bundesrepublik Anfang der achtziger Jahre an, sich auf die eigene Geschichte während des Zweiten Weltkriegs zu besinnen. Wie schon im Fall Ladelunds wollte die Stiftung durch die Kontakte mit der Bevölkerung dieser Orte sich im Zeichen des Evangeliums versöhnen. Hierzu mussten die gegenseitigen Beziehungen sorgsam gepflegt werden, Informationen über das »Dritte Reich« gesammelt und ausgetauscht und an den jeweiligen Gedenkfeiern teilgenommen werden. Der Akzent der Initiativen der Stiftung lag allerdings weiterhin auf der Beziehung zwischen Ladelund und Putten, die zum Vorbild für andere Unternehmungen wurde. Neben der finanziellen Unterstützung erwies sich die evangelisch-lutherische Kirche immer wieder als Partnerin, Initiatorin und Gestalterin der Beziehungen mit Putten, die sich allerdings strikt auf die Orte beschränkten, wo Puttener Männer und Jungen in Konzentrationslagern gefangen, gestorben und begraben waren.

Daneben baute die Stiftung Beziehungen zu jenen Orten auf, die ein ähnliches Schicksal wie Putten erlitten hatten. Zu diesen Orten gehörten in erster Linie das französische Oradour und das tschechische Lidice.

Während in den fünfziger und sechziger Jahren die Beziehung zu Ladelund vor allem dem Verarbeitungsprozess der Hinterbliebenen und KZ-Überlebenden dienen sollte, gewann ab Mitte der siebziger Jahre ein anderer Aspekt an Bedeutung: die Angst der Kriegsgeneration, dass die jüngere Generation vergessen könnte, was im Krieg geschehen war. Dann wäre das Leiden der Männer und Jungen, die in den Konzentrationslagern inhaftiert gewesen waren, oder der Schmerz der Hinterbliebenen, die vierzig Jahre lang mit dem Verlust ihrer Söhne, Väter oder Ehemänner gelebt haben, vergeblich gewesen. Deshalb auch war für die Puttener Stiftung gerade die Erinnerungsarbeit in Deutschland so wichtig.

Auch dort musste man wissen, was geschehen war, auch dort musste das Vorgefallene untersucht und dokumentiert und durch die Pflege und die Bewahrung von Denkmälern und Gedenkstätten dem Leid der Opfer des »Dritten Reiches« Respekt entgegengebracht werden. Dabei wandte sich die Stiftung vor allem an die Jugend in der Bundesrepublik. Über die Wahrung des religiösen Ausgangspunktes der Erinnerungsarbeit sollten in Deutschland die örtlichen evangelisch-lutherischen Kirchen wachen, denn wenn der religiöse Aspekt in den Hintergrund trete, so meinte die Puttener Stiftung, würde der Tod der Puttener Männer und Jungen in den deutschen Konzentrationslagern sinnlos.

ERINNERUNG CONTRA GESCHICHTE: PASTOR MEYERS CHRONIK

Die »Stiftung Oktober 44« hielt es für wesentlich, dass die Erinnerungsarbeit von geschichtlichen Untersuchungen begleitet wurde. Wisse man in den Niederlanden und in Deutschland mehr über die Lager und die Razzia, dann könne – so dachte man sich – der Prozess des Vergessens gestoppt werden. Dieselbe Auffassung wurde in den achtziger Jahren auch von Historikern in Deutschland vertreten. Allgemein verschob sich in Deutschland das Interesse auf die Lokalgeschichte des Zweiten Weltkriegs in einzelnen Gemeinden, Dörfern und Städten. Schulgruppen – häufig begleitet von einer Nachkriegsgeneration von Geschichtslehrern und Historikern – hofften, in der Erforschung der eigenen Lokalgeschichte eine Antwort auf die Frage zu finden, wie man mit der Vergangenheit des Nationalsozialismus umgehen müsse und worauf man sein Engagement richten solle. Während die Geschichte der großen Lager wie Buchenwald, Bergen-Belsen, Dachau und Auschwitz verhältnismäßig gut dokumentiert waren, wusste man über die meisten Außenlager nur recht wenig. Vorreiter in der Erforschung der »vergessenen Lager« in Norddeutschland – gemeint sind die Außenlager von Neuengamme – war zweifellos die jüngere Gruppe von Historikern der »Arbeitsgruppe zur Erforschung der nordfriesischen Konzentrationslager Husum-Schwesing und Ladelund«, die vom Nordfriisk Instituut finanziell unterstützt wurde.[448]

In der ersten Hälfte der achtziger Jahre erschienen zahlreiche Veröffentlichungen über die norddeutschen Außenlager. Während geschichtliche Forschung und Erinnerungsarbeit sich also ergänzen konnten, erwies sich schon bald, dass »Geschichte« und »Erinnerung« zwei Bereiche waren, die in Spannung zueinander standen. 1983 erschien eine quellenkritische Ausgabe des Textes über die Gefangenen und Toten des KZ Ladelund, den Pastor Meyer für die Ladelunder Kirchenchronik verfasst hatte. Dieser Text, »Sylvester 1944«, war nach dem Krieg sozusagen das »Grundgesetz« der Versöhnung zwischen Ladelund und Putten gewesen. Die quellenkritische Ausgabe wurde in einer Zeitung veröffentlicht, die sich zum Ziel gesetzt hatte, die Beziehungen zwischen Dänen und Deutschen im Grenzgebiet zu verbessern. Der Autor, der Historiker Leppien, war Lehrer an der Flensburger Schule, die die Ausstellung über Ladelund zusammengestellt hatte.[449] Im ersten Teil seines Artikels wurde ausführlich die Geschichte des KZ Ladelund seit seiner Errichtung und Pastor Meyers Pflege der Massengräber auf dem Friedhof von Ladelund beschrieben. Dank Pastor Meyer, so Leppien, sei dieses Monument das am besten gepflegte Denkmal für die Opfer des Nationalsozialismus in der Bundesrepublik Deutschland. Auf die Darstellung der Geschichte des KZ Ladelund folgte Pastor Meyers Text »Sylvester 1944«. In der Zwischenzeit waren mehrere Versionen des Textes im Umlauf, in die sich im Laufe der Zeit zahlreiche Fehler eingeschlichen hatten. Im dritten Teil von Leppiens Artikel folgten quellenkritische Anmerkungen. In seinem Artikel untersuchte Leppien Pastor Meyers persönliche Motive für seinen Text in der Kirchenchronik. Er wies darauf hin, dass Meyer bereits seit der ersten Hälfte der dreißiger Jahre bewusstes Parteimitglied der NSDAP gewesen war, und dass ihm nach dem Krieg ein Entnazifizierungsverfahren gedroht hatte. Um sich selbst und seine Gemeinde gegen Vorwürfe im Zusammenhang mit dem nahe gelegenen Konzentrationslager zu wappnen, habe er spätestens im Januar 1946 Abschriften seiner Chronik an verschiedene ausländische Institutionen geschickt. Meyer soll auch behauptet haben, Ende 1944 einen Brief an Hitler und Himmler geschrieben zu haben, in dem er gegen die Zustände im KZ Ladelund protestiert haben soll. Leppien zeigte, dass es sich in Wahrheit um einen anonymen Brief gehandelt hat, den Meyer sicherheitshalber aus einem anderen Dorf abgeschickt hatte. Nach dem Krieg soll der Pastor sich auch gegen eine schwere Bestrafung der KZ-Wachen und der KZ-Leitung von Ladelund gewandt haben. Nach Abwägen aller Aspekte kam Leppien zu dem Schluss, dass Meyer die Chronik nach dem Krieg stark »bearbeitet« oder vordatiert hat.

Leppiens Artikel wurde von dem Historiker Bästlein, selbst Herausgeber einer Aufsatzsammlung über das KZ Husum, äußerst positiv aufgenommen.[450] Meyers Sohn hingegen wusste Leppiens Arbeit weit weniger zu schätzen. Die Parteimitgliedschaft seines Vaters (vom 1. November 1930 bis 1. Juni 1931 und erneut ab dem 1. Mai 1933) leugnete er nicht. Doch aus eigenen Erinnerungen wusste er, dass sein Vater sich am Sylvesterabend 1944 stundenlang in sein Arbeitszimmer zurückgezogen hatte, um – wie er erklärt hatte – einige wichtige Notizen zu machen.[451] Doch Leppien blieb bei seinem Standpunkt, dass Pastor Meyer Ende 1944 nicht solch ein Gegner des Hitlerregimes gewesen war, wie es anhand der Chronik zunächst schien. Im Gegenteil. Wie Meyers Brief an den Führer deutlich mache, glaubte der Pastor Ende 1944 noch, dass Hitler nichts von den schrecklichen Zuständen in den Lagern wusste.[452]

Obgleich Leppien mit seinem Artikel das Bild von Meyer stark korrigiert hatte, würdigte er dessen Bemühungen um die Versöhnung mit den Einwohnern Puttens. Gerade diese Tendenz von Leppiens geschichtlicher Untersuchung aber, die sich weniger auf die Konzentrationslager, sondern vielmehr auf die Aussöhnung und Versöhnung nach dem Krieg konzentrierte, wurde von vielen Historikern heftig kritisiert. Diese historiographische Wende, so die Kritik, bedeute nicht nur, dass die Geschichte der Konzentrationslager erneut in den Hintergrund gerate, sondern führe auch zu einer Interpretation der KZ-Geschichte, die stark von eigenen Interessen gelenkt sei. Der Historiker Tuchel eröffnete den Streit mit einem harten Angriff auf einen deutschen Lokalhistoriker, der die Reden von Pastor Richter und des Vorstandsmitglieds Friso der »Stiftung Oktober 44« veröffentlicht hatte.[453] Derlei geschichtliche Darstellungen, so Tuchel, widersprächen dem, was man mittlerweile über Meyer und die Konzentrationslager wisse. Meyers Brief an Hitler dürfe nicht als ein Beispiel persönlicher Tapferkeit verstanden werden, sondern eher als Illustration für das damals gängige Anpassungsverhalten und das Lavieren zwischen Ablehnung und Gehorsam. Ebenfalls dürfe man nicht nur die KZ-Leitung und die Kapos für die grausame Behandlung der KZ-Häftlinge verantwortlich machen, sondern es gelte zu zeigen, wie sehr auch andere sich mit ihren Hilfsdiensten des täglichen Terrors schuldig gemacht hatten.

Bis zu diesem Punkt war Tuchels Kritik Teil des Historikerstreits, der zu dieser Zeit in der Bundesrepublik wütete und bei dem die Interpretation des Zweiten Weltkriegs und der Umgang mit der Vergangenheit zur Debatte stand. Doch Tuchel ging einen Schritt weiter. Er dehnte seine Kritik auch auf die Versöhnungsarbeit zwischen Putten und Ladelund aus. Solange man sich von Abscheu beherrschen ließe, behauptete er, und die Vorgänge nicht in allen Einzelheiten untersuche, solange bliebe der Nationalsozialismus »die Triebkraft von unvorstellbaren – und damit nicht zu schildernden – Verbrechen«. Doch die Verbrechen, die in Ladelund begangen worden waren, könnten genau benannt und geschildert werden. Erst wenn das geschehen sei, dann wisse man auch ganz genau, wozu und in welchem Maße Versöhnungsarbeit geboten war. Damit stellte Tuchel die kollektive Versöhnungsarbeit der Ladelunder und Puttener Gemeinschaft scheinbar in Frage. Doch obgleich einige wenige sich an Tuchels Kritik stießen, war die Versöhnungsarbeit gegen derartige Angriffe immun. Denn die Beziehung zwischen Putten und Ladelund betraf nicht die Aussöhnung zwischen konkreten Tätern und konkreten Opfern, sondern die Versöhnung zwischen zwei religiösen Gemeinden vor dem Hintergrund der biblischen Botschaft von Feindesliebe und Versöhnung.

Die programmatische Seite von Tuchels Bemerkungen und den Aussagen seiner Kollegen war offensichtlich und hatte ein doppeltes Ziel. Zum einen sollten sie deutlich machen, dass weitere Untersuchungen zu den Konzentrationslagern notwendig waren. 1990 erschien dann auch von dem Historiker Kaienburg die umfangreiche und gründliche Untersuchung »Vernichtung durch Arbeit. Der Fall Neuengamme«. Zum anderen wurde damit die Forderung nach regionalen oder lokalen Gedenkstätten und Ausstellungen erhoben, in denen die Geschichte eines bestimmten Konzentrationslagers nach dem Stand der Geschichtswissenschaften dargestellt werden sollte.

DIE GEDENKSTÄTTEN:
GESCHICHTE, ERINNERUNG, ERZIEHUNG

Der Arbeit der »Stiftung Oktober 44« und ihrer Partner war es zu verdanken, dass in der zweiten Hälfte der neunziger Jahre einige Gedenksteine errichtet und in Ladelund und Putten Gedenkstätten und Ausstellungen eröffnet wurden. In Ladelund wurde 1990 in einem Gebäude hinter dem Kirchfriedhof eine ständige Ausstellung über die Geschichte des KZ Ladelund eröffnet, die von Schülern unter Leitung von Leppien zusammengestellt worden war. Die Verwirklichung dieses Projekts sollte für viele kleinere Gedenkstätten an anderen Orten als Vorbild dienen.[454]

Das Projekt wurde professionell und energisch in Angriff genommen. Vorbereitung und Verwirklichung oblagen einem Kulturinstitut in Bonn. Die finanziellen Mittel für die ständige Ausstellung wurden vom Museum des Bundeslandes Schleswig-Holstein zur Verfügung gestellt. Für die inhaltliche Gestaltung waren die Historiker Bästlein, Tuchel und Leppien verantwortlich. Tuchels Kritik war nicht unbeachtet geblieben, Aspekte der Geschichte, die nicht zum christlichen Versöhnungsdenken passten, wurden nicht verschwiegen. Indem man die Vor- und Nachgeschichte des Lagers ausführlich dokumentierte und einen Weg vom Ausstellungsgebäude zum Gebiet des ehemaligen Konzentrationslagers anlegte, wo 1985 ein Gedenkstein errichtet worden war, versuchte man Erinnerung und Geschichte, sowie Täter, Opfer, Zuschauer und Hinterbliebene miteinander in Verbindung zu bringen.

Die Aktualität dieser historischen und politischen Gedenkstätte stand außer Frage. Nach dem Fall der Berliner Mauer traten auch die Verbrechen des Stalinismus und seiner Anhänger immer deutlicher ins Bewusstsein und man stellte sich die Frage, wie mit den Tätern des ehemaligen DDR-Regimes und seinen Mitläufern umzugehen sei. Das machte das »Thema Ladelund« für Schule und Unterricht überaus geeignet.[455]

Im Gegensatz zu anderen Gedenkstätten in Deutschland stand Ladelund unter Obhut der evangelisch-lutherischen Kirche der Kirchengemeinde Ladelund und des Kirchenkreises Südtondern. Finanziert von der Nordelbischen Kirche und dem Bundesland Schleswig-Holstein erhielt die Gedenkstätte in den neunziger Jahren eine theologisch-pädagogische Leiterin. Neben einem Ort der Erinnerung sollte die Gedenkstätte ein »Ort des Lernens« und ein »Ort der Begegnung« sein.

Die aktive Erinnerung vor Ort geschieht aus dem Glauben an Jesus Christus, durch den Gott die Welt mit sich versöhnt hat. So wird der Ort des Gedenkens zu einem Ort des Gedenkens vor Gott, der Ort der Information zu einem Ort des Erkennens von Sünde und Schuld, der Ort des Lernens zu einem Ort des Vertrauens auf die Zusage der Vergebung und der Ort der Begegnung zu einem Ort der Freiheit und der Versöhnung, aus der die Christenheit lebt.[456]

Von 1990 bis Ende 1994 besuchten fast zehntausend Besucher die Gedenkstätte, unter ihnen viele Schulklassen aus Schleswig-Holstein und Dänemark, die oft von einem dänischen Überlebenden des KZ Husum durch die Gedenkstätte geführt wurden.[457]

Das niederländische Pendant zur »KZ Gedenk- und Begegnungsstätte Ladelund« in Putten wurde zwei Jahre später, im Jahr 1992, eröffnet. Finanziert wurde es mit staatlichen und kommunalen Mitteln, sowie Geldern der »Stiftung Oktober 44«.[458] Die Gedenkstätte bestand aus einem Ausstellungsraum und einem »Ort der Stille«, wo alle Namen der in den deutschen Konzentrationslagern gestorbenen Männer und Jungen, die am 1. und 2. Oktober 1944 nach Neuengamme deportiert worden waren, an einer Wand zu lesen sind. Diese Gedenkstätte, so meinte die Stiftung, sei eine Antwort auf die sich wandelnden Bedürfnisse und auf die Art des Erinnerns der Generation der neunziger Jahre. Die älteren Denkmäler – die trauernde Frauenfigur und die Gedenktafel an der Kirchenmauer – sollten zwar weiterhin, auch für die jüngere Generation, relevant sein, doch um zu verstehen, was sie wirklich bedeuteten, brauchte man die Gedenkstätte. Im »Ort der Stille« konnten zukünftige Generationen eine Antwort auf die Frage finden, wer die Männer und Jungen waren, die von hier weggeführt wurden. Durch die kleine Ausstellung sollten zukünftige Generationen verstehen lernen, was mit dem Text auf der Gedenktafel an der Kirche gemeint sei: »Von hier wurden sie weggeführt«.[459]

Die Initiative der Stiftung zur Errichtung einer Gedenkstätte fand in Putten allerdings nicht nur Zustimmung. Der Stiftung wurde vorgeworfen, dass sie damit alte Wunden aufreiße. Doch wer das Gästebuch der Gedenkstätte liest, wird erkennen, dass die im »Ort der Stille« aufgeführten Namen für viele Hinterbliebene die Funktion eines Grabsteins hatten. Hier fanden sie die Namen ihrer Angehörigen wieder, die ihnen am 2. Oktober 1944 genommen worden waren.

EINE NEUE GESCHICHTE

Wie in Ladelund unter Leitung von Bästlein, Leppien, Tuchel und anderen entstand auch in Putten im Laufe der achtziger Jahre ein zunehmendes Bedürfnis, die Geschichte der Razzia und ihrer Folgen zu dokumentieren. Historische Forschung war auch als Aufgabe in die Statuten der »Stiftung Oktober 44« aufgenommen worden. Innerhalb der Stiftung setzte sich vor allem der Puttener Klaas Friso, der in der Vergangenheit bereits über die Geschichte Puttens und der Region geschrieben hatte, für die Dokumentation der Geschichte der Puttener Razzia ein. Nicht nur die reiche Geschichte Puttens früherer Jahrhunderte, sondern auch die vielen ungeklärten Aspekte der Razzia hatten ihn bereits seit Jahren fasziniert.

1984 war von Klaas Friso ein kleines Buch erschienen, »Wenn dort Mord und Feuer...«, eine auffällig nüchterne Beschreibung der Razzia, die für die Nachkriegsgeneration gedacht war. Friso hatte sich mittlerweile zu einem Fachmann über die Geschichte der Razzia etabliert – er hatte zu Hause selbst ein umfangreiches Archiv mit zahlreichen einzigartigen

Dokumenten angelegt – und ließ keine Gelegenheit ungenutzt, mit aller Entschiedenheit die bestehenden Vorurteile über Putten zu bekämpfen. Sein Ziel war, einmal eine Geschichte der Razzia zu schreiben, die allen Aspekten des Dramas gerecht wurde, die frei von den hartnäckigen Klischees und Stereotypisierungen über Putten und seine Einwohner war und all die falschen Behauptungen ein für allemal widerlegte.[460]

1990 erschien Klaas Frisos »Chronik« von Putten über die Jahre 1940-1945. Der Ansatz seines Buches, nämlich das Drama von Putten in den Zusammenhang der allgemeinen Besatzungsgeschichte einzuordnen, entsprang seiner tiefen Überzeugung, dass die Puttener Razzia in diesem Rahmen überhaupt nur verstanden werden konnte. Die chronikalische Form seiner Abhandlung ermöglichte es dabei, im Rahmen dieses Ansatzes zahlreiche wichtige Ereignisse darzustellen, ohne genauer auf die Zusammenhänge, Hintergründe und Folgen eingehen zu müssen.

Große Aufmerksamkeit schenkte Friso den Ereignissen der ersten beiden Besatzungsjahre in der Gemeinde. Putten sei, so lauteten seine Schlussfolgerungen, während der Besatzungszeit kein isoliertes Dorf gewesen, das die harte Wirklichkeit jener Jahre nicht gekannt habe, vielmehr habe in Putten ein kämpferischer Geist geherrscht. Friso belegte und dokumentierte dabei ausführlich den Unterschied zwischen der Geschichte der niederländischen Widerstandsbewegung in den großen Städten und auf der Veluwe, wo Rollkommandos operierten, jüdischen Flüchtlingen geholfen wurde, Unterschlupf gewährt, gedroppte Piloten eingewiesen, Sabotageanschläge ausgeführt und Waffenabwürfe organisiert wurden.

Äußerst kritisch wertete er die mittlerweile in der Presse geäußerten Aussagen von Oosterbroek, Dankaart und anderen. Den Hergang des Attentats beschrieb er mit auffällig milden Worten und dokumentierte die biographischen Hintergründe der Attentäter – nun selbstverständlich namentlich erwähnt –, woraus klar hervorging, dass vor allem Witvoet, Rengers Hora Siccama, Dankaart und Banwell keine unerfahrenen Amateure gewesen waren, sondern eine reiche Erfahrung als Soldaten und Widerstandskämpfer vorweisen konnten.

Anhand von Frisos Beschreibung der Zeit nach dem Oktober 1944 schließlich wurde deutlich, dass Kirche und Gemeinde die Kriegsopfer keineswegs im Stich gelassen hatten, wie immer wieder behauptet worden war.

Trotz ihrer zahlreichen Aspekte bot die »Chronik« keine integrale Geschichte Puttens. Klaas Friso versuchte, in seinem Buch »Geschichte« und »Erinnerung« miteinander zu versöhnen. Die Tatsache, dass sowohl in der Gemeinde selbst wie auch außerhalb die Vergangenheit Puttens in den vergangenen fünfzig Jahren Gegenstand harter Polemik gewesen war, wurde sorgsam vermieden. Sein Ziel war es, für die Puttener Gemeinschaft eine brauchbare Geschichte von Putten zu Zeiten des Krieges zu verfassen, in der die Vergangenheit in einigen wichtigen Punkten revidiert wurde, einige bedrückende Fragen geklärt wurden und mit der Putten selbstbewusst an die Öffentlichkeit treten konnte.

Ob Friso es wollte oder nicht, die »Chronik« stand doch wieder ganz im Zeichen der Puttener Razzia. Zwar wurden in ihr einige bisher vernachlässigte Aspekte untersucht, doch auf die Frage nach dem Grund für Puttens bemerkenswerte Stellung innerhalb der Geschichte der niederländischen Erinnerung an Krieg und Besatzung konnte diese Darstellung der Puttener Geschichte keine Antwort geben.

DIE ERMAHNUNG

Im Laufe der achtziger Jahre lösten sich die Puttener Pfarrer von dem besonderen geschichtlichen Hintergrund Puttens. Im Allgemeinen bezogen sie sich nur noch bei den großen

Erinnerungsgottesdiensten in der Alten Kirche auf die Ereignisse des Oktobers 1944. Dabei ging es nicht mehr darum, der Gemeinde eine tröstende Erklärung für das schreckliche Puttener Schicksal zu bieten, vielmehr diente die Razzia als »Motiv« für die jetzige Glaubenspraxis. Es sei Zeit, so meinten die Pfarrer, die Lehren aus dem zu ziehen, was damals in Putten angerichtet worden sei.

Es sei damals, so meinte Pfarrer Kuus am 2. Oktober 1989 in seiner Predigt, keine Züchtigung Gottes gewesen, wie es Pfarrer Holland und de Jager ausgedrückt hatten. Alle noch so genauen Analysen hätten nicht das »Rätsel« lösen können, »wie das alles geschehen konnte«. Und auch die Historiker hätten keine Antwort gefunden. Die Christen allerdings hätten eine Antwort auf die alte Frage nach dem »Warum«. Nicht Gott sei schuld an der Puttener Katastrophe, sondern sein Untertan, Satan. Er sei es gewesen, der auf die Menschen losgelassen worden sei, um ihren Glauben zu prüfen. Der Teufel sei, wie Jesus sagte, »wie ein Blitz vom Himmel« gefallen. Wie man damals erfahren habe, was es hieß, Hitler und seinen Trabanten freies Spiel in der Welt zu überlassen, so müsse nun auch bedacht werden, dass es nicht nur darum ging, eine persönliche Beziehung zu Gott zu haben, sondern dass man Gottes Königreich in die Welt tragen müsse. Abtreibung, Euthanasie, Ehescheidung – in den achtziger Jahren seien das die dämonischen Kräfte, die freies Spiel hätten. Heute seien sie es, die Opfer auf dem Gewissen hätten, ihnen müsse man sich widersetzen. Wie damals die deportierten Männer den Mut nicht hätten sinken lassen (Pfarrer Kuus bestritt implizit die Thesen von van Dantzig, van Maanen und de Ruig), sondern erkannt hätten, dass Jesus sich selbst hingegeben hatte, um Satan zu zermalmen, so sollten sich die Christen erneut darüber in ihrem Glauben freuen.[461]

Mit dieser Predigt hatte Kuus sich weit von den Predigten der unmittelbaren Nachkriegszeit entfernt, in denen die Frage nach dem »Warum« des Puttener Dramas weitaus konkreter formuliert worden war. In den damaligen Predigten war es Gott gewesen, der »wie ein Fürst« Putten in den Oktoberjahren 1944 heimgesucht hatte. Für Pfarrer Kuus war es Satan, der in Putten Siege errungen hatte. Er wehrte sich vehement gegen die Auffassung, dass Gott für das Drama in Putten verantwortlich gewesen sei. Gott sei, meinte er, ein strafender aber auch ein tröstender Gott. Damit nahm die Katastrophe von Putten in der Verkündigung der Pfarrer keinen besonderen Platz mehr ein. Die Aufmerksamkeit wurde auf das Unheil der Gegenwart gelenkt.

1994, bei dem großen Gedenkgottesdienst zum fünfzigsten Jahrestag der Razzia, war es erneut die Gegenwart, auf die Pfarrer Veldhuijzen anhand von Psalm 91 über den »Schirm des Höchsten« das Augenmerk seiner Gemeinde lenkte. Wie 1944 sei man auch heute noch vielen Gefahren ausgesetzt. Denn solange man sündig sei und Tag für Tag Schuld anhäufe und sich nicht Jesus Christus, dem persönlichen Seligmacher überantworte, gebe es keine wirkliche Sicherheit. Wenn Gott darüber dann seinen Zorn ausgieße, dürfe man das nicht für ungerecht halten. Man müsse erkennen, dass man einen Schirm brauche, man müsse wissen, dass dieser Schirm im Schatten des Kreuzes Christi stehe. Nur dort sei Heil zu finden. Wer den Psalm nachspreche – »Mein Gott«, – der habe genug in Ewigkeit. Und mit diesem »genug« spielte er auf die Worte des israelischen Premierministers Rabin an, als dieser 1993 in Anwesenheit des amerikanischen Präsidenten Bill Clinton Jasir Arafat die Hand reichte: genug Blut und Tränen … genug …! Das war am Vorabend des fünfzigsten Jahrestags des Endes des Zweiten Weltkriegs. »Genug!«, das war auch Veldhuijzens Botschaft bei dieser so besonderen Gedächtnisfeier, er verwies dabei allerdings auf Golgatha: genug Blut und Tränen … genug …![462]

Mit der Errichtung der Gedenkstätte in Ladelund endete die Arbeit der Historiker an der Erinnerung an das Außenlager von Neuengamme. Unter Leitung einer Religionspädagogin stand die Erinnerungsarbeit nun im Dienst der Nachkriegsgenerationen und der Gesellschaft. Wie religiös inspiriert diese Arbeit auch war und blieb, die aktuellen politischen Verhältnisse im Deutschland nach der Wende prägten angesichts des fünfzigsten Jahrestags des Endes des Zweiten Weltkriegs die Erinnerungsarbeit. Überall in Europa gelangte man in Anbetracht der eingreifend veränderten Situation nach 1989 zu der Ansicht, dass die Zeit reif sei, in einem vereinigten Europa die wahre Lektion aus dem Zweiten Weltkrieg zu ziehen und Demokratie und europäisches Bewusstsein zu fördern. Bedingung für die Verwirklichung dieses politischen Programms war dabei die Versöhnung zwischen den damaligen Tätern und Opfern. Der nahende fünfzigste Jahrestag des Endes des Zweiten Weltkriegs im Mai 1995 verlieh diesem Projekt Dringlichkeit und emotionale Betroffenheit.

Innerhalb dieser neuen politischen Konstellation konnte Ladelund eine wichtige Funktion erfüllen. Die Brücke Putten-Ladelund wurde zum Leitbild internationaler Zusammenarbeit und der Bereitschaft anderer Länder, zusammen mit den Deutschen die Erinnerung inhaltlich neu zu formulieren. Unter dem Motto »denke global, handle lokal« ordneten die nationalen Gedenkstätten die lokalen Erinnerungsinitiativen der letzten Jahre in einen übergreifenden nationalen und internationalen Zusammenhang ein. Anstelle von Monumentalisierung, offiziellen Gedenkfeiern und Abstrahierung der Verbrechen des »Dritten Reiches« galt es nun vielmehr die Geschichte »von unten«, die Lokalgeschichte und die Begegnungen zwischen Menschen und Gemeinden in den Mittelpunkt der Erinnerung zu rücken. Nur so konnte man verhindern, dass die Gedenkstätten der Konzentrationslager in die Isolation gerieten, nur so konnte die Bevölkerung an dem Prozess des Bewusstwerdens der Geschichte beteiligt und konnte das Vergessen verhindert werden.[463] Aus diesem Grund erhielt Anfang der neunziger Jahre der Schüler Olde Lorenzen für seine Arbeit über das KZ Husum »Macht ohne Moral« den Preis des Bundespräsidenten. Anders als in den Zeiten, als Bästlein noch für ein Monument für dieses vergessene Lager gekämpft hatte, war Lorenzens Arbeit völlig unpolemisch und wandte sich vor allem an die junge Generation der neunziger Jahre. Ohne wissenschaftlichen Anspruch war es ihm mit seiner Arbeit gelungen, die Menschen zu bewegen.[464]

Wie in Ladelund galten auch in Putten die Bemühungen der »Stiftung Oktober 44« der Bewahrung der »richtigen« Erinnerung an die Razzia. Die von Klaas Friso verfasste »Chronik« der Geschichte Puttens und die Ausstellung in der Puttener Gedenkstätte stellten in diesem Sinne einen letzten Versuch dar, die Erinnerung an die Razzia zu bewahren. Der neue historische Ansatz hinsichtlich der Razzia und die neuen Formen des Gedenkens machten deutlich, dass sich Puttens Identität stark gewandelt hatte. Mit dem Wegfall der Kriegsgeneration, die die Identität Puttens in hohem Maße bestimmt hatte, erhielt der ehemals exklusive Charakter Puttens eine eher nationale und sogar internationale Ausrichtung.

Ab Anfang der achtziger Jahre stand die Arbeit der Stiftung im Zeichen dieses Wandels. Indem man die Geschichte Puttens in die Besatzungsgeschichte der Gesamtniederlande einordnete, wollte man Puttens Schicksal in die nationale Geschichte integrieren und damit von all jenen Aspekten befreien, die Dorf und Bevölkerung in den vorangegangenen Jahrzehnten einen eigenen Status verliehen hatten. Für Putten bedeutete dies, dass es nun möglich wurde, auch anderer Opfer von Krieg und Besatzung zu gedenken: Soldaten, Juden, Widerstandskämpfern oder Opfern von Luftangriffen.

Ab Anfang der achtziger Jahre wurden in Putten auch wieder am nationalen Trauertag – dem »dodenherdenking« am 4. Mai zum Gedenken an alle Kriegsopfer – Kränze niedergelegt.[465] Mitte der achtziger Jahre wurde auf dem Gemeindefriedhof ein Gedenkstein zur Erinnerung an die Kriegsopfer errichtet. Durch Kontakte mit dem französischen Oradour, dem tschechischen Lidice, das nach dem Mauerfall nicht mehr »verdächtig« war, und anderen Orten, deren Bevölkerung Opfer von Repressalien geworden war, wurde der besondere Aspekt des Puttener Dramas in den europäischen Rahmen der Verbrechen des Nationalsozialismus eingeordnet.[466]

Hatte bereits in den achtziger Jahren der exklusive Charakter von »Putten« abgenommen – wer sprach nun noch vom »Dorf der Witwen«? –, war die Aufgabe der Stiftung in dieser Hinsicht nach der Eröffnung der Gedenkstätte 1992 im Grunde zu Ende geführt. Einen letzten Erinnerungsort galt es allerdings noch zu markieren: die Oldenaller Brücke, wo 1944 das Attentat verübt worden war. Täglich kamen dort zahllose Puttener vorbei, doch nichts erinnerte mehr an das Attentat. Die Stiftung betrachtete die Errichtung eines Gedenksteins am Ort des Attentats als symbolischen Abschluss ihrer Aufgabe. Auch das Attentat selbst, wie folgenschwer es auch gewesen sein mag, gehörte zu Putten. Am 1. Oktober 1996 enthüllte Bürgermeister Berkhout den Gedenkstein mit dem Text: »Bei dieser Brücke wurde das Attentat verübt, das der Auslöser für die Razzia von Putten am 1. und 2. Oktober 1944 war.«

Unter Anwesenheit von Königin Beatrix wurde im Oktober 1994 des fünfzigsten Jahrestages der Razzia gedacht. Putten war nicht weiter ein Sonderfall, sondern galt nun als Beispiel für eine niederländischen Gemeinde, die, getroffen von einer deutschen Repressalie, sich mit dem deutschen Nachbarland ausgesöhnt hatte. Waren die vielen Deutschen, die bei der Gedenkfeier anwesend waren, nicht der Beweis? Und waren die Kränze, die im Namen der Gemeinden Wyk auf Föhr, Neuengamme und Ladelund bei dem Denkmal niedergelegt wurden, nicht Ausdruck dieser Versöhnung? Bei den Feierlichkeiten betonte der Vorsitzende der »Stiftung Oktober 44«, Willem Torsius, eindringlich den Wert dieser Versöhnung:

Hass, Missgunst und Verachtung sind die Todfeinde der köstlichen Gnade. Gott hat mir geholfen, meine Hassgefühle zu überwinden. Das gibt ein Gefühl der Befreiung und der Freiheit. Gottes Wort macht stark und gibt Mut. Auch das muss die Nachwelt wissen.[467]

Obgleich der Glaube als die Quelle der Versöhnung für die Einwohner Puttens weiterhin selbstverständlich blieb, lag die Betonung dieser »nationalen« Puttener Oktobergedenkfeier nicht mehr auf dem religiösen Aspekt. Nun schien es, als ob 1994, am Vorabend des fünfzigsten Jahrestages des Kriegsendes, das Puttener Denkmal letztendlich doch noch zu einem Nationaldenkmal geworden sei, zum Gedächtnis an all diejenigen, die in den Jahren 1940-1945 gefallen waren.

EPILOG

Die lokale Puttener Erinnerung an Krieg und Besatzung und die nationale Erinnerung an die Jahre 1940-1945 haben eine gemeinsame Geschichte, auch wenn es in den letzten fünfzig Jahren so schien, als hätten sie ganz unterschiedliche Wege eingeschlagen. Vor allem in den letzten fünfzehn Jahren kam man zu einem immer größeren Gleichklang im Prozess des Erinnerns. Seit den sechziger Jahren haben zu dieser Entwicklung sowohl national als auch international Presse, Radio und Fernsehen beigetragen. Durch Themen wie Kriegstraumata, Vergessen und Erinnern, Gedenken, Stellenwert des Zweiten Weltkriegs in der heutigen Zeit, Rolle der Kriegsgeneration im Prozess des Erinnerns und Gedenkens, Bedeutung von Krieg und Besatzung für die jüngere Generation wurde dabei die Erinnerung an den Zweiten Weltkrieg wachgehalten. Die Medien ihrerseits wurden durch die Bemühungen der Kriegsgeneration unterstützt, die ihre Normen und Werte einer jüngeren Generation zu vermittelten versuchte, für die Krieg und Besatzung definitiv Geschichte geworden war. In den achtziger Jahren wurden zahllose Gedenkstätten eröffnet, die lokal, national und international den Erinnerungsprozess gestaltet und ihm Form gegeben haben. Denkmäler und Gedenksteine wurden errichtet, Widerstandsmuseen gegründet und Ausstellungen eröffnet. All diese Initiativen wurden von den gemeindlichen und staatlichen Instanzen gefördert und finanziell unterstützt. Der integrative Charakter dieser Initiativen hatte dabei einen besonderen Stellenwert.

Diese Entwicklung wurde von Anthropologen, Historikern, Politologen, Psychologen und Soziologen im In- und Ausland als wichtiges Phänomen erkannt und vielfach untersucht.[468] National sowie international war die Erinnerung an den Zweiten Weltkrieg in ihren unterschiedlichen Äußerungsformen Bestandteil einer öffentlichen Diskussion, die sowohl die Identität des Einzelnen als auch der Gemeinschaft betraf. Normen und Werte wurden überdacht und auf eine neue Phase in der Geschichte des zwanzigsten Jahrhunderts zugeschnitten. Untersuchungen über das Gedächtnis und das Erinnerungsvermögen zeigten, dass unser Gedächtnis keine statische Einheit bildet, in der vergangene Eindrücke und Gefühle gespeichert sind. Vielmehr wurde deutlich, dass unser Gedächtnis eine historische Größe ist, auf die soziale und politische Kräfte einwirken. Das Gedächtnis kennt eine Geschichte, die eine Gemeinschaft zusammenführen oder auch spalten kann, je nach den politischen Erfordernissen und Einflüssen der jeweiligen Gegenwart. Die Geschichte der Erinnerung an das Drama von Putten in den letzten fünfzig Jahren zeigt, wie sehr die Ereignisse vom 1. und 2. Oktober 1944 nicht nur die Identität der Niederlande und Puttens berührt, sondern die Erinnerung an den Zweiten Weltkrieg auch in Deutschland geprägt haben.

Nach dem Krieg wurde unaufhörlich die Frage nach dem »Warum« des beispiellos harten Schicksals von Putten gestellt. Gerade bei den Puttener Einwohnern war die Tendenz zu beobachten, bestimmte Personen als Schuldige zu identifizieren. Die Haltung der Puttener Polizei in den Tagen der Razzia wurde von vielen in der Gemeinde hart kritisiert. Nicht das Auftreten der Polizisten, die den Einwohnern am Sonntag, dem 1. Oktober 1944, nahegelegt hatten, sich zum Dorfzentrum zu begeben, sondern die Folgen, die sich für die Puttener Bevölkerung dadurch ergaben, bildeten dabei den eigentlichen Grund für die starke Kritik. Für viele hatte die »falsche« Entscheidung, sich nämlich zum Dorfzentrum zu begeben, zum Tod geführt. Politische Interessen der lokalen Puttener Autoritäten und der geheime Charakter der Polizeisäuberung, verhinderten, dass die

Öffentlichkeit erfuhr, wie die Haltung und das Auftreten der Polizei beurteilt und geahndet wurde. Die Säuberungsverfahren bezüglich des Polizeiapparates und der Beamten des polizeilichen Fahrzeugdienstes spiegelten dabei die Diskrepanz wider zwischen der Rolle, die man der niederländischen Polizei bei den Puttener Geschehnissen zuschrieb, und den tatsächlichen Vorfällen. Nur in einem einzigen Fall kam es zu einem Disziplinarverfahren gegen einen Polizisten. Schon bald verschwand die Polizeifrage aufgrund ihrer politischen Aspekte spurlos von der Tagesordnung der gemeindlichen Politik.

Die Verfahren gegen die Kriegsverbrecher Christiansen und Fullriede sorgten für eine erste, auf geschichtlichen Tatsachen beruhende Darstellung der Geschichte der Puttener Razzia. In dieser Darstellung, die die unbegreiflichen Ereignisse für viele zum ersten Mal zusammenhängend erklärte, standen hauptsächlich die Personen Christiansen und Fullriede im Mittelpunkt – der eine als »Schreibtischtäter«, der andere als »Täter« mit nur eingeschränkter Verantwortlichkeit. Das Bild, das man sich in der Presse von ihnen machte und das die öffentliche Meinung beherrschen sollte, war in hohem Maße davon bestimmt, was die Anwälte während der Verfahren zur Verteidigung ihrer Mandanten anführten. Das war durchaus verständlich, denn in der Darstellung von Fullriedes und Christiansens Anwälten fand sich mehr *human interest* als in den meist technisch-juristischen Ausführungen von Staatsanwälten und Richtern.

Tatsächlich passten auf den ersten Blick weder Fullriede noch Christiansen in das stereotype Bild, das man sich von den erbarmungslosen Besatzungsautoritäten gemacht hatte und das auch der Oberstaatsanwalt beschwor. Fullriedes und Christiansens Persönlichkeiten ließen sicherlich gewisse Nuancierungen zu. Dadurch aber, dass ihre Anwälte das Vorgehen ihrer Mandanten vor allem aus ihren Persönlichkeiten heraus erklärten – was aus Mangel an relevantem Archivmaterial durchaus nahe liegend war – fehlte den Ausführungen jeglicher weitere geschichtliche Kontext.

Die ambivalente Haltung gegenüber Christiansens und Fullriedes Rolle hat sich bis heute kaum gewandelt. Christiansen galt als gefürchtete Besatzungsautorität und gleichzeitig als einfacher Schiffskapitän, der sich im »Dritten Reich« emporgearbeitet und nur ungenügend realisiert hatte, was seine hohe Funktion in den Niederlanden implizierte. Fullriede hatte zwar die Repressalie, die nach niederländischen Maßstäben ungewöhnlich hart gewesen war, ausgeführt, doch er hatte sich gleichzeitig auch als ein Mann gezeigt, der selbst nicht uneingeschränkt hinter dem Befehl stand, das Dorf niederzubrennen und alle Männer abtransportieren zu lassen. Die Frage, die sich die Menschen nach dem Krieg hinsichtlich Fullriedes Auftreten stellten – wie konnte ein offenkundig kultivierter Mann eine so grausame Maßnahme durchführen? – konnte damals nicht anders beantwortet werden, als durch Hinweis auf die tragischen Aspekte im Leben von Personen wie Fullriede und Christiansen. Dadurch, dass man in den ersten Jahren nach dem Krieg über keinen breiteren historischen Rahmen verfügte, erhielten weder Christiansens Befehl, noch Fullriedes Person jene Tiefe, die die Geschichtsforschung heute ermöglicht.

Mit den uns heute zur Verfügung stehenden Erkenntnissen muss das Auftreten der Deutschen in erster Linie im Rahmen der Repressalienpolitik der Wehrmacht in Osteuropa, Italien und Frankreich bewertet werden. Durch die Einbeziehung von Fullriedes früherer Karriere an der Ostfront, in Nordafrika und Italien tritt seine Person und seine Strategie deutlicher hervor. Im Zusammenhang der deutschen Repressalienpolitik gewinnt auch sein Auftreten während der Puttener Razzia eine neue Dimension und damit verliert die so einfache wie raffinierte Typisierung als »guter Deutscher«, als der sich Fullriede selbst so gern sah und der auch in der niederländischen Nachkriegsrechtsprechung und der

Öffentlichkeit heraufbeschworen worden war, erheblich an Überzeugungskraft.

Erinnern und Vergessen sind unlösbar miteinander verbunden. In den Berichten und Erzählungen der Puttener über die Brandlegung dominierten so kurz nach dem Krieg die Fragen zum Auftreten der Soldaten des Regiments »Hermann Göring« und der SS-Männer des Wachbataillons Nord-West. Was waren das nur für Männer gewesen, die vollkommen betrunken das Dorf in jener Montagnacht geplündert und niedergebrannt hatten? Wie konnten Menschen – ja, selbst niederländische SS-Männer – so tief fallen? Wie konnten Soldaten und Offiziere im einen Moment freundlich und zuvorkommend sein und im anderen Moment derartige Untaten begehen? Doch die deutschen Soldaten und SS-Männer waren nach dem Krieg von der Bühne verschwunden und den Juristen gelang es nicht, auch nur gegen einen von ihnen Anklage zu erheben. Das Feuer von Putten, das doch zu Beginn noch solch einen tiefen Eindruck hinterlassen hatte, sollte deshalb mit der Zeit »vergessen« werden, – oder zumindest eine untergeordnete Rolle in der Erinnerung an das Drama spielen.

Nicht die Geschichte der Razzia selbst, sondern der Verlust so vieler Gemeindeglieder prägte nach dem Krieg die Erinnerung an die Razzia. Die wenigen aus den Konzentrationslagern Zurückgekehrten kämpften existentiell mit der Frage, wie gerade sie das grausame Lagerregime hatten überleben können, eine Frage, die sich auch diejenigen stellten, die sich nach dem Krieg professionell mit der Interpretation der Lagererfahrung – des Lebens in Extremsituationen – beschäftigten. Die zentrale Frage, die in den Niederlanden und in Putten nach 1945 gestellt wurde, war, warum so viele Männer und Jungen aus einem einzigen Dorf in den deutschen Konzentrationslagern zugrunde gegangen waren. Die Antwort des werdenden Psychiaters van Dantzig auf diese Frage hat nicht nur das nationale Bild über Putten, sondern auch die Erinnerung der Überlebenden überaus stark gefärbt. Die existentielle Not derjenigen, die ihre Schicksalsgenossen hatten sterben sehen, selbst aber lebend zurückgekehrt waren, machten einen Interpretationsrahmen notwendig, in den sich die eigenen Erfahrungen einordnen ließen. Ohne eine Antwort auf die Frage, warum man selbst das unmenschliche Lagerregime überlebt hatte und andere nicht, war ein Weiterleben nicht möglich. In dieser Hinsicht war van Dantzigs Artikel überaus funktional und der Einfluss, der von ihm auf die Nachkriegserinnerung an »Putten« ausging, äußerst verständlich. Van Dantzig beschränkte sich in seiner Erklärung für das schnelle Sterben und die hohe Sterbeziffer unter den Puttener Männern und Jungen in den norddeutschen Konzentrationslagern allerdings nicht auf ein Interpretationsschema, das der Psychoanalyse entlehnt war, sondern verband dieses mit einem anthropologischen und soziologischen Porträt des Dorfes Putten, wodurch er den Tod der Puttener Männer und Jungen geradezu zu einem unabwendbaren Schicksal erklärte.

Van Dantzigs Artikel »Die Tragödie der Puttener« fand in weiten Kreisen der Niederlande des Wiederaufbaus große Resonanz. Das Bauernvolk mit seinem strengen Traditionalismus und Glauben betrachtete man in der sich modernisierenden Niederlande der Nachkriegszeit immer mehr als ein Überbleibsel einer Vergangenheit, die man abzustoßen wünschte. Der Kontrast Stadt - Land, Städter - Bauern wurde zum Synonym für modern - altmodisch. In der Vorstellung der Bevölkerung der großen Städte im Westen der Niederlande und vor allem in den Augen der an den Universitäten ausgebildeten Agrarwissenschaftler wurde der Bauer der Veluwe, der stolz auf seine Eigenständigkeit war, zum Inbegriff des Konservatismus. Die Bauern der Veluwe wurden ganz offen beschuldigt, die geplante Sanierung der Kleinbetriebe zu sabotieren und sich über die wachsende Zahl von Regierungsmaßnahmen im Zuge der neuen Agrarpolitik hinwegzusetzen. Erst in den letzten zehn Jahren beginnt man einzusehen, dass die damaligen Ideale der Regierung und Agrarwissenschaftler, denen hoch spezialisierte Betriebe mit je zwei Arbeitskräften vorschwebten, nicht zu der Tradition und den Bedürfnissen dieser Provinz passten. Gerade heute erkennt man wieder den Wert der vielseitigen, landschaftstypischen Kleinbetriebe.[469]

Van Dantzigs Interpretation, die die hohe Sterbeziffer unter den Puttener Männern und Jungen dem unzulänglichen Anpassungsverhalten der traditionell eingestellten Landbauern zuschrieb, führte zu Stereotypisierungen der Puttener Gemeinde an sich. In der Vorstellung von Putten als rückständigem Dorf erhielt auch der Glaube der Puttener einen klaren Platz. Der Gegensatz zwischen dem streng-orthodoxen Putten und dem säkularisierten Teil der Niederlande verstärkte bereits bestehende Vorurteile gegenüber der Puttener Bevölkerung. Durch die rezente Neubewertung des Säkularisierungsprozesses wuchs jedoch auch das Verständnis gegenüber der Glaubenspraxis auf der Veluwe. Religion gilt nicht mehr länger als ein Mechanismus höherer Mächte, um die Menschheit im Zaum zu halten, dem Individuum gemeinschaftliche Normen und Werte aufzuzwingen.

Im Laufe der Jahre war also ein Bild von Putten als einer rückständigen, strengreligiösen Gemeinschaft entstanden, die sich nicht in die niederländische Norm einfügen wollte. Die Puttener Männer und Jungen hätten sich, so die Vorstellung, aufgrund ihres primitiven geistigen Niveaus nicht in jenen Extremsituationen behaupten können, die Unabhängigkeit und Flexibilität erfordert hätten. Sie hätten sich an ihre eigenen Normen und Werte geklammert und Hilfe bei einem fatalistischen Glauben gesucht, was unter diesen Umständen nur den physischen Untergang habe bedeuten können. Das Schicksal, das Putten heimgesucht hatte, sei kurzum dem strengen Traditionalismus und dem orthodoxen Glauben der Puttener Gemeinde zuzuschreiben.

Dieser Komplex von Stereotypisierungen hat sich auch auf die Geschichte des Attentats von Putten ausgewirkt. Aufgrund persönlicher Motive einiger überlebender Attentäter, wurde der Hergang des Attentats für tabu erklärt. Die Schuldgefühle, unter denen sie litten, schlossen sich nahtlos an das Bedürfnis an, die Einzelheiten des Attentats so schnell wie möglich zu vergessen. Während in Putten selbst aufgrund der politischen Konstellation die Hauptverantwortlichen kein Interesse daran hatten, die Rolle und die Bedeutung des Widerstands auf der Veluwe zu untersuchen, verhinderten auf der anderen Seite die nationalen Vorstellungen über den niederländischen Widerstand eine kontextbezogene Aufklärung des Puttener Attentats. Die Folge war Mythenbildung, zumal die Untersuchung der Vorgänge, die das RIOD einleiten wollte, 1947 abgebrochen wurde. Spätere Versuche Dritter, den Hergang und die Bedeutung des Attentats zu erforschen, wurden dadurch vereitelt, dass die direkt Beteiligten zu den Vorgängen schwiegen. Erst 1994, fünfzig Jahre nach der Razzia, sollte es möglich werden, Hergang und Bedeutung des Attentats genauer zu untersuchen.

Wo so viele Personen in den letzten fünfzig Jahren ein Interesse daran hatten, den Hergang des Attentats zu verschleiern, war hier bei der Darstellung der Geschichte des Attentats Entmythologisierung einer der wichtigsten Aspekte. Vor allem die Rolle des bewaffneten Widerstands der mittleren Niederlande ab dem *Dolle Dinsdag* erfordert dabei tiefgehende Untersuchungen, blieb dieser doch bislang in der nationalen Geschichtsschreibung zugunsten des geistigen Widerstands und der ausführlichen Darstellung der Besatzungszeit in den großen Städten im Westen des Landes stets unterbewertet. Das grundlegende Problem der Legitimität des Attentats – ein Attentat, das eine Repressalie geradezu provozieren musste – war eine Frage, die die Menschen damals bewegte und die noch immer aktuell ist. Auch dieser Komplex hatte Einfluss auf die Erinnerung an den Widerstand auf der Veluwe und an die Razzia von Putten. Zusammenfassend lässt sich sagen, dass neben der Rechtsprechung und der Psychoanalyse auch die Geschichtsschreibung den Erinnerungsprozess wesentlich bestimmt hat.

In der Geschichte der Erinnerung an die Razzia lassen sich drei Phasen unterscheiden. In den ersten fünf Jahren nach dem Krieg lebte die Puttener Gemeinschaft in Trauer. Die Nation war voller Anteilnahme, unterstützte die Bevölkerung materiell und betrachtete Putten als Sinnbild für das Leid, das die Besatzungszeit über das niederländische Volk gebracht hatte. Das Leiden der Hinterbliebenen war nicht so sehr eine individuelle Trauer, sondern wurde vielmehr durch die Art des Trostes, den die Puttener Pfarrer boten, und die Weise, wie die Nation das Schicksal interpretierte, gemeinschaftlich erlebt. In dieser Zeit wurde die Razzia ohne ihren historischen Rahmen interpretiert, was weitreichende Folgen für den weiteren Erinnerungsprozess hatte. Die allgemeine Trauer, nach außen getragen bei den Oktobergedenkfeiern, machte Putten zu einem Sonderfall in der niederländischen Besatzungsgeschichte.

Nach 1950 entfremdeten sich Nation und Putten immer mehr voneinander. Der Trauerperiode der Puttener Gemeinschaft folgte die Versöhnungsarbeit mit den Glaubensbrüdern- und schwestern in Norddeutschland. In den Niederlanden erfuhr man im Allgemeinen diesen Puttener »Sonderweg« als Abweichung, der sich, so die Auffassung, aus den altmodischen Lebens- und Glaubensmustern erklärte. Dabei galt die Razzia lediglich als Auftakt für die besondere Versöhnung, die zwischen Putten und Ladelund einsetzte. Außenstehende zeigten sich dabei nicht an den tatsächlichen Ereignissen der Oktoberrazzia interessiert, sondern am Umgang der Puttener Gemeinde mit ihrem Schicksal. Die Razzia als geschichtliches Ereignis geriet in den Schatten des Leidens der Einwohner Puttens.

Ab den achtziger Jahren entstand in Putten das Bedürfnis, den Enthistorisierungsprozess der Razzia während der vor-

angegangenen Jahrzehnte umzuwenden. Dafür setzten sich
vor allem diejenigen ein, die mit der Organisation der Oktobergedenkfeiern betraut waren. Ihr Ziel war es, der Nachkriegsgeneration die Bedeutung der Puttener Razzia zu
erklären. Putten war mit seinen zwanzigtausend Einwohnern
mittlerweile zu einem Ort geworden, wo sich »alt« und »neu«
leicht miteinander verbinden ließen. Die Politik von Bürgermeister und Gemeinderat zielte darauf, die Gemeinde wirtschaftlich zu entwickeln und gleichzeitig den ursprünglichen
Charakter Puttens als Ort für Urlauber und Touristen, die
hier Ruhe und Natur suchten, zu erhalten. Dazu war eine
neue Identität notwendig. Waren in den vierziger Jahren kollektive Trauer und der sozial-wirtschaftliche Wiederaufbau
Bestandteil der Puttener Identität, in den drei Jahrzehnten,
die darauf folgten, waren es exklusives Leiden und exklusive
Versöhnung. In den letzten fünfzehn Jahren richtete sich die
Politik der örtlichen Amtsträger in Zusammenarbeit mit der
»Stiftung Oktober 44« auf die Entwicklung eines Images,
welches das Eigene mit dem Allgemeinen verband. Die
Geschichtsschreibung der Puttener Razzia, die der Gemein-
schaft ihre Identität verliehen hatte, bedurfte einer neuen
Interpretation. Man strebte eine »Normalisierung« der Vergangenheit an, wobei die Neubewertung auch die besonderen
Aspekte zu berücksichtigen hatte. Die Vorgeschichte, das
Attentat, der Ablauf der Razzia und ihre Folgen wurden auf
lokaler Ebene untersucht. Nicht zuletzt lagen die Motive dieser Geschichtsschreibung darin, auf der Schwelle eines neuen
Zeitalters der Kriegsgeneration jene Antworten geben zu
wollen, die man ihr bislang schuldig geblieben war. Zugleich
stellte die jüngere Generation aus einem ganz anderen Blickwinkel neue Fragen über die Geschichte dieses Jahrhunderts,
die ebenfalls beantwortet werden mussten.

In dem Maße, wie sich die magischen Erinnerungsjahre
1994 und 1995 näherten, entstand in Putten wie auch anderswo in Europa das Bedürfnis, zu einem gewissen Abschluss

dieser Periode, dieses »Jahrhunderts der Extreme«[470] zu gelangen. Die historischen Aspekte der Razzia waren – sofern die Archive geöffnet worden waren – mittlerweile geklärt; die Interpretation der Razzia stand im Zeichen der allgemeinen Geschichtsschreibung des Zweiten Weltkrieges. Der spezifisch biblische Versöhnungsgedanke, der in den achtziger Jahren zwischen Puttener Einwohnern und verschiedenen deutschen Gemeinden gepflegt worden war, fand nun seinen Niederschlag in dem allgemeinen Bedürfnis – fünfzig Jahre nach dem Niedergang des »Dritten Reiches« – zu einer Versöhnung zwischen den damaligen Tätern und den Opfern zu gelangen.

Und noch immer muss man fein zwischen zwei »Puttens« unterschieden: zwischen dem historischen »Putten« der Puttener Gemeinschaft und einem »Putten«, das nach wie vor als Instrument für die politische Auseinandersetzung in den Niederlanden dient. Ein Amsterdamer Publizist bediente sich unlängst noch aller eingebürgerten Klischees über Putten und seine Einwohner, um in einer Abhandlung die Einstellung der Niederländer gegenüber den Asylsuchenden in den neunziger Jahren zu kritisieren und mit ihrer Haltung gegenüber der Judenverfolgung während des Zweiten Weltkrieges gleichzusetzen.

»Die Männer von Putten« sind ein Begriff in der niederländischen Besatzungsgeschichte. Nicht nur aufgrund der großen Brutalität, mit der die Deutschen das Dorf heimsuchten, indem sie als Repressalie die gesamte männliche Bevölkerung deportierten, sondern auch wegen der Tatsache, dass ein nur so geringer Teil der Männer die deutschen Konzentrationslager überlebt haben: keine fünfzig von den sechshundert Männern sind wieder zurückgekehrt. Der Psychiater van Dantzig hat diesen Sachverhalt damit erklärt, dass die Puttener – aus einer sehr religiös geprägten, agrarischen Gesellschaftsstruktur mit starkem Gemeinschaftssinn stammend – nur unzureichend für den harten Kampf ums Dasein ausgerüstet gewesen seien.

Wenn die Niederländer im Krieg versagt haben, dann war das unter anderem deswegen, weil sie als Volk den Puttenern glichen. Das gilt für den oben erwähnten Bereich von Obrigkeitstreue und Konformismus, aber auch für die Weise, wie man in unserem Land immer wieder mit ethnischen Unterschieden umgeht.[471]

Das »Putten«, das derart pietätlos für die öffentliche Diskussion instrumentalisiert wird, ist nicht mehr als ein »*lieu de mémoire*«, nicht mehr als eine abstrakte Konstruktion des kollektiven Gedächtnisses.[472] Diese steht in keinerlei Beziehung zu der historischen Wirklichkeit des Putten auf der Veluwe in den Jahren 1940-1945, der Gemeinde, die nach einem Attentat auf ein Auto mit deutschen Soldaten Anfang Oktober 1944 von einer Repressalie der deutschen Wehrmacht heimgesucht wurde, wobei sieben Menschen erschossen, Frauen und Kinder aus dem Dorf getrieben, mehr als hundert Wohnungen und Häuser in Brand gesteckt wurden und noch keine zehn Prozent der mehr als sechshundert nach Deutschland deportierten Männer und Jungen die unmenschlichen Entbehrungen in den Konzentrationslagern überlebt haben.

ANMERKUNGEN

I. DIE RAZZIA

1 De Jager, Zich sterken in God.
2 NIOD, Archiv Putten, Gespräch P. Oosterbroek, 6. Februar 1947; a.a.O. Bericht P.C. Reeringh, 23. Januar 1946.
3 A.a.O. Gespräch J. Koelewijn, 8. Mai 1947.
4 A.a.O. Gespräch G. de Jager, 28. Mai 1947; a.a.O. Gespräch P. Vossegat, 26. Februar 1947; a.a.O. Gespräch A. van den Berg, 22. April 1947.
5 So auch in Heusden und anderen Orten. Zu den Ereignissen in Heusden siehe die Veröffentlichung des NIOD: Winkelman, Heusden. Geteisterd en bevrijd; zur deutschen Sprengstoffeinheit vgl. a.a.O., S. 48-49 und 57. Zur Razzia in Rotterdam vgl. Sijes, De razzia van Rotterdam.
6 J. Koelewijn erklärte, dass der Kordon bereits gegen fünf Uhr morgens um Putten gelegt worden sei, was der zu Protokoll gegebenen Aussage der beiden deutschen Obergefreiten, Hedrich und Hüttenbreuker, die bei dem Attentat entkommen waren, widerspricht: 8.20 Uhr Aufbruch der Soldaten des Regiments »Hermann Göring« aus Harderwijk. Wahrscheinlicher ist, dass Koelewijn und andere am frühen Morgen Soldaten gesehen haben, die auf der Suche nach den vermissten Männern waren.
7 NIOD, Archiv Putten, Gespräch G. de Jager, 28. Mai 1947.
8 NIOD, Archiv Putten.
9 Die Verhandlungsprotokolle, die Gespräche, die Wildschut führte, und die Erinnerungen und Erzählungen, die in Wouters' Gedenkbuch aufgenommen wurden, sind keine wörtlichen Mitschriften, sondern eigene Aufzeichnungen (manche Beiträge im Gedenkbuch) oder bearbeitete Mitschriften (so die meisten Beiträge im Gedenkbuch, die Verhandlungsprotokolle und Wildschuts Gesprächsnotizen). Die einzelnen Aussagen weisen

damit große Unterschiede auf. Hier wurden die Verhandlungsprotokolle und Wildschuts Gesprächsmitschriften als gleich-
wertige primäre Quellen betrachtet, nur in Ausnahmefällen
wurden die Beiträge des Gedenkbuches herangezogen.

10 Putten zählte 10.638 Einwohner, darunter 8.473 »Hervormde«
[Evangelisch-Reformierte], 1.166 »Gerefomeerde« [Reformier-
te] und 398 Katholiken. Siehe »Staat van het zieletal der onder-
scheidene godsdienstige gezindheden in de gemeente op den 1.
Januari 1945« in: GAP. [Archiv der Gemeinde Putten]

11 NIOD, Sammlung Tagebücher, 244, Tagebuch A. Vos. Soweit
nicht anders angegeben, stützt sich die Darstellung im Folgenden auf die Gespräche, die Wildschütz in den Jahren 1946 und
1947 mit den Betroffenen geführt hat [siehe NIOD, Archiv
Putten, Gespräch N.N.], auf Kuilmans Protokolle von 1948
[siehe CABR, Justizministerium, Dossier Fullriede, Protokoll
N.N.] und auf Wouters' Gedenkbuch Het Drama van Putten.
Terreur over een Nederlands dorp. 1948/1949.

12 NIOD, Sammlung Tagebücher, 244, Nr. 826, Tagebuch A. Vos.

13 A.a.O.; a.a.O. Tagebuch Aart van de Beek.

14 CABR, Justizministerium, Dossier Fullriede, Protokoll E. van
Losenoord.

15 NIOD, Sammlung Tagebücher, 244, Tagebuch A. Vos. Neben
Anna Vos erzählten später auch noch andere, dass sie während
der Razzia an das denken mussten, was sie über Repressalien an
anderen Orten gehört hatten. Für Frericks war der Gedanke an
Lidice sogar der Auslöser, um sich beim SD zu melden. In seinem Fall scheint also sein Handeln durch die »Erinnerung« an
frühere Repressalien der Deutschen motiviert gewesen zu sein.
Siehe NIOD, Archiv Putten, Gespräch H.W. Frericks, 20.
Dezember 1945.

16 Thompson, The Voice of the Past, S. 148, 258.

17 NIOD, Archiv Putten, Gespräch P.C. Overdijk, 24. Mai 1947.

18 A.a.O. Gespräch G.J. Numan, 27. März 1947.

19 Justizministerium, Archiv Polizeisäuberung, Dossier J.J.
Doornbosch, Säuberungskarte.

20 CABR, Justizministerium, Dossier J.J. Doornbosch, Auszug
Beratungsausschuss, 7. Juni 1945.

21 A.a.O. Sitzungsbericht Beratungsausschuss, 1. Juni 1945.

22 A.a.O., 21. Juni 1945.

23 GAP, Archiv Stiftung Oktober 1944, Dossier Polizei Putten.

24 CABR, Justizministerium, Dossier J.J. Doornbosch, Sitzungs
bericht Beratungsausschuss, 1. Juni 1945.

25 A.a.O. Dossier Fullriede, Protokoll D.J. Meiling, 7. Februar 1947
26 A.a.O. Protokoll Woudstra, 21. Februar 1947.
27 NIOD, Archiv Putten, Gespräch G.J. Numan, 27. März 1947.
28 Soweit nicht anders angegeben stützen sich die Angaben in diesem Abschnitt auf das Säuberungsdossier von W. van der Kleut im niederländischen Justizministerium.
29 Overdijks Leserbriefe erschienen im Puttensch Nieuwsblad am 3., 10., 17. und 24. August 1945.
30 NIOD, Archiv Putten, Gespräch G.J. Numan, 27. März 1947.
31 A.a.O. Gespräch H.B. Amsing, 8. März 1947.
32 A.a.O. Gespräch P.C. Overdijk, 24. Mai 1947.
33 A.a.O. Gespräch G.J. Numan, 27. März 1947.
34 Friso, Putten 1940/1945, S. 71.
35 NIOD, Archiv Putten, Gespräch C. Vervoorn, 27. März 1947.
36 NIOD, Archiv Putten, Gespräch M.G. Otten, 6. Mai 1947.
37 CABR, Justizministerium, Dossier M.G. Otten.
38 A.a.O. Dossier P.C. Overdijk.
39 Romijn, Snel, streng en rechtvaardig, S. 96-123.
40 Belinfante, In plaats van Bijltesdat, S. 387.
41 Romijn, Snel, streng en rechtvaardig, S. 269.
42 NIOD, Archiv Putten, Gespräch P.E. Dankaart, 24. Februar 1947.
43 A.a.O. Gespräch P.C. Overdijk, 24. Mai 1947.

II. Eine deutsche Vergeltungsmassnahme

44 CABR, Justizministerium, Dossier Fullriede, Protokoll Fullriede, 3. Mai 1946. Es handelt sich hier ursprünglich um einen ins Niederländische übersetzten Bericht über die Razzia von Putten, den Fullriede Ende Januar 1946 aufgesetzt haben muss. Das deutsche Original ist verschollen.
45 CABR, Justizministerium, Dossier Fullriede, Bericht! Die Herkunft dieses Dokuments ist ungeklärt.
46 Otte, Die weißen Spiegel. Vom Regiment zum Fallschirmpanzerkorps, S. 130, 168, 174.
47 CABR, Justizministerium, Dossier Fullriede, Protokoll A.J. Lammers [ein Puttener Polizist], 20. September 1945.
48 A.a.O. Protokoll Fullriede, 2. August 1946.
49 A.a.O. Protokoll B.H. Koopman, 11. Februar 1947; NIOD, Archiv Putten, Gespräch B.H. Koopman, 24. Mai 1947.
50 CABR, Justizministerium, Dossier Fullriede, Protokoll H.H.

von Wühlisch, 13. Dezember 1946; a.a.O. Protokoll H.A. Rauter, 4. Januar 1947.

51 A.a.O. Protokoll W.W. Müller, 17. März 1947.

52 A.a.O. Protokoll W.W. Müller, 17. März 1947; a.a.O. Protokoll E.O. Vogel, 13. März 1947; a.a.O. Protokoll P.C. Overdijk, 21. Februar 1947.

53 A.a.O. Protokoll H.H. von Wühlisch, 29. November 1946.

54 Vom 11. September 1944 datiert eine Mitteilung Schöngarths, »Bekämpfung von Terroristen und Sabotören« (für die Dauer des Ausnahmezustands am 4. September 1944 erlassen), die dieses Vorgehen ermöglichte. De Jong, Het Koninkrijk 10A I, S. 281.

55 Het proces Christiansen, S. 89-97.

56 CABR, Justizministerium, Dossier Fullriede, Protokoll Fullriede, 3. Mai 1946; a.a.O. Protokoll V.E.A. Boreel, 19. Juni 1946; a.a.O. Protokoll M.G. Otten, 5. Juni 1946; NIOD, Archiv Putten, Gespräch M.G. Otten, 6. Mai 1947; a.a.O. Gespräch V.E.A. Boreel, 23. Mai 1947.

57 CABR, Justizministerium, Dossier Fullriede, Protokoll W.W. Müller, 17. März 1947.

58 NIOD, Archiv Putten, Gespräch Th.H. van der Wal, 13. Mai 1947; a.a.O. Gespräch J. Haaitsma, 17. Mai 1947.

59 CABR, Justizministerium, Dossier Fullriede, Protokoll Kriminalsekretär bei dem Einsatzkommando in Deventer O.F.K.G. Lange, 2. Oktober 1947; a.a.O. Protokoll H. Reverts, 8. April 1947.

60 NIOD, Archiv Putten, Gespräch J. Donker, 23. Mai 1947.

61 A.a.O. Gespräch C.R.G. Heystek, 16. April 1947, a.a.O. Gespräch O. Elbertsen, 27. Februar 1947; a.a.O. Gespräch A. van de Beek, 27 Mai 1947.

62 A.a.O. Gespräch O. Elbertsen, 27. Februar 1947; a.a.O. Gespräch E. van Losenoord, 29. Mai 1947; a.a.O. Gespräch J. Koelewijn, 8. Mai 1947.

63 NIOD, Archiv Putten, Gespräch O. Elbertsen, 27. Februar 1947; a.a.O. Gespräch E. Losenoord, 29. Mai 1947; a.a.O. Gespräch J. Koelewijn, 8. Mai 1947.

64 Das Original dieses Befehls ist verschollen, was während der Prozesse nach dem Krieg zu erheblichen Auseinandersetzungen über dessen Inhalt geführt hat. Hier wird die Version des Befehls zitiert, die Augenzeuge Reeringh, ein guter Beobachter und Zuhörer, zu Protokoll gegeben hat. A.a.O. Bericht P.C. Reering, 23. Januar 1946. Fullriedes Aussage zufolge soll der Text aus folgendem Inhalt bestanden haben:

1. Alle am Attentat Beteiligten sollten standrechtlich erschossen werden;
2. Putten sollte plattgebrannt werden, mit Ausnahme des Hauses des Bauern, der den verwundeten Offizier aufgenommen hatte. Ebenso sollten die Häuser deutschgesinnter Bewohner verschont werden.
3. Frauen und Kinder sollten evakuiert werden.
4. Alle männlichen Einwohner Puttens im Alter zwischen 18 und 50 Jahren sollten abtransportiert werden. CABR, Justizministerium, Dossier Fullriede, Aussage Fullriede vor dem Gericht, 19. Mai 1948. Vgl. auch das Verhör Fullriede im Fall Christiansen: Het proces Christiansen, S. 70-71. Fullriede hätte in diesem Falle in der Kirche nicht den vollständigen Befehl vorgelesen. Zu den weiteren Bestimmungen: NIOD, Archiv Putten, Gespräch M.G. Otten, 6. Mai 1947.

65 NIOD, Archiv Putten, Gespräch M.G. Otten, 6. Mai 1947; CABR, Justizministerium, Dossier Fullriede, Aussagen von Otten und Fullriede während des Prozesses, 19. Mai 1948; a.a.O. Protokoll Fullriede, 3. Mai 1946.

66 Fullriede hatte in seinem Auto sogar eine Frau mitgenommen, die – wie sie zu Fullriede meinte – in Putten nur auf der Durchreise nach Den Haag war, wegen der Absperrung aber nicht weiterkommen konnte. CABR, Justizministerium, Dossier Fullriede, Tagebuch.

67 Abendmeldung WBN, 2. Oktober 1944, 20.30 Uhr in: Het proces Christiansen, S. 200.

68 Die Darstellung stützt sich im Folgenden auf die Gespräche, die Wildschut in den Jahren 1946 und 1947 mit den Betroffenen geführt hat [siehe NIOD, Archiv Putten, Gespräch N.N.], auf Kuilmans Protokolle von 1948 [siehe CABR, Justizministerium, Dossier Fullriede, Protokoll N.N.] und auf Wouters' Gedenkbuch Het Drama van Putten. Terreur over een Nederlands dorp. 1948/1949.

69 NIOD, DOC I, M.L van Geen, Aussage während des Prozesses Fullriede, 19. Mai 1948; a.a.O. W. van Ganswijk gegenüber J. Meulenbelt, 29. November 1948.

70 Wouters, Het Drama van Putten, S. 310-320.

71 CABR, Justizministerium, Dossier Fullriede.

72 Zum Original siehe CABR, Justizministerium, Dossier Fullriede. Goderie ließ den Brief in einem kostenlosen Wochenblatt für Soldaten veröffentlichen: Het Lichtspoor voor de Nederlandse strijdkrachten 2, 7 (Mittwoch, 3. März 1948). Zum Zitat siehe a.a.O.

73 CABR, Justizministerium, Dossier Fullriede, Brief an seinen Sohn, Ülzen, 29. Januar 1946.

74 Karst Smit, »Putten«, in: Natzweiler Berichten 33, 2 (Juni 1996), S. 19f.

75 Mitteilung des Oberstaatsanwalts G. Fikkert in seinem Strafantrag. Het proces Christiansen, S. 140.

76 Von Schöngarth ist lediglich ein kurzer Bericht erhalten, in dem er Auskunft über die Razzia von Putten gibt. Protokoll Schöngarth, 11. März 1946, in a.a.O., S. 238f.

77 Trouw, 18. Mai 1948.

78 Trouw, 19. Mai 1948.

79 Het Vrije Volk, 19. Mai 1948.

80 Het Vrije Volk, 19. Mai 1948.

81 Algemeen Handelsblad, 20. Mai 1948.

82 CABR, Justizministerium, Dossier Fullriede, Strafantrag. Das auch von den Niederlanden unterzeichnete Nürnberger Statut der Nürnberger Prozesse hatte drei Verbrechen festgelegt, für deren Aburteilung der Gerichtshof zuständig sein sollte. Diese waren (a) Verbrechen gegen den Frieden, (b) Kriegsverbrechen und (c) Verbrechen gegen die Menschlichkeit. Unter Verbrechen gegen die Menschlichkeit werden verstanden: »Mord, Ausrottung, Versklavung, Deportation oder andere unmenschliche Handlungen, begangen an irgendeiner Zivilbevölkerung vor oder während des Krieges, Verfolgung aus politischen, rassischen oder religiösen Gründen, begangen in Ausführung eines Verbrechens oder in Verbindung mit einem Verbrechen, für das der Gerichtshof zuständig ist, und zwar unabhängig davon, ob die Handlung gegen das Recht des Landes verstieß, in dem sie begangen wurde, oder nicht.« Der Nürnberger Prozeß: Einsetzung des Gerichtshofs, S. 11. Digitale Bibliothek Band 20: Der Nürnberger Prozeß, S. 242; vgl. Der Prozeß gegen die Hauptkriegsverbrecher vor dem Internationalen Gerichtshof Nürnberg 14. November 1945 - 1. Oktober 1946. Amtlicher Wortlaut in deutscher Sprache. Nürnberg 1947.

83 CABR, Justizministerium, Dossier Fullriede, Plädoyer A.A.H.M. Plochg.

84 Tageszeitungen: Trouw, 18.-20. Mai; Het Vrije Volk (»Hitler tat weniger als notwendig«), das Algemeen Handelsblad, De Maasbode, Het Parool und De Waarheid an denselben Tagen; Wochenzeitschriften: De Zwerver, Elsevier, De Prinsestad und De Linie.

85 W.C.Tr., VIII, S. 34; A.D.1948, Case No. 215. Siehe hierzu Verzijl, W.C.Tr., VIII, S. 34; A.D.1948, Case No. 215. Siehe hierzu
Verzijl, International Law in Historical Perspective, Bd. IX, S.
433. Zu Verzijls Verurteilung der Erwägungen des W.C.Tr.
siehe a.a.O. S. 431: »It is to be hoped that the List Trial Judge-
ment will fall into an eternal oblivion.« Im German High
Command Trial in Nürnberg wurde die Auffassung des
Gerichts im Prozess List zum Anklagepunkt der Rechtmäßigkeit von Repressalien [bei denen Geiseln getötet wurden] übrigens kategorisch verworfen: »If the killing is not permissable
under any circumstances, than a killing with full compliance
with all the mentioned prerequisites still would be murder.«
A.a.O., S. 431.

86 Het proces Rauter, S. XXI-XXXVI. Die Frage des Ergreifens
von Repressalien, vor allem im Zusammenhang mit der Frage
nach dem völkerrechtlichen Aspekt und der Rechtmäßigkeit von
Widerstand, wurde ausführlich im Prozess Rauter erörtert.
A.a.O., S. XXVII-XXXI.

87 History of the United Nations War Crimes Commission and
the Development of the Laws of War, S. 287f. Zu Einzelheiten
siehe auch Belinfante, In plaats van Bijltesdag, S. 488.

88 CABR, Justizministerium, Dossier Fullriede. Der Generalstaatsanwalt war W.P. Bakhoven.

89 So das Urteil des Juristen Belinfante in: In plaats van Bijltesdag,
S. 498.

90 A.a.O. Am 12. Mai 1947 wandte sich Fullriede an den Com-
mander-General of the US Occupation Forces mit der Bitte,
ihn gut zu behandeln, sollte er gefangen genommen werden.

91 BA MA Freiburg, Pers 6/9566 (Personalakte von Fullriede).

92 De Linie, 19. Juni 1948.

93 Am 31. Januar 1947 widerrief von Wühlisch seine Aussage aufgrund seiner damaligen schlechten Gesundheit: »jetzt [ist er]
eigentlich verhandlungsfähig«. Offensichtlich litt er, so schrieb
er, schon seit fünfzehn Jahren an Kreislaufstörungen. CABR,
Justizministerium, Dossier Fullriede, Brief vom 31. Januar 1947
an den Staatsanwalt des Sondergerichts in Arnheim. Kurt Student erzählte, dass von Wühlisch »durcheinander« war. A.a.O.
Protokoll Kurt Student, 30. Januar und 27. Februar 1947; Plädoyer in: Het proces Christiansen, S. 156.

94 De Maasbode, 10. Januar 1948.

95 Plädoyer von J.H. Arnold, in Het proces Christiansen, S. 156.

96 Richterliches Urteil, a.a.O., S. 226.

97 Siehe u.a. Het Parool, 22. Juli 1948; De Zwerver, 30. Juli 1948.

98 J. de Klerk, »Er kwam een man uit Zuid-Afrika«, in: Elseviers Weekblad, 29. Mai 1948.

99 De Prinsestad, 5. Juni 1948.

100 De Linie, 19. Juni 1948.

101 De Zwerver, 28. Mai 1948.

102 Trouw, 22. November 1948.

103 CABR, Justizministerium, Dossier Fullriede, Anklageschrift. Der tschechische Ort Lidice wurde als so genannte Vergeltungsmaßnahme von den Deutschen dem Erboden gleichgemacht; nahezu die gesamte Bevölkerung wurde ermordet. Es handelte sich dabei um eine Vergeltungsaktion für den Mord an dem SS-Obergruppenführer und General der Polizei Reinhard Heydrich im Jahr 1942, dem stellvertretenden Reichsprotektor von Böhmen und Mähren.

104 Belinfante, In plaats van Bijltesdag, S. 371f.

105 Bartov, »Wem gehört die Geschichte?«, in: Heer und Naumann, Vernichtungskrieg, S. 606.

106 Gerstenberger, »Strategische Erinnerungen«, in: a.a.O., S. 620. Siehe auch Bartov, The Eastern Front, S. XI-XII, S. 1f.

107 Rosenthal, »Vom Krieg erzählen, von den Verbrechen schweigen«, in: Heer und Naumann, Vernichtungskrieg, S. 654f.

108 Heer und Naumann, Vernichtungskrieg. Diese Aufsatzsammlung ist ein Meilenstein der neueren Untersuchungen zur Wehrmacht. Des Weiteren Browning, Ordinary Men; Bartov, Hitler's Army; ders., The Eastern Front, 1941-1945; Gessner, Die geheime Feldpolizei.

109 Mazower, »Militärische Gewalt und nationalsozialistische Werte«, in: Heer und Naumann, Vernichtungskrieg, S. 160; Streim, »Saubere Wehrmacht«, in: a.a.O., S. 570.

110 Heer und Naumann, »Die Logik des Vernichtungskrieges. Wehrmacht und Partisanenkampf«, in: a.a.O., S. 104-131; vgl. Krauschnik, Hitlers Einsatzgruppen.

111 Mazower, Inside Hitlers Greece, S. 155. Zu Komeno siehe a.a.O., S. 190.

112 BA MA Freiburg, RH 19X, Band 35, Bl. 142-144, OBSüdwest Ia T Nr. 8684/44, geheim, an unterstellte Armeen, HSSPF, OKW / WFSt vom 7.4.44, übermittelt als FS am 8.4.44. Zitiert aus: Klinkhammer, »Die deutsche Besatzung Italiens und die Repressionspolitik der Wehrmacht in den Partisanengebieten«, nicht publizierter Kongressbeitrag (Revising Nazi Atrocities in Post-Cold War Europe, Arezzo, Italien, 22.-24. Juni 1994),

S. 11f; zu Kesselrings »atrocities« siehe auch das gleichnamige Kapitel in Lamb, War in Italy.

113 A.a.O.

114 Klinkhammer, »Die deutsche Besatzung Italiens und die Repressionspolitik der Wehrmacht in den Partisanengebieten«, nicht publizierter Kongressbeitrag (Revising Nazi Atrocities in Post-Cold War Europe, Arezzo, Italien, 22.-24. Juni 1994), S. 15.

115 A.a.O.

116 Heiber, Hitlers Lagebesprechungen, S. 334, erwähnt, dass am 26. Juli 1943 Hitler im Gespräch mit Jodl gesagt hat, dass er Gutes über die Hermann Göringdivision gehört habe. Die jungen Soldaten, manchmal gerade sechzehn Jahre alt, würden viel begeisterter kämpfen als die älteren.

117 Gentile, »La Guerra Antipartigiana nell' Italia centrale«, nicht publizierter Kongressbeitrag (Revising Nazi Atrocities in Post-Cold War Europe, Arezzo, Italien, 22.-24. Juni 1994); Geyer, »Es muß daher mit schnellen und drakonischen Maßnahmen durchgegriffen werden«, in: Heer und Naumann, Vernichtungskrieg, S. 220f.

118 A.a.O.

119 A.a.O., S. 43; de Jong, Het Koninkrijk 10B II, S.44.

120 »Es war also das Militär, das sich in den Niederlanden mit zunehmender Kriegsdauer radikalisierte und brutalisierte und immer öfter direkte Vergeltungsaktionen in Eigenverantwortung durchführte« folgerte in 't Veld in: Die Widerstandsbekämpfung in Westeuropa (NIOD, Amsterdam, 1992).

121 NIOD, Doc II, Wachbataillon Nord-West, Protokoll Tj. Holwerda, S. 5 behauptet, dass ein Regiment der Hermann Göring-Division in dieser Schlacht sechzig bis siebzig Prozent seiner Soldaten verloren haben soll.

122 BA MA Freiburg, Pers 6/9566 (Personalakte von Fullriede).

123 Playfair, The Mediterranean and the Middle East, Bd. IV, S. 379-382; Howe, United States Army in World War II, S. 447, 509 Anm. 17, S. 580, 588.

124 So auch Fullriedes Tagebucheintrag vom 22. November 1944. CABR, Justizministerium, Dossier Fullriede; siehe auch NIOD, Tagebuchsammlung, 244, Tagebuch Fullriede.

125 BA MA Freiburg, Pers 6/9566 (Personalakte von Fullriede), Generalmajor Hildebrandt an Generalmajor Linnarz, 10. Juni 1943; a.a.O. Linnarz an Kesselring, 19. Juni 1943; a.a.O. Kesselring an Linnarz, 27. Juni 1944.

126   CABR, Justizministerium, Dossier Fullriede, Tagebuch Fullriede;
      auch in NIOD, Tagebuchsammlung, 244, Tagebuch Fullriede.

127   Im BA MA in Freiburg finden sich zwei Listen mit Namen von
      Personen, die einst Teil des Fallschirm Ersatz- und Ausbil-
      dungsregiments Hermann Göring gewesen waren (BA MA
      MSg 175, 129, 130). Vielleicht handelt es sich bei Pionierführer
      König um den auf diesen Listen erwähnten Gerd König.

128   Bartov, Hitler's Army, S. viii. Wichtige Untersuchungen auf
      diesem Gebiet von Browning, Ordinary Men. Siehe auch die
      Artikel in Heer und Naumann, Vernichtungskrieg.

129   Bartov, a.a.O., S. 4-10, 92.

130   Siehe hierzu die Artikel der Sonderausgabe der ZEIT »Gehor-
      sam bis zum Mord? Der verschwiegene Krieg der deutschen
      Wehrmacht – Fakten, Analysen, Debatte« (Nr. 2, 1995).

131   Heer, »Die Logik des Vernichtungskrieges. Wehrmacht und
      Partisanenkampf«, in: Heer und Naumann, Vernichtungskrieg,
      S. 131.

132   Die Zeit, »Gehorsam bis zum Mord?«, S. 84; zu der russischen
      »Lehrschule« und dem Auftreten in Südfrankreich - Oradour
      und Tulle -, siehe Hastings, Das Reich; für die Beziehung zwi-
      schen Ost und West siehe Sydnor, Soldiers of Destruction.

133   Es ist auch denkbar, dass Christiansens Wut zum Teil daher
      rührte, dass es sich um ein Attentat auf Luftwaffenangehörige
      gehandelt hatte, wie Rauter während seines Verhörs beim Pro-
      zess gegen Christiansen suggeriert hatte. Schöngarth soll zu ihm
      gesagt haben: »Da sind Flieger gefallen dabei und es gibt große
      Aufregung bei der Wehrmacht und Hermann Göring ist betei-
      ligt. Große Aufregung: der Wehr achtsbefehlshaber ist Flieger,
      von Wühlisch ist Flieger.« Het proces Christiansen, S. 92.

134   De Jong, Het Koningrijk 10B I, S. 100f.

135   Die Missachtung eines Befehls und die Verschwörung mit
      feindlichen Ländern konnte gemäß dem »Erlaß über den zivi-
      len Ausnahmezustand« mit dem Tode bestraft werden, wie er
      in seinem Bericht über die Aktion gegen Putten schrieb.
      CABR, Justizministerium, Dossier Fullriede, Protokoll Full-
      riede, 3. Mai 1946.

136   Deutsche Zeitung in den Niederlanden vom 5. April 1945, S. 2:
      »Eichenlaub für Oberst Fullriede
      Der Führer verlieh das Eichenlaub zum Ritterkreuz an Oberst
      Fritz Fullriede, Festungskommandanten von Kolberg. Seine
      Organisationsfähigkeit und seine persönliche Tapferkeit haben
      maßgeblichen Anteil an der Verteidigung von Kolberg gehabt.«

137 BA MA Freiburg, Pers 6/9566 (Personalakte von Fullriede).

138 Nach Browning, The Path to Genocide, S. 170, stellten Ukrainer wichtige Arbeitskräfte der Räumung der jüdischen Gettos in Osteuropa dar. Ukrainer, Letten und Litauer wurden aus den Kriegsgefangenenlagern rekrutiert und im SS-Lager in Trawnike ausgebildet. Sie kamen vor allem in mobilen Einheiten zum Einsatz, wechselten von einem Getto zum anderen, um diese zu räumen.

139 NIOD, Doc II, Wachbataillon Nord-West. Das Protokoll besteht aus drei Teilen. Teil A (Übersicht über die Errichtung, Struktur und die Aufgaben des während der Besatzung in den Niederlanden stationierten SS-Wachbataillons 3 (Nord-West), erstellt am 23. Januar 1948, und das Protokoll gegen deutsche und niederländische Verdächtige, erstellt im Juni 1948); Teil B (Vernehmung der Zeugen und Verdächtigen betreffs der verübten Verbrechen wie in der allgemeinen Übersicht genannt vom 30. April 1948); und Teil C mit Beilage vom 17. März 1947 (idem, 7. Juli 1948). Das Protokoll wurde von Wachtmeister Tj. Holwerda aufgesetzt, nicht besoldeter Feldwächter der Politie Utrecht beim Bureau Opsporing Oorlogsmisdrijven (BOOM), Unterkommission Utrecht.

140 A.a.O. Teil A, S. 25; CABR, Justizministerium, Dossier P.A. Helle, Gerichtsurteil, 29. Oktober 1949.

141 A.a.O. Protokoll F. Ziegler, 11. Dezember 1947.

142 A.a.O.

143 A.a.O. Protokoll H.W. Fernau, Teil C, S. 35.

144 A.a.O. Protokoll A.P.H.G. Naumann, S. 168f.

145 CABR, Justizministerium, Dossier P.A. Helle

146 A.a.O. Dossier H.W. Fernau; Het Vrije Volk, 27. Juli 1949.

147 CABR, Justizministerium, Dossier F. Ziegler, Schreiben von B.J. Besier an den Generaldirektor für die Sonderrechtsprechung, 1. Februar 1949. Von Ziegler wusste man, dass er 1900 in Stuttgart geboren war und anscheinend an einer Volksschule in der Nähe von Halle a.d. Saale Lehrer war, so A. Kuilman in einem Protokoll vom 14. Juni 1947, in dem er darauf drang, Ziegler zu den Puttener Ereignissen zu verhören. Zieglers Akte wurde am 17. März 1949 geschlossen und der Fall nicht weiter verfolgt.

148 Het proces Rauter, S. XIII-XIV.

149 Romijn, Snel, streng en rechtvaardig, S. 225-247.

150 Vgl. Marrus, History and the Holocaust in the Courtroom, S. 18.

151 661 Männer und Jungen wurden im Zuge der Razzia nach Amersfoort deportiert; 59 wurden dort freigelassen. Am 14. Oktober 1944 kamen 589 Männer und Jungen im KZ Neuengamme an, 13 Männer waren auf dem Weg nach Neuengamme aus dem Zug gesprungen. Nach der Befreiung kehrten 49 Männer zurück, 5 von ihnen starben kurz nach ihrer Rückkehr, 3 von ihnen stammten aus Putten selbst. In den deutschen Konzentrationslagern waren also 540 Männer und Jungen ums Leben gekommen, 407 stammten aus Putten, 133 aus anderen Dörfern und Städten.

152 Die aus Putten deportierten Männer stammten nicht alle aus dem Dorf Putten selbst. Unter ihnen waren auch Nicht-Puttener, Männer, die aus dem Westen und aus Arnheim evakuiert worden waren (manche von ihnen waren erst zwei Tage zuvor in Putten angekommen) und Männer, die am 1. und 2. Oktober 1944 zufällig in Putten waren. Gemäß der Aufstellung der »Stiftung Oktober 44« stammten von den Verstorbenen nicht aus Putten: 20 Männer aus Nijkerk, 13 aus Ermelo/ Elspeet/ Nunspeet, 8 aus Harderwijk, 23 aus Arnheim, 6 aus Oosterbeek, 12 aus Amsterdam, 4 aus Rotterdam und 43 aus anderen Städten und Dörfern.

153 Die »free-floating« oder »non-interventionalist« Gesprächstechnik beruht auf der Erkenntnis, dass ehemalige Gefangene bei freier Assoziation mehr erzählen, als wenn sie nach bestimmten Erfahrungen gefragt werden. Siehe Langer, Holocaust Testimonies, S. XVII-VVIII.

154 Soweit nicht anders angegeben stützt sich die Darstellung im Folgenden auf die Gespräche, die Wildschut und Treurniet 1947 mit den Überlebenden geführt haben [NIOD, Archiv Putten, Gespräch N.N.]. Die meisten Gespräche wurden stenografiert und im Anschluss wörtlich ausgearbeitet. Des Weiteren wurden die Berichte in Wouters' Gedenkbuch herangezogen.

155 NIOD, DOC II, Wachbataillon Nord-West B, S. 1.

156 A.a.O. Protokoll H. Bos, 17. März 1948.

157 CABR, Justizministerium, Dossier Fullriede, Protokoll B.H. Koopman, 11. Februar 1947.

158 CABR, Justizministerium, Dossier Fullriede, Protokoll J. Schipper, 5. Juni 1946.

159 Auch die Puttener Kirchen hatten sich für die Freilassung von Pfarrer de Ruig mit einem Schreiben an das Reichskom-

missariat Hauptabteilung Erziehung und Kirche eingesetzt, allerdings ohne Erfolg.

160 Abschriften beider Briefe und ein Foto der Liste mit Namen in NIOD, Archiv Putten, Archivbox V, Aktenordner 2.

161 GAP, Dossier Westerling.

162 CABR, Justizministerium, Dossier Fullriede, Protokoll K.P. Berg, 8. März 1947.

163 NIOD, DOC II, Wachbataillon Nord-West, Protokoll H. Bos, 17. März 1948.

164 GAP, Archiv »Stiftung Oktober 44«, Personendossiers Deportierte.

165 NIOD, DOC I, Christiansen, Aktenordner b, Protokoll S. Schaftenaar, 7. Februar 1947; a.a.O. Protokoll G. Janssen, 8. Februar 1947.

166 A.a.O. Protokoll G. Horseling, 7. Februar 1947.

167 A.a.O.

168 Vgl. a.a.O. Protokoll H. van den Berg, 7. Februar 1947. Zu diesen Ereignissen siehe auch Friso, Putten 1940/1945, S. 125-128.

169 NIOD, DOC I, Christiansen, Aktenordner b, Protokoll H. Klaassen, 7. Februar 1947.

170 A.a.O. Protokoll, D.J. Meiling, 7. Februar 1947.

171 Gesamtübersicht, erstellt von der »Stiftung Oktober 44«: Bad Sassendorf: 2; Behndorf: 2; Bergen-Belsen: 25; Bevern: 12; Bremen-Farge: 2; Buchenwald: 2; Dachau: 1; Dalum 3; Engerhafe: 12; Hamburg 14; Hamburg-Spaldingstraße: 28; Hamburg-Dressauer Ufer: 1; Hannover: 1; Husum: 22; Ladelund: 111; Lübeck: 1; Lübecker Bucht: 21; Ludwigslust: 5; Lüneburg: 1; Malchow: 4; Mauthausen: 1; Neuengamme: 166; Neuenkirche: 3; Oranienburg: 1; Ravensbrück: 6; Totenburg: 6; Sandbostel: 7; Stocken: 1; Meppen [Versen]: 56; Watenstedt: 2; Wedel: 9; Wöbbelin: 6; unbekannt: 6.

172 Siehe hierzu: Kaienburg, »Vernichtung durch Arbeit«. Der Fall Neuengamme.

173 De Waarheid, 23. Juni 1945 (»Die Wahrheit von Putten«) und 29. Juni 1945 (»Die Katastrophe von Putten«). Vrij Nederland, 16. Juli 1945; Amsterdamsch Dagblad, 13. Oktober 1945; Elseviers Weekblad, 24. November 1945.

174 De Gelderlander, 10. und 24. April 1946; Telex, 25. April 1946.

175 Trouw, 23. Mai 1946.

176 Mitteilungen von A. van Dantzig, 27. August und 22. Oktober 1996; NIOD, Parool-Kartothek, Personalien Parool-Mitarbeiter A. van Dantzig.

177 A.a.O.; a.a.O. Archiv Büro Konzentrationslager, Brief A. van Dantzig, 5. Juli 1945.

178 Mitteilungen von A. van Dantzig, 27. August und 22. Oktober 1996; van Dantzig, Snippers, S. 9, 16-18, 74, 95. Brinkgreve, Psychoanalyse in Nederland, S. 209-213; Gerritsma und Wissink, »Van gezelschap tot genootschap. Herinneringen aan de beginjaren«, in Stufkens (Hrsg.), Andere kamers in het huis van Freud; Brinkgreve, Onland und de Swaan, Sociologie van de psychotherapie, S. 140, Anm. 75.

179 Van Dantzig, Snippers, S. 8.

180 A.a.O., S. 133, 15, 22 (Zitat).

181 A.a.O., S. 23.

182 A.a.O., S. 25-26.

183 A.a.O., S. 26.

184 Dieser Artikel, »Individual and Mass Behavior in Extreme Situations«, erschien im Oktober 1943 in Journal of Abnormal and Social Psychology, S. 417-452. Deutsch: »Individuelles und Massenverhalten in Extremsituationen«, veröffentlicht mit geringfügigen editorischen Veränderungen in: Bruno Bettelheim, Erziehung zum Überleben. Zur Psychologie der Extremsituationen, S. 58-95.

185 Sutton, Bruno Bettelheim; Marcus und Rosenberg, »Reevaluating Bruno Bettelheim's work«, in: The Psychoanalytic Review 81 (1994), 3 (Herbst 1994), S. 537-563.

186 Sutton, Bruno Bettelheim, S. 219-226.

187 Van Dantzig wollte der Autorin keine Angaben zum Verarbeitungsprozess seiner Erfahrungen in den Konzentrationslagern machen.

188 Cisca Dresselhuys, »Meetlat«, in: Opzij, 1. Juli 1996, S. 146-152.

189 Bettelheim, »Individuelles und Massenverhalten«, in: Bettelheim, Erziehung zum Überleben, S. 63.

190 A.a.O., S. 79.

191 Unklar ist, worauf sich van Dantzig bei dieser Angabe stützt. Bettelheim schreibt im Zusammenhang des Adaptionsverhaltens:
»Wie lange ein Gefangener brauchte, bis er aufhörte, das Leben außerhalb des Lagers als real zu betrachten, hing in einem hohen Maße von der Stärke seiner emotionalen Beziehungen zu seiner Familie und seinen Freunden ab. Bis zu dem Zeitpunkt, an dem man das Lagerleben als sein ›reales‹ Leben akzeptierte, brauchte man in der Regel mindestens zwei Jahre.«

192 Van Dantzig erklärte, er habe Bettelheims Artikel seinerzeit

nicht gekannt. Mitteilungen A. van Dantzig, 27. August und 2. Oktober 1996.

193 Siehe Kaas, »Over de psychologie der politieke gevangenen in het concentratiekamp«, in: De Nieuwe Stem 1 (1946), S. 409-422; Rümke, »Late werkingen van psychotraumata (Bijdrage tot de kennis der psychogenie)« in: Nederlandsch Tijdschrift voor Geneeskunde 95 (1951), 4, S. 2928-2937; Cohen, Het Duitse concentratiekamp. Een medische en psychologische studie, 1954.

194 De Wind, Confrontatie met de dood, S. 23.

195 Vgl. De Haan, »The Invention of a National Trauma«, S. 20; ders., »Openbaar leedwezen. Over de betekenis van het vervolgingstrauma«, in: Psychologie en Maatschappij 73 (1995), S. 329-350; ders., De herinnering aan de jodenvervolging.

196 De Wind, Confrontatie, S. 87-88.

197 Primo Levi, Die Untergegangenen und die Geretteten, S. 48.

198 Van Dantzig, »Inleiding«, in: de Wind, Confrontatie, S. 10.

199 NIOD, Sammlung 250 d, »Arrestatie en Gevangenschap van Arie Treurniet 25.5.40 - 7.5.45« (Oktober 1945 / 17. Januar 1946); Igor Cornelissen, »Positief twijfelaar«, in: Vrij Nederland, 7. September 1985; de Jong, Het Koninkrijk 4, S. 84f., S. 88, 522, 563.

200 Rosenthal, Erlebte und erzählte Lebensgeschichte, S. 186-189.

201 Vgl. Kaienburg, »Vernichtung durch Arbeit«. Der Fall Neuengamme.

202 Igor Cornelissen, »Positief twijfelaar«, in: Vrij Nederland, 7. September 1985.

203 NIOD, Korrespondenzarchiv, A. Treurniet an I. Brugmans, 28. Mai 1947; a.a.O. J.P. Wildschut, Vermerk (25. Oktober 1946).

204 Für die folgenden Ausführungen: NIOD, Archiv Putten, Gespräch N.N.

205 Bettelheim, »Individuelles und Massenverhalten«, in: Bettelheim, Erziehung zum Überleben, S. 58-95.

206 Dubois, De muren spreken, S. 11.

207 A.a.O., S. 221.

208 Dieser Artikel stellte den ersten Augenzeugenbericht des Schicksals der Männer dar, die in Putten aufgegriffen worden waren. Wahrscheinlich hat van Dantzig seinen Artikel »Die Tragödie der Puttener« anlässlich dieses Zeitungsartikels von Pfarrer de Ruig geschrieben.

209 Wouters, Het drama van Putten, S. 284-286. Dort beschreibt de Ruig seinen Weitertransport nach Dachau, seinen Aufenthalt in Dachau und seine Rückkehr nach Putten am 30. Mai 1945.

210 NIOD, Archiv Putten, Gespräch P. de Ruig, 20. Mai 1947.

211 A.a.O.

212 Diese Predigt wurde veröffentlicht in Wouters, Het drama van Putten, S. 291-304.

213 NIOD, Archiv Putten, Gespräch M. Verhey, 31. März 1947. De Ruig war seinerseits auch nicht gut auf Verhey zu sprechen, der, wie er erzählte, nie zur Kirche gekommen sei und dessen Kinder nicht getauft gewesen seien. Außerdem sei er ein »halber NSB'er« gewesen. »Er [Verhey] regte sich ständig darüber auf, dass auf der Kanzel von Politik gesprochen würde. Er war der Meinung, dass man seine Feinde lieben müsse.«

214 Bästlein, »Darüber spricht man nicht...« in: Bästlein, Das KZ Husum-Schwesing, S. 30-48; zu Neuengamme siehe: Kaienburg, »Vernichtung durch Arbeit«. Der Fall Neuengamme.

215 Kaienburg, a.a.O., S.394.

216 Thygesen, »Arzt im Konzentrationslager«, in: Bästlein, »Darüber spricht man nicht...«, in: Bästlein, Das KZ Husum-Schwesing, S. 7-29. Zu Thygesens Biographie siehe: a.a.O., S. 7-8.

217 Bästlein, »Darüber spricht man nicht...«, in Bästlein: Das KZ Husum-Schwesing, S. 34.

218 Primo Levi, Die Untergegangenen und die Geretteten, S. 85.

219 A.a.O., S. 38.

220 Van Dantzigs Einfluss wird in den Augenzeugenberichten in Wouters' Gedenkbuch deutlich. So liest sich der Bericht von Reinbergen, der aus Arnheim evakuiert worden war, über weite Strecken als Paraphrase von van Dantzigs Thesen. Ganz anders als Jansen, Lubbersen und Cor Meiling, die fehlendes Anpassungsvermögen mit keiner Silbe erwähnen. Ebensowenig übrigens auch der Rotterdamer Donker.

221 Siehe de Keizer, De gijzelaars van Sint Michielsgestel, S. 146-151; vgl. Chritchfield, The Villagers. Changed Values, Altered Lives, The Closing of the Urban-Rural Gap.

222 NIOD, DOC II, Putten, J.P. Wildschut, »Verslag van de werkzaamheden te Putten uitgebracht aan det directorium van het Rijksinstituut voor Oorlogsdocumentatie«, 11. November 1947.

223 A.a.O. Korrespondenzarchiv, Tj. Wouters an A. Treurniet, 7. August 1948. Er hielt van Dantzigs Essay für »sehr wichtig«.

224 De Jong, Het Koninkrijk 10B II, S. 873-878.

225 NIOD, Korrespondenzarchiv, J.P. Wildschut an P.E. Dankaart, 2. Juni 1947.
226 Vgl. den Abschnitt » Die Untersuchung des RIOD« in diesem Kapitel. Zum Zitat von de Jong: NIOD, Doc II, Putten, »Verslag van de werkzaamheden te Putten uitgebracht aan het directorium van het Rijksinstituut voor Oorlogsdocumentatie«, 11. November 1947.
227 De Jong, Het Koninkrijk 13, S. 146f.
228 A.a.O., S. 330-332.
229 De Roever, Zij sprongen bij maanlicht, S. 245.
230 NIOD, Archiv RVV, Aktenordner 1f.; vgl. de Jongs Darstellung in de Jong, Het Koninkrijk 10B II, S. 45f.
231 A.a.O., S 678f. Siehe auch: West. Secret War, S. 247.
232 Boeree, Het grote gebot 1, S. 486; a.a.O. 2, S. 409f.
233 A.a.O., S. 493; de Roever, Zij sprongen bij maanlicht, S. 255.
234 Boeree, a.a.O., S. 413-416, 426.
235 A.a.O., S. 430-444.
236 A.a.O., S. 461, 470.
237 Aufgrund des äußerst komplizierten Charakters des vorliegenden Quellenmaterials ist es wenig sinnvoll, in nachfolgender Darstellung der Widerstands-Gruppe Putten und des Attentats, die diese verübte, auf die jeweiligen Aussagen der Beteiligten zu verweisen. Die nachfolgende Rekonstruktion der Ereignisse des September 1944 in Putten, der Vorbereitung des Attentats und des Attentats selbst, ist – wie sehr sie auch auf Augenzeugenbericht beruht – in vielerlei Hinsicht nicht mehr als educated guessing.
Die Rekonstruktion beruht, soweit nicht anders angegeben, auf den Berichten NIOD, Archiv Putten, Bericht N.N. (A. Witvoet, P. Oosterbroek, P.E. Dankaart, G. van Diest, A. Dunnewind, M.C.J. van Geen, C.E.D. Helsdingen, E. de Jong und P. Oosterbroek, M.P. van Ommeren, G.-S. Kirschen, W. Mulder, H. Pouw und P.B.E.M. Pouw-Neumann, A. Simon, Keith D. Banwell), sowie auf den Aussagen in den Kuilman-Protokollen CABR, Justizministerium, Dossier Fullriede, Protokoll betr. Puttener Attentat, von A. Kuilmann (W. Mulder, P. Oosterbroek, C.E.D. Helsdingen, A. Witvoet, P.E. Dankaart, P.C. Overdijk, H.Th. Onstenk, J.C.K. van den Brom, H. Alkema).
238 GAP, Archiv »Stiftung Oktober 44«, »Dossier divisie ma-

rechaussee gewest Arnhem, afdeling Putten, groep Putten«, Monatsbericht (14. September 1944).

239 NIOD, Archiv Putten, Bericht P.C. Reeringh, 23. Januar 1946.

240 CABR, Justizministerium, Dossier Doornbosch, Brief von P.C. Overdijk an die Polizei in Arnheim, 6. November 1945; a.a.O. Brief von A. Lammers, 29. August 1945.

241 NIOD, Archiv Putten, Bericht J. Koelewijn, 8. Mai 1947.

242 A.a.O. Bericht O. Elbertsen, 27. Februar 1947.

243 A.a.O. Leserbrief von P.C. Overdijk im Puttensch Nieuwsblad, 17. August 1945, in: Wouters, Het drama von Putten, S. 350; NIOD, Archiv Putten, Gespräch P.C. Overdijk, 24. Mai 1947.

244 A.a.O.

245 A.a.O. Archiv RVV, Aktenordner 1 f. Die Anweisung ist auf den 23. September 1944 datiert.

246 A.a.O. Archiv Putten, Bericht J. Vonk, 5. März 1947.

247 A.a.O. Bericht M. Bunt, 16. April 1947; a.a.O. J.P. Wildschut, »Kort résumé van de razzia te Putten«, S. 16.

248 A.a.O. Bericht M.B. Otten, 6. Mai 1947.

249 A.a.O. Bericht P.C. Overdijk, 24. Mai 1947; a.a.O. Archiv RVV, Bericht von Dijkman an Thijssen über seine erste Verhaftung in Putten, 6. Oktober 1944.

250 A.a.O. Archiv Putten, Bericht G. van Diest, 26. März 1947.

251 A.a.O. Bericht P. Vossegat, 26. Februar 1947.

252 A.a.O. Archiv Putten, Bericht M.C.L. van Geen, 6. März 1947; a.a.O. DOC I, Th. Verhulsdonk, Aussage Verhulsdonk, S. 120.

253 NIOD, DOC II, Apeldoorn Case, Aussagen im Protokoll, 19. Dezember 1946, S. 1-117.

254 Friso, Putten 1940/1945, S. 98-99.

255 A.a.O. Archiv Putten, Bericht M.C.J. van Geen, 18. April 1947.

256 A.a.O. Bericht E. de Jong, 27. Februar 1947.

257 A.a.O. Bericht A. Simon, 14. März 1947.

258 A.a.O. Bericht A. Witvoet, 11. Dezember 1946.

259 A.a.O.

260 A.a.O.

261 A.a.O.

262 NIOD, Korrespondenzarchiv, »Untersuchung Putten«.

263 A.a.O. Z.W. Sneller an M.L. van Geen, 21. Dezember 1945.

264 A.a.O. J.P. Wildschut, »Verslag bevindingen Putten, 13-15 november 1946« (18. November 1947).

265 NIOD, Doc II, Putten, »Verslag van de werkzaamheden te Putten uitgebracht aan het directorium van het Rijksinstituut voor Oorlogsdocumentatie«, 11. November 1947.

266 A.a.O.
267 NIOD, Archiv Putten, Bericht M.C.L. van Geen; a.a.O. Bericht P.C. Overdijk, 24. Mai 1947.
268 A.a.O. P. Oosterbroek, 26. Februar 1947.
269 A.a.O. Korrespondenzarchiv, P.E. Dankaart an J.P. Wildschut, 25. November 1946.
270 Undatiert, Archiv K. Friso.
271 NIOD, Korrespondenzarchiv, J.P. Wildschut an P.E. Dankaart, 10. März 1947.
272 Th. A. Boeree, Kroniek van Ede; NIOD, Archiv Putten, Th.A. Boeree, »De lotgevallen van Heaps en Kettley en het drama van Putten«, ohne Datum [1947?].
273 A.a.O. Archiv Boeree.
274 NIOD, Korrespondenzarchiv, Th.A. Boeree an J.P. Wildschut, 22. Februar.
275 Sijes, De Februari-staking.
276 Siehe de Jonge, Het communisme in Nederland; Harmsen, Nederlands kommunisme; Galesloot und Legène, Partei in het verzet. Für eine Kritik dieser Art der Geschichtsschreibung siehe die Rezension des Buches von Galesloot und Legène: de Keizer, »De moeizame destalinisatie van de CPN-geschiedschrijving«, in: Socialisme en Democratie 44 (1987), 1, S. 30-36.
277 NIOD, Korrespondenzarchiv, J.P. Wildschut, »Verslag bevindingen Putten, 12-15 november 1946« (18. November 1946).
278 Bouman, De April-Mei-stakingen, S. 70.
279 NIOD, Korrespondenzarchiv, A. Treurniet an L. de Jong, 13. März 1948.
280 Wouters, Het drama van Putten, S. 1.
281 A.a.O., S. 37.
282 NIOD, Archiv Putten, Bericht A. Witvoet, 11. Dezember 1946.
283 A.a.O. Gespräch M.P. van Ommeren, 20. Januar 1947.
284 De Roever, Zij sprongen bij maanlicht, S. 244.
285 NIOD, Archiv Putten, Archivbox V, Aktenordner 2; vgl. a.a.O. Bericht G.-S. Kirschen, 22. September 1947.
286 NIOD, Korrespondenzarchiv, Korrespondenz Geschichtswerk, Teil 10B.
287 De Jong, Het Koninkrijk 10B II, S. 45f. In Teil 10A I, S. 283-291.
288 Lamb, War in Italy 1943-1945.
289 A.a.O. 10B I, S. 46.
290 NIOD, Korrespondenzarchiv, Korrespondenz Geschichts-

werk, Teil 10B. De Jong schickte das Manuskript dieses Bandes an Prinz Bernhard mit der Bitte, das Kapitel über Putten gut zu lesen.. Prinz Bernhard antwortete postwendend: »Ich kann mich überhaupt nicht daran erinnern, jemals einen derartigen Befehl erteilt zu haben.« Prinz Bernhard an L. de Jong, a.a.O., 29. Oktober 1980.

291 De Roever, Zij sprongen bij maanlicht, S. 83-87.

292 A.a.O., S. 90.

293 NIOD, Archiv Putten, Bericht G.-S. Kirschen, 22. September 1947.

294 Kirschen, Six Amis viendront ce soir, S. 124f.

295 NIOD, Archiv Putten, zum Bericht G.-S. Kirschen, 22. September 1947.

296 A.a.O. Archiv RVV, 1 f, Mitteilung J. Thijssen, 22. September 1944.

297 West, Secret War, S. 247. Diese Taktik hatte sich in Frankreich erfolgreich gezeigt. Die Exilregierungen Norwegens, Dänemarks und Belgiens allerdings hatten starke Bedenken gegen diese Strategien, da sie unvermeidlich Repressalien gegen die Zivilbevölkerung nach sich gezogen haben.

298 Prinz Bernhard reagierte nach der Durchsicht dieses Kapitels im vorliegenden Buch mit der Mitteilung, dass »er nichts mit derartigen Operationen der SAS-Einheiten zu tun gehabt oder auch nur von ihnen gewusst« habe. Des Weiteren ließ er wissen, dass »weder die Engländer noch er für den Befehl an Piet Veluwe (Dijkman) verantwortlich« gewesen seien. NIOD, Korrespondenzarchiv, J.A. Broekhuyzen an J.C.H. Blom, 14. April 1998.

299 NIOD, Archiv RVV, I g, J. Thijssen an den Brigadekommandanten der Veluwe, 19. Oktober 1944.

300 A.a.O. »Nadere notitie« von J. Thijssen zu den Briefen an Dijkman vom 13. und 16. Oktober 1944.

301 Kirschen, Six Amis viendront ce soir, S. 124f.

302 A.a.O., S. 125; NIOD, Archiv Putten, Bericht G.-S. Kirschen, 22. September 1947.

303 Kirschen, Six Amis viendront ce soir, S. 124f.

304 NIOD, Archiv Putten, Bericht P.B.E.M. Pouw-Neumann, 28. März 1947; G. Pouw-Neumann an P. Dankaart, 13. Dezember 1982.

305 Vrij Nederland, 22. September 1964.

306 NIOD, Archiv Putten, Bericht A. Witvoet, 11. Dezember 1946.

307 A.a.O. Bericht G.J. Numan, 27. März 1947; a.a.O. Bericht P. Oosterbroek, 26. Februar 1947.

308 Vgl. de Jong, Het Koninkrijk 10B I, S. 610.
309 CABR, Justizministerium, Dossier Fullriede, Protokoll M.G. Otten, 29. Dezember 1945; a.a.O. Protokoll H.Th Onstenk, 31. Dezember 1945.
310 NIOD, Archiv Putten, Bericht P.C. Overdijk, 24. Mai 1947.
311 CABR, Justizministerium, Dossier Fullriede, Protokoll R. Pieper, 8. Dezember 1945; a.a.O. Protokoll, P.J.C. van Eekelen, 8. Dezember 1945; a.a.O. Protokoll H.W. Frericks, 20. Dezember 1945; a.a.O. Protokoll J.G. Kiks, 2. Januar 1946.
312 Zur Situation in Frankreich und Oradour siehe: Todorov, Une tragédie Française. Été 44; Farmer, Oradour; zu Italien und Civitella della Chiana: de Grazia und Paggi, »Story of an Ordinary Massacre: Civitella della Chiana, 29 June 1944«, in: Cardozo Studies in Law and Literature 3 (1991), Nr. 2 (Herbst 1991), S. 153-195.
313 Lagrou, Heroes, Martyrs, Victims, passim.
314 Leydesdorff, »Helden en slachtoffers, een ›marginale‹ mythe«, in Etnofoor VI (1993), 1, S. 95-111.

V. Trauer, Trost, Versöhnung

315 Wouters, Het drama van Putten, S. 48.
316 Van Walt van Praag, »Bevrijding van Sandbostel«, in: Jaarverslag van de Stichting Oktober 44 (1993), S. 37-40.
317 Friso, Putten 1940/1945, S. 129f.; NIOD, Archiv Putten, Bericht D. Veefkind, 21. April 1947.
318 A.a.O. Bericht C.B Holland, 28. Februar 1947.
319 NIOD, Sammlung Tagebücher, 244, Tagebuch A. Vos, 10. Mai 1945.
320 Die Listen mit den Namen der Überlebenden und der Verstorbenen in a.a.O. Archiv Putten; Brief von H.M. van Walt van Praag an den Bürgermeister von Putten, 8. Mai 1945: Liste 1 mit den Namen der Überlebenden in Sandbostel (13 Männer); Liste 2: Personen, die aller Wahrscheinlichkeit nicht mehr am Leben sind (176).
321 GAP, 1.842.99, R.J. Vogels an den Gemeinderat Putten, 21. Mai 1945.
322 A.a.O. 1.842.991, »Bekendmaking« A. Kroon, 28. Mai 1945.
323 Friso, Putten 1940/1945, S. 135.
324 Opzij 9 (1981), 5. Mai 1981, S. 13.
325 Siehe van Domburg, »De Stichting 1940-1945 en de Wet Bui-

tengewoon Pensioen«, in: 40-45, Contactblad Stichting 1940-1945, 3 (1997), S. 10-15.

326 Friso, Putten 1940/1945, S. 132.
327 »Veevoederbedrijf Evers bestaat al ruim 85 jaar«, in: Puttens Nieuwsblad, 15. September 1988.
328 Mitteilung K. Friso; NIOD, Archiv Putten, Bericht J. Vonk, 5. März 1947.
329 Archiv K. Friso.
330 Friso, Putten 1940/1945, S. 143. Tatsächlich waren es 254 Witwen und 537 vaterlose Kinder (GAP, Archiv Stiftung »Puttens Jeugd«).
331 Puttens Nieuwsblad, 3. Oktober 1969.
332 Neij, De organisatie van het Maatschappelijk Werk, S. 41, 125, 133, 153, 166, 172.
333 A.a.O., S. 55; Het verslag van de verrichtingen gedurende het jaar 1946 van het ministerie van Sociale Zaken, S. 26 listet auf, dass insgesamt fast 13.000 niederländische Kinder nach England, Dänemark, Schweden, Belgien und in die Schweiz geschickt wurden.
334 Romijn, Snel, streng en rechtvaardig, S. 269.
335 Friso, Putten 1940/1945, S. 130-139, passim.
336 Puttensch Nieuwsblad, 5. Oktober 1945.
337 A.a.O. 25. Januar 1946.
338 Friso, Putten 1940/1945, S. 142.
339 GAP, 1.841.83 und 1.841.93, Dossier Gemeinderäte.
340 Puttensch Nieuwsblad, 30. November 1945.
341 Siehe GAP, 1.841.83 und 1.841.93, Dossier Gemeinderäte, Protokolle Gemeinderatssitzungen.
342 Archiv K. Friso, R. Buter-van Nonno an K. Friso, 8. November 1946.
343 Korrespondenz und andere Dokumente zur Errichtung des Denkmals, auf die sich die folgende Darstellung stützt, in GAP, 1.872, Aktenordner IV. Siehe auch Tilanus, De beeldhouwer Mari Andriessen, der allerdings der Meinung war, dass die Dokumente verloren gegangen seien. Er stützte sich vor allem auf Dokumente aus dem Archiv von Andriessen.
344 NRC, 3. Oktober 1949.
345 Jan Gossensen, »Van stenen des aanstoots tot kuzak«, in: Hervormd Nederland, 29. Oktober 1994, S. 16-22.
346 Siehe z.B. Elseviers Weekblad, 24. November 1945.
347 Puttensch Nieuwsblad, 28. September 1945: Mitteilung von Bürgermeister G.J. Numan.
348 Friso, Putten 1940/1945, S. 138.

349 Ecclesia 72 (1984), 41 (11. Oktober 1984).
350 Interview mit Pfarrer L. Kievit in: De Tijd, 6. Januar 1978.
351 De Jager, Zich sterken in God, S. 12.
352 A.a.O., S. 13
353 Kievit, Een goede raad en Een groote troost, S. 7.
354 A.a.O., S. 11.
355 Die meisten »Niederländisch Hervormden« gingen am Sonntag zwei Mal zur Kirche.
356 A.a.O., S. 22f.
357 Boer, Jezus in de storm, S. 8.
358 A.a.O., S. 16f.
359 De Afgescheidenen van 1834 en hun nageslacht, S. 376
360 Interview mit Pfarrer L. Kievit in: De Tijd, 6. Januar 1978.
361 Zu Pfarrer Holland siehe die Aufsatzreihe M. den Admirant, »Ds C.B. Holland (1878-1948), een evangelieprediker in Kohlbrugges geest«, in: Ecclesia Nr. 17-25 (1995) und Nr. 1-4 (1996).
362 De Ruig, »De godvrezende die in zijn lijden struikelt« Predigt über Hiob 4, 6-9; 10, 12-19; 13, 3. 24 (9. September 1945) in: Wouters, Het drama van Putten, S. 291-304.
363 NIOD, Archiv Putten, Bericht P. de Ruig, 20, Mai 1947.
364 De Ruig, »Als een, die zijn moeder troost, alzoo zal ik U troosten«, S. 13.
365 NIOD, Archiv Putten, Bericht P. de Ruig, 20. Mai 1947.
366 Boer, Jezus in de storm, S. 8.
367 Zitiert von Th.A. Boeree, »De ramp van Putten«, S. 63, aus einem Zeitungsartikel von de Ruig in: Trouw, 26. Juni 1946, »Puttens tragedie«.
368 »Die Größe Gottes muss die Frau so sehr überwältigt haben, dass in ihr das Vertrauen wuchs, dass das, was mit ihrem Kind geschehen ist, nicht ohne Gott geschehen sein kann.« J. Veldhuijzen an M. de Keizer, 28. November 1997.
369 Vgl, Leydesdorff, Het water en de herinnering, S. 69f.: »So ist die Bibel eine der deutlichsten Bezugspunkte, mit der man Erinnerungen in Worte fassen kann. [...] Sie ist ein Begriffsapparat, auf den man zurückgreifen kann und den alle auf dieselbe Art und Weise zu verstehen meinen. Dabei handelt es sich vor allem um Worte, die es ermöglichen, das Unbenennbare auszudrücken.«
370 Nach Psalm 84, 3-4. Die deutsche Übersetzung folgt dem Gesang Nr. 282 des Evangelischen Kirchengesangbuches.
371 Leppien, »Das waren keine Menschen mehr ...«.
372 GAP, Archiv Stichting Oktober 44, Archivordner 018, Joh. Meyer an E. van de Weitgraven, 29. Mai 1946.

373 A.a.O. Joh. Meyer an K.A. von Wolffen von Netzer, 16. Juli 1946.

374 Leppien, »Das waren keine Menschen mehr ...«, S. 11.

375 De Volkskrant, 24. Juli 1946; Heerenveensche Koerier, 27. Juli 1946; De Prinsestad, 10. und 17. August 1946; Nieuw Utrechts Dagblad, 17. August 1946; Het Parool, 7. September 1946.

376 Leppien, »Das waren keine Menschen mehr ...«, S. 17.

377 A.a.O., S. 27.

378 GAP, 1.872, Archivordner 111.

379 De Spiegel, 4. November 1950. GAP, Archiv Stichting Oktober 44, Archivordner 609.

380 Archiv Ladelund, L. Kwakkelstein an Joh. Meyer, 14. Oktober 1950.

381 GAP, 1.872, 111. »Verslag van de reis naar de graven van de Puttenaren in Ladelund en Husum op 23. Oktober 1950« (anonym, undatiert).

382 A.a.O.

383 A.a.O. W.F. Quarles van Ufford an den Außenminister, 9. November 1950.

384 A.a.O. Brief vom 13. Februar 1951.

385 Archiv Ladelund, L. Kwakkelstein an Joh. Meyer, 6. April 1951; a.a.O. L. Kwakkelstein an Joh. Meyer, 14. April 1951; a.a.O. L. Kievit an Joh. Meyer, 19. April 1951.

386 Richter, »Wir haben das Selbstverständliche getan«, S. 126. Zur Beziehung Putten-Ladelund siehe außerdem: GAP, Archiv Stichting Oktober 44, Archivordner 054.

387 Archiv Ladelund, »Bericht des Pastors J. Meyer – Ladelund über seine Reise nach Holland«, undatiert [Mai 1951].

388 Trouw, 26. April 1951.

389 Archiv Ladelund, »Bericht des Pastors J. Meyer – Ladelund über seine Reise nach Holland«, undatiert [Mai 1951].

390 A.a.O.

391 Archiv Ladelund, Korrespondenz zu diesem Auftrag des »Kirchlichen Außenamtes der Evangelischen Kirche in Deutschland« in Frankfurt (12. April 1951) und des »Evangelischen Hilfswerks für Internierte und Kriegsgefangene Erlangen« in München (21. April 1951). Der Auftrag des Außenamtes lautete: »Grundsätzlich begrüßen wir es, wenn Sie die Deutschen, die in holländischen Gefängnissen Strafe wegen Kriegsverbrechen verbüßen, zu einem seelsorgerlichen Gespräch besuchen.« Im Namen des Hilfswerks überreichte Meyer den Gefangenen Zigaretten. A.a.O. Joh. Meyer an Evangelisches

Hilfswerk, 2. Juni 1951. A.a.O. »Bericht des Pastors J. Meyer – Ladelund über seine Reise nach Holland«, undatiert [Mai 1951]. In einer Gedenkschrift aus dem Jahr 1992 über die Versöhnungsarbeit zwischen Ladelund und Putten schrieb Meyers Tochter, dass ihr Vater mit dem Geld, dass man in Putten für ihn gesammelt hatte, um durch die Niederlande reisen zu können, dazu verwandt habe, Christiansen im Gefängnis zu besuchen und ihm versprochen habe, sich für seine Freilassung einzusetzen. Elisabeth Lorenzen, »Durch ein tiefes Tal sind sie gegangen« (1992), S. 56f. (GAP, Archiv Stichting Oktober 44).

392 Geertz, »Religion as a Cultural System«, S. 89f.

393 Het Parool, 13. Januar 1951.

394 De Volkskrant, 6. Dezember 1951.

395 De Waarheid, 6. Dezember 1951.

396 Trouw, 15. Dezember 1951.

397 De Waarheid, 24. Dezember 1951.

398 Nach seiner Pensionierung wohnte Pastor Meyer in Innien, genau gegenüber von Christiansens Haus. Mitteilung K. Friso.

399 Richter, »Wir haben das Selbstverständliche getan«, S. 130. Siehe auch die Dokumente in GAP, Archiv Stichting Oktober 44.

400 Vgl. 2. Kor 5, 19.

401 GAP, 1.872, VI. H. Richter an W.F. Quarles van Ufford, 11. Oktober 1962.

402 NIOD, Korrespondenzarchiv, H. Richter an M. de Keizer, 24. Januar 1998.

403 A.a.O.

404 Mitteilung K. Friso.

405 A.a.O.

406 Haagsche Courant, 17. Oktober 1964; vgl. Andresen, Die KZ-Gedenk- und Begegnungsstätte, S. 30f.

407 NIOD, Korrespondenzarchiv, H. Richter an M. de Keizer, 24. Januar 1998.

408 Amersfoortse Courant/ Veluws Dagblad, 22. März 1980.

409 Mitteilung R. Evers (1997). Pastor Richter hatte 1969 einen Mann besucht, der zu ihm meinte, dass dort, wo das Lager gewesen sei, niemals wieder ein Grashalm wachsen dürfe. Richter, »Wir haben das Selbstverständliche getan«., S. 137.

410 GAP, 1.872.

411 A.a.O. W. Bakker an W.F. Quarles van Ufford, 15. Juni 1965.

412 A.a.O. Brief Jarosova an die Gemeinde Putten, 13. November 1966.

413 Puttens Nieuwsblad, 9. Oktober 1975.

414 Van Sliedregt, Ontdekking en Vertroosting, S. 53-55.
415 A.a.O., S. 61.
416 Smit, Sterkte ... in God, S. 14
417 De Nijkerkse Courant, 3. Februar 1948.
418 Trouw, 1. Oktober 1954.
419 De Telegraaf, 1. Oktober 1964.
420 Panorama, 3. Oktober 1964.
421 Het Parool, 3. Oktober 1964.
422 Trouw, 4. Oktober 1969: »Anführer Widerstandsgruppe floh.«
423 Nieuwe Revu, 5. November 1973.
424 Trouw, 28. September 1974.
425 Trouw, 28. September 1974.
426 Zur Geschichte des Dokumentarfilms siehe Vos, Televisie en
    Bezetting, S. 181-185, 304f. Zu der »Fernsehaffäre« siehe Kok,
    u.a. (Hrsg.), Nederland en de Tweede Wereldoorlog, Lfg. 53, S.
    36f. Des Weiteren Zeitungsausschnitte in NIOD, KB II, Put-
    ten-Dokumentarfilm VARA (1977).
427 Zitat von A. Evers in: Vrij Nederland, 7. Januar 1978.
428 Het Vrije Volk, 21. Dezember 1977.
429 Groen und van Maanen, Putten op de Veluwe, S. 13-47, passim.
    Zum Zitat: a.a.O., S. 47.
430 A.a.O., S. 55.
431 A.a.O., S. 60.
432 Amersfoortse Courant / Veluws Dagblad, 10. Dezember 1977
433 Van Ganswijk-Holland, »Dominee C.B. Holland«, S. 4; R.J.
    van Ganswijk im Reformatorisch Dagblad, 30. September 1994;
    Mitteilung P.N. Holtrop.
434 Den Amirant in: Ecclesia, Nr. 1 (1996).
435 A.a.O. Nr. 25 (1995)
436 Amersfoortse Courant / Veluws Dagblad, 10. Dezember 1977.
437 A.a.O.
438 De Haan, »De Veluwse boer en de moderne landbouw«, in:
    Anderhalve eeuw Gelderse landbouw, S. 408-419.
439 Zum Begriff »Zeitgeist« vgl. Becker und Vink, Secularisatie in
    Nederland 1966-1991, S. 171.
440 Van Dantzig, »De tragedie van Putten«, in: De Gids, 132 (1969)
    4/5, S. 190-192; a.a.O., Snippers, S. 23-26.
441 Vgl. van Dantzig, Psychotherapie.
442 Peter Hofstede, »De zaak-Putten«, in: TeleVizier, 21. Januar
    1978.
443 Opzij 9 (1981), 5. Mai 1981, S. 6-15.
444 Stichting Oktober 44, Jaarverslag 1983, S.1.

445 Siehe Reichel, Politik mit der Erinnerung, S. 162-168.

446 Stichting Oktober 44, Jaarverslag 1983, S. 1.

447 A.a.O., S. 5.

448 »KZ Ladelund 1944« im Städtischen Museum von Flensburg, zusammengestellt vom Arbeitskreis KZ Ladelund der Auguste-Victoria Schule, Flensburg, 30. Mai - 1. Juli 1984, zusammengestellt unter Leitung des Geschichtslehrers J.-P. Leppien. Die Ausstellung wurde vom Kulturministerium Schleswig-Holsteins finanziert. Siehe Leppien, »Das KZ Ladelund 1944 – Zur Konzeption einer Ausstellung«, S. 123-132. Zu den »vergessenen Lagern« siehe: Detlev Garbe (Hrsg.), Die vergessenen KZs? Gedenkstätten für die Opfer des NS-Terrors in der Bundesrepublik.

449 Leppien, »Das waren keine Menschen mehr ...«, S. 5-47.

450 Bästlein, »Opdat het nageslacht het wete«, S. 69-71. Für Bästleins eigene Arbeiten siehe: Bästlein, Das KZ Husum-Schwesing.

451 Reaktion von Johannes H. Meyer in: Grenzfriedenshefte 1 (1984), S. 75f.

452 Reaktion von Leppien auf a.a.O. in: a.a.O., S. 76-79.

453 Rezension von Tuchel des Artikels von Jeß, »Das Außenkommando des Konzentrationslagers Neuengamme in Ladelund und vierzig Jahre gegenwärtiger Geschichte in den Dörfern Putten und Ladelund«, S. 56-74, in: Zeitschrift der Gesellschaft für Schleswig-Holsteinische Geschichte, Frühjahr 1987. Tuchel war wissenschaftlicher Mitarbeiter und Koordinator der Dauerausstellung »Widerstand gegen den Nationalsozialismus« in der Gedenkstätte Deutscher Widerstand in West-Berlin.

454 Gesamtkosten der Gedenkstätte 335.000 DM (GAP, Archiv Stichting Oktober 44).

455 So Leppien in »Ladelund, Stätte historisch-politischer Bildung, Einführung in die Dauerausstellung ›Konzentrationslager Ladelund 1944‹«, S. 252-258.

456 De Graaf, Praktikumsbericht, S. 8.

457 Jürgen Kolk in: Freiheit und Recht, 12. November 1993, in: a.a.O., S. 6.

458 Gesamtkosten der Gedenkstätte laut dem damaligen Vorsitzenden der »Stiftung Oktober 44«, W. Torsius: 450.000 NLG.

459 Puttens Nieuwsblad, 29. September 1994, S. 14.

460 Mitteilung K. Friso.

461 R.E. Kuus, Predigt über Lukas, 10, 18, 1. Oktober 1989 (Archiv R.E. Kuus, Putten)

462 Veldhuijzen, De schuilplaat des Allerhoogsten, S. 3-14.
463 Vgl. de Graaf, Praktikumsbericht, S. 16.
464 So das Vorwort des Bürgermeisters von Husum in: Olde Lorenzen, »Macht ohne Moral«, S. 11.
465 Friso, Putten 1940/1945, S. 146.
466 Siehe Henk Heusinkveld, »Oradour, mijn zuster«, in: Jaarverslag van de Stichting Oktober 44 (1996), S. 26.
467 Zitiert von Leppien in seinem Vorwort zu: Vergeben – nicht vergessen / Vergeven – nooit vergeten: Jannes Priem en Willem Torsius.

EPILOG

468 Vgl. die einschlägige Literatur in der Bibliographie unter dem Abschnitt »Geschichte, Erinnerung, Identität«.
469 De Haan, »De Veluwse boer en de moderne landbouw«, in: Bieleman (Hrsg.), Anderhalve eeuw Gelderse landbouw, S. 408-420.
470 Zum Begriff siehe Hobsbawm, Age of Extremes.
471 Vuijsje, Correct, S. 111.
472 Der Begriff »lieu de mémoire« stammt von Nora, vgl. seine Einleitung zu der Aufsatzsammlung Les Lieux de mémoire I, S. XVI-XLII; ders., »Between Memory and History: Les Lieux de Mémoire«.

ANHANG

ABKÜRZUNGSVERZEICHNIS

BBO	Bureau Bijzondere Opdrachten
	[Londoner Büro für Spezialaufträge]
BS	Binnenlandse Strijdkrachten
	[Innere Niederländische Streitkräfte]
CPN	Communistische Partij Nederland
	[Kommunistische Partei der Niederlande]
LKP	Landelijke Knokploegen [Rollkommandos]
LO	Landelijke Hulp aan Onderduikers
	[Nationale Hilfe für Untergetauchte]
NIOD	Nederlands Instituut voor Oorlogsdocumentatie
	[Niederländisches Institut für Kriegsdokumentation]
NSB	Nationaal Socialistische Beweging
	[Nationalsozialistische Bewegung]
OD	Ordedienst [Ordnungsdienst]
RIOD	Rijksinstituut voor Oorlogsdocumentatie
	[Reichsinstitut für Kriegsdokumentation]
PMD	Politie Motor Dienst [Polizeilicher Fahrzeugdienst]
RVV	Raad van Verzet [Widerstandrat]
SAS	Special Air Service Troops
SD	Sicherheitsdienst
SFH	Special Forces Headquarters
SOE	Special Operation Executive
SS	Schutz-Staffel

Bibliographie

I. Allgemein

International

A. Artikel, Kongressreferate, schriftliche Arbeiten und anderes

Bartov, Omer, »The Conduct of War: Soldiers and the Barbarization of Warfare«, in: Geyer, Michael and John W. Boyer (Ed.), Resistance against the Third Reich 1933-1940 (Chicago/London: The University of Chicago Press, 1992), S. 39-53.

Bästlein, Klaus, »Das Konzentrationslager Husum-Schwesing«, in: Nord-Friesland, 16/3, (1982).

Bästlein, Klaus, »Zwangsarbeit und Vernichtung im Konzentrationslager: Das Beispiel Neuengamme«, in: Deutsche Wirtschaft. Zwangsarbeit von KZ-Häftlingen für Industrie und Behörden (Hamburg: VSA-Verlag, 1991), S. 187-201.

Bästlein, Klaus, »Darüber spricht man nicht ...«, in: Bästlein, Klaus, Das KZ Husum-Schwesing. Außenkommando des Konzentrationslagers Neuengamme (Bredstedt/Bräst: Verlag Nordfrisk Instituut, 1983).

Bettelheim, Bruno, »Individual and Mass Behavior in Extreme Situations«, in: Journal of Abnormal and Social Psychology 38 (October 1943), S. 417-452.

Bettelheim, Bruno, »Individuelles und Massenverhalten in Extremsituationen«, in: Erziehung zum Überleben. Zur Psychologie der Extremsituationen (München: dtv 1982), S. 58-95.

Boissevain, J.F., »Inleiding: identiteit en feestelijkheid«, in: A. Koster, Y. Kuiper en J. Verrips (red.), Feest en ritueel in Europa (Amsterdam: VU Boekhandel/Uitgeverij, 1983), S. 9-14.

Boissevain, J.F., »Nieuwe feesten: ritueel, spel en identiteit«, in: Jeremy Boissevain, Feestelijke vernieuwing in Nederland? Amsterdam: Cahiers van het P.J. Meertens-Instituut, nr. 3 (1991), S. 1-15.

439

Frijhoff, Willem, »Identiteit en identiteitsbesef. De historicus en de spanning tussen verbeelding, benoeming en herkenning«, in: BMGN, 107 (1992), afl. 4, S. 614-634.

Geertz, Clifford, »Religion as a Cultural System«, in: The Interpretation of Cultures. Selected Essays (London: Fontana, 1993), S. 87-125.

Gentile, Carlo, »La Guerra Antipartigiana nell' Italia centrale« (unveröffentlichter Kongressbeitrag, »Revisiting Nazi Atrocities in Post-Cold War Europe«, Arezzo, Italien, 22.-24. Juni 1994).

Geyer, Michael, »Es muss daher mit schnellen und drakonischen Maßnahmen durchgegriffen werden«, in: Hannes Heer und Klaus Naumann (Hrg.), Vernichtungskrieg. Verbrechen der Wehrmacht 1941-1944 (Hamburg: Hamburger Edition, 1995).

Heer, Hannes, »Die Logik des Vernichtungskrieges. Wehrmacht und Partisanenkampf«, in: Hannes Heer und Klaus Naumann (Hrg.), Vernichtungskrieg. Verbrechen der Wehrmacht 1941 bis 1944 (Hamburg: Hamburger Edition, 1995).

Heer, Hannes, und Klaus Naumann (Hrg.), Vernichtungskrieg. Verbrechen der Wehrmacht 1941 bis 1944 (Hamburg: Hamburger Edition, 1995), S.104-138.

Klinkhamer, Lutz, »Die deutsche Besetzung Italiens und die Repressionspolitik der Wehrmacht in den Partisanengebieten« (unveröffentlichter Kongressbeitrag, »Revisiting Nazi Atrocities in Post-Cold War Europe«, Arezzo, Itaien, 22.-24. Juni 1994).

Leppien, J.-P. »Ladelund, Stätte historisch-politischer Bildung. Einführung in die Dauerausstellung Konzentrationslager Ladelund 1944«, in: Grenzfriendenshefte, 4 (1990), S.252-258.

Levi, Primo, »Die Untergegangenen und die Geretteten« (München: dtv, 1993).

Marcus, Paul and Alan Rosenberg, »Reevaluating Bruno Bettelheim's work on the Nazi Concentration Camps: The Limits of his Psychoanalytical Approach«, in: The Psychoanalytic Review, 81 (3), Fall 1994, S.537-563.

Marrus, Michael R., »History and the Holocaust in the Courtroom«, Paper prepared for Conference of the Social Science History Association, New Orleans, October 10-13, 1996 (draft copy, September 1996).

Marwick, Arthur, »Two Approaches to Historical Study: The Metaphysical (including ›Postmodernism‹) and the Historical«, in: Journal of Contemporary History, Vol. 30, nr. 1 (January 1995), S.5-37.

Mazower, Mark, »Military Violence and National Socialist Values«, in: Past and Present, no. 134 (February 1992), S. 129-158.

Mazower, Mark, »Militärische Gewalt und nationalsozialistische Werte. Die Wehrmacht in Griechenland 1941 bis 1944«, in: Hannes Heer und Klaus Naumann (Hg.), Vernichtungskrieg. Verbrechen der Wehrmacht 1941 bis 1944 (Hamburg: Hamburger Edition, 1995), S. 157-190.

Melching, W.F.B., »Natie, identiteit en nationalisme«, in: A. Bosch en L.H.M. Wessels (red.), Veranderende grenzen. Nationalisme in Europa 1919-1989 (Nijmegen, 1992).

Meijer, Pieter de, »De moderne historicus als literair verteller«, in: Spektator, 16.1, S. 18-28.

Reerink, H., B. Senstius en G. Boelaard, »Illusies van de wetenschap«, in: Machteld Allen en René Moerland (red.), Gesprekken met tijdreizigers (Amsterdam: AUP, 1993), S.82-94.

Rigney, A., »Bekentenissen en bijbekentenissen: fictie in de geschiedschrijving«, in: Theoretische geschiedenis, jrg. 22, afl. 4 (1995), S. 404-419.

Streim, Alfred, »Saubere Wehrmacht?«, in: Hannes Heer und Klaus Naumann (Hrg.), Vernichtungskrieg. Verbrechen der Wehrmacht 1941 bis 1944 (Hamburg: Hamburger Edition, 1995), S. 569-597.

Thygesen, Paul, »Arzt im Konzentrationslager«, in: Klaus Bästlein (Hrg.), Das KZ Husum-Schwesing. Außenkommando des Konzentrationslagers Neuengamme (Bredstedt/Bräst: Verlag Nordfrisk Instituut, 1983), S. 7-29.

Turner, V., »Introduction«, in: V. Turner (Ed.), Celebration: Studies in Festivity and Ritual (Washington DC: Smithonian Institution Press, 1982), S. 11-30.

White, Hayden, »Response to Arthur Marwick«, in: Journal of Contemporary History, Vol. 30, nr. 2 (April 1995), S. 233-247.

B. Bücher

Anderson, Benedict, »Imagined Communities. Reflections on the Origin and Spread of Nationalism« (London/New York: Verso, 1991).

Bartov, Omer, »The Eastern Front, 1941-1945. German Troops and the Barbarisation of Warfare« (Houndmills [etc]: Macmillan, 1995).

Bästlein, Klaus, (Hrg.), »Das KZ Husum-Schwesing. Außenkommando des Konzentrationslagers Neuengamme« (Bredstedt/Bräst: Verlag Nordfrisk Instituut, 1983).

Baudet, Henri, »Mon village en France« (Paris: s.n. 1991).

Berger, John, »Pig Earth« (New York: Vintage International, 1985).

Bettelheim, Bruno »The Informed Hart« (Glencoe, Il.: The Free Press, 1960).

Bettelheim, Bruno, »Surviving and other Essays« (New York: Knopf, 1979).

Browning, Chr. R., »The Path to Genocide. Essays on Launching the Final Solution« (New York etc.: Cambridge University Press, 1995).

Browning, Chr. R., »Ordinary Men. Reserve Police Battalion 101 and the Final Solution in Poland« (New York: Harper Collins, 1992).

Burrin, Philippe, »La France à l'heure Allemande 1940-1944« (Paris: Seuil, 1995).

Chritchfield, R., »The Villagers. Changed Values, Altered Lives, The Closing of the Urban-Rural Gap« (New York: Doubleday, 1994).

Diehl, James M., »The Thanks of the Fatherland. German Veterans after the Second World War« (Chapel Hill and London: The University of North Carolina Press, 1993).

Ellis, L.F., and Warhurst, A.E., »History of the Second World War. Victory in the West. Vol. II. The Defeat of Germany« (London: Her Majesty's Stationery Office, 1988).

Evans, Richard, J., »In Defense of History« (London: Granta Books, 1997).

Fischer, Ernst B., jr., »Cassino to Alps« (Washington, DC: Center of Military History, 1977).

Garbe, Detlev (Hrg.), »Die vergessenen KZs? Gedenkstätten für die Opfer des NS-Terrors in der Bundesrepublik« (Bornheim-Merten: Lamuv Verlag, 1983).

Garland, Albert N. and McGaw Smyth, H., »US Army in World War II. Mediterranean Theater of Operations. Sicily and the Surrender of Italy« (Washington DC, 1965).

Gay, Peter, »A Godless Jew. Freud, Atheism, and the making of Psychoanalysis« (New Haven/London: Yale University Press, 1987).

Gessner, Klaus, »Die Geheime Feldpolizei. Zur Funktion und Organisation des geheimpolizeilichen Exekutivorgans der faschistischen Wehrmacht« (Berlin, 1986).

Ginzburg, Carlo, »De rechter en de historicus« (Amsterdam: Bert Bakker, 1992).

Gross, Jan T., »Polish Society under German Occupation. The General Gouvernement 1939-1944« (Princeton: Princeton University Press, 1979).

Hastings, Max, »Das Reich. Resistance and the March of the 2nd SS

Panzer Division through France, June 1944« (London: Michael Joseph, 1981).

Heiber, Helmut, »Hitlers Lagebesprechungen. Die Protokollfragmente seiner militärischen Konferenzen 1942-1945« (Stuttgart: Deutsche Verlags-Anstalt, 1962).

Hobsbawm, E.J., »Nations and nationalism since 1780. Programme, myth, reality« (New York: Cambridge University Press, 1990).

Howe, George F., »United States Army in World War II. The Mediterranean Theater of Operations. Northwest Africa: seizing the Initiative in the West« (Washington, DC: Office of the Chief of Military History, Department of the Army, 1957).

Hunt, Lynn (Ed.), »The New Cultural History« (Berkeley: University of California Press, 1989).

Iatrides, J., »Greece in the 1940s. A Nation in Crisis« (Hannover/London: University Press of New England, 1981).

Iggers, Georg, G., »Historiography in the Twentieth Century. From Scientific Objectivity to the Postmodern Challenge« (Hannover and London: Wesleyan University Press, 1993).

Kaienburg, Hermann, »Vernichtung durch Arbeit. Der Fall Neuengamme. Die Wirtschaftsbestrebungen der SS und ihre Auswirkungen auf die Existenzbedingungen der KZ-Gefangenen« (Bonn: Dietz, 1991).

Krauschnik, H., »Hitlers Einsatzgruppen: Die Truppen des Weltanschauungskrieges 1938-1942« (Frankfurt am Main: 1982).

Lamb, Richard »War in Italy 1943-1945. A Brutal Story« (London: John Murray, 1993).

Le Roy Ladurie, E., Montaillou, »The Promised Land of Error« (New York: Vintage Books, 1979).

Leersen, J., »Het nationaal verhaal. Nationaal-historische besef en narratieve geschiedschrijving in Ierland«, in:Theoretische geschiedenis 22 (1995), 4, S. 459-472

Levi, Carlo, »Christ stopped at Eboli« (London: Penguin Books, 1982).

Luna, Giovanni De, Marco Revelli, »Fascismo/Antifascismo: Le idee, le identità« (Firenze: La nuova Italia, 1995).

Maysounave, Pascal, »Oradour. Plus près de la vérité« (s.l.: Éditions Lucien Souny, 1996).

Mazower, Mark, »Inside Hitlers Greece. The Experience of Occupation 1941-1944« (New Haven/London: Yale University Press, 1993).

Mitscherlich, M., »Onverwerkt verleden. De psychoanalyse van het onvermogen om te rouwen« (Baarn: Anthos In den Toren, 1988).

Otte, »Die Weißen Spiegel. Vom Regiment zum Fallschirmpanzerkorps« (...).

Playfair I.S.O., et al., »The Mediterranean and Middle East, Vol. IV,
The destruction of the Axis Forces in Africa« (London: Her
Majestys Stationery Office, 1966).

Pres, Terence Des »The Survivor« (New York: Oxford University
Press, 1976).

Rabb, Theodore K. and Robert I. Rotberg (Eds.), »The New
History. The 1980s and Beyond. Studies in Interdisciplinary
History« (Princeton: Princeton University Press, 1982).

Steinbach, Peter und Johannes Tuchel (Hrg.), »Widerstand gegen den
Nationalsozialismus« (Berlin: Akademie Verlag, 1994).

Sutton, Nina, Bruno Bettelheim, »The other Side of Madness« (London: Duckworth, 1995).

Sydnor, Charles W., »Soldiers of Destruction. The SS Death's Head
Division, 1933-1945« (Princeton: Princeton University Press, 1977).

Thorpe, Adam, »Ulverton« (London: Secker and Warburg, 1992)

Todorov, Tsvetan »Une tragédie française. Été 44: scènes de guerre
civile« (Paris, Éditions du Seuil, 1994).

Tosh, John, »The Pursuit of History. Aims, Methods and New
Directions in the Study of Modern History« (London/New York:
Longman, 1991.

Verzijl, J.H.W., »International Law in Historical Perspective«, Vol. IX
»History of the United Nations War Crimes Commission and the
Development of the Laws of War« (comp. by the United Nations
War Crimes Commission), (London: The United Nations War
Crimes Commission by His Majesty's Stationery Office, 1948).

Weingartner, James J., »Crossroads of Death. The Story of the Mal-
médy Massacre and Trial« (London etc.: University of California
Press, 1979).

West, Nigel, »Secret War. The Story of SOE. Britain's Wartime Sabotage Organisation« (London etc: Hodder and Stoughton, 1992).

Niederlande

A. Artikel, Kongressreferate, schriftliche Arbeiten und anderes

Admirant, M. den, »Ds. C.B. Holland (1878-1948), een evangelieprediker in Kohlbrugges geest«, in: Ecclesia, no. 17-25 (1995) en
no. 1-4 (1996).

Bastiaans, J., »Scheiding en Rouw«, in: Scheiding en Rouw. (Utrecht: ICODO, 1983), S. 6-15.

Blom, J.C.H., »De Jaren Vijftig en »De Jaren Zestig?«, in: BMGN, 112 (1997), afl. 4, S. 517-528.

Blom, J.C.H., »The Persecution of the Jews in the Netherlands: A Comparative Western European Perspective«, in: European History Quarterly, vol. 19, number 3 (July 1989), S. 333-351.

Daalder, H., »De Tweede Wereldoorlog en de binnenlandse politiek«, in: Politiek en Historie. Opstellen over Nederlandse politiek en vergelijkende politieke wetenschap. (Amsterdam: Bert Bakker 1990), S. 145-160.

Daalder, H., »Zestig jaar Nederland«, in: Politiek en Historie. Opstellen over Nederlandse politiek en vergelijkende politieke wetenschap (Amsterdam: Bert Bakker, 1990), S. 203-258.

Dantzig, A. van, »De tragedie van Putten«, in: De Gids, 132 (1969), 4/5, S. 190-192.

Dantzig, A. van, »De tragedie der Puttenaren«, in: Snippers. Artikelen over psychiatrie en psychotherapie (proefschrift, 1972) S. 22-27.

Dasberg, Lea, »Honing versus Holocaust. De relatie tussen Joodse religie, pedagogische filosofie en identiteit«, in: De Joodse na-oorlogse generatie in Nederland. (Utrecht: ICODO 1984), S. 24-35.

Domburg, F. van, »De Stichting 1940-1945 en de Wet Buitengewoon Pensioen«, in: 40-45, Contactblad Stichting 1940-1945 (no. 3, 1997), S. 10-15.

Freud, Sigmund, »De toekomst van een illusie« (oorspr. Die Zukunft einer Illusion, 1927), in Peter Gay (inl.), De draagbare Freud (Amsterdam: Prometheus, 1991), S. 171-221.

Ganswijk-Holland, A.M. van, »Dominee C.B. Holland. Een biografische schets«, in: Licht en leiding. 18 meditaties van wijlen Ds. C.B. Holland (Huizen, N.-H.: J. Bout, 1984).

Gerritsma, H. en F.E.G. Wissink, »Van gezelschap tot genootschap. Herinneringen aan de beginjaren«, in: A. Stufkens (red.), Andere kamers in het huis van Freud. Vijftig jaar Nederlands Psychoanalytisch Genootschap (Amsterdam Boom, 1997).

Griffiths, R.T., »De tweede wereldoorlog«, in: J.L. van der Zanden en R.T. Griffiths, Economische geschiedenis van Nederland in de 20e eeuw (Utrecht: Het Spectrum, 1989), S. 176-178.

Haan, Ido de, »Openbaar leedwezen. Over de betekenis van het vervolgingstrauma«, in: Psychologie en Maatschappij, no. 73 (1995), S. 329-350.

Have, W. ten, »De geschiedschrijving over crisis en verzuiling«, in: W.W. Mijnhardt (red.), Kantelend geschiedbeeld. Nederlandse historiografie sinds 1945. (Utrecht/Antwerpen: Het Spectrum, 1983), S. 256-289.

Jeß, Ulrich, »Das Außenkommando des Konzentrationslagers Neuengamme in Ladelund und vierzig Jahre gegenwärtiger Geschichte in den Dörfern Putten und Ladelund«, in: Jahrbuch Geest 34 (1986), S. 56-74.

Kaas, A.J.W., »Over de psychologie der politieke gevangenen in het concentratiekamp«, in: De Nieuwe Stem, jrg. 1 (1946), S. 409-422.

Keizer, Madelon de, »De moeizame destalinisatie van de CPN-geschiedschrijving«, in: Socialisme en Democratie, jrg. 44, nr. 1, 1987, S. 30-36.

Keizer, Madelon de, »The Skeleton in the Closet: The memory of Putten, 1/2 October 1944«, in: History and Memory. Studies in the Representation of the Past, Vol. 7, No. 2 Fall/Winter 1996, S. 70-99.

Klemann, H.A.M., »De Nederlandse economie tijdens de Tweede Wereldoorlog«, in: Tijdschrift voor Geschiedenis, 110 (1997), S. 3-40.

Knibbe, Merijn T., »De Nederlandse landbouw tijdens de Tweede Wereldoorlog. Een reactie op het artikel ›De Nederlandse economie tijdens de Tweede Wereldoorlog‹ van Hein A.M. Klemann?«, in: Tijdschrift voor Geschiedenis, 111 (1998), S. 75-94.

Kossmann, E.H., »Commentaar«, in: D. Barnouw, M. de Keizer en G.P. van der Stroom (red.), 1940-1945: Onverwerkt verleden? Lezingen van het symposium georganiseerd door het Rijksinstituut voor Oorlogsdocumentatie (Utrecht: HES Uitgevers, 1985), S. 45-50.

Lange, A. de, »Behandeling van rouwproblemen met behulp van direktieve of gedragstherapie«, in: Scheiding en Rouw (Utrecht: ICODO, juni 1983), S. 46-68.

Maaijkens, Els, »Het is als met verliefdheden«, in: Allan, Machteld, en René Moerland, Gesprekken met tijdreizigers (Amsterdam: AUP, 1993), S. 6-17.

Meulenbelt, J., »De ramp van Putten«, in: Onderdrukking en verzet (Arnhem/Amsterdam: Van Loghum Slaterus/Meulenhoff, s.a.[1949]), S. 699-704.

Romijn, P., »The image of collaboration in post-war Dutch society«, in: Bulletin du Comité international d'histoire de la Deuxième Guerre mondiale: 1945: Consequences and Sequels of the Second World War (Paris: CNRS, 1995).

Romijn, P., »De oorlog (1940-1945)«, in: J.C.H. Blom, R.G. Fuks-Mansfeld en I. Schöffer (red.), Geschiedenis van de Joden in Nederland (Amsterdam: Balans, 1995).

Rooden, P. van, »Geschiedschrijving en de secularisatiethese«, in: Etnofoor, IX (1) 1996, S. 83-87.

Rooden, Peter van, »Contesting the Protestant Nation. Calvinists and Catholics in the Netherlands«. In: Etnofoor, VIII (2), 1995, S. S. 15-30

Rümke, H.C., »Late werkingen van psychotraumata (Bijdrage tot de kennis der psychogenie)«, in: Nederlandsch Tijdschrift voor Geneeskunde, jrg. 95, no. 4 (1951), S. 2928-2937.

Swaan, A. de, »De na-oorlogse Joodse generatie en de verwerking van het oorlogsverleden«, in: De Joodse na-oorlogse generatie in Nederland (Utrecht: ICODO, 1984).

Swaan, A. de »Het concentratiekampsyndroom als sociaal probleem«, in: De mens is de mens een zorg. Opstellen 1971-1981 (Amsterdam: Meulenhoff, 1986), S. 140-243.

Tuchel, Johannes, Ulrich Jeß, Das Außenlager des Konzentrationslagers Neuengamme in Ladelund und vierzig Jahre gegenwärtiger Geschichte in den Dörfern Putten und Ladelund. In: Jahrbuch Geest 34 (1986), 56-74), in: Zeitschrift der Gesellschaft für Schleswig-Holsteinische Geschichte (1987).

Tijn, J. van, en Max van Wezel, »Snipperdag, het taaie verzet van achttien kabinetten tegen een vrije dag op 5 mei«, in: Vrij Nederland, jrg. 46, nrs. 3 en 12.

Veer, Peter van der, »The Secular Production of Religion«, in: Etnofoor, VIII (2), 1995, S. 5-14.

Veld In 't N.K.C.A., »Die Widerstandsbekämpfung in Westeuropa« (unveröffentlichter Kongressbeitrag, 1991).

Veldhuijzen, J., De schuilplaats des Allerhoogsten. Prekenserie Genade voor Genade, jrg. 46, nrs. 11 en 12 (oktober 1994).

Verbart, Jeroen, »Civil Society en herstructurering van de verzorgingsstaat«, in: Socialisme en Democratie, jrg. 54, 9 (1997), S. 400.

Vree, Frank van, »De vuile was van het gezag: Dagbladpers en journalistieke cultuur in de jaren vijftig en zestig«, in: Jaarboek Mediageschiedenis 3 (Amsterdam: Stichting Mediageschiedenis, 1991), S. 215-243.

Wielinga, F., »Der Weg zur neuen Nachbarschaft nach 1945«, in: Niedersächsische Landeszentrale für politische Bildung (Hrg.), Die Niederlande und Deutschland. Nachbarn in Europa (Hannover, 1992), S. 124-142.

Wijfjes, Huub, »Tussen de ›avond van Oud‹ en de ›nacht van Schmelzer‹: Politiek en radio in de jaren vijftig en zestig«, in: Jaarboek Mediageschiedenis 3 (Amsterdam: Stichting Mediageschiedenis, 1991), S. 243-265.

B. Bücher

Aalders, G.Ch. en W.H. Gispen, »Het oude testament van verkla-rende aantekeningen voorzien« Deel 2, (Kampen: Kok, 1954).

De Afgescheidenen van 1834 en hun nageslacht (Kampen: Kok, 1984)

Bank, Jan, »Opkomst en ondergang van de Nederlandse Volks beweging« (NVB) (Deventer: Kluwer, 1978).

Barnouw, David, »Van NIVO tot Reichsschule« ('s-Gravenhage, Staatsuitgeverij, 1981).

Becker, J.W., J. de Hart en J. Mens, »Secularisatie en alternatieve zingeving in Nederland. Sociale en Culturele Studies«, nr. 24 (Rijswijk: Sociaal en Cultureel Planbureau, 1997).

Becker, J.W., en R. Vink, »Secularisatie in Nederland 1966-1991. De verandering van opvattingen en enkele gedragingen. Sociaal en Culturele Studies«, no. 19 (Rijswijk: Sociaal en Cultureel Planbureau, 1994).

Belinfante, A.D., »In plaats van Bijltjesdag. De geschiedenis van de Bijzondere Rechtspleging na de Tweede Wereldoorlog« (Assen: Van Gorcum, 1987).

Bieleman, J., (red.), W.R. Foorthuis, F. Keverling Buisman en P. Thissen, »Anderhalve eeuw Gelderse landbouw. De geschiedenis van de Gelderse Maatschappij van Landbouw en het Gelderse platteland« (Groningen: REGIO-PRojekt, 1995).

Blom, J.C.H. en E. Lamberts (red.), »Geschiedenis van de Nederlanden« (Rijswijk: Nijgh en van Ditmar, 1993).

Boer, G., »Jezus in de storm« (Putten 1946).

Boer, Theo de, en Sander Griffioen (red.), »Pluralisme: Cultuurfilosofische beschouwingen« (Meppel/Amsterdam: Boom, 1995).

Boeree, Th.A., »Kroniek van Ede gedurende bezettingstijd: met grepen uit het leven der partisanen« (Ede: Frouws, 1949).

Boeree, Th.M., »Slag bij Arnhem« (Den Haag: Van Cleef, 1949).

Bos, Th.K.N., »Concentratiekampervaringen en coping« (RUU, 1989).

Bosscher, Doeko, »De dood van een metselaar en het begin van de jaren zestig in Nederland« (Groningen: Egbert Forsten, 1992).

Boucher, Florine, Els Kalkman en Dick Schaap, »Woord gehouden. Veertig jaar Stichting 1940-1945« ('s-Gravenhage: Staatsuitgeverij, 1985).

Bouman, P.J., »De April-Mei-stakingen van 1943« ('s-Gravenhage: Martinus Nijhoff, 1950).

Bramsen, Inge, »The Long-Term Psychological Adjustment of World War II Survivors in the Netherlands« (Delft: Eburon Press, 1995).

Brinkgreve, Chr., »Psychoanalyse in Nederland. Een vestigingsstrijd« (Amsterdam: Synopsis, 1984).

Brinkgreve, C., J.H. Onland en A. de Swaan, »Sociologie van de psychotherapie 1: De Opkomst van het Psychotherapeutisch bedrijf« (Utrecht/Antwerpen: Het Spectrum, 1979).

Campen, M. van, »Elke dag een psalm« (Zoetermeer: Boekencentrum, 1994).

Centraal Bureau voor de Statistiek, »Economische en sociale kroniek der oorlogsjaren 1940-1945« (Utrecht: De Haan, 1947).

Centraal Bureau voor de Statistiek, »Jaarcijfers voor Nederland 1943-1946« (Utrecht: De Haan, 1948).

Het proces Christiansen ('s-Gravenhage: Martinus Nijhoff, 1950).

Cloo, Auke en Klaas Friso, »Putten 40 jaar verder« (Putten: Gemeente Putten, 1985).

Cohen, E.A., »Het Duitse concentratiekamp. Een medische en psychologische studie« (Amsterdam: Paris, 1954).

Dantzig, A. van, »Snippers. Artikelen over psychiatrie en psychotherapie« (proefschrift 1972).

Dantzig, A. van, »Psychotherapie. Een vak apart. Opstellen over mogelijkheden en grenzen van psychotherapie« (Boom: Meppel/Amsterdam, 1990).

Deursen, A. Th. van, »Een dorp in de polder. Graft in de zeventiende eeuw« (Amsterdam: Bert Bakker, 1994).

Dresden, S., »Vervolging, vernietiging, literatuur« (Amsterdam: Meulenhoff, 1991).

Dunk, H.W. von der, »Sprekend over identiteit en geschiedenis« (Utrecht/Amsterdam: Prometheus, 1992).

Dunnewind, Arend, Ernst, »RVV Amsterdam. Boek van oorlog en verzet« (Sneek: Brandenburgh en Co, 1978).

Engelsman, A., »Oorlogstrauma's na 45 jaar? Politiek en psychiatrisch ongeduld« (Amsterdam: Van Gennep, 1989).

Fris, A., (samenst.) »Oorlog duurt een leven lang. Een onderzoek naar instituties en wet- en regelgeving inzake de oorlogsgetroffenen, 1945-1990« (Pivot-rapport nr. 3, 's-Gravenhage).

Friso, K., »Putten 1940/1945. Kroniek« (Barneveld: BDU, 1990).

Friso, K., »Een historische zwerftocht door het landschap van Putten« (Barneveld: BDU, 1988).

Friso, K., »Als daar met moord en brand...« Een beschrijving van de gebeurtenissen in Putten op 1 en 2 oktober 1944 (Putten: Bureau Voorlichting der gemeente, s.a. [1986]).

Galema, A., B. Henkes en H. te Velde, »Images of the Nation. Different meanings of Dutchness 1870-1940« (Amsterdam: Rodopi, 1993).

449

Galesloot, H., en S. Legêne, »Partij in het verzet. De CPN in de tweede wereldoorlog« (Amsterdam: Pegasus, 1986).

75 jaar Gereformeerde Bond in de Nederlandse Hervormde Kerk. gezegd-geschreven (Maassluis: Gereformeerde Bond in de N.H. Kerk, 1981).

Goudsblom, J., »Het regime van de tijd« (Amsterdam: Meulenhoff, 1997).

Groen, Koos, »Landverraders, wat deden we met ze?« Een documentaire over de bestraffing van NSB'ers en kollaborateurs en de zuivering van pers, radio, kunst en bedrijfsleven na de tweede wereldoorlog (Baarn: In den toorn, 1974).

Groen, Koos, en Willem G. van Maanen, »Putten op de Veluwe. Het spoor terug naar de tragedie van 1944« (Zutphen: De Walburg Pers, 1977).

Het grote gebod. Gedenkboek van het verzet in LO en LKP (Kampen: Kok / Bilthoven: Nelissen, 2de dr. 1951).

Haan, Ido de, »Zelfbestuur en staatsbeheer. Het politieke debat over burgerschap en rechtsstaat in de twintigste eeuw« (Amsterdam: Amsterdam University Press, 1993).

Harmsen, G., »Rondom Daan Goulooze. Uit het leven van kommunisten« (Nijmegen: SUN, 1980).

Harmsen, G., »Nederlands kommunisme. Gebundelde opstellen« (Nijmegen: SUN, 1982).

Hellendoorn, E.I.E., »Een jeugd in Putten 1942-1946« (Medemblik: Hellendoorn, 1991).

Hoek, J., »Verzoening – daar draait het om« (Zoetermeer: Boekencentrum, 1998).

Huizing, Bert, en Koen Aartsma, »De zwarte politie 1940-1945« (Weesp: De Haan, 1986).

Jaarverslag Rijksinstituut voor Oorlogsdocumentatie 1947 ('s-Gravenhage, Staatsuitgeverij 1948).

Jager, G. de, »Zich sterken in God.« Predikatie uitgesproken in de Geref. Kerk te Putten op Zondag 27 Mei 1945 ter herdenking van de ramp van Putten waarin tevens een overzicht der gebeurtenissen gegeven wordt (Ermelo: Bolhuis, 1945).

Jong, L. de, »Het Koninkrijk, 10B« (resp. 's-Gravenhage, Martinus Nijhoff, 1981/1982).

Jonge, A.A. de, »Het communisme in Nederland. Geschiedenis van een politieke partij« (Den Haag: Kruseman, 1972).

Kas, Jan en Brand Overeem, »Geloven op de Veluwe« (Baarn: Fontein, 1997).

Keizer, Madelon de, »De gijzelaars van Sint Michielsgestel. Een eliteberaad in oorlogstijd« (Alphen aan den Rijn: Sijthoff, 1979).

Keizer, Madelon de, »Het Parool 1940-1945. Verzetsblad in Oorlogstijd« (Amsterdam: Cramwinckel, 1991).

Kennedy, James C., »Nieuw Babylon in aanbouw. Nederland in de jaren zestig« (Amsterdam/Meppel: Boom: 1997).

Kievit, L, »Een goede raad en Een groote troost« (Putten: H.B. Amsing, 1945).

Kirschen, G.-S., »Six Amis viendront ce soir« (Brussel, z.d. 1946).

Kirschen, Gilbert-Sadi, »Zes vrienden komen hedenavond« (London/Brussels: Nicholson and Watson, 1946).

Kok, René et al. (red. en samenst.) »Nederland en de Tweede Wereldoorlog« (Zwolle: Waanders, 1989-1991), afl. 53

Koning, M.E.L. de, en F.M. Mijnlieff, »In de pers...«. Politiek in Nederland 1965-1975. Onlusten in Amsterdam, 1965-1967 (Den Haag: SDU, 1991).

Kossmann, E.H., »De Lage Landen 1780-1980. Twee Eeuwen Nederland en België (1914-1980)« (Amsterdam/Brussel: Elsevier, 1986).

Kuik, B.A. van, »Harderwijk in oorlogstijd. Kroniek van alle gebeurtenissen in de bezettingsjaren 1940-1945« (Harderwijk: Flevo, 1946).

Kuitert, H.M., »De spelers en het spel« (Baarn: Ten Have: 1981).

Lagrou, Pieter, »Heroes, Martyrs, Victims. A Comparative Social History of the Memory of World War II in France, Belgium and the Netherlands, 1945-1965« (s.l.: s.n., 1996).

Mak, Geert, »Hoe God verdween uit Jorwerd« (Amsterdam/Antwerpen: Atlas: 1996).

Meiden, Anne van der, »De zwarte kousen kerken«. Bevindelijk heroverwogen portret (Baarn: Ten Have, 1993).

Michman, Jozeph Hartog Beem en Dan Michman, Pinkas, »Geschiedenis van de joodse gemeenschap in Nederland« (Ede/Antwerpen: Kluwer, 1992).

Müller, Dieter Alpheo, »Und Gott wird trocknen alle Tränen: Geschichte einer Deportation: ein Dokumentarischer Roman« (Köln: Kiepenheuer und Witsch, 1983).

Neij, R., »De organisatie van het Maatschappelijk Werk« (Zutphen: De Walburg Pers, 1989).

Nota Jeugdvoorlichtingsbeleid WO II - heden. Verantwoording en voornemens. (Den Haag, april 1991).

Pauw, J.L. van der, »Guerilla in Rotterdam. De paramilitaire verzetsgroepen 1940-1945« ('s-Gravenhage: SDU, 1995).

Peereboom Voller, D.H., »Distributiewetgeving in Nederland« (proefschrift, Amsterdam, 1945).

Perry, J., P.J. Knegtmans, D.F.J. Bosscher et al., »Honderd jaar sociaal-democratie in Nederland 1894-1994 SDAP PvdA« (Amsterdam: Bert Bakker, 1994).

Ridderbos, Jan, »Strijd op twee fronten. Schilder en de gereformeerde »elite« in de jaren 1933-1945 tussen aanpassing, collaboratie en verzet op kerkelijk en politiek terrein« (Kampen: Kok, 1995).

Righart, Hans, »Politieke cultuur: een omgevingsverkenning« (Meppel etc.: Boom, 1989).

Righart, Hans, »De eindeloze jaren zestig. Geschiedenis van een generatieconflict« (Amsterdam/Antwerpen: De Arbeiderspers, 1995).

Roever, E. de, »Zij sprongen bij maanlicht. De geschiedenis van het Bureau Bijzondere Opdrachten en de agenten, Londen 1944-1945« (Baarn: Hollandia, 1985).

Romijn, P., Snel, »Streng en Rechtvaardig. De bestraffing en reclassering van »foute« Nederlanders als probleem in de Nederlandse politiek, 1945-1955« (Houten: De Haan, 1989).

Rooden, Peter van, »Religieuze regimes. Over godsdienst en maatschappij in Nederland, 1570-1990« (Amsterdam: Bert Bakker, 1996).

Roon, G. van, »Nederland en Duitsland 1933-1941« (Utrecht/Antwerpen: Spectrum).

Rossem, Maarten van, Ed Jonker en Luuc Kooijmans, »Een tevreden natie. Nederland van 1945 tot nu« (Baarn: Trion, 1993).

Ruig, P. de, »De godvrezende die in zijn lijden struikelt« (9 september 1945).

Ruig, P. de, »Als een, die zijn moeder troost, alzoo zal ik U troosten« (Putten: H.B. Amsing, 1945).

Sijes, B.A., »De razzia van Rotterdam« ('s-Gravenhage: Martinus Nijhoff, 1951).

Sijes, B.A., »De Februari-staking, 25-26 februari 1941« ('s-Gravenhage: Martinus Nijhoff, 1954).

Sliedregt, J., van »Ontdekking en Vertroosting« (Huizen, N.H., J. Bout, 1955).

Smit, J., »Sterkte ... in God« (1969).

Spong, Gerard, »Leugens om bestwil« (Amsterdam: Balans, 1997).

Swaan, A. de, »Zorg en de staat« (Amsterdam: Bert Bakker, 1993).

Tilanus, Louk, »De beeldhouwer Mari Andriessen« (Weesp: De Haan, s.a. [1984]).

Touw, H.C., »Het verzet der Hervormde Kerk« ('s-Gravenhage, 1946).

Trienekens, G., »Voedsel en honger in oorlogstijd 1940-1945. Misleiding, mythe en werkelijkheid« (Utrecht etc.: Kosmos, 1995).

Veld, In 't N.K.C.A., (inl. en uitg.) »De SS en Nederland. Documenten uit SS-archieven 1935-1945, dl. I en II« ('s-Gravenhage: Martinus Nijhoff, 1976).

Verrips, G., »Dwars, duivels en dromend. De geschiedenis van de CPN 1938-1991« (Amsterdam: Balans, 1995).

Verrips, Jojada, »En boven de polder de hemel. Een antropologische studie van een Nederlands dorp 1850-1971« (proefschrift, Amsterdam, 1977).

Verrips-Roukens, Kitty, »Over heren en boeren. Een Sallands landgoed 1800-1977« ('s-Gravenhage: Martinus Nijhoff, 1982).

Het verslag van de verrichtingen gedurende het jaar 1946 van het ministerie van Sociale Zaken ('s-Gravenhage: Staatsdrukkerij en uitgeverijbedrijf, 1947).

Vos, Chris, »Televisie en Bezetting. Een onderzoek naar de documentaire verbeelding van de Tweede Wereldoorlog in Nederland« (Hilversum: Verloren, 1995).

Vries, P.H.H., »Verhaal en betoog. Geschiedbeoefening tussen postmoderne vertelling en sociaal-wetenschappelijke analyse« (Leiden: Centrum voor Moderne Geschiedenis, 1995).

Vuijsje, Herman, »Correct. Weldenkend Nederland sinds de jaren zestig« (Amsterdam/Antwerpen: Contact, 1997).

Wielinga, F. en Jürgen C. Hess, »Duitsland in de Nederlandse pers – altijd een probleem? Drie dagbladen over de Bondsrepubliek Duitsland 1969-1980« (Den Haag, 1982).

Wielinga, F., »West-Duitsland: partner uit noodzaak. Nederland en de Bondsrepubliek 1949-1955« (Utrecht: Aula, 1989).

Wijk-Sluyterman, M.H. van (samenst.), »Putten te boek gesteld. Bibliografie van Putten op de Veluwe« (Putten: Puttens Historisch Genootschap, 1997).

Winkelman, P.H., »Heusden. Geteisterd en bevrijd« ('s-Gravenhage: Martinus Nijhoff, 1950).

Withuis, Jolande, »Opoffering en heroiek. De mentale wereld van een communistische vrouwenorganisatie in naoorlogs Nederland 1946-1976« (Meppel/Amsterdam: Boom, 1990).

Woltjer, J.J., »Recent verleden. De geschiedenis van Nederland in de Twintigste Eeuw.« (Amsterdam: Balans, 1992).

II. GESCHICHTE, ERINNERUNG, IDENTITÄT

International

A. *Artikel, Kongressreferate, schriftliche Arbeiten und anderes*

Anderson, Benedict, »Memory and Forgetting«, in: Imagined Communities. Reflections on the Origin and Spread of Nationalism (London/New York: Verso, 1991 rev.ed.), S. 187-206.

Bartov, Omer, »Intellectuals on Auschwitz: Memory, History and Truth«, in: History and Memory 5, No. 1 (Spring/Summer 1993).

Bartov, Omer, »Wem gehört die Geschichte? Wehrmacht und Geschichtswissenschaft«, in: Hannes Heer und Klaus Naumann (Hrg.), Vernichtungskrieg. Verbrechen der Wehrmacht 1941 bis 1944 (Hamburg: Hamburger Edition, 1995), S. 601-619.

Bästlein, Klaus, »Opdat het nageslacht het wete«. Neue Publikationen und eine Ausstellung zum KZ Ladelund, in: Nordfriesland 71, (18) / 3. Heft (September 1984), S. 69-71.

Benz, Wolfgang, »Zum Umgang mit der nationalsozialistischen Vergangenheit in der Bundesrepublik«, in: Danyel, Jürgen (Hrg.), Die geteilte Vergangenheit: Zum Umgang mit Nationalsozialismus und Widerstand in beiden deutschen Staaten (Berlin: Akademie Verlag, 1995), S. 47-61.

Bodnar, John, »Power and Memory in Oral History: Workers and Managers at Studebaker, in: The Journal of American History, Vol. 75 (March 1989), S. 1201-1221.

Chaumont, J.M., »Naar gelijkheid van vorm en inhoud van de »Herinneringscentra«, in: Driemaandelijks Tijdschrift van de Stichting Auschwitz, no. 35 (januari-maart 1993), S. 69-75.

Davis, Natalie Zemon and Randolph Starn, »Introduction to Memory and Counter memory«. In: Representations 26 (Spring 1989), S. 1-6.

Distel, Barbara, »Überleben. Erinnern nach einem halben Jahrhundert«, in: Wolfgang Benz und Barbara Distel (Hrg.), Orte der

Erinnerung 1945 bis 1995. Dachauer Hefte, 11 (1995), S. 160-167.

Frisch, Michael, »American History and the Structures of Collective Memory: A Modest« Exercise in Empirical Iconography, in: The Journal of American History, Vol. 75 (March 1989), S. 1131-1155.

Gerstenberger, Friedrich, »Strategische Erinnerungen. Die Memoiren deutscher Offiziere«, in: Hannes Heer und Klaus Naumann (Hrg.), Vernichtungskrieg. Verbrechen der Wehrmacht 1941 bis 1944 (Hamburg: Hamburger Edition, 1995), S. 620-627.

Gillis, John R., »Remembering Memory: A Challenge for Public Historians in a Post National Era«, in: The Public Historian, Vol. 14, No. 4 (Fall 1992), S. 91-101.

Grazia, Victoria de, and Leonardo Paggi, »Story of an Ordinary Massacre: Civitella della Chiana, 29 June 1944«, in. Cardozo Studies in Law and Literature, Fall 1991, Vol. III, No. 2, S. 153-197.

Graml, H., »Die verdrängte Auseinandersetzung mit dem Nationalsozialismus«, in: M. Broszat (Hrg.), Zäsuren nach 1945. Essays zur Periodisierung der deutschen Nachkriegsgeschichte (München, 1990).

Hagopian, Patrick, »Oral Narratives: Secondary Revision and the Memory of the Vietnam War«, in: History Workshop Journal, 32, 1991, S. 134-150.

Laborie, Pierre, »Opinion et représentations: la Libération et l'image de la Résistance«, in: Revue d'histoire de la deuxième guerre mondiale et des conflits contemporains, 33, no. 131, juillet 1983.

Leppien, Jörn-Peter, »Das waren keine Menschen mehr ...«, Aus der Chronik der Kirchengemeinde – Pastor Johannes Meyer über das Konzentrationslager Ladelund 1944 (Sonderdruck aus Grenzfriedenshefte, 3 (1983).

Leppien, Jörn-Peter, »Das KZ Ladelund 1944 – Zur Konzeption einer Ausstellung«, in: Grenzfriedenshefte, 2 (1984), S. 123-132.

Magazin littéraire, nr. 307 (Février 1993), Dossier »La nouvelle histoire de France. Les lieux de mémoire«, S. 16-57.

Maier, Charles S., »A Surfeit of Memory? Reflections on History, Melancholy and Denial« (Paper for the Tenth Anniversary Conference of the Fortunoff Video Archive for Holocaust Testimonies, Yale University, October 25, 1992).

Nora, Pierre, »Between Memory and History: les Lieux de Mémoire«, in: Representations 26 (Spring 1989), S. 7-25.

Paggi, Leonardo, »In Memory: The Meaning of Nazi Atrocities in Post-Cold War Europe« (Proposal for an International Conference to Commemorate the Fiftieth Anniversary of the Massacre of Civitella della Chiana, June 29, 1944) (University of Modena and Rutgers Center for Historical Analysis, s.d.).

Richter, Harald, »Wir haben das Selbstverständliche getan. Ein Außenlager des KZ Neuengamme bei uns in Ladelund, Gräber auf unserem Friedhof und Erfahrungen, für die wir dankbar sind.«, in: Detlev Garbe (Hrg.), Die vergessenen KZs? Gedenkstätten für die Opfer des NS-Terrors in der Bundesrepublik (Bornheim-Merten: Lamuv Verlag, 1983) S. 121-143.

Rosenfeld, Alvin H., »Popularization and Memory: The Case of Anne Frank«, in: Peter Hayes (Ed.), Lessons and Legacies. The Meaning of the Holocaust in a Changing World (Evanston, Illinois: Northwestern University Press, 1991), S. 243-278.

Rosenthal, Gabriele, »Vom Krieg erzählen, von den Verbrechen schweigen«, in: Hannes Heer und Klaus Naumann (Hrg.), Vernichtungskrieg. Verbrechen der Wehrmacht 1941 bis 1944 (Hamburg: Hamburger Edition, 1995), S. 651-663.

Schwartz, Barry, »The Social Context of Commemoration: A Study in Collective Memory«, in: Social Forces, Vol. 61, No. 2 (December 1982) (North Carolina: Chapel Hill).

Todorov, Tzvetan, »La mémoire devant l'histoire«, in: Terrain, 25 (septembre 1995), S. 101-112.

White, Hayden, »Introduction to the Conference about History and memory in European Romanticism«, ed. Carolyn Springer, Stanford Literature Review, Vol. 6, No. 1 (Spring 1989).

B. Bücher

Amin, Shahid, »Event, Metaphor, Memory: Shauri Chaura 1922-1992« (Berkeley: University of California Press, 1995).

Assmann, Jan, »Das kulturelle Gedächtnis. Schrift, Erinnerung und politische Identität in frühen Hochkulturen« (München, 1992).

Bartlett, F.C., »Remembering. A Study in Experimental and Social Psychology« (Cambridge: Cambridge University Press, 1932).

Berger, Sherna, Gluck and Daphne Patai »Womens' Words. The Feminist Practice of Oral History« (New York, London: Routledge, 1991).

Bodnar, John, »Remaking America: Public Memory, Commemoration, and Patriotism in the Twentieth Century« (Princeton: Princeton, University Press, 1992).

Bouwsma, William J., »A Usable Past. Essays in European Cultural History« (Berkeley etc.: University of California Press, 1990).

Butler, Thomas (Ed.), »Memory: History, Culture and the Mind« (Oxford: Blackwell, 1989).

Connerton, Paul, »How Societies Remember« (Cambridge: Cambridge Unversity Press, 1989).

Danyel, Jürgen (Hrg.), »Die geteilte Vergangenheit: Zum Umgang mit Nationalsozialismus und Widerstand in beiden deutschen Staaten« (Berlin: Akademie Verlag, 1995).

Duras, Marguerite, »La Douleur« (Paris: Gallimard, 1985).

Farmer, Sarah, »Oradour: Arrêt sur mémoire« (Paris: Calmann-Lévy, 1994).

Felman, Shoshana and Dori Laub, »Testimony. Crisis of Witnessing in Literature, Psychoanalysis, and History« (London/New York: Routledge, 1992).

Fentress, James and Chris Wickham, »Social Memory« (Oxford, UK/Cambridge, USA: Blackwell, 1992).

Finkielkraut, Alain, »Remembering in Vain: The Klaus Barbie Trial and Crimes against Humanity« (Berkeley: Columbia University Press, 1992).

Frei, Norbert, »Vergangenheitspolitik. Die Anfänge der Bundesrepublik und die NS-Vergangenheit« (München: Beck, 1996).

Funkenstein, Amos, »Perceptions of Jewish History« (Berkeley: University of California Press, 1993).

Gillis, John R. (Ed.), »Commemorations. The Politics of National Identity« (Princeton: Princeton University Press, 1994).

Goff, Jacques, »Le Histoire et mémoire« (Paris: Gallimard, 1988).

Guillon, Jean-Marie, et Pierre Laborie (dir.), »Mémoire et Histoire: La Résistance« (Toulouse: Éditions Privat, 1995).

Halbwachs, Maurice, »The Collective Memory« (New York: Harper and Row, 1980).

Halbwachs, Maurice, »Les cadres sociaux de la mémoire« (Paris: Presses Universitaires de France, 1925).

Hartman, Geoffrey H., »Holocaust Remembrance. The Shapes of Memory« (London: Blackwell, 1993).

Hayes, Peter (Ed.), »Lessons and Legacies. The Meaning of the Holocaust in a Changing World« (Evanston, Illinois: Northwestern University Press, 1991).

Hobsbawm, Eric and Terence Ranger, »The Invention of Tradition« (New York, Cambridge University Press, 1983/ Canto edition: 1992).

Hutton, Patrick H., »History as an Art of Memory« (Hannover/London: University of Vermont, 1993).

Johnston, William M., »Celebrations: the Cult of Anniversaries in

Europe and the United States today« (New Brunswick, NJ: Transaction Publishers, 1991).

Jonker, Gerdien, »The Topography of Remembrance. The Dead, Tradition and Collective memory in Mesopotamia« (Leiden: Brill, 1995).

Kammen, Michael, »Mystic Chords of Memory. The Transformation of Tradition in American Culture« (New York: Knopf, 1991)

Krockow, Chr. Graf von »Die Deutschen vor ihrer Zukunft« (Berlin: Rowohlt, 1993).

Küchler, Susanne and Walter Melion (Eds.), »Images of Memory. On Remembering and Representation« (Washington/London: Smithonian Institution Press, 1991).

Langer, Lawrence L., »Holocaust Testimonies. The Ruins of Memory« (New Haven/London: Yale University Press, 1991)

Levi, Primo »Le Devoir de la Mémoire« (Paris: Éditions Mille et une nuits, 1995).

Lorenzen, Olde, »Macht ohne Moral«. Vom KZ Husum-Schwesing zum Mahnmal für die Opfer (Heide: Boyens & Co, 1994).

Lowenthal, David, »The Past is a Foreign Country« (New York: Cambridge University Press, 1985).

Maier, Charles S., »The Unmasterable Past: History, Holocaust, and German National Identity« (Cambridge: Harvard University Press, 1988).

Middleton, David and Derek Edwards (Eds.), »Collective remembering« (London, etc., 1990).

Nora, Pierre, (dir.), »Les Lieux de mémoire. I: La République« (Paris: Gallimard, 1984). »Entre Mémoire et Histoire. La Problématique des lieux«, XVI-XLII.

Nora, Pierre, (dir.), »Les Lieux de Mémoire. II: La Nation« (Paris: Gallimard, 1986).

Platt, Kristin, und Mihran Dabag, »Generation und Gedächtnis. Erinnerungen und kollektive Identitäten« (Opladen: Leske und Budrich, 1995).

Reichel, Peter, »Politik mit der Erinnerung. Gedächtnisorte im Streit um die nationalsozialistische Vergangenheit« (München/Wien: Carl Hanser, 1995).

Rosenthal, Gabriele, »Erlebte und erzählte Lebensgeschichte. Gestalt und Struktur biographischer Selbstbeschreibungen« (Frankfurt/New York: Campus Verlag, 1995).

Roth, Michael S., »The Ironist's Cage. Memory, Trauma, and the Construction of History« (New York, Columbia University Press, 1995).

Rousso, Henry, »The Vichy Syndrome. History and Memory in France since 1944« (Cambridge, Mass.: Harvard University Press, 1991).

Samuel, Raphael and Paul Thompson, »The Myths We Live By« (London/New York: Routledge, 1990).

Samuel, Raphael, (Ed.), »Patriottism: The Making and Unmaking of British National Identity« (Routledge, 1989).

Schacter, Daniel L., »Searching for Memory. The Brain, the Mind, and the Past« (New York: Harper Collins, 1996).

Thompson, Paul, »The Voice of the Past« (Oxford/New York: Oxford University Press, second edition, 1992).

Wielinga, Friso, »Schaduwen van de Duitse geschiedenis« (Amsterdam [etc.]: Boom, 1993).

Winter, Jay, »Sites of Memory, Sites of Mourning. The Great War in European Cultural History« (New York, Cambridge University Press, 1995).

Niederlande

A. Artikel, Kongressreferate, schriftliche Arbeiten und anderes

Alphen, Ernst van »Armando's oorlog«, in: Feit en Fictie, I, no. 1 (voorjaar 1993), S. 109-125.

Bank, Jan, »De dramatisering van de nacht van Schmelzer: Televisie en politiek rondom 1966«, in: Jaarboek Mediageschiedenis 3 (Amsterdam: Stichting Mediageschiedenis, 1991), S. 265-287.

Blom, J.C.H, »Het leed, de vastberadenheid en de mooie vrede«, in: NRC/Handelsblad, 30/1/1993.

Caris, Yvon, »De Brabantse Dag te Heeze«, in: Jeremy Boissevain, Feestelijke vernieuwing in Nederland? (Amsterdam: Cahiers van het P.J. Meertens-Instituut, nr. 3 (1991)), S. 41-59.

Ensel, Remco, »Held voor één dag: de 1 april-viering in Brielle«, in: Jeremy Boissevain, Feestelijke vernieuwing in Nederland? (Amsterdam: Cahiers van het P.J. Meertens-Instituut, nr. 3 (1991)), S. 27-41.

Fuks-Mansfeld R.G., »Omzien in verbijstering. Het dilemma van de geschiedschrijving over de holocaust«, in: Nexus, nr. 3 (1992), S. 91-103.

Graaf, Beatrice, de »Praktikumsbericht 2. September - 2. Dezember 1996« (RUU, 1996).

Haan, Ido de, »The Invention of a National Trauma« (paper gepresenteerd op de conferentie »Memory and the Second World War«,

Amsterdam, 26-28 april 1995).

Jong, L., de, »Anno 1985«, in: Het Koninkrijk der Nederlanden in de Tweede Wereldoorlog. XII (Leiden: Martinus Nijhoff, 1988), S. 1-84.

Leydesdorff, Selma, »Helden en slachtoffers, een marginale mythe«, in: Etnofoor, jrg. 6, no. 1 (1993), S. 95-113.

Mulisch, Harry, »We rouwen ook om naderend einde van Rouwen«, in: NRC/Handelsblad, 5 mei 1992.

Sas, N.C.F. van, »De vaderlandse herinnering«. NRC/Handelsblad, 16/1/1993.

Swaan, A. de, »De maatschappelijke verwerking van oorlogsverledens«, in: J. Dane (red.), Keerzijde van de bevrijding (s.l. [Utrecht]: ICODO, 1984), S. 54-66.

Swaan, A. de, »De na-oorlogse Joodse generatie en de verwerking van het oorlogsverleden«, in: De Joodse na-oorlogse generatie in Nederland. (Utrecht, ICODO, 1984), S. 10-18.

Swaan, Abram, »Identificatie in uitdijende kring«, in: Amsterdams Sociologisch Tijdschrift, jrg. 20, nr. 3, januari 1994, S. 6-24.

Vermolen, Julika, »De vierde en de vijfde mei: Herinnering aan en herdenking van de Tweede Wereldoorlog«, in: Zesde jaarboek van het Rijksinstituut voor Oorlogsdocumentatie (Zutphen: Walburg Pers, 1995) S. 87-122.

Verrips, »De relatie tussen de CPN en de Raad van Verzet«, in: Achtste Jaarboek van het Rijksinstituut voor Oorlogsdocumentatie (Zuthen: Walburg Pers, 1997).

Vree, F. van, »Beelden van de oorlog. Wetenschap, mythen en taboes«, in: Argus, jrg. 1, no. 1 (1992).

Vree, Frank van, »Mirrors of Virtue. Changing Images of the Nazi Occupation of the Netherlands« (ongepubl. paper, 1993).

Vries, Marina de, »Twee minuten stilstaan bij de doden. De betekenenis van de Overveense Stille Tocht in de jaren tachtig«, in: Jeremy Boissevain, Feestelijke vernieuwing in Nederland? (Amsterdam: Cahiers van het P.J. Meertens-Instituut, nr. 3 (1991)), S. 15-27.

Walt van Praag, H.M., »Bevrijding van Sandbostel«, in: Jaarverslag van de Stichting oktober 44 (1993), S. 37-40.

Wielinga, F,. »Sensibilität und Verwundbarkeit. Die Niederlande und die deutsche Frage«, in: Rainer Fremdling, H. Lodder u.a. (Hrg.), Die überwundene Angst? Die neun Nachbarländer und die deutsche Einheit (Düsseldorf, 1992), S. 11-33.

Withuis, Jolande, »Het verhaal van de een en het zwijgen van de ander«, in: Vier wijzen van omzien. Hulpverlening voor oorlogsgetroffenen in perspectief (Assen: Van Gorcum, 1994).

Anbeek, T., »Na de oorlog. De Nederlandse roman 1945-1960« (Amsterdam: De Arbeiderspers, 1986).

Bank, Jan, »Oorlogsverleden in Nederland. Inaugurele rede« (Baarn: Ambo, 1983).

Barnouw, David, Madelon de Keizer en Gerrold van der Stroom (red.), »1940-1945: Onverwerkt verleden?« (Utrecht, HES Uitgevers, 1985).

Boissevain, Jerem, »Feestelijke vernieuwing in Nederland?« (Amsterdam: Cahiers van het P.J. Meertens-Instituut, nr. 3 (1991)).

Dubois, A., »De muren spreken« (Den Haag: Voorhoeve, s.a. [1946]).

Haan, Ido de, »Na de ondergang. De herinnering aan de jodenvervolging in Nederland« (1945-1995) (Den Haag: Sdu Uitgevers, 1997).

Hemelrijk, J., »Er is een weg naar de vrijheid. Zeven maanden concentratiekamp« (Zeist: De Haan/Standaard, Antwerpen, 1965).

Jaarverslagen van de, »Stichting Oktober 44« (Putten: Stichting Oktober 44, 1981-1997).

De Joodse na-oorlogse generatie in Nederland. (Utrecht: ICODO, 1984).

Leppien, J.-P., »Vergeben – nicht vergessen / Vergeven – nooit vergeten: Jannes Priem en Willem Torsius« (Ladelund: s.n. 1995).

Leydesdorff, S., »Het water en de herinnering. De Zeeuwse watersnoodramp« (Amsterdam: Meulenhoff, 1993).

Mulder, Dirk en Ben Prinsen, »Bronnen van herinnering Westerbork Cahiers I« (Assen etc.: Van Gorcum, 1993).

Schramm, D.H. en C. Geljon, »Overal sporen. De verwerking van de Tweede Wereldoorlog in literatuur en kunst« (Amsterdam: VU Uitgeverij, 1990).

Tuinier, J.D., »Herinneren voor de Toekomst. De relatie Tweede Wereldoorlog-Heden« (APS, Amsterdam, 1993).

De Wind, E., »Confrontatie met de dood. Psychische gevolgen van vervolging« (Utrecht: ICODO, 1993).

Wouters, Tj., »Het Drama van Putten. Terreur over een Nederlands dorp. October 1944« (Laren N.H.: Uitg. De Nieuwe Tijd, z.d. [1948/49]).

BILDNACHWEIS

in der Reihenfolge der Abbildungen

Fotoarchiv Gemeinde Putten
Fotoarchiv Gemeinde Putten
Fotoarchiv Gemeinde Putten
Fotoarchiv Gemeinde Putten
Aus: M. van Hoogenhuyze und F. Montens, *Jo Bezaan. Grafisch
    werk* (Leiden: De bange duivel, 1977), S. 171
Fotoarchiv Gemeinde Putten
Aus: K. Friso, *Putten 1940/1945*, S. 144
Fotoarchiv Gemeinde Putten
Fotoarchiv »Kerkvoogdij Hervormde Gemeente Putten«
Fotoarchiv Niederländisches Eisenbahnmuseum in Utrecht
NIOD
NIOD
NIOD, copyright Anefo
Aus: Tj. Wouters, *Het drama van Putten* (Laren: De nieuwe tijd,
1948), S. 309 (mit Dank an J. Arnold, Verlag Thieme in Zutphen)
NIOD, copyright Anefo
NIOD, copyright Anefo
Quelle: K. Friso, *Putten 1940/1945*, S. 148-149
Fotoarchiv Gemeinde Putten
Aus: K. Friso, *Putten 1940/1945*, S. 80
CABR, Justizministerium, Dossier Fullriede, Protokoll Kuilman,
    24. März 1947
Aus: Fotoalbum »Stiftung Oktober 44«, copyright Nationaal Foto
    Persbureau
Aus: Sammlung K. Friso
Fotoarchiv »Kerkvoogdij Hervormde Gemeente Putten«
NIOD, copyright Anefo
NIOD, copyright IPO
Aus: Panorama, 3. Oktober 1964
Aus: Panorama, 3. Oktober 1964

Aus: Sammlung K. Friso
Aus: Sammlung K. Friso
Aus: Fotoalbum »Stiftung Oktober 44«, copyright Nationaal
      Foto Persbureau
Fotoarchiv Gemeinde Putten
Fotoarchiv Gemeinde Putten
Fotoarchiv Gemeinde Putten

PERSONENINDEX

Losenoord, E. van 53, 173, 175f., 205, A14, A62, A63
Lubbersen, D. 174, 200, A220

Maanen, W.G. van 361ff., 367ff., 389, A429
Meiling, C. en D.J. 40, 63, 186, 194f., 200f., 204, 302, A25, A170, A220
Meulenbelt, J. A69
Meyer, J. 327ff., 344, 348f., 380ff., A372, A373, A380, A385, A387, A389, A391, 398
Mulder, W. 245f., 257, A237
Müller, W.W. 86, 89, A51, A52, A57

Naumann, A.P.H.G. 155, 157, 160, 163, A144
Neervoort, D.HC. 34, 46
Netzer, W. von 337, A373
Numan, G.J. 59, 68ff., 74, 76, 273, 291, 304, 307ff., 370, A18, A27, A30, A33, A307, A347

Onstenk, H.Th. 31f., 36, 102f., A237, A309
Oosterbroek P. 67, 76, 252, 254, 257ff., 269ff., 273ff., 277f., 280, 285f., 288f., 291, 304, 310, 358, 360, 387
Oosterink, G.W. 35, 53, 62
Otten, M.G. 36ff., 47, 53f., 60f., 71ff., 88ff., 92f., 98, 104, 254, A36, A37, A56, A64, A65, A248, A309
Overdijk, P.C. 31, 37ff., 57, 68, 70, 72, 74, 77, 99, 253ff., A17, A29, A32, A38, A43, A52, A237, A240, A243, A249, A267, A310
Overeynder, A. 60

Pieper, R. 48, 52, 293, A311
Pleiter, G. 359ff.
Plochg, A.A.H.M. 110, 112f., 115, 123, A83
Poll, H. van de 71
Posthumus, N.W. 272
Pouw 288, A237
Praag, W. van 299f., A316, A320
Presser, Sam 329
Priem J. 199, 202, A467
Punt, P. 55, 175, 271, 299

Quarles van Ufford, W.F. 329, 332ff., 344ff., 349f., 352, 363, A383, A401, A411
Randwijk, H.M. van 123